Matt Kloskowski

PHOTOSHOP
EBENEN

Das wichtigste Werkzeug aktuell erklärt

Ein Imprint von Pearson Education

München • Boston • San Francisco • Harlow, England
Don Mills, Ontario • Sydney • Mexico City
Madrid • Amsterdam

Bibliografische Information der Deutschen Nationalibliothek
Die Deutsche Nationalbibliothek verzeichnet diese Publikation in der
Deutschen Nationalbibliografie; detaillierte bibliografische Daten
sind im Internet über http://dnb.d-nb.de abrufbar.

Die Informationen in diesem Produkt werden ohne Rücksicht auf einen eventuellen Patentschutz veröffentlicht. Warennamen werden ohne Gewährleistung der freien Verwendbarkeit benutzt. Bei der Zusammenstellung von Texten und Abbildungen wurde mit größter Sorgfalt vorgegangen. Trotzdem können Fehler nicht vollständig ausgeschlossen werden. Verlag, Herausgeber und Autoren können für fehlerhafte Angaben und deren Folgen weder eine juristische Verantwortung noch irgendeine Haftung übernehmen. Für Verbesserungsvorschläge und Hinweise auf Fehler sind Verlag und Herausgeber dankbar.

Fast alle Hardware- und Softwarebezeichnungen und weitere Stichworte und sonstige Angaben, die in diesem Buch verwendet werden, sind als eingetragene Marken geschützt. Da es nicht möglich ist, in allen Fällen zeitnah zu ermitteln, ob ein Markenschutz besteht, wird das ® Symbol in diesem Buch nicht verwendet.

Authorized translation from the English language edition, entitled Photoshop's Layers, 2nd Edition, ISBN 978-0-321-74958-1 by Matt Kloskowski; published by Pearson Education, Inc, publishing as Peachpit Press, Copyright © 2011 by Kelby Corporate Management, Inc.

All rights reserved. No part of this book may be reproduced or transmitted in any form or by any means, electronic or mechanical, including photocopying, recording or by any information storage retrieval system, without permission from Pearson Education, Inc.

GERMAN language edition by PEARSON EDUCATION DEUTSCHLAND GmbH, Copyright © 2011

Autorisierte Übersetzung der englischsprachigen Originalausgabe mit dem Titel »Photoshop's Layers« von Matt Kloskowski, 2. Ausgabe, ISBN 978-0-321-74958-1, erschienen bei Peachpit Press, ein Imprint von Pearson Education Inc.; Copyright © 2011 by Kelby Corporate Management, Inc.

Alle Rechte vorbehalten. Kein Teil des Buches darf ohne Erlaubnis der Pearson Education Inc. in fotomechanischer oder elektronischer Form reproduziert oder gespeichert werden.

© der deutschen Ausgabe 2011 Addison-Wesley Verlag,
ein Imprint der PEARSON EDUCATION DEUTSCHLAND GmbH,
Martin-Kollar-Str. 10-12, 81829 München/Germany
Alle Rechte vorbehalten

10 9 8 7 6 5 4 3 2 1

12 11

ISBN 978-3-8273-3059-8

Übersetzung: Claudia Koch, Kathleen Aermes, Ilmenau
Lektorat: Kristine Kamm, kkamm@pearson.de; Dorothea Krist, dkrist@pearson.de
Korrektorat: Christian Schneider, München
Herstellung: Claudia Bäurle, cbaeurle@pearson.de
Satz: Ulrich Borstelmann, Dortmund (www.borstelmann.de)
Einbandgestaltung: Marco Lindenbeck, webwo GmbH, mlindenbeck@webwo.de
Druck und Verarbeitung: GRAFOS S. A., Barcelona
Printed in Spain

DER AUTOR

*Für meine Frau Diana:
Für deine bedingungslose Liebe und Hingabe für mich und unsere Familie. Dafür, dass du mich zum Lachen bringst. Dafür, dass du zuhörst, wenn ich mal reden muss. Und vor allem, weil du die liebevollste, lebenslustigste Frau und beste Freundin bist, die ein Mann sich wünschen kann.*

Matt Kloskowski

Matt Kloskowskis Bücher, Videos und Kurse haben für Tausende die Arbeit mit Bildern und Digitalfotos erleichtert. Er hat einige Bestseller über Photoshop geschrieben und unterrichtet jährlich Zehntausende in Photoshop und digitaler Fotografie weltweit. Er ist Co-Moderator von *Photoshop User TV* und *D-Town TV* – dem Foto-Videocast, das von vielen im Bereich Photoshop-Online-Training als führend angesehen wird. Er hat bereits eine große Sammlung von Trainingsvideos aufgenommen, die auf DVD erscheinen, Online-Kurse produziert und schreibt Artikel für das *Photoshop user* Magazin. Matt Kloskowski unterrichtet auf der *Kelby Training Live*-Seminar-Tour, ebenso beim wichtigsten Photoshop-Ereignis der Welt: der Photoshop World Conference & Expo. Matt lebt in Tampa, Florida, und arbeitet bei der National Association of Photoshop Professionals.

INHALT

KAPITEL EINS: EBENENGRUNDLAGEN 1

Ebenengrundlagen 2
Mit mehreren Ebenen arbeiten 8
Alles über Ebenen 15
Wie … 29

KAPITEL ZWEI: EBENEN ÜBERBLENDEN 31

Die drei Füllmethoden, die Sie am meisten brauchen 32
Füllmethoden aus der Nähe 40
Ebenen-Füllmethoden für Fotografen 47
Wie … 55

KAPITEL DREI: EINSTELLUNGSEBENEN 57

Einstellungsebenen: Grundlagen 58
Selektive Korrekturen 62
Superflexible Korrekturen 66
Weitere Ideen für Einstellungsebenen 70
Korrigieren Sie eins – Korrigieren Sie alle! 75
Der Einstellungsebenen-Füllmethoden-Trick 79
Wie … 83

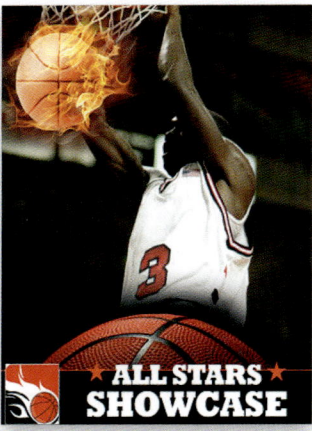

KAPITEL VIER: EBENENMASKEN 85

Ebenenmasken: Grundlagen 86
Der einzige »Haken« bei Ebenenmasken 92
Ebenenmasken aus der Nähe 95
Ebenenmasken automatisch anlegen 103
Mehrere Bilder kombinieren 107
Eine Ebene in eine andere einpassen 113
Wie … 119

KAPITEL FÜNF: TEXT- UND FORMEBENEN 121

Textebenen anlegen 122
Alles über Formebenen 133
Wie … 143

KAPITEL SECHS: FOTOS MIT EBENEN VERBESSERN 145

Mehrere Belichtungen kombinieren 146
Mit Licht malen 149
Abwedeln und Nachbelichten – aber richtig 152

INHALT

Pseudo-HDR-Effekt	156
Einen Himmel ersetzen	160
Ebenen für Gruppenfotos automatisch ausrichten	163
Die Tiefenschärfe verbessern	166
Selektives Scharfzeichnen	168
Bestimmte Farben verstärken	171
Soft-Fokus	173
Wie…	177

KAPITEL SIEBEN: RETUSCHE MIT EBENEN — 179

Schönheitsfehler und Falten entfernen	180
Haut glätten und verbessern	184
Augen und Zähne weißer machen	189
Ablenkungen entfernen	194
Inhaltssensitives Füllen: Kopie und Reparatur in einem!	198
Wie …	203

KAPITEL ACHT: EBENENSTILE — 205

Ebenenstile: Grundlagen	206
Ein Wasserzeichen erstellen	213
Wiederverwendbare Fotoeffekte erstellen	215
Mehr Ebenenstilideen	220
Wie …	225

KAPITEL NEUN: SMART-EBENEN — 227

Fünf Gründe, warum Smart-Objekte so cool sind!	228
Vorlagen mit Smart-Objekten gestalten	234
Bilder doppelt entwickeln	242
Wie …	247

KAPITEL ZEHN: EBENENTUTORIALS FÜR FORTGESCHRITTENE — 249

Den Hintergrund ersetzen	250
Ebenen überblenden für Fortgeschrittene	258
Grafiken auf unebene Flächen montieren	263
Ebenen für Licht und Schatten	268
Das Titelbild	278
Wie erfahre ich mehr von Matt?	287

INDEX	290

EINFÜHRUNG

Wissen Sie was? Ich kann Einführungen nicht ausstehen. Blöd für einen Buchautor, oder? Das klingt, als gäbe es ein ungeschriebenes Gesetz, das besagt, dass jedes Buch eine Einführung haben muss. Ach ja, und lang muss sie sein. Richtig lang! Bitte so lang, dass niemand auf die Idee kommt, sie zu lesen. Und schon beginnt der Teufelskreis. Dabei verstehe ich durchaus den Sinn einer Einführung. Der Autor soll darin einen Überblick über den Inhalt des Buches geben, damit Sie erfahren, wie Sie das meiste aus dem Buch herausholen können, für das Sie eben Geld ausgegeben haben. Ich werde das tun, aber nur als ganz kurze Liste (ich mag Listen nämlich). Also los:

1. Wenn Sie die Tutorials an den gleichen Bildern nachvollziehen wollen, die ich in diesem Buch verwendet habe, können Sie diese von der folgenden, englischsprachigen Website auf Ihren Rechner laden: **www.kelbytraining.com/books/layerscs5**. Die meisten enthalten Wasserzeichen, vor allem die Poster, die nicht mir gehören. Ich habe für Stockfotos zwei tolle Online-Ressourcen, Fotolia und iStockphoto, denn ich möchte verschiedene Projekte zeigen und habe nicht für alle eigene Fotos parat. Zum Beispiel denke ich, dass sich das Basketballposter aus Kapitel 1 gut dafür eignet, Ebenen sinnvoll einzusetzen, aber ich fotografiere Basketball nicht, also verwende ich Archivbilder. Außerdem wollte ich sichergehen, dass ich für das Retusche-Kapitel nicht die Fotos von jemandem verwenden musste, den ich persönlich kenne – auch hier Archivbilder.

2. Auf der Webseite finden Sie auch vier Online-Videos (in englischer Sprache), die dieses Buch begleiten: eins zu Ebenengrundlagen, eins zu Pinselgrundlagen, eins zu Auswahlen und eins zum Titelbild. Wir verwenden Pinsel und Auswahlen im Buch immer wieder, und ich wollte sichergehen, dass Sie mit dem Buch Schritt halten können und alle Grundlagen verfügbar haben.

3. Was ist neu in diesem Buch? Zum einen gibt es ein ganzes Kapitel über anspruchsvolle Ebenentechniken, Überblendungen und Compositing. Generell haben sich die Kapitel seit der ersten Auflage nicht sehr geändert. Aber Photoshop wurde inzwischen zweimal aktualisiert, also habe ich das Buch auf den neuesten Stand gebracht. Die Grafiken sind alle neu, die Beispiele auch, und hier und da finden Sie gänzlich neue Techniken, die für den Nutzer von heute aktuell sind. Zusätzlich sind alle Tutorials, die auch für eine Bearbeitung in Photoshop Elements geeignet sind, entsprechend gekennzeichnet.

EINFÜHRUNG

4. Lesen Sie das Buch, wie Sie wollen. Von vorn nach hinten, von hinten nach vorn, egal. Ich habe es so aufgebaut, wie ich auch meine Ebenen-Kurse aufbaue. Ich beginne mit dem Einfachen und später wird es dann komplizierter. Springen Sie also, wohin Sie wollen, schließlich ist es Ihr Buch. Sie haben es ja gekauft. Und Sie sind schlau genug zu wissen, dass Sie, wenn Sie direkt zu Kapitel 6 gesprungen sind und nicht mehr klarkommen, am besten doch nochmal einen Blick in Kapitel 1 werfen. Einzig Kapitel 10 setzt voraus, dass Sie das gesamte Buch vorher gelesen haben.

5. Einen kleinen Bonus finden Sie am Ende jedes Kapitels. Das ist eine der Möglichkeiten, die Sie als Autor haben, Ihren Lektor in den Wahnsinn zu treiben – und sich einen Spaß daraus zu machen. Schließlich kann man ja nicht das ganze Buch mit Tutorials füllen, oder? Es muss irgendwo ein paar Tipps geben, und die gibt man am besten erst dann ab, wenn der Rest des Buches schon fast im Druck ist … Die Idee hatte ich auch. Darum gibt es am Ende jedes Kapitels die »Wie … «-Fragen. Sie haben mit den Dingen aus dem Kapitel zu tun. Ich habe die am häufigsten gestellten Fragen an einer Stelle zusammengefasst, so dass Sie nicht im Kapitel umherblättern müssen.

Das war's. Meine Einführung. Kurz und knapp. Einfach. Süß. Und wird nun immer länger, je weiter ich das Ende mit solchen Spielereien noch hinauszögere. Dennoch kürzer als die meisten anderen. Nun viel Spaß mit dem Buch. —Matt K.

Kapitel Eins

EBENEN-GRUNDLAGEN

Das erste Kapitel heißt Ebenengrundlagen, denn hier sollten Sie nachschauen, wenn Sie sich noch nicht mit Ebenen auskennen. Auch wenn Sie glauben, dass Sie Ebenen in- und auswendig kennen, sollten Sie das Kapitel lesen. Das heißt, falls Sie mit dem Konzept der Ebenen und ihrer Bedeutung vertraut sind, können Sie das erste Tutorial überspringen und gleich zum zweiten Tutorial in diesem Kapitel gehen – da geht es dann wirklich los. Und beim dritten … warten Sie es einfach ab. Es wird Sie überraschen, was Sie mit Ebenen alles anstellen können (vor allem die netten Kleinigkeiten, die Sie bisher noch gar nicht kannten).

KAPITEL 1

FÜR ELEMENTS GEEIGNET

EBENENGRUNDLAGEN

LESEN SIE HIER WEITER, WENN SIE NICHT GENAU WISSEN, WIESO SIE EBENEN BENUTZEN SOLLTEN.

Dieses Tutorial ist für diejenigen von Ihnen gedacht, die noch nicht verstanden haben, wozu Ebenen eigentlich gut sind. Falls Sie bereits wissen, wieso Ebenen so wichtig sind, gehen Sie gleich weiter zum nächsten Tutorial, denn dort beginnen wir damit, ein paar Dinge mithilfe von Ebenen herzustellen. Okay, Sie bleiben, reden wir also ein bisschen über Ebenen. Sie bilden die Grundlage für alles, was Sie in Adobe Photoshop tun. Stellen Sie es sich so vor: Bei einem Fotoabzug würden Sie nie auf die Idee kommen, mit einem schwarzen Filzstift darauf herumzumalen und dann dieses Gekritzel wieder löschen zu können, oder!? Aber genau das tun Sie, wenn Sie in Photoshop keine Ebenen benutzen und mit dem Originalbild arbeiten. Ich habe übrigens die hier verwendeten Bilder nicht nur auf einer Website zur Verfügung gestellt (den Link finden Sie in der Einleitung), es gibt dort sogar ein Video, damit Sie besser verstehen, was Sie hier sehen. Schauen Sie es sich einfach einmal an.

SCHRITT 1: STELLEN SIE SICH VOR, SIE MALEN AUF EINEM FOTO

Nehmen wir einmal an, Sie haben ein Foto von mir vor sich liegen. Wieso? Weil ich mich das bei einem Foto von jemand anderem nie getraut hätte. Aber ernsthaft, es kann natürlich auch jedes andere Foto sein. Stellen Sie sich also einfach vor, Sie haben das Foto auf den Schreibtisch vor sich gelegt und angefangen, mit einem schwarzen Filzstift darauf herumzumalen – eine Brille, einen Schnurrbart und vielleicht sogar einen albernen Ziegenbart.

BRAD MOORE

SCHRITT 2: VERSUCHEN SIE ZU LÖSCHEN, WAS SIE GERADE GEZEICHNET HABEN

Was würde passieren, wenn Sie mit einer Art Radiergummi oder einem feuchten Tuch versuchen, die Filzstiftstriche wegzurubbeln? Zweierlei könnte geschehen: (a) Sie würden die gezeichneten Striche nach und nach entfernen, vermutlich würden Sie dabei aber auch das Foto ruinieren, oder (b) Sie könnten nichts wegradieren oder -rubbeln (falls Sie z. B. einen Permanentmarker benutzt hätten) und müssten mit dem vollgekritzelten Foto bis ans Ende Ihrer Tage zurechtkommen.

SCHRITT 3: DIESES MAL HABEN WIR EIN STÜCK TRANSPARENTE FOLIE

Setzen wir dieses Beispiel fort: Gehen Sie zurück zu der Stelle, an der Sie ein Foto haben, das Sie bemalen wollen. Dieses Mal haben Sie jedoch außerdem ein Stück transparente Folie.

SCHRITT 4: LEGEN SIE DIE TRANSPARENTE FOLIE ÜBER DAS FOTO UND ZEICHNEN SIE

Bevor Sie nun das Foto auf den Schreibtisch legen und anfangen zu zeichnen, legen Sie das Stück transparente Folie darauf. Stellen Sie sich wiederum vor, wie Sie mit einem schwarzen Marker auf dem Foto herummalen – nun aber nicht direkt auf dem Foto, sondern auf der Folie. Sieht doch genauso aus, oder?

SCHRITT 5: VERSUCHEN SIE ZU LÖSCHEN, WAS SIE GERADE GEZEICHNET HABEN

Wenn Sie das fertige Ergebnis vor sich haben, werden Sie möglicherweise feststellen, dass ich ohne Bart viel besser aussehe. Versuchen Sie wieder, das Gezeichnete mit einem feuchten Lappen zu entfernen. Kein Problem! Sollte Ihnen das ganze Projekt missfallen, dann werfen Sie einfach die Folie in den Mülleimer und beginnen von vorn. Mit dieser Folie sind Sie außerordentlich flexibel.

SCHRITT 6: WEITER IN PHOTOSHOP

Okay, genug der Vorrede. Ich verspreche Ihnen, dass wir im Rest des Buchs wirklich Photoshop benutzen. Öffnen Sie ein Foto in Photoshop, indem Sie DATEI/ÖFFNEN wählen (oder drücken Sie einfach ⌘-O [PC: Strg-O]). Suchen Sie Ihr gewünschtes Foto (oder verwenden Sie das Foto von mir), klicken Sie darauf und anschließend auf ÖFFNEN. Jetzt sehen Sie das Foto. Wichtiger jedoch, Sie sehen auch das Ebenen-Bedienfeld. Falls nicht, wählen Sie FENSTER/EBENEN. Derzeit befindet sich im Ebenen-Bedienfeld nur eine Ebene, und die heißt »Hintergrund«.

TIPP: Mit dem Tastenkürzel F7 blenden Sie das Ebenen-Bedienfeld aus und ein; Sie müssen also nicht erst das FENSTER-Menü bemühen.

SCHRITT 7: AUF DER HINTERGRUND-EBENE MALEN

Wählen Sie den Pinsel in der Werkzeug-Palette (oder drücken Sie B) und klicken Sie in der Optionsleiste auf das zweite Pulldown-Menü von links (die Pinselvorgaben-Auswahl). Wählen Sie im Pinselwähler einen kleinen Pinsel mit harter Kante. Drücken Sie die Taste D, um Schwarz als Vordergrundfarbe einzustellen, und malen Sie auf dem Foto – ein lustiges Grinsen, eine Brille, einen Schnurrbart, was Sie wollen!

SCHRITT 8: DAS EBEN GEMALTE ENTFERNEN

Nachdem Sie das Foto bemalt haben, werden Sie unweigerlich zu dem Schluss kommen, dass es besser ausgesehen hat, bevor Sie es verunstaltet (Oh Entschuldigung, ich meine natürlich verziert) haben. Wählen Sie deshalb den Radiergummi ([E]) und versuchen Sie, die Pinselstriche zu entfernen. Sehen Sie, was passiert? Sie radieren nicht nur die schwarzen Pinselstriche weg, sondern auch das darunter befindliche Foto (die Radierstriche sehen hier weiß aus, weil ich Weiß als Hintergrundfarbe eingestellt habe). Nicht schön, aber es geht besser. Also, schließen Sie dieses Bild, aber speichern Sie die Änderungen nicht.

SCHRITT 9: EINE LEERE EBENE ÜBER DEN ORIGINALFOTO EINFÜGEN

Denken Sie an das Beispiel mit dem Foto und der transparenten Folie zurück. Erinnern Sie sich, wie schön wir unsere Zeichnung auf der Folie isoliert hatten? Ebenen bieten uns den gleichen Vorteil. Öffnen Sie ein neues Bild (oder nehmen Sie wieder das Bild von mir). Klicken Sie auf das Icon NEUE EBENE ERSTELLEN unten im Ebenen-Bedienfeld (hier rot umkreist). Über der Hintergrundebene erscheint eine neue Ebene namens »Ebene 1«. Diese neue Ebene entspricht unserer transparenten Folie.

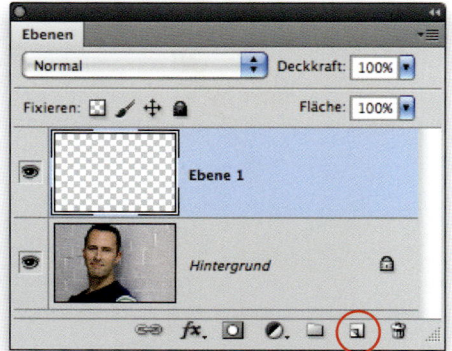

SCHRITT 10: MALEN SIE MIT DEM PINSEL AUF DIE NEUE EBENE

Drücken Sie [B], um wie in Schritt 7 das Pinsel-Werkzeug auszuwählen. Klicken Sie einmal auf Ebene 1 im Ebenen-Bedienfeld, damit diese auch ausgewählt wird (falls sie es noch nicht ist). Sie müssen die Ebene im Ebenen-Bedienfeld anklicken, um sie auszuwählen. Wenn Sie das nicht tun, arbeiten Sie vielleicht auf der falschen Ebene. Suchen Sie immer nach der Ebene, die farbig markiert ist. Dies ist die aktuelle oder aktive Ebene, die Sie gerade bearbeiten. Beginnen Sie dann wieder zu malen. Alles sollte ablaufen wie zuvor.

SCHRITT 11: PINSELSTRICHE LÖSCHEN, DIE SIE NICHT HABEN WOLLEN

Um dieses Beispiel abzuschließen, aktivieren Sie erneut das Radiergummi-Werkzeug und entfernen einige Pinselstriche. Sie können sie ganz einfach löschen, ohne das Originalfoto zu beeinträchtigen, denn Ihre Änderungen liegen auf einer eigenen, leeren Ebene über dem Foto. Das Originalfoto haben Sie nicht angefasst, nur die Ebene darüber.

So Freunde, das war schon alles – die Einführung zu Ebenen. Vergessen Sie nicht, auf meiner Website vorbeizuschauen, um sich das Video anzusehen und die Bilder herunterzuladen, die wir hier verwenden. Machen Sie sich jetzt bereit – die wirklich coolen Dinge kommen erst.

KAPITEL 1

MIT MEHREREN EBENEN ARBEITEN
BILDER AUS MEHREREN EBENEN ZU KOMBINIEREN IST EINFACH NUR COOL.

In diesem Tutorial wollen wir mit mehreren Bildern arbeiten und herausfinden, wie das Stapeln von Ebenen funktioniert. Das Arbeiten mit nur einem Bild ist schon toll. Wirklich großartig wird es aber, wenn Sie mehrere Bilder in ein Photoshop-Dokument bringen. Es wird mit Sicherheit oft vorkommen, dass Sie eine Ebene aus einem Bild nehmen und in das Bild einfügen wollen, an dem Sie gerade arbeiten. Ein gutes Beispiel dafür ist eine Collage aus mehreren Fotos.

SCHRITT 1: ÖFFNEN SIE MEHRERE FOTOS, DIE SIE KOMBINIEREN WOLLEN

Öffnen Sie zuerst die Fotos, die Sie zu einem Bild kombinieren wollen. Klicken Sie auf das Datei-Menü und wählen Sie Öffnen. Suchen Sie dann jeweils die einzelnen Fotos und klicken Sie auf Öffnen. Wir wollen hier drei Fotos miteinander kombinieren. Ich habe deshalb alle drei geöffnet und sehe sie nun auf meiner Arbeitsfläche.
Hinweis: Wenn Sie auf dem Mac arbeiten, sollten Sie wissen, dass ich für die Workshops in diesem Buch den Anwendungsrahmen ausgeschaltet habe (Fenster/Anwendungsrahmen). Ich öffne die Dokumente auch nicht als Registerkarten (Voreinstellungen: ⌘-K bzw. Strg-K), damit die Dokumentfenster selbstständig stehen.

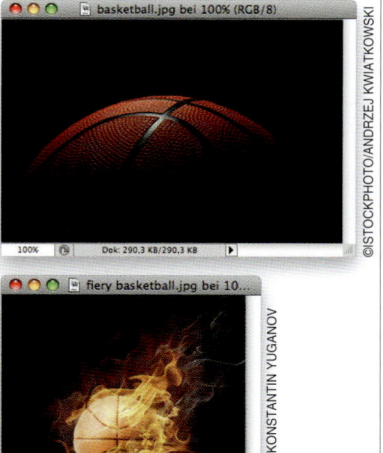

SCHRITT 2: ERZEUGEN SIE EIN NEUES DOKUMENT FÜR DAS NEUE BILD

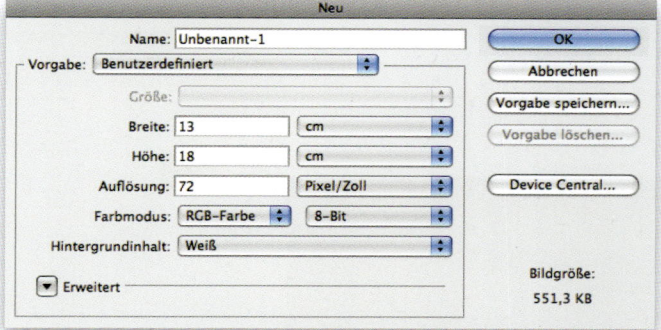

Wir legen jetzt ein neues Dokument an, das unsere neue Kreation aufnehmen soll. Wählen Sie DATEI/NEU. Für dieses Beispiel gestalten wir eine Werbekarte für ein Basketballteam. Das Dokument soll 18 cm hoch und 13 cm breit sein. Ändern Sie also die Maßeinheiten in cm (wenn Sie die Breite ändern, ändert sich die Höhe automatisch mit), geben Sie dann die entsprechenden Maße in die Felder ein. Da wir hier nur für den Bildschirm arbeiten, reicht eine Auflösung von 72 ppi aus. Für den Druck müssten wir mit 240 bis 300 ppi arbeiten. Klicken Sie auf OK, um das neue Dokument zu erstellen.

SCHRITT 3: FÜGEN SIE EINES DER FOTOS IN DAS NEUE DOKUMENT EIN

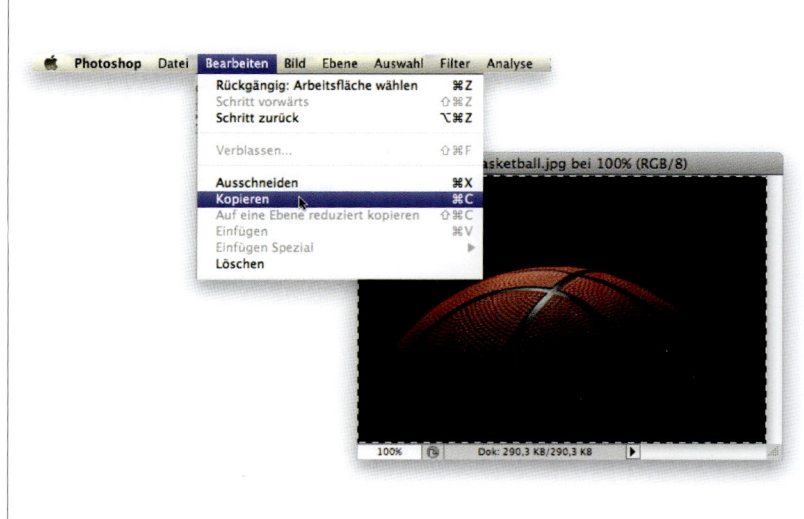

Wir müssen nun die Fotos in das neue, leere Dokument hineinbekommen. Dazu gibt es verschiedene Möglichkeiten, die alle ihre Berechtigung haben. Versuchen wir es zuerst mit Kopieren und Einfügen: Klicken Sie auf das Bild mit dem halben Basketball, um es in den Vordergrund zu bringen und zum aktiven Dokument zu machen. Wählen Sie AUSWAHL/ALLES AUSWÄHLEN. Damit wählen Sie das gesamte Bild aus. Kopieren Sie diese Auswahl mit BEARBEITEN/KOPIEREN. Klicken Sie nun auf das leere Dokument und fügen Sie das kopierte Foto mit BEARBEITEN/EINFÜGEN ein. Das geht übrigens auch schneller: Die Tastenkürzel zum Kopieren und Einfügen lauten ⌘-C (PC: Strg-C) bzw. ⌘-V (PC: Strg-V).

SCHRITT 4: BEACHTEN SIE DIE NEUE EBENE IM LEEREN DOKUMENT

Gleich nachdem Sie das Bild eingefügt haben, sollte eine neue Ebene namens Ebene 1 im Ebenen-Bedienfeld über der Hintergrundebene auftauchen. Üblicherweise erzeugt Photoshop automatisch eine neue Ebene, wenn Sie etwas in ein Bild einfügen. Das ist gut, da wir auf diese Weise gezwungen werden, auf mehreren Ebenen zu arbeiten. Wählen Sie nun das Verschieben-Werkzeug (Taste V), klicken Sie auf das eingefügte Bild und ziehen Sie es im Dokument nach unten.

TIPP: Halten Sie beim Ziehen mit dem Verschieben-Werkzeug die ⇧-Taste gedrückt, um die Ebene genau horizontal bzw. vertikal zu bewegen.

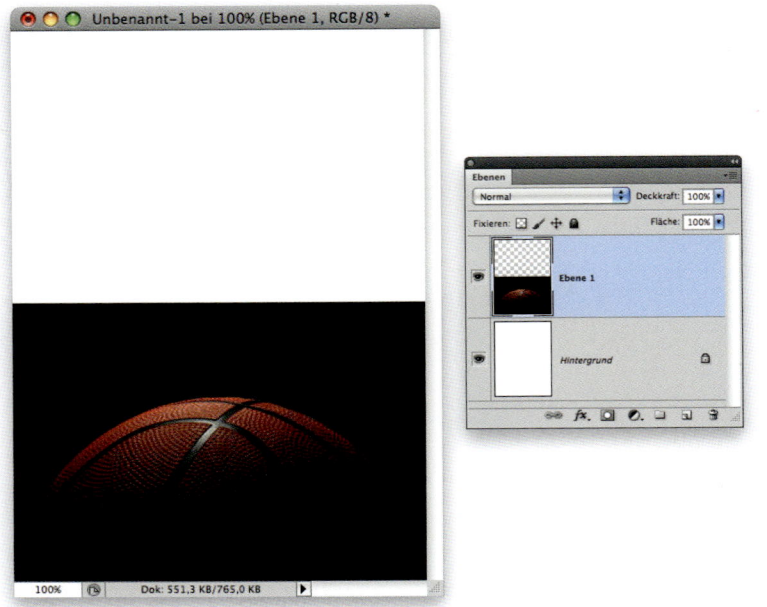

SCHRITT 5: HOLEN SIE EINES DER ANDEREN FOTOS INS DOKUMENT

Wir müssen noch die beiden anderen Fotos in das neue Dokument holen. Beim ersten Mal haben wir Kopieren und Einfügen benutzt, es gibt aber noch eine weitere Methode: Legen Sie die beiden Dokumentfenster nebeneinander. Klicken Sie einmal auf das Bild mit dem Basketball, um es zu aktivieren. Wählen Sie das Verschieben-Werkzeug, klicken Sie auf das Foto mit dem Basketballspieler und ziehen Sie es in das neue Dokument (deshalb müssen beide Fenster sichtbar sein). Sobald sich der Cursor über dem neuen Dokument befindet, lassen Sie die Maustaste los. Ihr Foto erscheint als neue Ebene. Verschieben Sie es nun noch in die Mitte des Dokuments.

SCHRITT 6: HOLEN SIE DAS DRITTE FOTO INS NEUE DOKUMENT

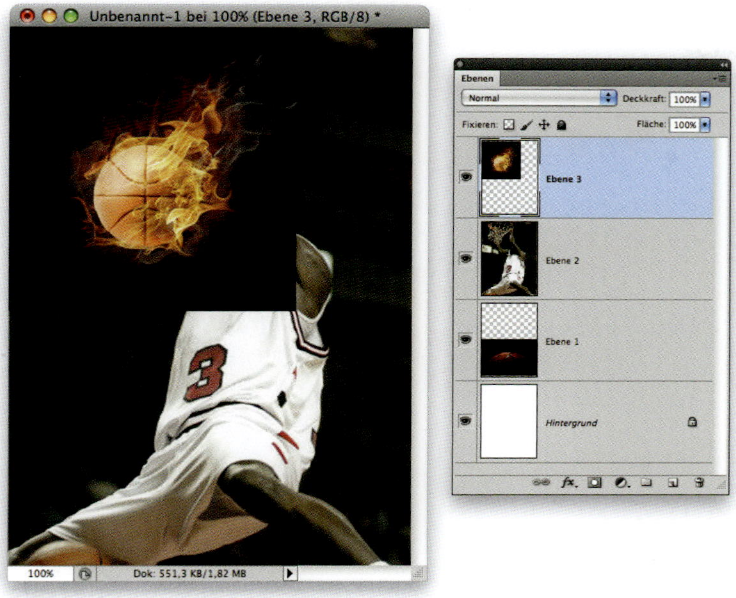

Holen Sie das dritte Foto (den brennenden Basketball) ins neue Dokument. Ich empfehle die Kopieren-Einfügen-Methode, aber Sie können die Variante nutzen, die Ihnen am besten liegt. Wenn das Foto angekommen ist, ziehen Sie es mit dem Verschieben-Werkzeug auf die linke Seite.

SCHRITT 7: ORDNEN SIE DIE EBENEN IM NEUEN DOKUMENT NEU AN

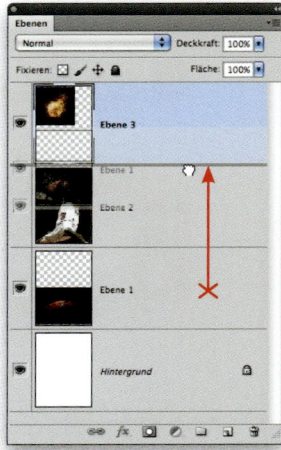 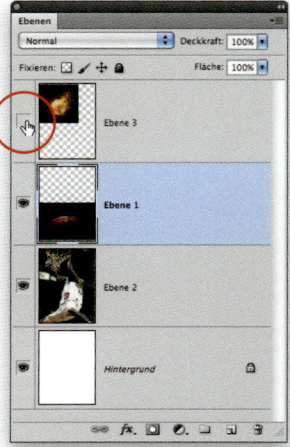

Schließen Sie die drei Originalbilder. Wir brauchen sie nicht mehr, da wir ja ihren Inhalt in das neue Dokument kopiert haben. (Die Ebenen im neuen Dokument stehen in keiner Verbindung zu den Originalen. Was auch immer Sie hier tun, die Originalbilder bleiben unverändert.) Sie sehen, dass der Spieler auf Ebene 2 den Ball von Ebene 1 vollkommen verdeckt, weil Ebene 2 über Ebene 1 liegt. Wir tauschen die beiden aus: Klicken Sie im Ebenen-Bedienfeld auf Ebene 1 und ziehen Sie sie über Ebene 2. Nun liegt der halbe Basketball über dem Spieler. Eins noch: Wir arbeiten erst einmal nicht auf Ebene 3, blenden Sie diese also aus, indem Sie auf das Augen-Icon davor klicken (Ebenen-Bedienfeld, hier rot eingekreist).

SCHRITT 8: AKTIVIEREN SIE DEN RADIERGUMMI UND STELLEN SIE IHN EIN

Jetzt werden wir die Ebenen ineinander überblenden. Aktivieren Sie dazu den Radiergummi (E). Klicken Sie in der Optionsleiste auf die Pinselvorgaben (zweites Popup-Menü von links), um den Pinselwähler zu öffnen, und wählen Sie eine große GRÖSSE (250 Pixel oder so). Wählen Sie eine HÄRTE von 0 %, um eine große, weiche Werkzeugspitze zu erhalten. Stellen Sie die DECKKRAFT auf 30 % ein. Durch die geringere Deckkrafteinstellung können wir Teile des Bildes entfernen, die über einem anderen liegen, und so vorgeben, dass die Bilder ineinanderübergehen, weil Sie ja sehen können, was darunterliegt. Bei einer Deckkraft von 100 % würden offensichtliche Nahtstellen und Ränder sichtbar.

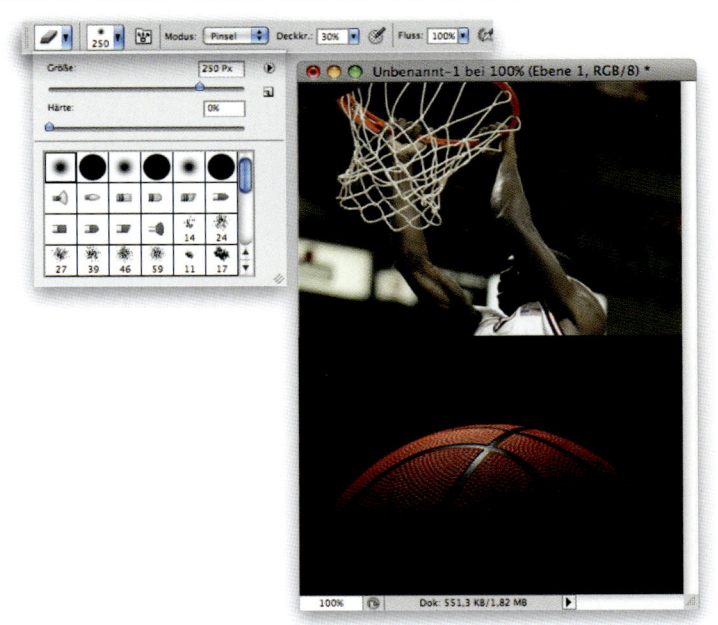

SCHRITT 9: ÜBERBLENDEN SIE DIE FOTOS MITHILFE DES RADIERGUMMIS

Aktivieren Sie Ebene 1 im Ebenen-Bedienfeld (den halben Basketball) und beginnen Sie, den schwarzen Hintergrund oben und rechts zu radieren – ein paar Klicks mit dem Radierer sollten ausreichen. Denken Sie jedoch daran, dass Sie nur mit 30 % arbeiten (Deckkraft), Sie radieren also immer nur sehr wenig auf einmal. Je öfter Sie klicken, desto mehr entfernen Sie. Radieren Sie also munter weiter, bis Sie den Inhalt von Ebene 2 freigelegt haben (den Basketballspieler), der im Stapel darunterliegt. Verringern Sie die Pinselgröße etwas. Nun sind diese beiden Fotos montiert.

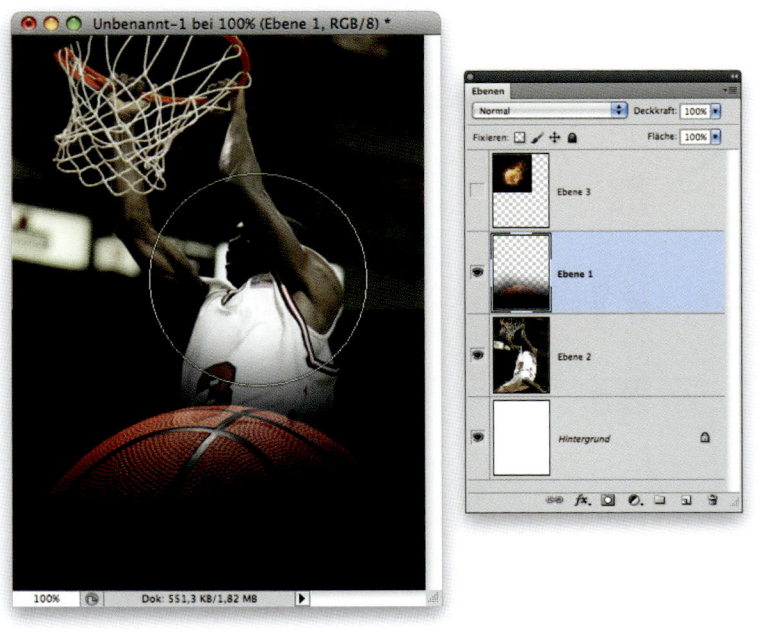

SCHRITT 10: ÜBERBLENDEN SIE DAS LETZTE FOTO

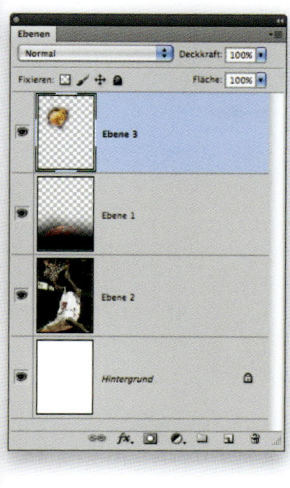

Machen Sie Ebene 3 wieder sichtbar (klicken Sie dazu in das kleine Feld neben der Ebene, wo das Augen-Icon seinen Platz hat), aktivieren Sie sie mit einem Klick auf ihr Ebenen-Symbol und wiederholen Sie Schritt 9 mit dem Basketball in Flammen. Verringern Sie die Pinselgröße und entfernen Sie die schwarzen Bereiche um den Ball herum, ebenso ein paar Flammen, so dass nur der Ball vor dem Netz zu sehen ist, nicht sein schwarzer Hintergrund. Da er sich im Stapel über Ebene 2 befindet, legen Sie beim Radieren das Foto darunter frei. Wieder findet eine Überblendung statt, die Fotos gehen sanft ineinander über.

SCHRITT 11: ÖFFNEN SIE EIN LOGO

Schließlich holen wir uns noch ein Logo. Öffnen Sie das Bild, in dem das gewünschte Logo enthalten ist. Bisher haben wir nur JPEG-Bilder zusammengesetzt, Sie können aber problemlos auch andere Arten von Dateien öffnen, wie etwa Photoshop-PSD-Dateien. Hier habe ich eine PSD-Datei, die ein Logo auf einer eigenen Ebene enthält.

Ebenengrundlagen **KAPITEL 1** 13

SCHRITT 12: FÜGEN SIE ZUM SCHLUSS DAS LOGO IN IHR BILD EIN

Kehren Sie zu Ihrem neuen Bild zurück und aktivieren Sie die oberste Ebene (Ebene 3). Das ist wichtig, denn wenn Sie das Logo ins Bild kopieren, erscheint es über der aktuell aktiven Ebene. Sparen Sie also Zeit und aktivieren Sie gleich die richtige Ebene. Ziehen Sie Ihr Logo nun in das neue Bild (oder holen Sie es sich per Kopieren und Einfügen). Es erscheint oben im Ebenenstapel, mit dem Verschieben-Werkzeug können Sie es wie gewünscht positionieren.

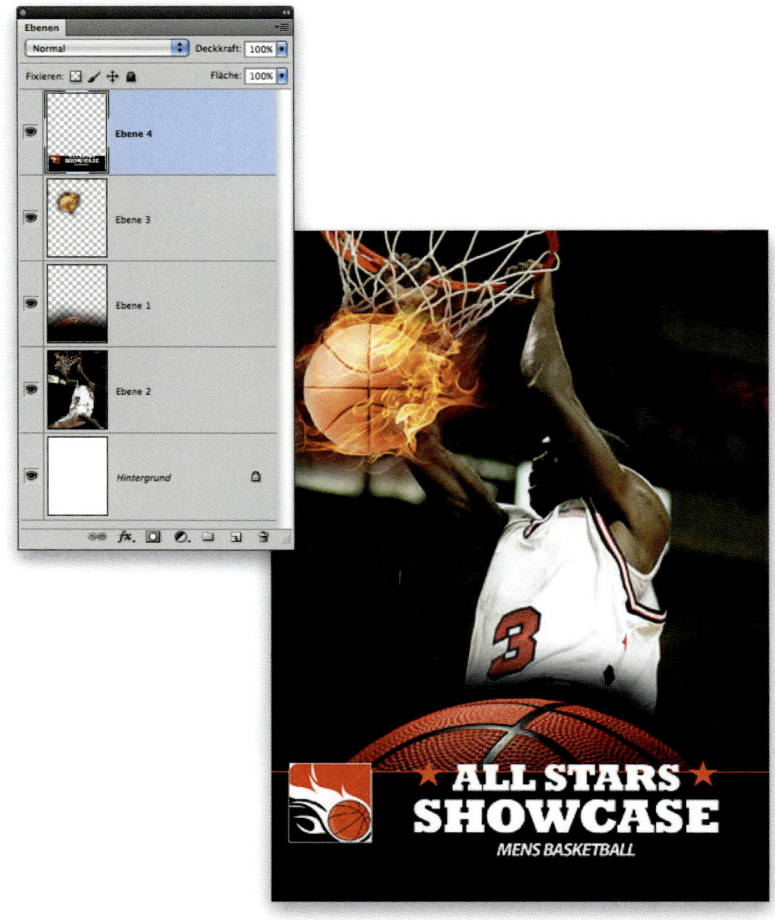

KAPITEL 1

ALLES ÜBER EBENEN
VIELE TRICKS, FUNKTIONEN UND TIPPS FÜR DIE ARBEIT MIT DEM EBENEN-BEDIENFELD

Dieses Tutorial gehört zu denjenigen in diesem Buch, die Sie auf keinen Fall auslassen sollten. Selbst wenn Sie glauben, dass Sie Ebenen wirklich gut kennen, können Sie hier noch etwas lernen. Vertrauen Sie mir. Wissen Sie, wir werden ein Projekt zusammen durchziehen, ein großes, Projekt. Dabei werden uns all die Dinge im Ebenen-Bedienfeld begegnen, die Sie bei Ihrer Arbeit unterstützen. Wir schauen uns an, wie man mehrere Ebenen gleichzeitig verschiebt, Ebenen miteinander verbindet, ihre Größe ändert, sie ausrichtet und zusammenfasst, welche Funktionen im Ebenen-Bedienfeld sich wirklich lohnen und welche Sie nur aufhalten. Wir werden sogar sehen, wie man die gefürchtete gesperrte Hintergrundebene überlistet, um mit ihr wirklich etwas anfangen zu können. Überspringen Sie deshalb dieses Tutorial nicht. Wenn Sie damit fertig sind, werden Sie ein Ebenenprofi sein und der Rest ist für Sie ein Klacks.

SCHRITT 1: ÖFFNEN SIE DAS BILD FÜR DEN HINTERGRUND

In diesem Tutorial werden wir das Deckblatt für ein Hochzeitsalbum gestalten. Öffnen Sie das Hauptbild für den Hintergrund (DATEI/ÖFFNEN). Hier verwende ich eine Grafik aus der Sammlung »Behind the Scenes-Patterns« von Graphic Authority (www.graphicauthority.com).

TIPP: Wenn Sie nach Hintergründen oder anderen grafischen Elementen suchen, verweise ich immer zuerst auf Graphic Authority für komplette Sets (oder auch auf andere Websites wie www.fotolia.com oder www.istockphoto.com). Es lohnt sich, die paar Euro für einen Hintergrund auszugeben, statt sich stundenlang selbst hinzusetzen.

SCHRITT 2: VERGRÖSSERN SIE DIE MINIATUREN IM EBENEN-BEDIENFELD

Ein **Tipp** für Sie, bevor wir fortfahren: Hatten Sie schon einmal das Gefühl, die Miniaturen im Ebenen-Bedienfeld sind zu klein? Sie können das ändern. Jedes Bedienfeld besitzt ein eigenes Menü, das Ebenen-Bedienfeld bildet hier keine Ausnahme. Klicken Sie auf das kleine Symbol mit dem nach unten weisenden Pfeil und den vier Linien daneben in der oberen rechten Ecke des Bedienfelds (in älteren Photoshop-Versionen wies der Pfeil nach rechts). Wählen Sie BEDIENFELDOPTIONEN aus diesem Menü, klicken Sie auf das Optionsfeld neben der größten Miniatur und dann auf OK. Lehnen Sie sich zurück und genießen Sie die vergrößerten Miniaturen im Ebenen-Bedienfeld.

SCHRITT 3: MACHEN SIE DIE HINTERGRUNDEBENE ZU EINER NORMALEN EBENE

Ist Ihnen aufgefallen, dass der Name der untersten Ebene im Ebenen-Bedienfeld immer »Hintergrund« lautet? Vermutlich ist Ihre Photoshop-Karriere schon so weit gediehen, dass Sie die Hintergrundebene hassen, weil Sie bestimmte Dinge nicht damit tun können. Sie können sie nicht mit dem Verschieben-Werkzeug bewegen und Sie können auch ihre Position im Ebenenstapel nicht verändern. Ich möchte Ihnen hier verraten, wie Sie das ändern. Um die Hintergrundebene in eine normale Ebene umzuwandeln, doppelklicken Sie einfach auf das Wort »Hintergrund« und klicken Sie auf OK im NEUE EBENE-Dialog. Jetzt ist es eine normale Ebene. Hübsch, oder?

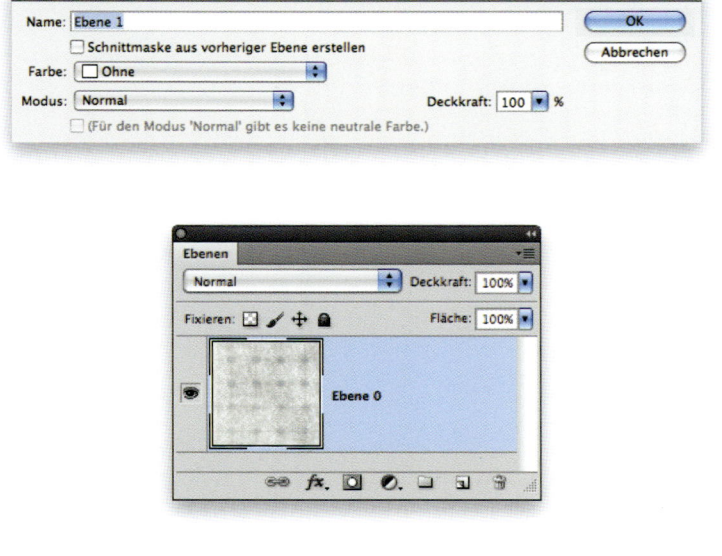

SCHRITT 4: LEGEN SIE UNTER DEM HINTERGRUND EINE NEUE EBENE AN

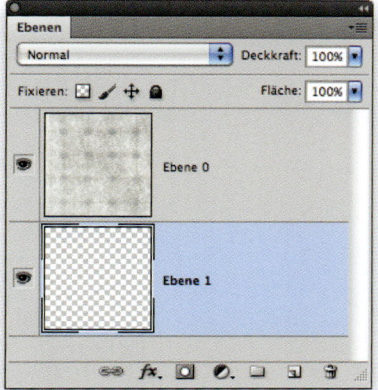

Als Nächstes werden wir das Hintergrund-Foto mit etwas Tiefe ein wenig aufpeppen. Da die Struktur nun nicht mehr die Hintergrundebene ist, können wir darunter eine Ebene anlegen. Natürlich können Sie immer auf das Symbol NEUE EBENE ERSTELLEN am unteren Rand des Ebenen-Bedienfelds klicken, um eine neue Ebene über der Fotoebene anzulegen, und diese dann nach unten ziehen. Es gibt aber noch einen kürzeren Weg: Drücken Sie die ⌘-Taste (PC: Strg) und klicken Sie auf das Icon NEUE EBENE ERSTELLEN. Die neue Ebene erscheint automatisch unter der momentan ausgewählten.

SCHRITT 5: FÜLLEN SIE DIE NEUE EBENE MIT EINEM VERLAUF

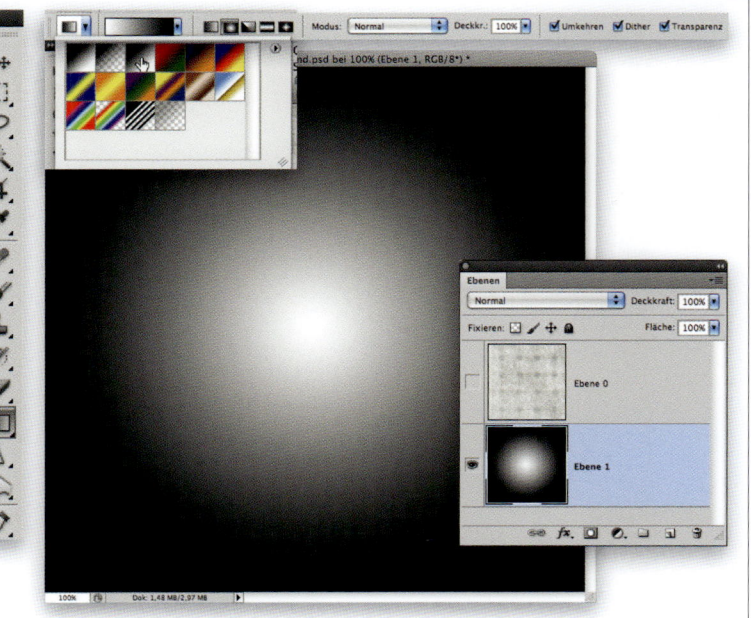

Klicken Sie auf das Augen-Icon links neben der Ebenenminiatur und blenden Sie die Strukturebene aus. Nun ist nur noch die leere Ebene zu sehen, fügen Sie ihr einen radialen Schwarzweiß-Verlauf hinzu. Aktivieren Sie dazu das Verlaufswerkzeug (G) und wählen Sie den Verlauf SCHWARZ, WEISS aus dem Verlaufswähler (zweites Popup-Menü von links). Klicken Sie jetzt auf das Icon RADIALVERLAUF (das zweite rechts vom Verlaufswähler). Schalten Sie die Checkbox UMKEHREN ein und klicken Sie dann in die Mitte Ihres Dokuments. Ziehen Sie die Maus nach außen.

Ebenengrundlagen | **KAPITEL 1** | 17

SCHRITT 6: BLENDEN SIE DIE STRUKTUREBENE WIEDER EIN UND REDUZIEREN SIE IHRE DECKKRAFT

Nun benutzen wir den Verlauf, um der Hintergrundstruktur mehr Tiefe zu verleihen. Blenden Sie die Hintergrundstruktur wieder ein (Augen-Icon). Den eben erzeugten Verlauf sehen wir jetzt nicht mehr, weil die Strukturebene ihn verdeckt. Mithilfe der Deckkraft können wir jedoch beide Ebenen überblenden. Klicken Sie also oben auf die Struktur, um die Ebene zu aktivieren. Stellen Sie den Cursor über das Wort DECKKRAFT im Ebenen-Bedienfeld. Zwei kleine Pfeile erscheinen neben einem Hand-Cursor. Wenn Sie den Cursor nach links ziehen, verringern Sie die Deckkraft und sehen die darunterliegende Ebene. Hier wählte ich eine Deckkraft von 85 %.

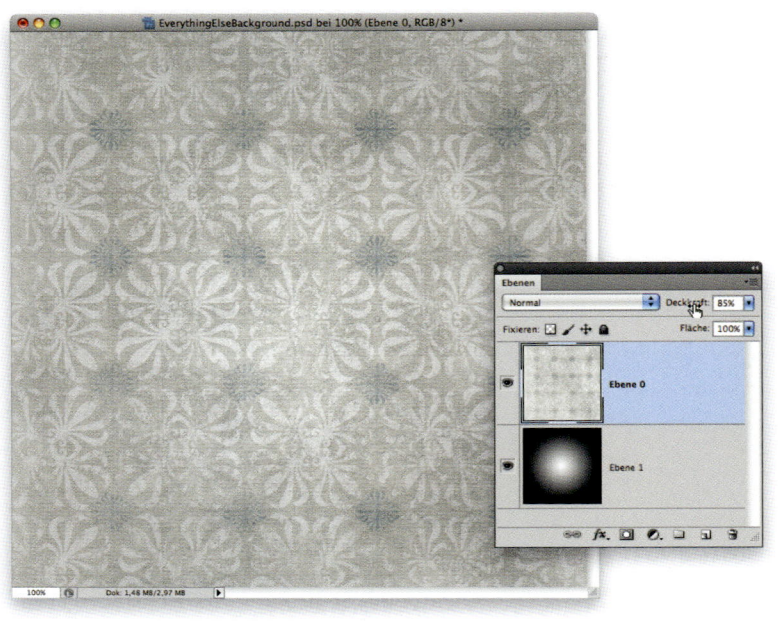

SCHRITT 7: ÖFFNEN SIE DIE FOTOS FÜR DAS DECKBLATT UND ZIEHEN SIE DAS ERSTE INS DOKUMENT

Öffnen Sie die Fotos, die Sie auf dem Deckblatt unterbringen wollen. Hier verwende ich drei Fotos von einem Brautpaar. Beginnen wir mit der Braut allein. Klicken Sie mit dem Verschieben-Werkzeug ([V]) auf das Foto und ziehen Sie es auf Ihre Albumseite, platzieren Sie es links. Wie Sie sehen, passt es recht gut, auch die Größe stimmt bereits.
Das ist nicht immer der Fall, lesen Sie darum den nächsten Schritt.

SCHRITT 8: FÜGEN SIE EINEN AUSSCHNITT DES FOTOS IN DAS ALBUM-LAYOUT EIN

Weiter zum nächsten Foto. Ich möchte gern zwei quadratische Bilder rechts im Layout haben. Ein Blick auf dieses Foto der Braut im Autofenster sagt mir, dass es nicht funktionieren wird, weil es nicht quadratisch ist. Statt also das gesamte Bild ins Dokument zu kopieren, wähle ich einen Bereich aus. Aktivieren Sie das Auswahlrechteck ([M]), halten Sie die Shift-Taste gedrückt und legen Sie einen Auswahlrahmen über den Bereich, den Sie verwenden wollen. Drücken Sie jetzt [⌘]-[C] (PC: [Strg]-[C]) und im neuen Dokument [⌘]-[V] (PC: [Strg]-[V]), um die Auswahl in das neue Dokument zu kopieren. Die Auswahl wird auf einer neuen Ebene platziert.

SCHRITT 9: PASSEN SIE DIE GRÖSSE AN

Mit dem ersten Brautfoto hatten wir Glück – die Größe entsprach genau unseren Vorstellungen. Das ist jedoch äußerst selten, meist werden Sie die Bildgröße anpassen müssen. In diesem Fall ist das Foto der Braut im Auto noch immer zu groß. Am besten passen Sie die Größe an, indem Sie BEARBEITEN/TRANSFORMIEREN/SKALIEREN wählen und die exakte Größe in die Felder für HÖHE und BREITE in der Optionsleiste eingeben. Hier gab ich 188 px für die Breite und 188 px für die Höhe ein. Vergessen Sie nicht, die Einheit px nach der Zahl einzugeben, sonst passiert Grässliches. Drücken Sie [↵], wenn Sie fertig sind.

SCHRITT 10: FÜGEN SIE DAS LETZTE FOTO EIN UND ÄNDERN SIE SEINE GRÖSSE

Nun müssen wir nur noch das dritte Foto auf dem Deckblatt einfügen. Wählen Sie nur den Bereich aus, auf dem das küssende Paar zu sehen ist. Drücken Sie dann ⌘-C, wechseln Sie zum Deckblatt und drücken Sie ⌘-V, um die Auswahl auf dem Deckblatt einzufügen. Ändern Sie die Größe wie in Schritt 9 auf 188 x 188 Pixel. Ziehen Sie es schließlich mit dem Verschieben-Werkzeug unter das andere quadratische Bild (exakt muss es noch nicht sein, das Ausrichten kommt gleich).

SCHRITT 11: WÄHLEN SIE ZWEI EBENEN GLEICHZEITIG AUS, UM DIE FOTOS AUSZURICHTEN

Sie sehen, dass die beiden kleinen Fotos noch nicht ausgerichtet sind. Wir könnten das versuchen, indem wir eines mit dem Verschieben-Werkzeug bewegen, aber das ist per Augenmaß nur schwer möglich. Außerdem gibt es ja die Ausrichten-Optionen in Photoshop. Zuerst müssen wir dazu die fraglichen Ebenen im Ebenen-Bedienfeld auswählen. Klicken Sie auf eine der Ebenen, also auf den Namen der Ebene, nicht auf die Miniatur, ⌘-klicken (PC: Strg-Klick) Sie dann auf die andere Ebene. Nun sind beide aktiv (und im Ebenen-Bedienfeld farbig unterlegt).

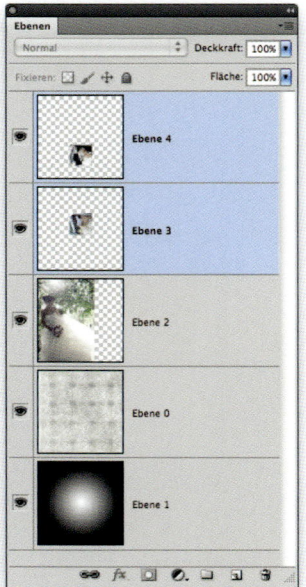

SCHRITT 12: RICHTEN SIE BEIDE FOTOEBENEN RECHTS AUS

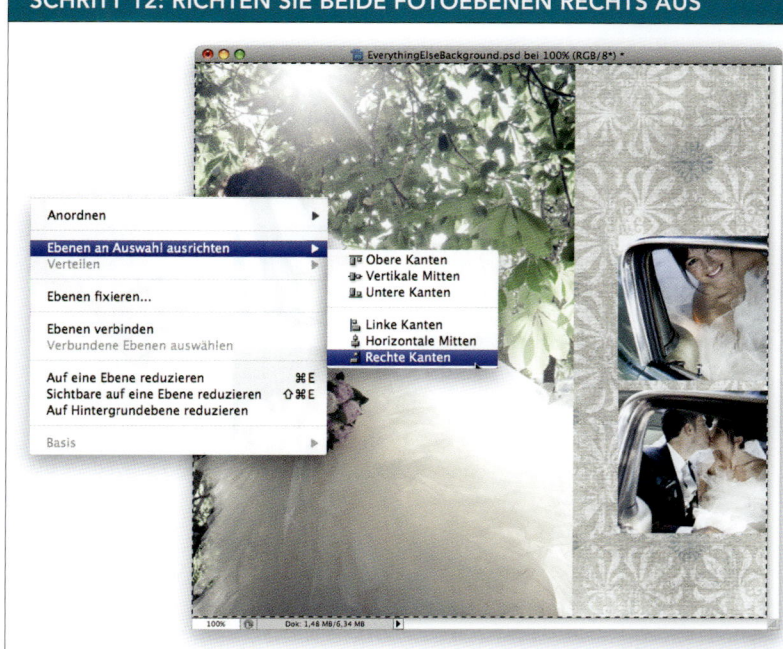

Sie lassen Photoshop jetzt wissen, wo die Ebenen ausgerichtet werden sollen. Wählen Sie dazu Auswahl/Alles auswählen (oder drücken Sie ⌘-A bzw. PC: Strg-A), um die gesamte Arbeitsfläche auszuwählen. Wählen Sie dann Ebene/Ebenen an Auswahl ausrichten/Rechte Kanten. Damit werden alle Fotos an den rechten Rand des Deckblattes geschoben. Das geschieht automatisch, kein Aufwand also für Sie.

SCHRITT 13: POSITIONIEREN SIE BEIDE FOTOS ZUSAMMEN

Erinnern Sie sich, wie Sie in Schritt 11 beide Ebenen ausgewählt haben? Angenommen, Sie wollen beide kleinen Fotos an eine andere Stelle bewegen. Da sie noch ausgewählt sind, sind beide Ebenen derzeit miteinander verbunden, und alle Bewegungen, die Sie mit einem Foto ausführen, gelten für beide. Drücken Sie ⌘-D (PC: Strg-D), um die Auswahlen aufzuheben, ziehen Sie die Fotos dann mit dem Verschieben-Werkzeug nach links, so dass sie nicht mehr direkt am Bildrand kleben. Das andere Foto folgt sozusagen auf dem Fuß. Wenn Sie fertig sind, klicken Sie auf eine der Ebenen im Ebenen-Bedienfeld, um die Verbindung der beiden Ebenen zu lösen.

SCHRITT 14: EINE PERMANENTE VERBINDUNG ZWISCHEN DEN EBENEN

Wenn Sie die Ebenen dauerhaft verbinden wollen, so dass jede der anderen nachfolgt, sobald die eine bewegt wird, können Sie in Photoshop eine Verbindung erstellen, die auch dann bestehen bleibt, wenn Sie auf eine Ebene klicken. Wählen Sie dazu die beiden Ebenen mit den kleinen Fotos aus und klicken Sie dann auf das Icon EBENEN VERBINDEN unten im Ebenen-Bedienfeld (das erste links, hier rot eingekreist). Klicken Sie nun in eine der Ebenen, so dass nur diese aktiv ist, und bewegen Sie das Foto mit dem Verschieben-Werkzeug. Beide Fotos bewegen sich gleichzeitig.

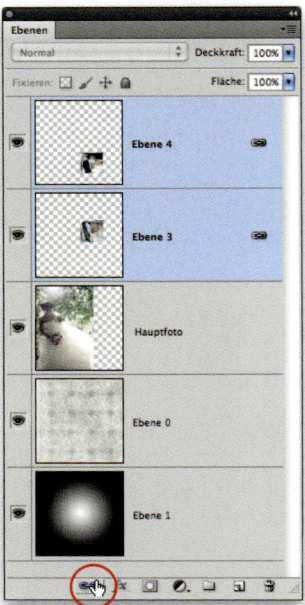

SCHRITT 15: BENENNEN SIE DIE EBENEN UM, UM DEN ÜBERBLICK ZU BEHALTEN

Lassen Sie uns das Projekt einen Moment unterbrechen. Mit zunehmender Anzahl sollten Sie Ihren Ebenen Namen geben, damit Sie nicht den Überblick verlieren. Klicken Sie auf den Pfeil oben rechts im Ebenen-Bedienfeld und wählen Sie EBENENEIGENSCHAFTEN aus dem Bedienfeldmenü. In der Dialogbox finden Sie ein NAME-Feld sowie das Menü FARBE. Das ist aber etwas umständlich. Der Name lässt sich einfacher ändern und niemand benutzt wirklich farbkodierte Ebenen, vergessen Sie diese Option. Doppelklicken Sie lieber auf den Ebennamen im Bedienfeld. Der Name wird markiert und Sie können einen neuen eingeben.

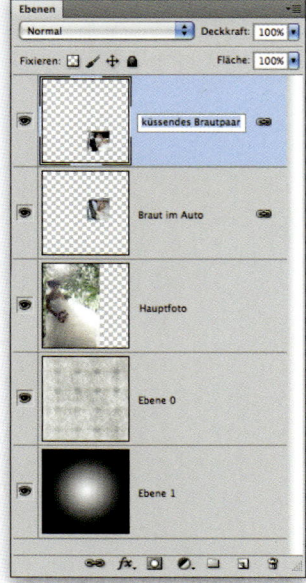

SCHRITT 16: EINE KONTUR FÜR DAS ERSTE KLEINE FOTO

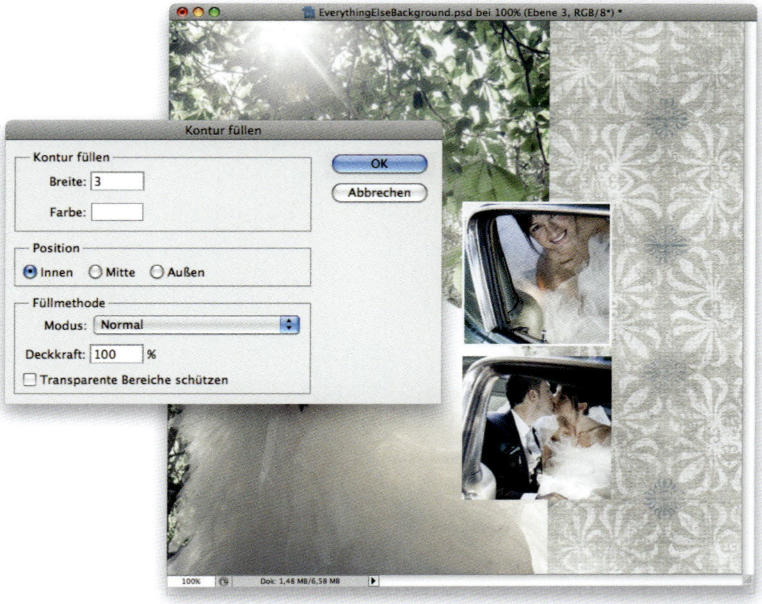

Jetzt aber zurück zum Deckblatt. Wir wollen für das erste kleine Foto eine weiße Kontur anlegen. Drücken Sie die ⌘-Taste (PC: Strg) und klicken Sie im Ebenen-Bedienfeld auf die Miniatur der Ebene mit der Braut im Auto. Es wird alles ausgewählt, was sich auf der Ebene befindet. Legen Sie mit NEUE EBENE ERSTELLEN darüber eine neue Ebene an. Wählen Sie BEARBEITEN/KONTUR FÜLLEN. Stellen Sie die Breite auf 3 px, die Farbe auf WEISS (klicken Sie auf das Farbfeld) und die Position auf INNEN. Die restlichen Einstellungen bleiben unverändert. Klicken Sie dann auf OK. Drücken Sie ⌘-D (PC: Strg-D), um die Auswahl aufzuheben. Jetzt sehen Sie eine weiße Kontur um das Foto. Benennen Sie nun die Ebene.

SCHRITT 17: DUPLIZIEREN SIE DIE KONTUR UND FÜGEN SIE SIE DEM ANDEREN FOTO HINZU

Hier, ein Wahnsinns-Tastenkürzel: Wir duplizieren die Kontur-Ebene, um sie auch dem anderen kleinen Foto zuzuweisen. Im Bedienfeldmenü finden Sie die Option EBENE DUPLIZIEREN, aber es geht auch kürzer: Drücken Sie ⌘-J (PC: Strg-J), dann wird alles dupliziert, was auf einer Ebene ausgewählt ist. Glauben Sie mir, dieses Tastenkürzel werden Sie immer wieder verwenden, denn es spart unheimlich Zeit. Duplizieren Sie also die Kontur-Ebene und verschieben Sie die Kopie so, dass sie über dem anderen kleinen Foto im Ebenen-Bedienfeld erscheint.

SCHRITT 18: AUFRÄUMEN DURCH GRUPPIEREN

Eine weitere Idee zum Organisieren Ihres Ebenen-Bedienfelds besteht darin, die Ebenen in Ordnern (bzw. Gruppen) zu gruppieren. Führen wir diesen Schritt für die kleinen Fotos und die Konturen durch. Aktivieren Sie die erste Ebene und ⇧-klicken Sie dann auf die letzte, um sie alle auszuwählen. Wählen Sie EBENE/EBENEN GRUPPIEREN. Alle ausgewählten Ebenen werden im Ebenen-Bedienfeld in einen kleinen Ordner gelegt. Sie können den nach rechts weisenden Pfeil bei Gruppe 1 anklicken, um die Gruppe zu öffnen und zu schließen und die Ebenen darin ein- bzw. auszublenden. Sie können auch die Gruppe-1-Ebene anklicken und alle Ebenen dieser Gruppe gleichzeitig bewegen.

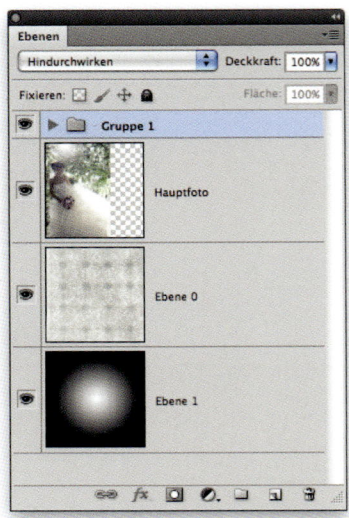

SCHRITT 19: ERZEUGEN SIE EINE RECHTECKIGE AUSWAHL ÜBER DER HINTERGRUNDSTRUKTUR

Nun legen wir einfache, farbige Rechtecke im Hintergrund an. Klicken Sie auf die Strukturebene im Ebenen-Bedienfeld, um die Ebene zu aktivieren, anschließend auf das Icon NEUE EBENE ERSTELLEN unten im Bedienfeld, um eine neue Ebene über dem Hintergrund, jedoch unter der Braut anzulegen. Zeichnen Sie mit dem Auswahlrechteck eine hohe, schlanke Auswahl rechts neben dem großen Brautfoto. Klicken Sie ins Farbfeld für die Vordergrundfarbe, um den Farbwähler zu öffnen. Wählen Sie folgende Farbe: R: 137, G: 160, B: 165. Klicken Sie auf OK, um den Farbwähler zu schließen.

SCHRITT 20: RECHTECK MIT VORDERGRUNDFARBE FÜLLEN UND DECKKRAFT REDUZIEREN

Drücken Sie jetzt ⌥-← (PC: Alt-←), um die Auswahl mit der Vordergrundfarbe zu füllen. Die Farbe schreit etwas, wir wollen einen feineren Effekt. Reduzieren Sie deshalb die Deckkraft für die Farb-Ebene im Ebenen-Bedienfeld auf 50 % (wie wir bereits in Schritt 6 die Deckkraft der Struktur-Ebene reduziert haben). Drücken Sie ⌘-D (PC: Strg-D), um die Auswahl aufzuheben.

SCHRITT 21: ERZEUGEN SIE EIN WEITERES RECHTECK

Klicken Sie erneut auf das Icon NEUE EBENE ERSTELLEN, um eine weitere Ebene über dem farbigen Rechteck anzulegen. Zeichnen Sie eine weitere rechteckige Auswahl (dünner als die erste und etwas links davon). Drücken Sie die Taste D, dann X, um Weiß als Vordergrundfarbe einzustellen, und drücken Sie ⌥-←, um die Auswahl mit Weiß zu füllen. Heben Sie die Auswahl auf. Nun haben Sie etwas mehr Farbe und einen schönen Trenner, um das Foto von Hintergrund abzuheben.

SCHRITT 22: AUFRÄUMEN, EBENEN LÖSCHEN

Hin und wieder ist es nötig, unnütze Ebenen aus dem Dokument zu entfernen. Angenommen, Sie wollen das soeben erstellte farbige Rechteck nicht mehr. Sie können es mithilfe des Augen-Icons ausblenden, die Ebene bleibt dabei aber erhalten. Um sie permanent zu löschen, klicken Sie auf die Ebene und ziehen Sie sie auf das kleine Papierkorb-Icon unten im Ebenen-Bedienfeld. Wenn Sie sich sicher sind, dass Sie etwas löschen wollen, ist es immer gut, die entsprechenden Ebenen zu entfernen, um die Dateigröße nicht sinnlos aufzublasen. Außerdem ist das Ebenen-Bedienfeld jetzt übersichtlicher. Mit gefällt das Rechteck, deswegen lösche ich es nicht, aber ich wollte Ihnen zeigen, wie es geht.

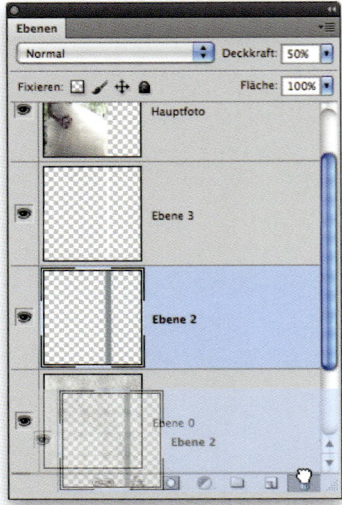

SCHRITT 23: ZUM SCHLUSS TEXT HINZUFÜGEN

Wir sind fast fertig. Zum Schluss wollen wir nur noch das Datum hinzufügen. (Um Text-Ebenen kümmern wir uns in Kapitel 5, für dieses Projekt können Sie eine PSD-Datei mit Text von mir verwenden.) Öffnen Sie die Text-Datei und kopieren Sie den Text in Ihr Album-Layout (verschieben Sie die Datum-Ebene im Ebenenstapel des Ebenen-Bedienfelds ganz nach oben, damit der Text über allen Bildern erscheint). Es sieht cooler aus, wenn Sie ihn auf die Seite drehen. Wählen Sie darum BEARBEITEN/TRANSFORMIEREN/ UM 90° GEGEN UZS DREHEN. Das Datum wird gedreht und ist von unten nach oben lesbar. Ziehen Sie es mit dem Verschieben-Werkzeug in die rechte obere Ecke.

SCHRITT 24: ALLE EBENEN REDUZIEREN, DIE NICHT MEHR BEARBEITET WERDEN MÜSSEN

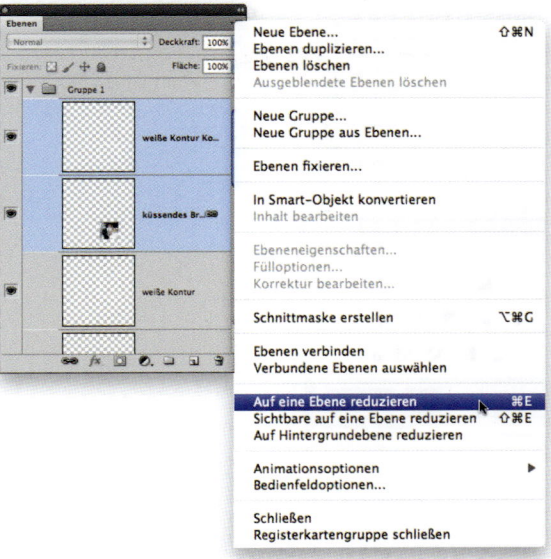

Zum Schluss reduziere ich alle Ebenen, die nicht mehr bearbeitet werden müssen. Jede Ebene, die im Ebenen-Bedienfeld verbleibt, benötigt Platz in Ihrer Datei und im Speicher Ihres Computers. Darüber hinaus ist es schwierig, mit sehr vielen Ebenen umzugehen. Wer möchte schon ein Bild mit 20, 30 oder noch mehr Ebenen darin? Deshalb verschmelze ich Ebenen (d.h., ich reduziere sie auf eine Ebene), wenn ich weiß, dass ich nichts mehr auf ihnen ändern muss. Ein schönes Beispiel wären hier die kleinen quadratischen Fotos und ihre Kontur-Ebenen (die wir in Schritt 18 in eine Gruppe gelegt haben). Um sie zu reduzieren, wählen Sie zuerst beide Ebenen aus (wie hier zu sehen). Aus dem EBENE-Menü wählen Sie dann AUF EINE EBENE REDUZIEREN. Beide Ebenen werden zu einer zusammengefasst. Sie können die Kontur jetzt nicht mehr unabhängig vom Foto bearbeiten, aber das ist jetzt wahrscheinlich auch nicht mehr von Bedeutung. Das war's! Das Ebenenprojekt ist abgeschlossen. Wir müssen das Bild nur noch als PSD-Datei speichern (DATEI/SPEICHERN UNTER), damit Sie es später wieder öffnen und bei Bedarf weiterbearbeiten können.

Ebenengrundlagen **KAPITEL 1** 27

KAPITEL 1

WIE ...

ERZEUGE ICH EINE NEUE EBENE?

Drücken Sie ⌘-⇧-N (PC: Strg-⇧-N) oder klicken Sie auf das Icon Neue Ebene erstellen unten im Ebenen-Bedienfeld.

ERZEUGE ICH EINE NEUE EBENE OHNE DEN NEUE-EBENE-DIALOG?

Drücken Sie ⌘-⌥-⇧-N (PC: Strg-Alt-⇧-N) oder klicken Sie auf das Icon Neue Ebene erstellen unten im Ebenen-Bedienfeld.

BENENNE ICH EINE EBENE UM?

Doppelklicken Sie auf den Namen der Ebene im Ebenen-Bedienfeld und tippen Sie den neuen Namen ein.

WANDELE ICH DIE HINTERGRUNDEBENE IN EINE NORMALE EBENE UM?

Doppelklicken Sie auf die Hintergrundebene im Ebenen-Bedienfeld. Klicken Sie dann OK im Neue Ebene-Dialog, um den neuen Namen anzunehmen. Oder, noch besser, Sie drücken und halten die ⌥-Taste (PC: Alt) und doppelklicken auf die Hintergrundebene im Ebenen-Bedienfeld. Damit umgehen Sie den Neue Ebene-Dialog.

DUPLIZIERE ICH EINE EBENE?

Drücken Sie ⌘-J (PC: Strg-J) oder ziehen Sie die Ebene auf das Icon Neue Ebene erstellen unten im Ebenen-Bedienfeld.

VERSCHIEBE ICH EINE EBENE IM STAPEL NACH OBEN ODER UNTEN?

Klicken Sie die Ebene an und ziehen Sie sie mit der Maus nach oben oder unten, wohin Sie sie haben wollen.

WÄHLE ICH MEHRERE EBENEN GLEICHZEITIG AUS?

Klicken Sie auf die Ebene, halten Sie dann die ⌘-Taste (PC: Strg) gedrückt und klicken Sie auf weitere Ebenen, die Sie auswählen wollen. Hängen die Ebenen im Bedienfeld zusammen, klicken Sie auf die erste und ⇧-klicken Sie auf die letzte Ebene.

GRUPPIERE ICH EBENEN IN EINEM ORDNER?

Wählen Sie die Ebenen aus, die Sie gruppieren wollen. Drücken Sie dann ⌘-G (PC: Strg-G).

TopMom(final).psd @ 100% (Layer 10, RGB/8*)
AMERICA'S NEXT
top mom
SEASON 1
100%
Zoom

KAPITEL ZWEI

EBENEN ÜBERBLENDEN

Überblendete Ebenen heben Ihre Montagen auf eine neue Stufe. Es gibt dazu viele Möglichkeiten, die über eine veränderte Deckkraft weit hinausgehen. Eine davon sind die sogenannten Füllmethoden oder Ebenen-Modi. Sie wirken wie ein Deckkraft-Doping und erzeugen Effekte, die mit anderen Mitteln in Photoshop gar nicht möglich sind. Füllmethoden gibt es in Photoshop viele. In diesem Kapitel möchte ich Ihnen diejenigen vorstellen, die Sie wirklich kennen sollten. Die meisten werden Sie vermutlich nie benutzen, darum konzentrieren wir uns auf die Füllmethoden, die Sie oft brauchen. Blättern Sie um, dann sehen Sie die Überraschung: »Die drei Füllmethoden, die Sie am meisten brauchen«.

KAPITEL 2

FÜR ELEMENTS GEEIGNET

DIE DREI FÜLLMETHODEN, DIE SIE AM MEISTEN BRAUCHEN
EINE KURZE EINFÜHRUNG IN DIE FÜLLMETHODEN VON PHOTOSHOP – UND WELCHE DREI DAVON SIE AM HÄUFIGSTEN EINSETZEN

In der Einleitung dieses Kapitels erwähnte ich bereits, dass es viele Füllmethoden gibt – 27 befinden sich im Ebenen-Bedienfeld, einige weitere verstecken sich an anderen Stellen in Photoshop. Wenn Sie wissen müssten, was sie alle tun, würden Sie wahrscheinlich nie zu etwas anderem kommen (ganz zu schweigen davon, dass alle Ihre Freunde sich über Sie lustig machen würden). Deshalb gibt es dieses Tutorial. Vergessen Sie einfach die 27 Füllmethoden und konzentrieren Sie sich auf die drei, die Sie am häufigsten benötigen.

SCHRITT 1: ÖFFNEN SIE EIN FOTO ZUM EXPERIMENTIEREN

Suchen Sie zunächst ein Foto zum Herumexperimentieren und öffnen Sie es. Es ist egal, was für ein Foto Sie nehmen. (Falls Sie genau nachvollziehen wollen, was ich hier vorführe, laden Sie die Bilder von der Website herunter, die ich in der Einführung erwähnt habe.) Wir werden in diesem Tutorial ein bisschen anders vorgehen. Ich werde für jede der drei gebräuchlichsten Füllmethoden zwei Beispiele zeigen, damit Sie verstehen, was passiert. Das jeweils erste Beispiel ist eher theoretischer Natur, das zweite dagegen ist direkt aus dem Leben gegriffen. Ich glaube, dass die Beispiele Ihnen beim Kennenlernen der Füllmethoden helfen werden.

SCHRITT 2: FÜGEN SIE EINE NEUE EBENE HINZU UND AKTIVIEREN SIE DAS VERLAUFSWERKZEUG

Okay, zur Vorbereitung des ersten – unrealistischen – Beispiels: Legen Sie über der Hintergrundebene eine neue Ebene an, indem Sie auf das Icon NEUE EBENE ERSTELLEN unten im Ebenen-Bedienfeld klicken. Aktivieren Sie dann das Verlaufswerkzeug ([G]). Drücken Sie [↵], um den Verlaufswähler zu öffnen. Er erscheint dort, wo sich gerade Ihr Cursor befindet. Wählen Sie den dritten Verlauf von links in der obersten Reihe, einen der vorgegebenen Verläufe namens SCHWARZ, WEISS. Drücken Sie [Esc], um den Verlaufswähler zu schließen. Überprüfen Sie zum Schluss, ob Sie in der Optionsleiste den LINEAREN VERLAUF eingestellt haben (das erste Symbol rechts neben der Verlaufsminiatur).

SCHRITT 3: WENDEN SIE DEN LINEAREN VERLAUF AUF DAS GESAMTE BILD AN

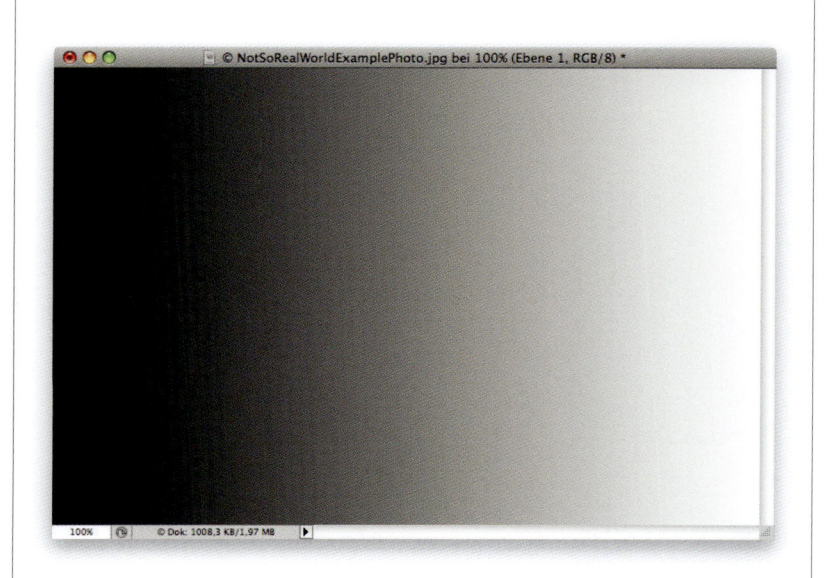

Klicken Sie im Ebenen-Bedienfeld einmal auf die neue Ebene, die Sie in Schritt 2 erzeugt haben. Ziehen Sie dann mit dem Verlaufswerkzeug von ganz links nach ganz rechts über Ihr Bild, um einen linearen Verlauf von Schwarz nach Weiß auf diese Ebene zu legen. Anhand dieser Ebene werden wir uns genau anschauen, was eigentlich bei den drei Füllmethoden geschieht, die wir untersuchen wollen.

Ebenen überblenden | **KAPITEL 2** | 33

SCHRITT 4: WÄHLEN SIE FÜLLMETHODE NR. 1 – MULTIPLIZIEREN

Schauen wir uns die erste nützliche Füllmethode an. Sie heißt Multiplizieren. Wir arbeiten weiter auf der in Schritt 3 erzeugten Verlaufsebene, diese Ebene ist also aktiv. Klicken Sie oben links im Ebenen-Bedienfeld auf das Füllmethoden-Popup-Menü und wählen Sie Multiplizieren. Was ist jetzt geschehen? Während das Ändern der Deckkrafteinstellung einer Ebene die Deckkraft aller Dinge auf der Ebene beeinflusst, ändert sich beim Einsatz einer Füllmethode die Deckkraft der Dinge in Abhängigkeit von ihrer Farbe.

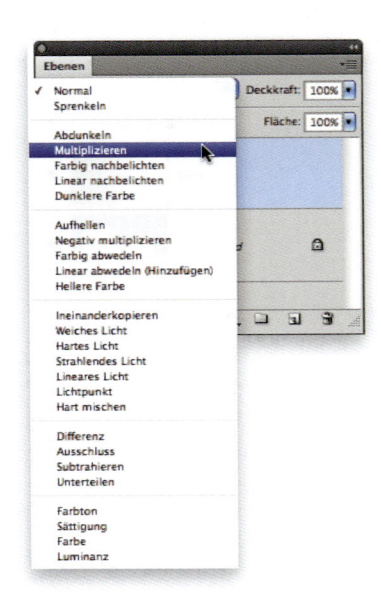

SCHRITT 5: FÜLLMETHODE NR. 1 – MULTIPLIZIEREN (UNREALES BEISPIEL)

Multiplizieren führt zum Beispiel immer zu einer Abdunklung. Ausgenommen sind weiße Bereiche im Bild. Stellen Sie es sich so vor: Beim Multiplizieren werden zwei Farben miteinander multipliziert (die obere Ebene mit der unteren Ebene). Schwarz mal irgendeine Farbe ergibt Schwarz, wie Sie auf der linken Seite des Bildes sehen können. Grau mal irgendeine Farbe ergibt etwas Dunkleres als das Original, wie Sie im mittleren Teil des Bildes erkennen. Weiß mal irgendeine Farbe schließlich lässt diese Farbe unverändert, das Weiß wird sozusagen transparent. Sie erkennen dies auf der rechten Seite des Bildes, wo der Verlauf weiß war.

SCHRITT 6: FÜLLMETHODE NR. 1 – MEULTIPLIZIEREN (PRAXISNAHES BEISPIEL)

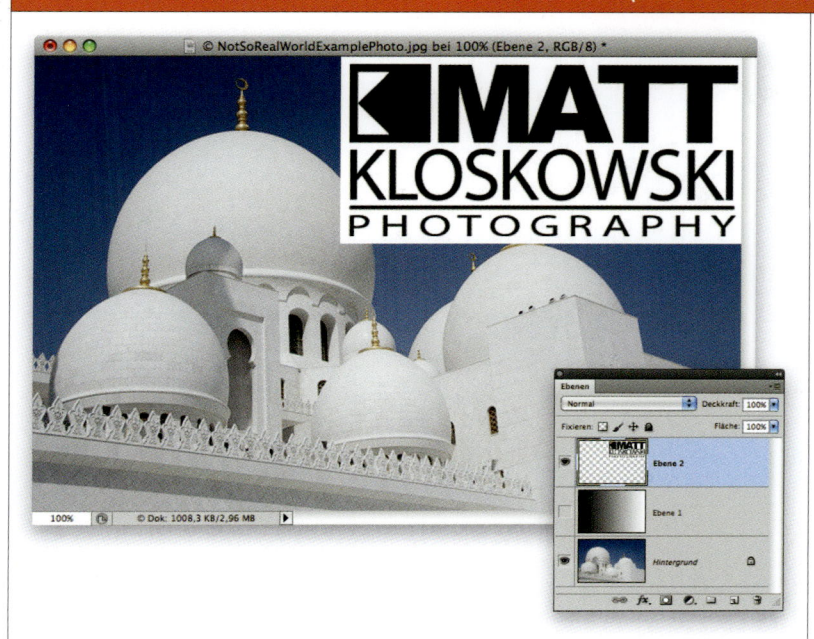

Lassen Sie dasselbe Bild geöffnet, blenden Sie die Verlaufsebene aber mal kurz aus, indem Sie auf das Augen-Icon links neben der Miniatur klicken. Öffnen Sie nun ein Bild mit schwarzem Logo auf weißem Hintergrund (Übungsdateien finden Sie in meinem Verzeichnis, falls Sie mitmachen wollen). Sie müssen beide Bilder unbedingt sehen, falls Sie also mit Registerkarten arbeiten, wählen Sie FENSTER/ANORDNEN/NUR SCHWEBENDE FENSTER. Ziehen Sie das Logobild mit dem Verschieben-Werkzeug ([V]) in das Dokument mit dem Foto, so dass das Logo in einer Ebene über den Foto erscheint.

SCHRITT 7: FÜLLMETHODE NR. 1 – MULTIPLIZIEREN (PRAXISNAHES BEISPIEL)

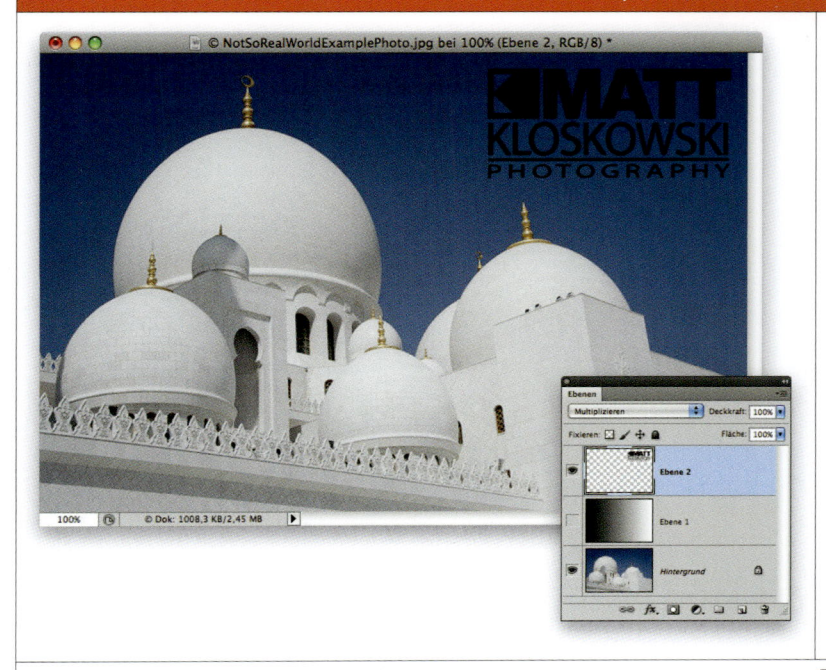

Wenn Sie die Größe des Logos anpassen wollen, drücken Sie [⌘]-[T] (PC: [Strg]-[T]), um FREI TRANSFORMIEREN aufzurufen. Halten Sie die [⇧]-Taste gedrückt, um die Proportionen beizubehalten, und ziehen Sie an einem Eckgriff nach innen. Drücken Sie [↵], um die Transformation zu bestätigen. Ändern Sie die Füllmethode der Logo-Ebene in MULTIPLIZIEREN. Dies ist ein tolles Beispiel dafür, wie Sie Zeit sparen können, wenn Sie mit einfachen Grafiken arbeiten. Eigentlich würden Sie die weißen Bereiche auswählen und löschen. Auf diese Weise geht es jedoch viel leichter. Denken Sie an den Verlauf: MULTIPLIZIEREN nimmt das Weiß und macht es transparent. Jetzt sind nur noch die schwarzen Teile des Logos vorhanden.

SCHRITT 8: WÄHLEN SIE FÜLLMETHODE NR. 2 – NEGATIV MULTIPLIZIEREN

Kommen wir wieder zu unserem Verlaufsbeispiel. Ziehen Sie die schwarzweiße Logo-Ebene in den Papierkorb unten im Ebenen-Bedienfeld, um sie zu löschen. Blenden Sie die Verlaufsebene wieder ein, indem Sie auf das Augen-Icon davor klicken. Dieses Mal ändern Sie die Füllmethode der Verlaufsebene in NEGATIV MULTIPLIZIEREN. Sie werden bemerken, dass sich diese Füllmethode deutlich von MULTIPLIZIEREN unterscheidet.

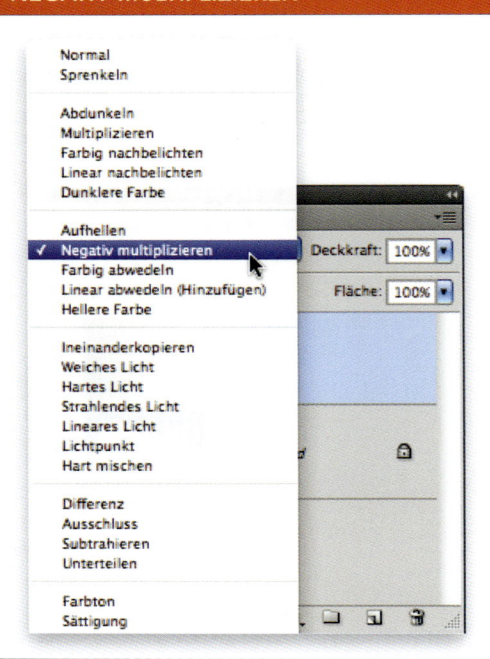

SCHRITT 9: FÜLLMETHODE NR. 2 – NEGATIV MULTIPLIZIEREN (UNREALES BEISPIEL)

NEGATIV MULTIPLIZIEREN wird als das Gegenteil von MULTIPLIZIEREN betrachtet. Ich erwähnte bereits, dass beim Multiplizieren das daraus resultierende Bild immer abgedunkelt wird. Beim Modus NEGATIV MULTIPLIZIEREN werden die Dinge dagegen entsprechend heller. Reines Weiß sieht immer weiß aus – es bleibt unverändert. Grau wird heller, je nachdem, wie dunkel das Grau im ursprünglichen Bild war (schauen Sie sich den Verlauf an). Alles, was völlig schwarz war, wird transparent und verschwindet aus dem endgültigen Bild.

SCHRITT 10: FÜLLMETHODE NR. 2 – NEGATIV MULTIPLIZIEREN (PRAXISNAHES BEISPIEL)

Öffnen Sie zwei Bilder. Hier habe ich eines mit weißen Kritzeleien auf schwarzem Hintergrund und ein Foto von einem Mädchen. Ein beliebter Effekt auf Familien- und Kinderporträts ist, kleine Kritzeleien auf dem Foto zu verteilen. Wählen Sie also einen Buchstaben aus dem Kritzelbild aus (Auswahlrechteck), kopieren Sie ihn und fügen Sie ihn in das Kinderfoto ein. Sie können ihn mit dem Verschieben-Werkzeug in Position bringen und mit FREI TRANSFORMIEREN in der Größe ändern oder drehen.

SCHRITT 11: FÜLLMETHODE NR. 2 – NEGATIV MULTIPLIZIEREN (PRAXISNAHES BEISPIEL)

Ändern Sie die Füllmethode der Buchstaben-Ebene in NEGATIV MULTIPLIZIEREN. Wie Sie sehen, verschwindet alles, was vorher schwarz war, und was bleibt, ist ein weißer Krakel. Wiederholen Sie das und fügen Sie den Rest des Namens ein. Ändern Sie jedes Mal die Füllmethode, wenn Sie einen Buchstaben einfügen, und wenn Sie fertig sind, haben Sie eine coole Möglichkeit, Familienfotos zu verschönern. Ich habe auch ein paar Kritzeleien an anderen Stellen im Bild verteilt.

SCHRITT 12: WÄHLEN SIE DIE FÜLLMETHODE NR. 3 – WEICHES LICHT

Die letzte der drei wichtigsten Füllmethoden ist Weiches Licht. Kehren Sie zum Verlaufsbeispiel zurück und ändern Sie die Füllmethode der Ebene entsprechend. Wie Sie sehen, hat Weiches Licht wieder eine völlig andere Wirkung als die beiden anderen Füllmethoden.

TIPP: Ich will ehrlich sein, die Füllmethode Ineinanderkopieren ist ebenfalls ein heißer Anwärter auf den dritten Platz unter den beliebtesten Füllmethoden. Sie hat eine ähnliche Wirkung wie Weiches Licht, ist allerdings etwas stärker; probieren Sie sie einfach einmal aus.

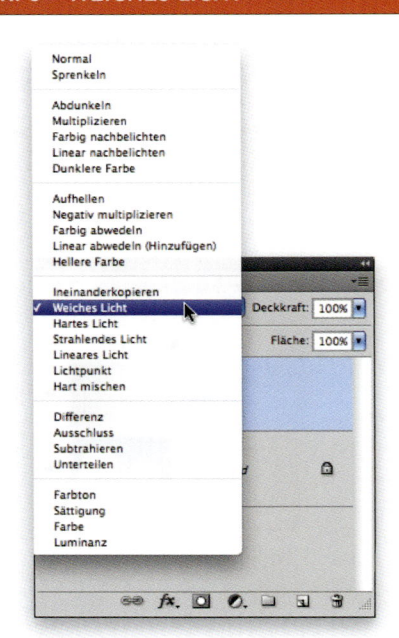

SCHRITT 13: FÜLLMETHODE NR. 3 – WEICHES LICHT (UNREALES BEISPIEL)

An den Stellen, an denen der Verlauf schwarz war, wurde das darunterliegende Bild abgedunkelt. Wo der Verlauf weiß war, wurde das darunterliegende Bild aufgehellt. Im Prinzip werden also die Tiefen dunkler und die Lichter heller. Alles jedoch, was 50 % grau war, wurde transparent. Die Bereiche in der Mitte des Verlaufs verschwanden daher, genau wie Weiß und Schwarz bei den anderen beiden Beispielen (Multiplizieren und Negativ multiplizieren). Man kann auch sagen, der Kontrast wurde verstärkt. Weiches Licht wird deshalb auch zu den kontrastverstärkenden Füllmethoden gezählt.

SCHRITT 14: FÜLLMETHODE NR. 3 – WEICHES LICHT (PRAXISNAHES BEISPIEL)

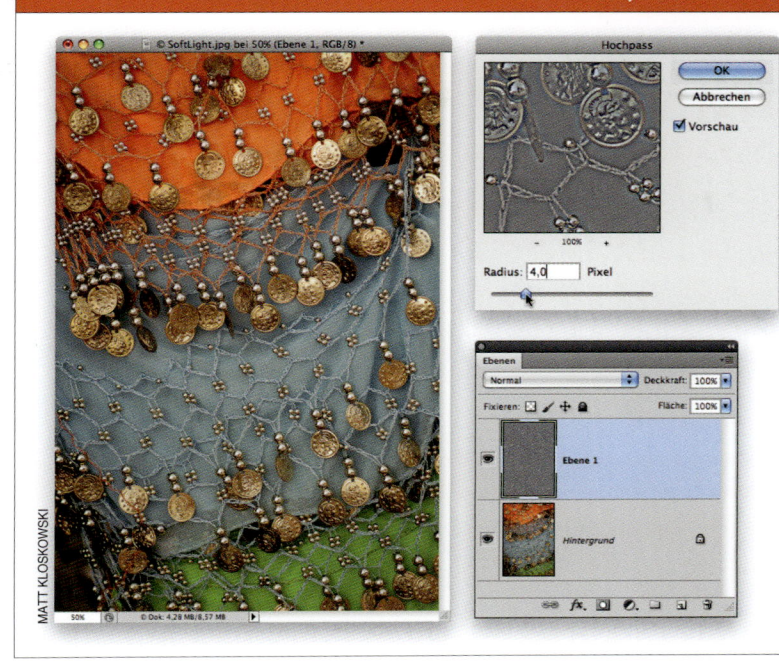

Öffnen Sie ein Foto mit vielen kleinen Details, die durchaus etwas schärfer werden könnten. Duplizieren Sie die Hintergrundebene mit ⌘-J (PC: Strg-J). Wählen Sie FILTER/SONSTIGE FILTER/HOCHPASS. Geben Sie einen relativ niedrigen Wert ein, etwa 4 Pixel (gerade so viel, dass einige der Details in den grauen Bereichen der Ebene sichtbar werden). Klicken Sie OK, wenn Sie fertig sind. Wissen Sie, was der HOCHPASS-Filter getan hat? Er hat den größten Teil der Ebene grau gemacht (50 % grau, um genau zu sein). Die detaillierten Bereiche hat er jedoch je nach ihrer Originalfarbe aufgehellt oder abgedunkelt.

SCHRITT 15: FÜLLMETHODE NR. 3 – WEICHES LICHT (PRAXISNAHES BEISPIEL)

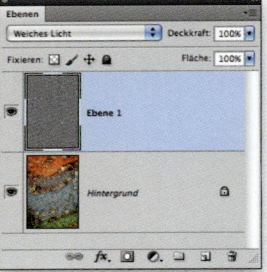

Ändern Sie nun die Füllmethode für die gerade angelegte Hochpass-Ebene in WEICHES LICHT. Cool, was? Das Foto wird scharfgezeichnet, indem der Kontrast an den Kanten verstärkt wird (was das Scharfzeichnen schließlich ausmacht). Wie bei dem Verlaufsbeispiel: Alles Dunkle wurde dunkler. Alles Helle wurde noch heller. Und genau wie bei dem Verlauf wurde alles, was genau 50 % grau ist, transparent und ist im fertigen Bild nicht zu sehen. Wir können also das Grau ausblenden und erhalten nur die kontrastverbessernde Wirkung der Füllmethode WEICHES LICHT. Und ja, die Füllmethode INEINANDERKOPIEREN funktioniert ähnlich (und zuweilen besser), probieren Sie sie aus.

KAPITEL 2

FÜLLMETHODEN AUS DER NÄHE
LASSEN SIE UNS EINEN NÄHEREN BLICK AUF DIE FÜLLMETHODEN WERFEN UND GLEICHZEITIG EIN COOLES BILD MONTIEREN.

FÜR ELEMENTS GEEIGNET

Im ersten Tutorial dieses Kapitels lernten Sie die drei Füllmethoden kennen, die Sie wahrscheinlich am häufigsten verwenden werden. Das bedeutet jedoch nicht, dass die anderen Füllmethoden nicht nützlich wären. Sie können viel erreichen, wenn Sie diese drei Füllmethoden mit einigen der anderen kombinieren.

SCHRITT 1: ÖFFNEN SIE DIE FOTOS, DIE SIE ÜBERBLENDEN WOLLEN

Öffnen Sie drei Fotos, die Sie miteinander kombinieren wollen. Wir werden hier keine Collage herstellen (das tun wir in Kapitel 4), wenn ich also kombinieren sage, dann meine ich es anders. Wir werden Teile der einzelnen Ebenen duplizieren und sie mit den darunterliegenden Ebenen mischen. Zum einen verwenden wir die bereits besprochenen Füllmethoden, wir betrachten aber auch ein paar andere.

Hinweis: Sie können direkt zu Schritt 5 springen und die PSD-Datei öffnen, die Sie heruntergeladen haben, wenn Sie das Kopieren und Einfügen satthaben.

40   Ebenen überblenden

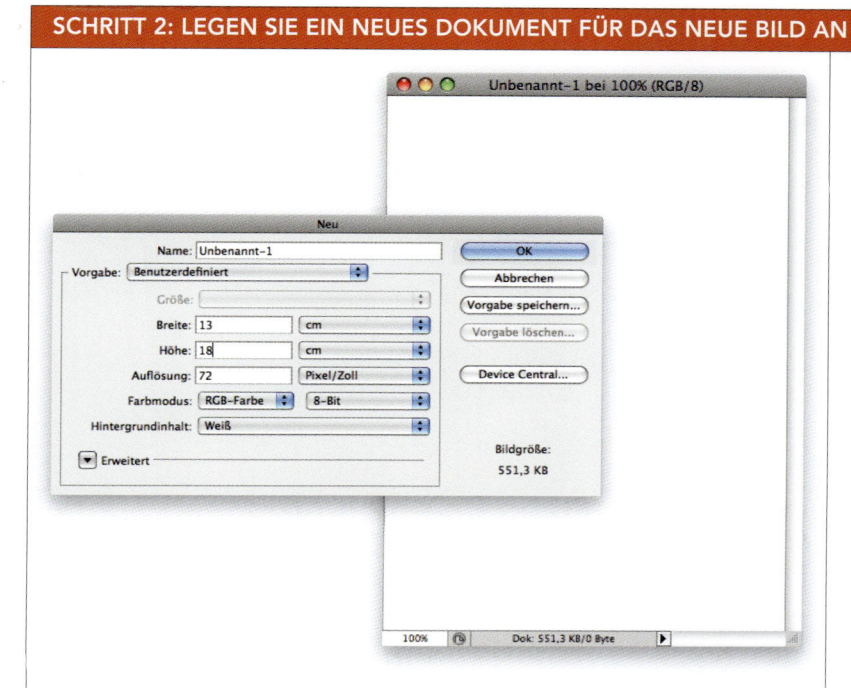

SCHRITT 2: LEGEN SIE EIN NEUES DOKUMENT FÜR DAS NEUE BILD AN

Drücken Sie als Nächstes ⌘-N (PC: Strg-N), um den Neu-Dialog zu öffnen. Stellen Sie die Breite auf 13 cm und die Höhe auf 18 cm. Setzen Sie dann die Auflösung auf 72 Pixel/Zoll, den Farbmodus auf RGB-Farbe und den Hintergrundinhalt auf Weiss. Klicken Sie OK, um das neue Dokument anzulegen.

SCHRITT 3: HOLEN SIE DIE FOTOS IN DAS NEUE BILD, PASSEN SIE DIE GRÖSSE AN, WENN NÖTIG

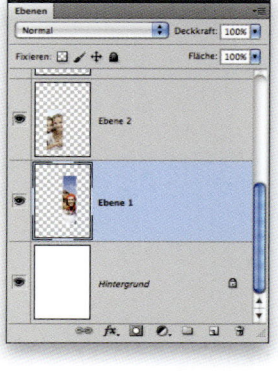

Wählen Sie in jedem Foto mit dem Auswahlrechteck (M) einen Bereich aus (vorzugsweise einen Bereich mit Gesichtern), kopieren Sie Ihre Auswahl und fügen den Bildausschnitt ins neue Bild ein. Ich wählte schmale Rechtecke aus und verteilte sie im ganzen Bild. Was Ihnen hilft, die Bilder optisch auszurichten, ist die Option Ansicht/Ausrichten. Wenn sie eingeschaltet ist, richten sich Ihre Bilder aneinander aus, sobald Sie sie bewegen.

TIPP: Wenn Sie nicht mit der Passform Ihrer Bilder zufrieden sind, wählen Sie Bearbeiten/Frei transformieren oder drücken Sie ⌘-T (PC: Strg-T), um die Größe anzupassen. Halten Sie die ⇧-Taste gedrückt, um die Proportionen beizubehalten.

SCHRITT 4: REDUZIEREN SIE IHRE EBENEN MIT EINEM DER COOLSTEN TASTENKÜRZEL

Wenn Sie alle Ebenen im neuen Dokument beisammen haben, reduzieren Sie sie, damit sie sich leichter bearbeiten lassen. Mit Ebene/Auf Hintergrundebene reduzieren wären die Ebenen jedoch für immer verloren. Stattdessen verwenden wir eines der coolsten Tastenkürzel in Photoshop, das die Ebenen in eine reduzierte Ebene vereint, die Originale jedoch beibehält. Aktivieren Sie die oberste Ebene und drücken Sie dann ⌘-⌥-⇧-E (PC: Strg-Alt-⇧-E). Damit werden alle Ebenen in einer einzigen, zuoberst liegenden Ebene vereint, dennoch bleiben die anderen Ebenen erhalten, falls Sie später weiter damit arbeiten wollen.

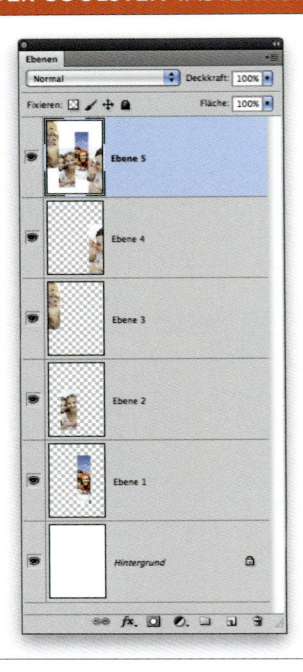

SCHRITT 5: EIN WEITERER BLICK AUF DIE FÜLLMETHODEN, BEVOR ES WEITERGEHT

Auch wenn das Füllmethoden-Menü auf den ersten Blick verwirrend wirkt, erkennen Sie vielleicht schon einen Sinn in seinem Aufbau. Jedem Abschnitt im Menü kann man eine bestimmte Kategorie zuordnen: Der zweite Abschnitt von oben (1) enthält die Methoden mit Abdunklungseffekt. Die Füllmethoden im nächsten Abschnitt (2) wirken aufhellend. Danach (3) kommen Methoden, die den Kontrast verstärken. Aufhellung oder Abdunklung erfolgen hier je nach Farbe, während die beiden anderen Abschnitte immer abdunkeln oder aufhellen. Abschnitt (4) enthält Methoden, die Unterschiede zwischen zwei Ebenen aufzeigen. Im letzten Abschnitt (5) stehen Füllmethoden, die mit Farbe arbeiten.

SCHRITT 6: ABDUNKELNDE FÜLLMETHODEN – WÄHLEN SIE EINEN BILDBEREICH AUS

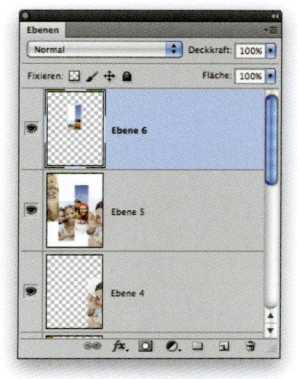

Wir experimentieren zuerst mit den abdunkelnden Methoden. Klicken Sie auf die reduzierte Ebene oben im Ebenen-Bedienfeld, um sie zu aktivieren. Erzeugen Sie mit dem Auswahlrechteck eine Auswahl, die sich über zwei Fotos erstreckt. Keine Sorge, wenn sie auch einen Teil des Hintergrunds erfasst. Duplizieren Sie die Auswahl, indem Sie ⌘-J (PC: Strg-J) drücken, um den Bereich auf eine eigene Ebene zu kopieren.

SCHRITT 7: ÄNDERN SIE DIE FÜLLMETHODE IN FARBIG NACHBELICHTEN

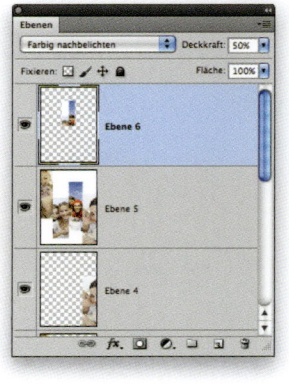

Ändern Sie die Füllmethode der neuen Ebene in FARBIG NACHBELICHTEN. Sehen Sie, dass sie nicht nur dunkler wird, sondern auch rot erscheint? Jede Füllmethode, deren Name das Wort »nachbelichten« enthält, hat diese Wirkung. Es sieht so aus, als hätte das Bild einen Sonnenbrand. Der Effekt ist für dieses Bild etwas zu stark, reduzieren Sie deshalb die Deckkraft dieser Ebene auf 50 %, um sie mit dem Foto darunter zu mischen.

Ebenen überblenden **KAPITEL 2**

SCHRITT 8: AUFHELLENDE FÜLLMETHODEN – EINEN BILDBEREICH AUF EINE EIGENE EBENE KOPIEREN

Klicken Sie wie in Schritt 6 auf die reduzierte Ebene, um sie zu aktivieren. Legen Sie dann eine rechteckige Auswahl um einen anderen Bildbereich. Drücken Sie ⌘-J, um ihn auf eine eigene Ebene zu kopieren.

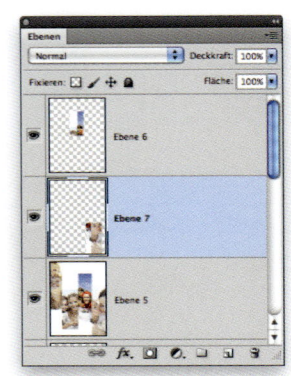

SCHRITT 9: ÄNDERN SIE DIE FÜLLMETHODE DER EBENE IN FARBIG ABWEDELN

Ändern Sie die Füllmethode in eine der aufhellenden Füllmethoden: Farbig abwedeln. Sie haben gesehen, was Negativ multiplizieren tut. Farbig abwedeln hellt extrem auf, der Effekt wird deutlicher als mit Negativ multiplizieren. Jede Füllmethode, die den Begriff »Abwedeln« im Namen trägt, hellt die Farben, die Weiß ähnlich sind, extrem auf. Reduzieren Sie den Effekt der Farbig-abwedeln-Ebene, indem Sie deren Deckkraft auf 55 % reduzieren.

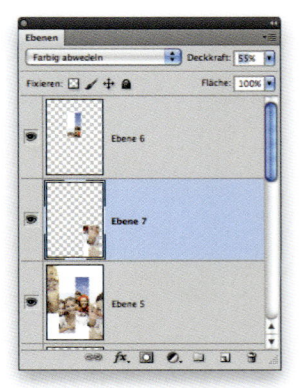

SCHRITT 10: KONTRAST UND FÜLLMETHODEN – AUF EINEN ANDEREN BILDBEREICH ANGEWENDET

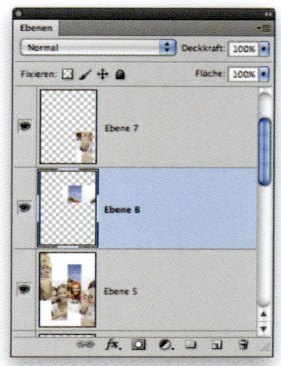

Klicken Sie erneut auf die reduzierte Ebene und wählen Sie wieder einen anderen Bildbereich aus. Duplizieren Sie diese auf eine eigene Ebene. Ändern Sie die Füllmethode dieses Mal in einen der Modi, die den Kontrast verstärken, wie zum Beispiel STRAHLENDES LICHT. All diese Füllmethoden machen die dunklen Farben dunkler und die hellen heller, aber manche (wie STRAHLENDES LICHT) wirken intensiver. Sie werden sehen, dass diese Füllmethode nicht nur den Kontrast verstärkt, irgendwie sehen sie auch … nun ja, … strahlender aus.

SCHRITT 11: LEGEN SIE EINE NEUE EBENE AN UND FÜLLEN SIE SIE MIT EINER FARBE

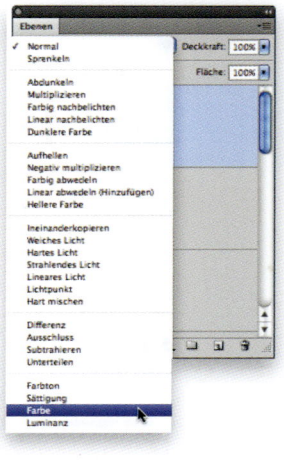

Nun wollen wir mit den Füllmethoden der letzten Gruppe experimentieren. Alle reagieren auf die Farbe der Ebene, die Methode FARBE wird jedoch am häufigsten verwendet. Legen Sie zuerst eine neue, leere Ebene an und füllen Sie sie mit einer Farbe (BEARBEITEN/FÜLLEN, Popup-Menü VERWENDEN: FARBE). Eigentlich geht jede Farbe, hier verwendete ich R: 123, G: 87, B: 31. Drücken Sie dann ⌘-D (PC: Strg-D), um die Auswahl aufzuheben. Ändern Sie die Füllmethode in FARBE. Alles, was von der farbigen Ebene darüber überlagert wird, färbte diese Methode ein. Sie muss jedoch mit einer Farbe interagieren, über Weiß (hier dem Hintergrund) oder Schwarz bleibt sie transparent.

SCHRITT 12: WIEDERHOLEN SIE DIESE SCHRITTE MIT ANDEREN FÜLLMETHODEN

Sie können diese Schritte noch einige Male wiederholen, um zu sehen, wie andere Füllmethoden reagieren. Es lohnt sich, auch LUMINANZ und FARBTON zu testen. LUMINANZ entfernt generell die Farbe aus dem Bild und lässt nur noch die Helligkeitswerte übrig, darum erscheint das Bild schwarzweiß. FARBTON ist ähnlich wie FARBE, reagiert aber etwas anders mit der darunterliegenden Ebene. Zum Abschluss fügte ich noch eine Grafik von einem anderen Bild hinzu.

KAPITEL 2

EBENEN-FÜLLMETHODEN FÜR FOTOGRAFEN

WIE EIN PAAR EINFACHE FÜLLMETHODEN IHRE FOTOS VERBESSERN

Mir persönlich gefällt an den Füllmethoden ganz besonders, dass sie nicht die eigentlichen Pixel im Bild verändern, sondern nur die Art und Weise, wie diese auf dem Bildschirm aussehen. Für einen Fotografen ist das toll, denn wir wollen zwar einerseits kreativ sein, uns aber andererseits eine gewisse Flexibilität erhalten – für den Fall, dass die Korrektur einen anderen Verlauf nimmt, als wir uns das ursprünglich vorgestellt haben. Mit Füllmethoden kann man ganz hervorragend das Beste aus beiden Welten erhalten. In diesem Tutorial werden wir in einigen Beispielen zeigen, wie Füllmethoden Fotografen helfen.

FÜR ELEMENTS GEEIGNET

SCHRITT 1: PROBLEM: DUNKLE UND UNTERBELICHTETE FOTOS

Eine der ersten Gelegenheiten, bei denen Ihnen Füllmethoden helfen können, ist, wenn Bereiche in einem Bild unterbelichtet sind. Hier haben wir ein Problem, das bei Außenporträts weit verbreitet ist. Die Augenhöhlen der rechten Person sind leicht dunkler im Vergleich zum übrigen Gesicht. Durch die Form unserer Stirn und unseres Gesichts erreicht das von oben einfallende Licht die Augen nicht so stark wie andere Bereiche. Wie gesagt, ein häufiges Problem, bei dem eine Füllmethode helfen kann.

SCHRITT 2: DUNKLE BEREICHE DUPLIZIEREN UND FÜLLMETHODE: NEGATIV MULTIPLIZIEREN

Zeichnen Sie mit dem Lasso ([L]) eine schnelle Auswahl um die Augenhöhlen (wählen Sie ein Auge aus, halten Sie dann die [⇧]-Taste gedrückt und wählen Sie das andere Auge aus, um es zur Auswahl hinzuzufügen). Drücken Sie [⌘]-[J] (PC: [Strg]-[J]), um die Auswahl auf eine eigene Ebene zu duplizieren, so dass jetzt zwei Ebenen im Ebenen-Bedienfeld zu sehen sind. Ändern Sie die Füllmethode der oberen Ebene in NEGATIV MULTIPLIZIEREN. Diese Füllmethode hellt auf, also wird alles auf dieser Ebene heller.

TIPP: Mit dem Tastenkürzel [⌥]-[⇧]-[S] (PC: [Alt]-[⇧]-[S]) wechseln Sie schnell zu NEGATIV MULTIPLIZIEREN.

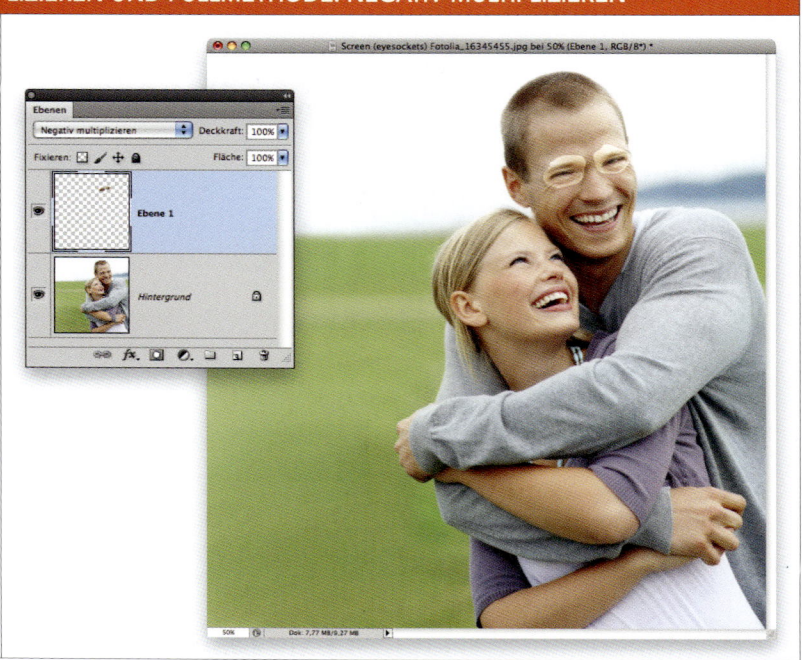

SCHRITT 3: REDUZIEREN SIE DIE DECKKRAFT UND LÖSCHEN SIE ZU HELLE BEREICHE

Ich weiß, er sieht jetzt wie ein Waschbär aus. Wenn Sie ihn veralbern wollen, können Sie hier aufhören – aber wir nehmen mal an, Sie machen weiter. Aktivieren Sie den Radiergummi ([E]), wählen Sie dann eine kleine, weiche Werkzeugspitze aus dem Pinselwähler in der Optionsleiste. Klicken und ziehen Sie damit, um die Bereiche zu entfernen, die nicht aufgehellt werden müssen. Reduzieren Sie schließlich die Deckkraft der Ebene auf ca. 50 %, damit die Ebenen sanfter ineinanderübergehen.

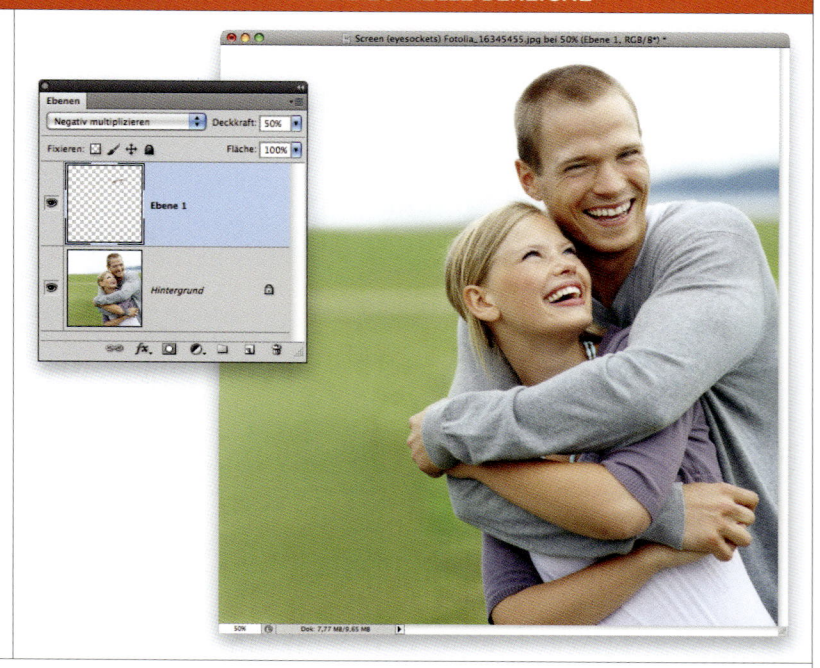

SCHRITT 4: PROBLEM: VERBLASSTE FOTOS. ÖFFNEN UND HINTERGRUND DUPLIZIEREN

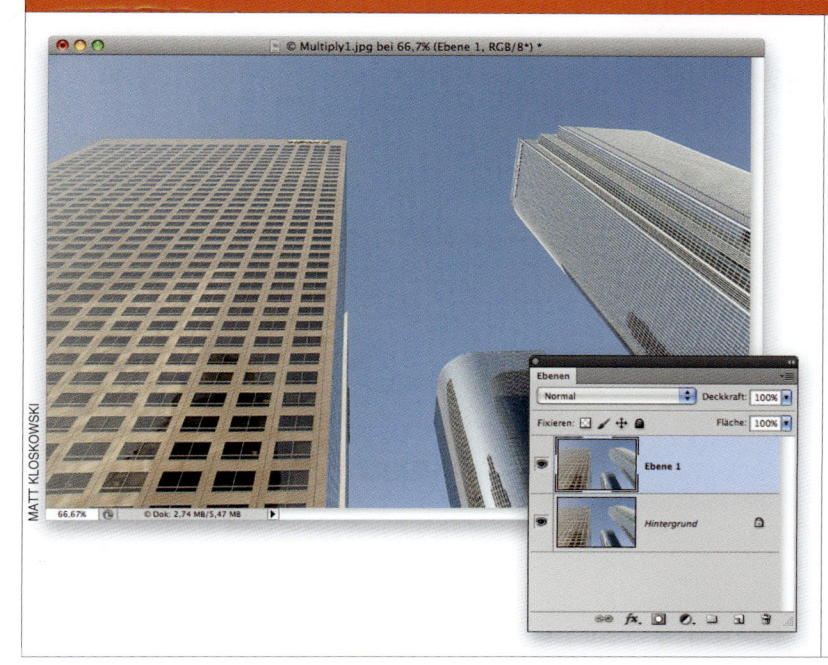

Auch hier können Füllmethoden helfen: Ich habe hier ein Foto geöffnet, in dem der Himmel gut aussieht, die Gebäude jedoch zu hell sind. Duplizieren Sie zuerst die Hintergrundebene, indem Sie ⌘-J drücken.

SCHRITT 5: FÜLLMETHODE: MULTIPLIZIEREN. ZU DUNKLE BEREICHE AUSWÄHLEN

Ändern Sie die Füllmethode der duplizierten Ebene in MULTIPLIZIEREN. Multiplizieren dunkelt ab, allerdings alles im Foto. Wenn das für Sie in Ordnung ist, lassen Sie es so. Hier finde ich den Himmel jedoch zu dunkel. Nehmen Sie den Zauberstab (W) und klicken Sie in den Himmel, um ihn auszuwählen. Vermutlich müssen Sie noch anderswo ⇧-klicken, weil beim ersten Mal nicht der gesamte Himmel ausgewählt wurde.

SCHRITT 6: LÖSCHEN SIE DUNKLE BEREICHE UND REDUZIEREN SIE DIE DECKKRAFT

Drücken Sie die Löschtaste, um den Himmel zu entfernen, drücken Sie dann ⌘-D (PC: Strg-D), um die Auswahl aufzuheben. Der Abdunklungseffekt von MULTIPLIZIEREN ist nun nur noch in den Gebäuden zu sehen, wo er ja auch gewünscht war. Die Gebäude sehen also etwas griffiger aus. Reduzieren Sie die Deckkraft der Ebene, wenn sie Ihnen zu dunkel ist.

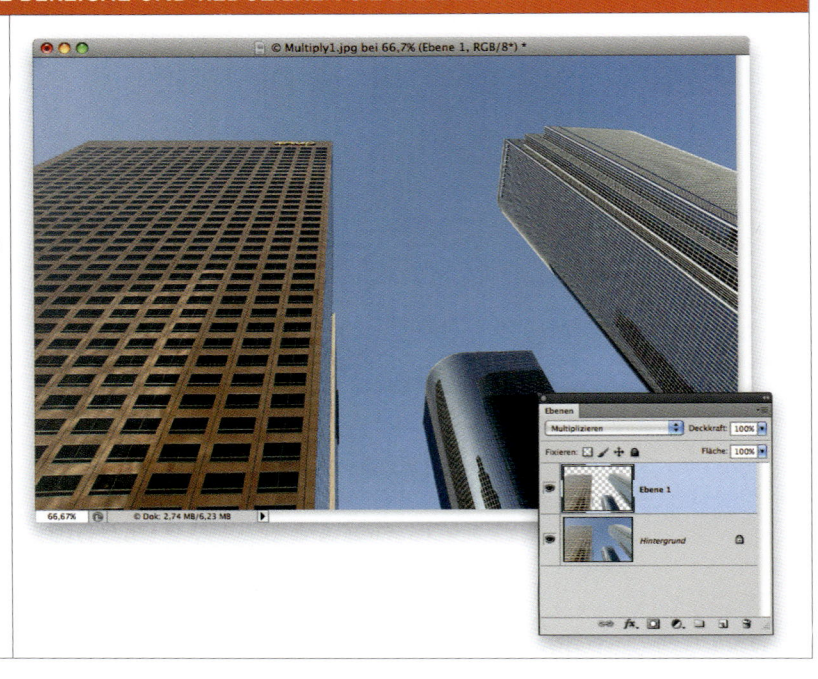

SCHRITT 7: ÖFFNEN SIE EIN BILD MIT EINEM SCHWARZEN RAHMEN UND WÄHLEN SIE ES AUS

Hier ein weiteres Beispiel, wozu Sie MULTIPLIZIEREN einsetzen können: Öffnen Sie ein cooles Bild mit einem schwarzen Rahmen. Die meisten Rahmen sind dort, wo das Foto hingehört, einfach nur weiß. Drücken Sie zu Beginn ⌘-A (PC: Strg-A), um das gesamte Bild auszuwählen.

SCHRITT 8: KOPIEREN SIE IHN AUF EIN FOTO, FÜLLMETHODE: MULTIPLIZIEREN

Kopieren Sie den Rahmen und fügen Sie ihn in ein anderes Bild ein. Wählen Sie BEARBEITEN/ FREI TRANSFORMIEREN, wenn Sie die Größe anpassen müssen, damit das Foto hineinpasst. Ändern Sie dann die Füllmethode der Rahmen-Ebene in MULTIPLIZIEREN und Photoshop wird automatisch das Weiß entfernen, so dass das Foto von der Ebene darunter zu sehen ist. Nun also: schwarzer Rahmen mit Bild. Keine Auswahlen, nix.

SCHRITT 9: INEINANDERKOPIEREN: HIMMEL ABDUNKELN UND VORDERGRUND AUFHELLEN

Das letzte Problem, um das wir uns hier kümmern werden, ist ein Foto mit einem hellen Himmel und einem dunklen Vordergrund. Normalerweise korrigiert man das, indem man beim Fotografieren einen Neutralverlaufsfilter auf der Kamera verwendet. Manche Dinge lassen sich jedoch auch später in Photoshop lösen. Öffnen Sie zuerst das Bild, das Sie verbessern wollen. Hier ist der Himmel recht hell, der Vordergrund jedoch etwas zu dunkel.

SCHRITT 10: NEUE EBENE MIT SCHWARZ-WEISS-VERLAUF

Legen Sie über dem Hintergrund eine neue Ebene an, indem Sie auf das Icon Neue Ebene erstellen unten im Ebenen-Bedienfeld klicken. Aktivieren Sie das Verlaufswerkzeug (G) und drücken Sie ↵, um den Verlaufswähler zu öffnen. Er taucht dort auf, wo sich Ihr Cursor gerade befindet. Wählen Sie den dritten Verlauf oben links, er heißt Schwarz, Weiss. Aktivieren Sie die Option Linearer Verlauf (das erste Icon rechts von der Miniatur). Klicken Sie jetzt mit dem Verlaufswerkzeug und ziehen Sie von oben nach unten über das Foto.

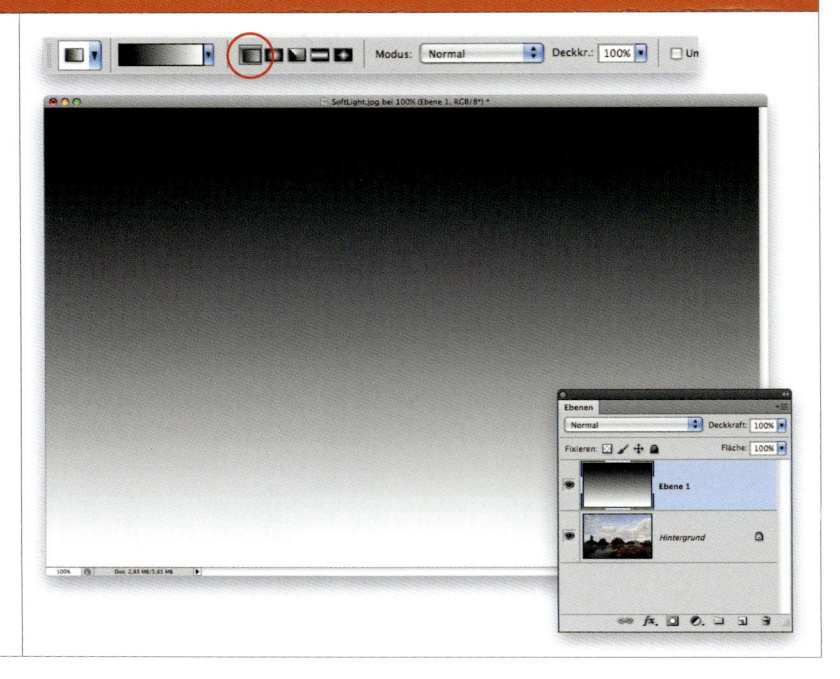

SCHRITT 11: FÜLLMETHODE: WEICHES LICHT, MIT INEINANDERKOPIEREN EXPERIMENTIEREN

Erinnern Sie sich an die Füllmethoden, die den Kontrast verstärken? Hier wollen wir die Ebenen basierend auf der Farbe des Verlaufs überblenden. Wo der Verlauf schwarz ist, soll das Bild abgedunkelt, wo er weiß ist, soll es aufgehellt werden. Ändern Sie dazu die Füllmethode in Weiches Licht und verringern Sie die Deckkraft, wenn das nötig ist. Schon viel besser. Ich habe den Verlauf sogar mit dem Radierer über dem Felsen im Vordergrund etwas entfernt, damit er nicht zu hell wurde.

TIPP: Probieren Sie auch Ineinanderkopieren. Das Ergebnis sieht etwas stärker gesättigt aus, bei Fotos, die stärkere Farben vertragen können, wirkt das jedoch besser.

SCHRITT 12: STRUKTUR INS FOTO KOPIEREN. FÜLLMETHODE: INEINANDERKOPIEREN

Hier ein völlig anderes Beispiel, um Fotos mit den Modi WEICHES LICHT oder INEINANDERKOPIEREN zu verbessern. Öffnen Sie ein Foto und ein Strukturbild. Die Struktur können Sie sich herunterladen oder in Photoshop selbst erstellen, oder Sie fotografieren einfach eine Wand. Kopieren Sie die Struktur und fügen Sie sie ins Foto ein. Ändern Sie die Füllmethode der Struktur-Ebene in INEINANDERKOPIEREN (oder WEICHES LICHT), dann erhält das Foto einen eher abgetragenen oder verblassten Stil.

KAPITEL 2 | Ebenen überblenden

KAPITEL 2

WIE ...

ÄNDERE ICH DIE FÜLLMETHODE EINER EBENE?

Klicken Sie auf die Ebene, um sie zu aktivieren, wählen Sie dann die Füllmethode für die Ebene aus dem Popup-Menü oben links im Ebenen-Bedienfeld.

BEWEGE ICH MICH MIT TASTENKOMBINATIONEN DURCH DIE FÜLLMETHODEN?

Klicken Sie auf die Ebene, für die Sie die Füllmethode ändern wollen, und drücken Sie dann ⇧-+ (Plus), um sich im Menü nach oben, ⇧-- (Minus), um sich im Menü nach unten zu bewegen.

ÖFFNE ICH DIE EBENENSTILE-DIALOGBOX MIT DEN FÜLLOPTIONEN?

Doppelklicken Sie auf die Ebene im Ebenen-Bedienfeld.

WECHSLE ICH SCHNELL ZUR FÜLLMETHODE MULTIPLIZIEREN?

Drücken Sie ⌥-⇧-M (PC: Alt-⇧-M).

WECHSLE ICH SCHNELL ZUR FÜLLMETHODE NEGATIV MULTIPLIZIEREN?

Drücken Sie ⌥-⇧-S (PC: Alt-⇧-S).

WECHSLE ICH SCHNELL ZUR FÜLLMETHODE WEICHES LICHT?

Drücken Sie ⌥-⇧-F (PC: Alt-⇧-F).

ÄNDERE ICH DIE DECKKRAFT EINER EBENE ÜBER DIE TASTATUR?

Tippen Sie die erste Ziffer der gewünschten Deckkraft für die Ebene ein. Tippen Sie 5 für 50 %, und 35 (schnell hintereinander) für 35 %. (Für dieses Tastenkürzel darf kein Werkzeug aktiv sein, in dessen Optionsleiste Prozenteinstellungen möglich sind.)

Example8_iStock_000009642901(final).psd @ 100% (Color Balance 1, RGB/8) *
100%
Rectangular Marquee
100%
Rectangular Marquee
100%
Rectangular Marquee

KAPITEL DREI

EINSTELLUNGS-EBENEN

Sie haben inzwischen erfahren, wie nützlich Ebenen sind, um Änderungen an Ihren Bildern vorzunehmen. Wir haben aber nur mit normalen Ebenen gearbeitet. Es gibt in Photoshop darüber hinaus die sogenannten Einstellungsebenen. Dabei handelt es sich um eine andere Art von Ebenen, die die Bildbearbeitung völlig verändert hat, da sie Bildkorrekturen ohne dauerhafte Änderungen erlauben. Mit Einstellungsebenen können Sie sogar Anpassungen an ausgewählten Teilen Ihrer Fotos vornehmen, Sie müssen also nicht mehr das ganze Bild verändern. Sie sind ziemlich cool und recht einfach anzuwenden.

EINSTELLUNGSEBENEN: GRUNDLAGEN

EINSTELLUNGSEBENEN GEBEN IHNEN GRÖSSTMÖGLICHE FLEXIBILITÄT BEI DER BILDBEARBEITUNG.

Wieso sind Einstellungsebenen so cool? Angenommen, Sie wollen ein Foto in ein Schwarzweißbild umwandeln. Sicher, Sie könnten BILD/KORREKTUREN/SCHWARZWEISS wählen, allerdings ändern Sie dann das Bild dauerhaft. Wenn Sie also die Datei speichern, können Sie nie wieder zum ursprünglichen Farbbild zurückkehren. Die meisten Korrekturbefehle im KORREKTUREN-Menü gibt es auch als Einstellungsebene. Diese kleinen Ebenen führen exakt die gleichen Korrekturen durch, aber auf einer eigenen Ebene. Sie können nicht nur ganz einfach zum Originalbild zurückkehren, wenn Sie eine Einstellungsebene verwenden, sondern Sie können auch deren Werte ändern, falls Sie sich später anders entscheiden.

SCHRITT 1: ÖFFNEN SIE EIN FOTO VON EINEM OBJEKT, DESSEN FARBE SIE ÄNDERN WOLLEN

Es gibt Unmengen an Beispielen für den Einsatz von Einstellungsebenen. Wir wollen damit beginnen, dass wir die Farbe eines Objekts in einem Foto ändern. Öffnen Sie also ein entsprechendes Foto.

Hinweis: Falls Sie die Schritte am gleichen Bild wie ich nachvollziehen wollen, dann laden Sie es von der Website herunter, die in der Einleitung genannt wurde.

SCHRITT 2: SCHAUEN SIE SICH DIE OPTIONEN UNTER BILD/KORREKTUREN AN

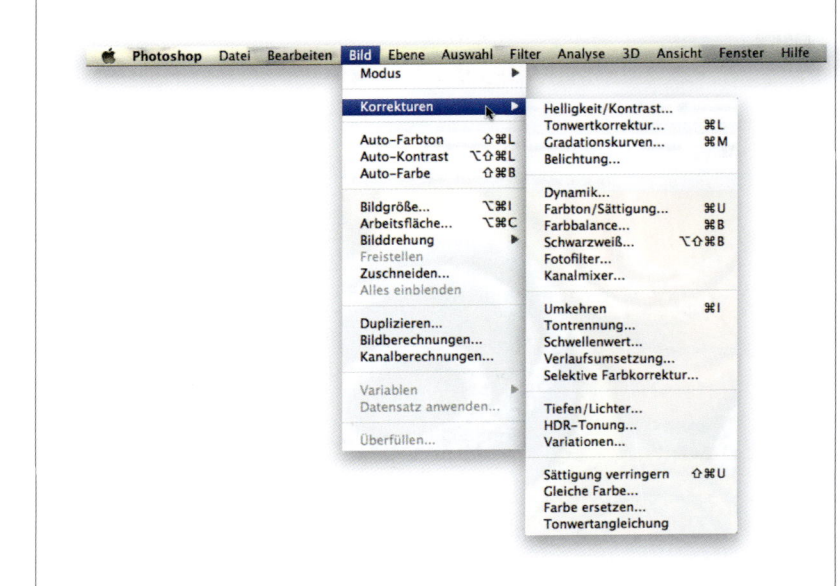

Damit Sie sehen, woher die Einstellungsebenen stammen, klicken Sie auf das BILD-Menü und schauen sich das Untermenü KORREKTUREN an. Dies sind die verschiedenen Farb- und Tonwertkorrekturen, die es in Photoshop gibt. Allerdings nehmen diese permanente Veränderungen an Ihrem Foto vor, Sie können also später nicht zum Original zurückkehren und Korrekturen ändern oder löschen.

SCHRITT 3: ÄHNLICHE KORREKTUREN FINDEN SIE IM KORREKTUREN-BEDIENFELD

Lassen Sie uns das Korrekturen-Menü kurz mit dem Korrekturen-Bedienfeld (das mit CS4 zu Photoshop gestoßen ist) vergleichen. Wenn Sie es nicht rechts am Bildschirmrand sehen, blenden Sie es mit FENSTER/KORREKTUREN ein. Sobald Sie den Mauszeiger über die Icons stellen (ich weiß, sie sind zu klein, also besser kein Wort darüber), erscheint der Name der Korrektur oben im Bedienfeld. Sehen Sie, dass hier dieselben Korrekturen zu finden sind wie im Menü? Der eine wichtige Unterschied ist jedoch, dass das Korrekturen-Bedienfeld Einstellungsebenen erzeugt, die Sie immer wieder ändern können.

SCHRITT 4: FÜHREN SIE EINE FARBTON/SÄTTIGUNG-KORREKTUR DURCH

Wo wir schon mal da sind, klicken Sie auf das Farbton/Sättigung-Icon (das zweite von links in der zweiten Reihe), um eine Farbton/Sättigung-Einstellungsebene hinzuzufügen. Das Bedienfeld ändert sich und zeigt die entsprechenden Optionen. Zuerst möchte ich nur die Blautöne im Bild ändern, nicht alle Farben, also wählte ich im Popup-Menü oben Blautöne. Alle Änderungen wirken sich jetzt nur auf die Blautöne im Bild aus. Ziehen Sie also den Farbton-Regler auf –135. Damit wird das blaue Objekt in der Mitte grün.

SCHRITT 5: DIE NEUE EBENE FINDEN SIE IM EBENEN-BEDIENFELD

Nachdem Sie die Änderungen vorgenommen haben, finden Sie im Ebenen-Bedienfeld eine neue Ebene: die Farbton/Sättigung-Einstellungsebene. Die Korrektur wurde auf einer separaten Ebene vorgenommen, nicht am Originalbild. Schauen Sie sich die Miniaturen einmal genau an: Auf der Hintergrundebene ist die Mitte blau, auf dem Bildschirm ist sie grün.

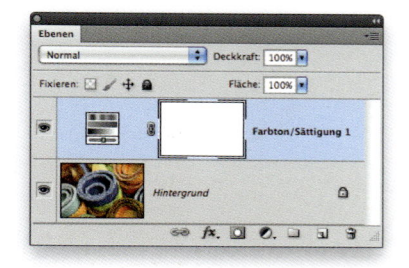

60 KAPITEL 3 Einstellungsebenen

SCHRITT 6: BLENDEN SIE DIE EINSTELLUNGSEBENE AUS, UM DAS ORIGINAL ZU SEHEN

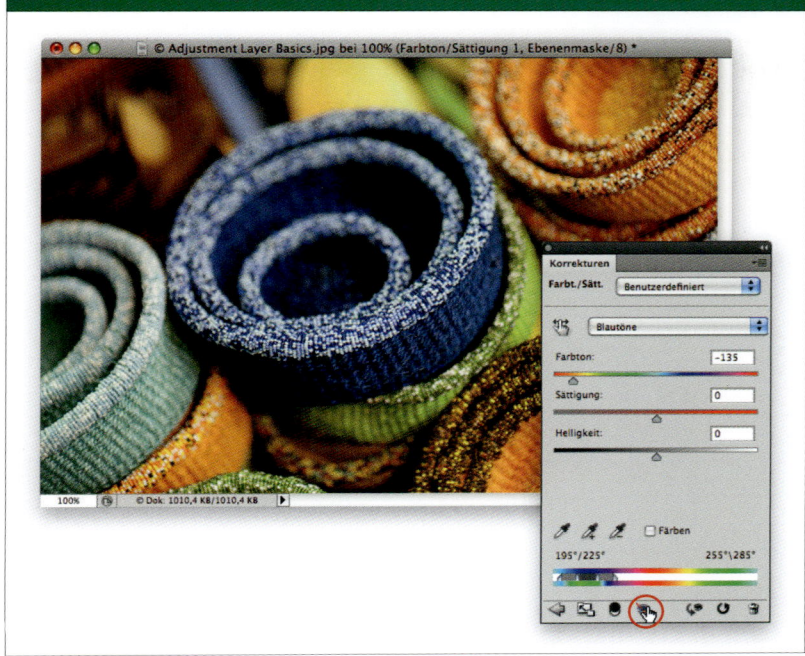

Einstellungsebenen funktionieren fast wie normale Ebenen. Sie besitzen eine DECKKRAFT-Einstellung, Sie können sie umbenennen und sogar ausblenden. Probieren Sie es. Klicken Sie auf das kleine Auge unten im Korrekturen-Bedienfeld und schon sehen Sie nur noch das Originalbild, das sich darunter im Ebenen-Bedienfeld befindet. Es ist sicher und wohlbehalten.

SCHRITT 7: SPEICHERN SIE DIE DATEI MIT EBENEN UND ÖFFNEN SIE SIE SPÄTER FÜR ÄNDERUNGEN

Angenommen, Sie sind fertig. Speichern Sie dieses Bild im Photoshop-PSD-Format mit DATEI/SPEICHERN UNTER. Nun ein kleines Rollenspiel: Stellen Sie sich vor, Sie zeigen das Bild einem Kunden, der Ihnen dann eröffnet, dass er lieber eine rote Bildmitte haben möchte. Sie müssen dann einfach nur die PSD-Datei öffnen und auf die Farbton/Sättigung-Einstellungsebene doppelklicken, um das Bedienfeld wieder zu öffnen. Photoshop hat sich die Werte vom letzten Mal gemerkt. Ziehen Sie den FARBTON-Regler, um die Farbe in Rot zu ändern. Das war's. Mit Einstellungsebenen halten Sie sich immer ein Hintertürchen offen, um alle Werte wieder zu ändern.

KAPITEL 3

SELEKTIVE KORREKTUREN

BEI EINSTELLUNGSEBENEN GEHT ES NICHT UM ALLES ODER NICHTS, SIE KÖNNEN AUCH EINZELNE BILDBEREICHE BEARBEITEN!

Wow, was Sie eben gesehen haben, war schon ziemlich cool! Es ist großartig, wenn man die Möglichkeit hat, Korrekturen zu einem späteren Zeitpunkt noch einmal zu ändern. Aber sehen wir den Tatsachen ins Auge. Der Alles-oder-Nichts-Faktor einer Einstellungsebene ist eine große Einschränkung. Stellen Sie sich vor, Sie haben ein Foto, dessen Himmel toll, dessen Vordergrund aber zu dunkel ist. Mit einer Tonwertkorrektur-Einstellungsebene können Sie den Vordergrund jederzeit aufhellen, allerdings wird dabei auch der Himmel aufgehellt. Wahrscheinlich so stark, dass er zu hell ist, richtig? Allerdings können Sie mit Einstellungsebenen selektiv bestimmte Bereiche Ihres Fotos ändern, ohne gleich das große Ganze zu beeinflussen.

FÜR ELEMENTS GEEIGNET

SCHRITT 1: ÖFFNEN SIE EIN BILD, BEI DEM NUR EIN BEREICH KORRIGIERT WERDEN MUSS

Öffnen Sie ein Foto, in dem ein Teil prima aussieht, ein anderer Bereich aber nachbearbeitet werden muss. Ich habe hier ein Landschaftsfoto. Die Scheune ist im Vergleich zum Rest des Bildes zu dunkel.

SCHRITT 2: VORDERGRUND MIT TONWERTKORREKTUR-EINSTELLUNGSEBENE AUFHELLEN

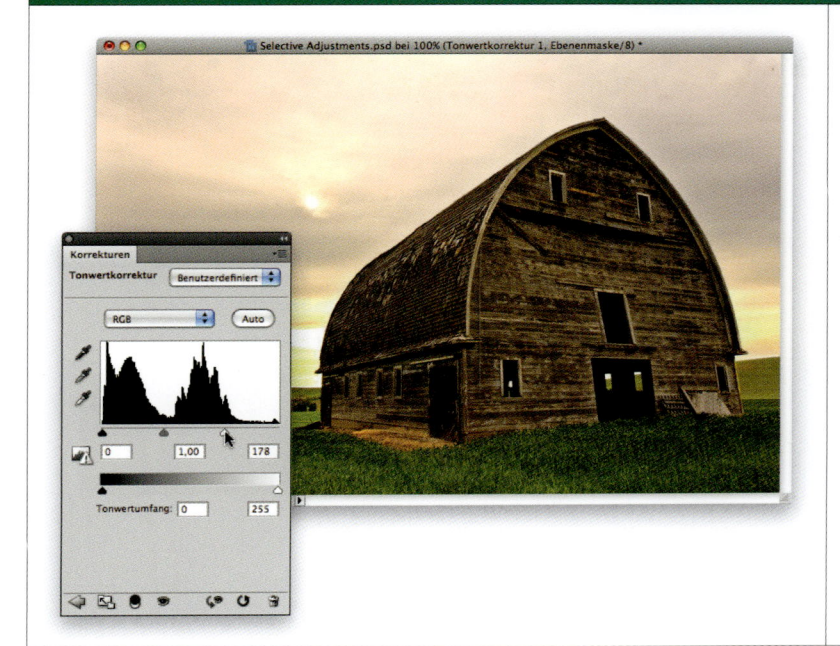

Klicken Sie im Korrekturen-Bedienfeld auf das TONWERTKORREKTUR-Icon (obere Reihe, das zweite von links). Ziehen Sie den Weißpunktregler unter dem Histogramm nach links. Sie sehen, wie alles im Bild heller wird. Allerdings verlieren wir dabei viele Details in den Wolken, das lässt sich jedoch beheben. Klicken Sie auf das Papierkorb-Icon unten rechts im Korrekturen-Bedienfeld, um die Änderung abzubrechen, und beginnen Sie von vorn.

SCHRITT 3: WÄHLEN SIE ZUERST DEN BEREICH AUS, DER AUFGEHELLT WERDEN SOLL

Sie haben gesehen, was passiert, wenn wir die Tonwertkorrektur auf das gesamte Bild anwenden. Nehmen Sie jetzt das Schnellauswahl-Werkzeug ([W]) und klicken und ziehen Sie damit über die Scheune, um den Bereich auszuwählen, den Sie bearbeiten wollen.

Hinweis: Wie in der Einführung erwähnt, habe ich ein Video über Auswahlen zusammengestellt (denn hier geht es ja um Ebenen). Sie finden es unter www.kelbytraining.com/books/layerscs5.

Einstellungsebenen **KAPITEL 3** 63

SCHRITT 4: ERNEUTE TONWERTKORREKTUR, DIESES MAL NUR FÜR DIE AUSWAHL

Kehren Sie zum Korrekturen-Bedienfeld zurück und klicken Sie erneut auf TONWERTKORREKTUR. Ziehen Sie den Weißpunktregler genau wie eben nach links, ich habe ihn in diesem Beispiel bis auf 148 gezogen. Sie sehen jetzt, dass nur der in Schritt 3 ausgewählte Bereich heller wird (die Scheune). Der Himmel ändert sich nicht.

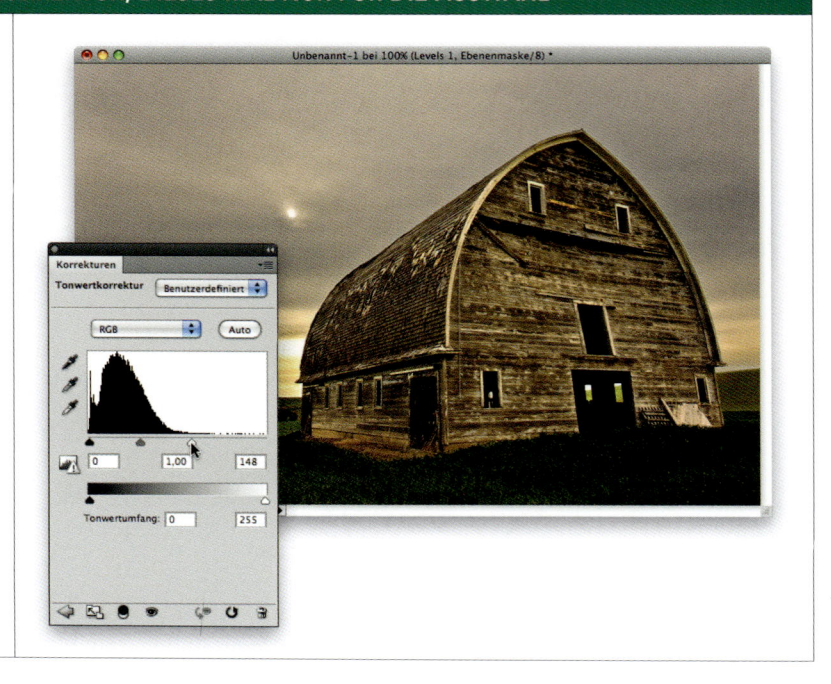

SCHRITT 5: SCHAUEN SIE SICH DIE MINIATUR NEBEN DER MINIATUR DER EINSTELLUNGSEBENE AN

Was ist hier geschehen? Wie ging das vor sich? Schauen Sie sich die kleine schwarzweiße Miniatur neben der Miniatur der Einstellungsebene im Ebenen-Bedienfeld an. Dies ist eine Ebenenmaske (sie ist hier rot umkreist). Im vorherigen Tutorial, als wir die Farbe mit einer FARBTON/SÄTTIGUNG-Einstellungsebene geändert haben, war die Ebenenmaske komplett weiß. Hier ist zum Vergleich ein Bildschirmfoto des Ebenen-Bedienfelds aus dem vorherigen Tutorial neben dem Bedienfeld aus diesem Beispiel. Diese ist nicht überall weiß, sondern nur in dem Bereich, den wir ausgewählt hatten.

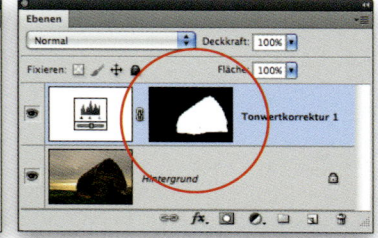

SCHRITT 6: SCHWARZ VERBIRGT DIE KORREKTUR UND ZEIGT DIE EBENE DARUNTER

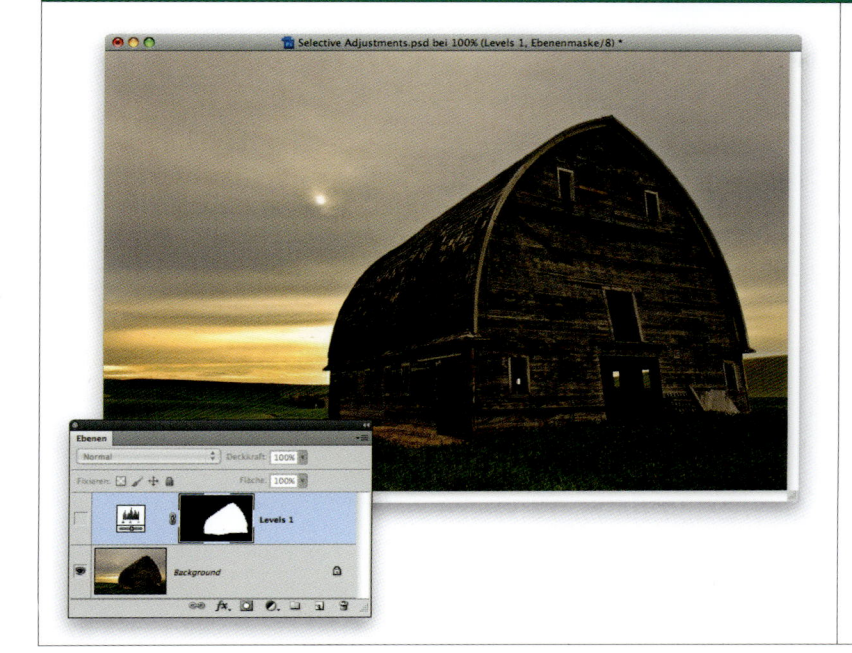

Merken Sie sich vor allen Dingen, dass es die Farbe (Schwarz oder Weiß) auf der Miniatur ist, die zählt. Wenn alles weiß ist, dann wirkt die Einstellungsebene auf das gesamte Foto. Überall dort, wo es schwarz ist, kann die Einstellungsebene nichts ausrichten und das Originalfoto, das sich unter der Einstellungsebene befindet, scheint hindurch. Weiß ist hier also unsere Auswahl der Scheune und zeigt unsere Tonwertkorrekturänderung, während das Schwarz über dem Bereich des Himmels und der Landschaft liegt und somit beides von der Hintergrundebene sehen lässt.

SCHRITT 7: VORHER/NACHHER MIT EINSTELLUNGSEBENE EIN/AUS

Klicken Sie auf das Augen-Icon links neben der Einstellungsebene im Ebenen-Bedienfeld, um die Korrekturen auszublenden und das Vorher-Bild zu sehen. Indem Sie die Einstellungsebene wieder einblenden, sehen Sie das Nachher-Bild.

Vorher

Nachher

Einstellungsebenen **KAPITEL 3** 65

SUPERFLEXIBLE KORREKTUREN

OKAY, JETZT WIRD ES WIRKLICH SPANNEND. EINSTELLUNGSEBENEN BESITZEN NOCH EINE SUPERCOOLE, FLEXIBLE FUNKTION.

Sie haben gesehen, dass Einstellungsebenen für sich stehen und die gesamte Ebene ändern können. Mit Auswahlen können Sie den Wirkungsbereich von Einstellungsebenen einschränken. Einstellungsebenen besitzen noch eine weitere spannende, flexible Funktion: Pinsel. Auswahlen sind zwar toll, aber erst Pinsel geben Ihnen die Flexibilität, die Sie wirklich brauchen. Mit einem Pinsel auf der Einstellungsebene können Sie die Anpassung exakt auf bestimmte Gebiete beschränken, indem Sie sie schwarz bemalen, statt eine Auswahl komplett schwarz auszufüllen. Das Konzept ist gleich, bietet aber deutlich mehr Kontrolle.

SCHRITT 1: ÖFFNEN SIE EIN FOTO, DAS IN EINEM BEREICH KORRIGIERT WERDEN MUSS

Öffnen Sie ein Foto, das in einem bestimmten Bereich eine Korrektur nötig hat. In diesem Fall sind die Frau und ihr Kind etwas dunkel und könnten sich besser vom Hintergrund abheben.

TIPP: Wie Sie sehen, verwende ich ein Foto von Personen für dieses Beispiel. Dabei könnte es sich ebenso um ein Landschaftsfoto wie bei den anderen Beispielen in diesem Kapitel handeln, bei dem der Vordergrund zu dunkel ist und den Sie aufhellen wollen. Das wollte ich nur schnell loswerden.

SCHRITT 2: DAS FOTO MIT EINER GRADATIONSKURVEN-EINSTELLUNGSEBENE AUFHELLEN

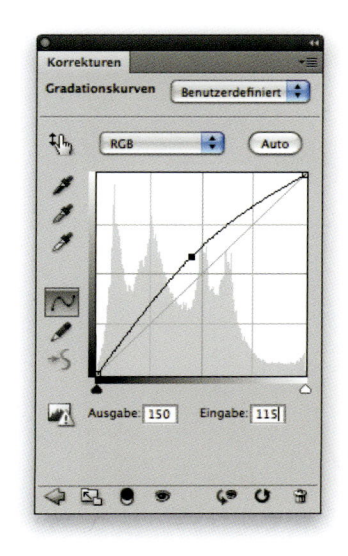

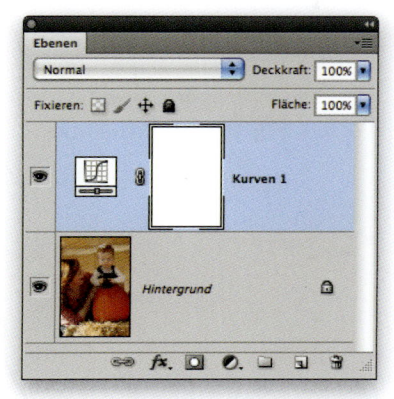

Jetzt setzen wir eine Gradationskurven-Einstellungsebene ein, um Mutter und Kind aufzuhellen. Klicken Sie auf das Gradationskurven-Icon im Korrekturen-Bedienfeld (das dritte von links in der oberen Zeile). Anschließend klicken Sie in die Mitte der diagonalen Linie und ziehen sie nach links oben. Es ist nicht schlimm, wenn Sie nicht sicher sind, wie weit Sie sie nach oben ziehen sollen, wir können die Kurve später noch genauer einstellen. Die neue Gradationskurven-Einstellungsebene erscheint im Ebenen-Bedienfeld über der Hintergrundebene.

SCHRITT 3: WÄHLEN SIE DAS PINSEL-WERKZEUG MIT EINER MITTELGROSSEN, WEICHEN SPITZE

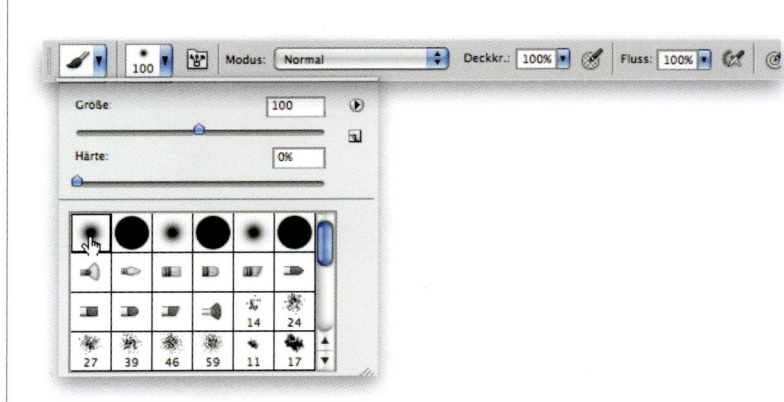

Jetzt erscheint das ganze Foto heller. Wir wollten aber eigentlich, dass nur Mutter und Kind aufgehellt werden und der Rest des Bildes unverändert bleibt. Lassen Sie uns dazu mit Schwarz auf der Einstellungsebene über den Hintergrund malen, um das Original an bestimmten Stellen zu rekonstruieren. Aktivieren Sie den Pinsel ([B]). Klicken Sie auf das Pinselvorgaben-Popup-Menü in der Optionsleiste und wählen Sie eine große, weiche Pinselspitze. Sorgen Sie dafür, dass die Vordergrundfarbe auf Schwarz eingestellt ist (falls Schwarz Ihre Hintergrundfarbe ist, drücken Sie [X], um Vorder- und Hintergrundfarbe zu tauschen). *Hinweis:* Schauen Sie sich auch das Video zu Pinselgrundlagen an, das ich in der Einführung erwähnt habe.

SCHRITT 4: MALEN SIE ÜBER DEN HINTERGRUND, UM IHN ABZUDUNKELN

Aktivieren Sie die Miniatur der Ebenenmaske in der Einstellungsebene (dass die Ebenenmaske aktiviert ist, erkennen Sie an dem dünnen schwarzen Rahmen um die Ecken der Miniatur). Klicken und ziehen Sie mit dem Pinsel über den Hintergrund des Fotos. Normalerweise würden Sie jetzt mit Schwarz auf das Foto malen. Da wir jedoch auf der Ebenenmaske arbeiten, verhält es sich anders. Dadurch bringen Sie den ursprünglichen Hintergrund von der Ebene darunter (der dunkler war) wieder zum Vorschein. Falls Sie einen Fehler machen, stellen Sie sicher, dass die Hintergrundfarbe Weiß ist (D) (vertauschen Sie gegebenenfalls einfach mit X die Vorder- und Hintergrundfarben), und übermalen Sie den Fehler mit Weiß.

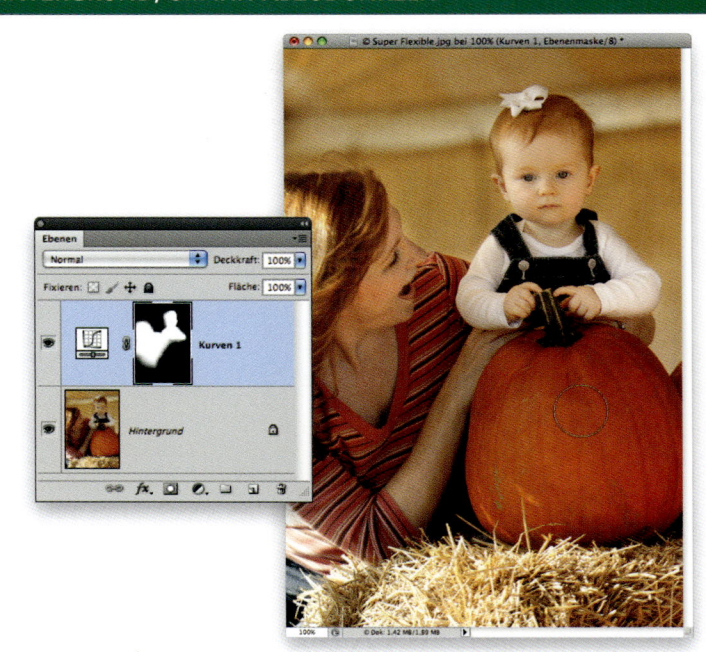

SCHRITT 5: MALEN SIE WEITER AUF DER MASKE, BIS DER HINTERGRUND WIEDER DUNKEL IST

Malen Sie weiter, bis der gesamte Hintergrund wieder dunkler aussieht. Auf der Miniatur der Ebenenmaske können Sie alle verbliebenen weißen Bereiche sehen. Möglicherweise müssen Sie ins Bild zoomen und die Größe der Pinselspitze verringern, um dicht an das Gesicht und die Ränder der Personen im Vordergrund heranzukommen und exakt arbeiten zu können. Im Prinzip funktioniert das Ganze wie im vorherigen Tutorial, nur dass wir hier mit Schwarz malen anstatt eine Auswahl schwarz zu füllen. Photoshop ist es egal, wie Sie das Schwarz auf die Ebenenmaske bekommen. Solange es Schwarz ist, scheint die Originalebene unter der Einstellungsebene hindurch.

SCHRITT 6: DOPPELKLICKEN SIE AUF DIE EINSTELLUNGSEBENE, UM DIE HELLIGKEIT ZU VERFEINERN

Erinnern Sie sich daran, dass wir uns in Schritt 2 nicht sicher waren, wie weit wir die Kurve ziehen mussten? Sie können jederzeit auf die Miniatur der GRADATIONSKURVEN-Einstellungsebene im Ebenen-Bedienfeld doppelklicken, um die Gradationskurven weiter zu verfeinern. Da Sie den Hintergrund durch die Maske geschützt haben, ändern Sie nur Mutter und Kind im Vordergrund, wenn Sie die Kurve weiter bearbeiten. Sie können genau erkennen, wie stark Sie die beiden durch Ihre Änderungen von dem Hintergrund absetzen. Ich sagte doch, das ist cool!

Vorher *Nachher*

KAPITEL 3

WEITERE IDEEN FÜR EINSTELLUNGSEBENEN

WENN SIE EINMAL MIT EINSTELLUNGSEBENEN ANGEFANGEN HABEN, HÖREN SIE GAR NICHT WIEDER AUF. HIER EINIGE WEITERE IDEEN.

Glauben Sie mir, wenn Sie einmal mit Einstellungsebenen angefangen haben, eröffnet sich Ihnen eine ganz neue Welt kreativer Möglichkeiten. So ziemlich alles, was Sie mit Ihren Fotos anstellen, hat mit dem BILD/ KORREKTUREN-Menü zu tun, also könnten Sie dafür auch Einstellungsebenen verwenden. Hier zeige ich Ihnen schnell ein paar Beispiele.

BEISPIEL 1: EIN SCHWARZWEISSBILD ERZEUGEN

Mit der SCHWARZWEISS-Korrektur (viertes Icon von links in der zweiten Reihe) geht es vermutlich am schnellsten und einfachsten, ein Farb- in ein SchwarzweißBild zu verwandeln. Klicken Sie einfach auf das Schwarzweiß-Icon, dann entfernt Photoshop alle Farbe aus dem Bild. Verschieben Sie dann die Regler, um die entsprechenden Farbtöne heller oder dunkler darzustellen. Wenn ich zum Beispiel den Grün-Regler nach links schiebe, werden die ehemaligen Grüntöne im Bild dunkler (hier also die Bäume). Verschiebe ich den Regler nach rechts, werden sie heller.

BEISPIEL 2: SCHWARZWEISS MIT ETWAS FARBE

Wenn Sie einen Sepia-Look wünschen, schalten Sie die Checkbox FARBTON oben in den SCHWARZWEISS-Optionen im Korrekturen-Bedienfeld ein. Damit wird dem Bild ein Hauch von Farbe hinzugefügt. Sie können in das Farbfeld neben der Checkbox klicken, um die Farbe bzw. ihre Intensität zu verändern.

BEISPIEL 3: SEMI-SCHWARZWEISS

Eine weitere Idee für die SCHWARZWEISS-Korrektur ist, eine Einstellungsebene wie im ersten Beispiel hinzuzufügen (ohne Färbung). Sie sehen die Schwarzweiß-Einstellungsebene im Ebenen-Bedienfeld. Wie bei anderen Ebenen können Sie deren Deckkraft ändern, ebenso ihre Füllmethode. Ändern Sie die Füllmethode der Einstellungsebene in INEINANDERKOPIEREN. Das Bild wird nicht vollständig gesättigt und etwas knackiger, ein toller Effekt für Sport- und dramatische Porträtaufnahmen. Für kleine Hunde, Kinder und kuschlig-warme Fotos würde ich ihn eher nicht verwenden.

BEISPIEL 4A: FARBSÄTTIGUNG VERBESSERN UND VERSTÄRKEN

Eine meiner Lieblingskorrekturen ist die DYNAMIK. Wenn sie Ihnen bekannt vorkommt, dann vermutlich aus Camera Raw oder Photoshop Lightroom. Um die Farbe aufzufrischen, ist sie ideal. Das schöne daran ist vor allem, dass sie die Farben nur an den Stellen verstärkt, wo sie es nötig haben. Hautfarben und bereits gesättigte Bereiche bleiben unbehelligt.

BEISPIEL 4B: DYNAMIK MIT SÄTTIGUNG VERGLEICHEN

Sie werden feststellen, dass DYNAMIK die Farben in der Kinderkleidung deutlich aufgebessert hat, die Hauttöne sind jedoch unverändert geblieben. Vergleichen Sie diese mit der SÄTTIGUNG-Korrektur (die wir verwendeten, als es die DYNAMIK-Funktion noch nicht gab), nach der die Kinder aussehen, als wären sie zu lange in der Sonne gewesen, und die restlichen Farben fast zirkushaft bunt wirken.

BEISPIEL 5: FARBE STELLENWEISE HINZUFÜGEN

Noch eine beliebte Technik: Sie können ein Schwarzweißfoto erzeugen und dann stellenweise wieder Farbe hinzufügen. Das ist toll, wenn Sie die Aufmerksamkeit auf ein bestimmtes Objekt lenken wollen, und wirkt sehr dramatisch. Zuerst wenden Sie die Schwarzweiß-Umwandlung wie in Beispiel 1 an. Dann malen Sie mit einem schwarzen Pinsel über die Bereiche, die Sie wieder färben wollen. Hier malte ich über den Brautstrauß, um dessen Farbe wieder freizulegen. Toll, diese Technik!

BEISPIEL 6: DIE STIMMUNG EINES FOTOS ÄNDERN

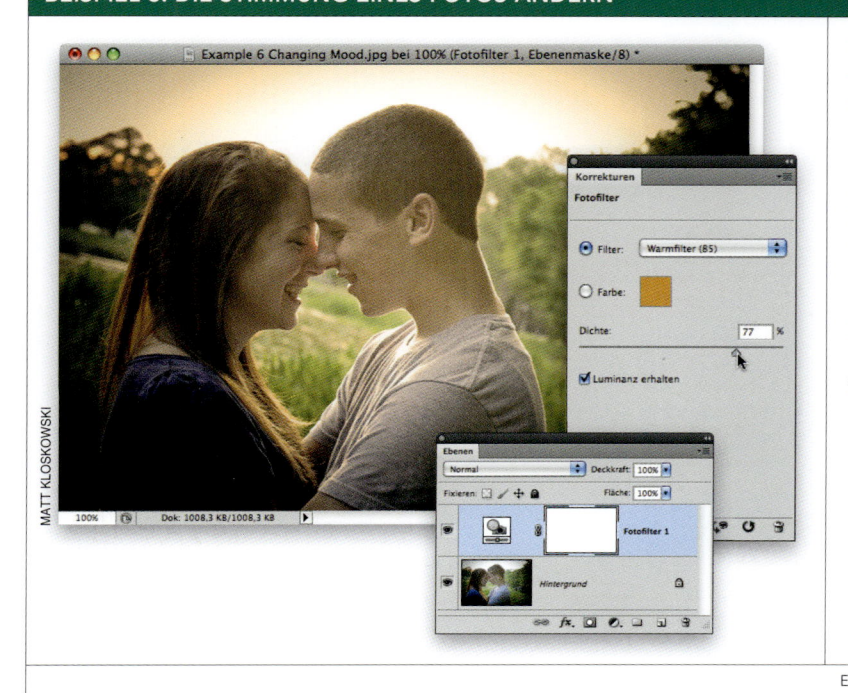

Mit der FOTOFILTER-Einstellungsebene kann man ganz ausgezeichnet die Stimmung oder Atmosphäre eines Fotos verändern. Sie simuliert die traditionellen Objektivfilter zum Ändern der Farbtemperatur. Öffnen Sie für dieses Beispiel ein Foto, das Sie ein wenig aufhübschen wollen. Legen Sie dann eine FOTOFILTER-Einstellungsebene an. Wählen Sie einen der Warmfilter, um die Wirkung dieses tollen Morgenlichts zu verstärken.

BEISPIEL 7: PROBIEREN SIE DAS GEGENTEIL MIT EINEM KALTFILTER

Bei einer FOTOFILTER-Anpassung können Sie aber auch einen Kaltfilter einsetzen. Dieser hat die entgegengesetzte Wirkung des Warmfilters. Er lässt ein Foto sehr kühl erscheinen. Schauen Sie, wie sich die Stimmung in diesem Foto ändert und es so aussieht, als wäre es an einem kalten Tag aufgenommen worden.

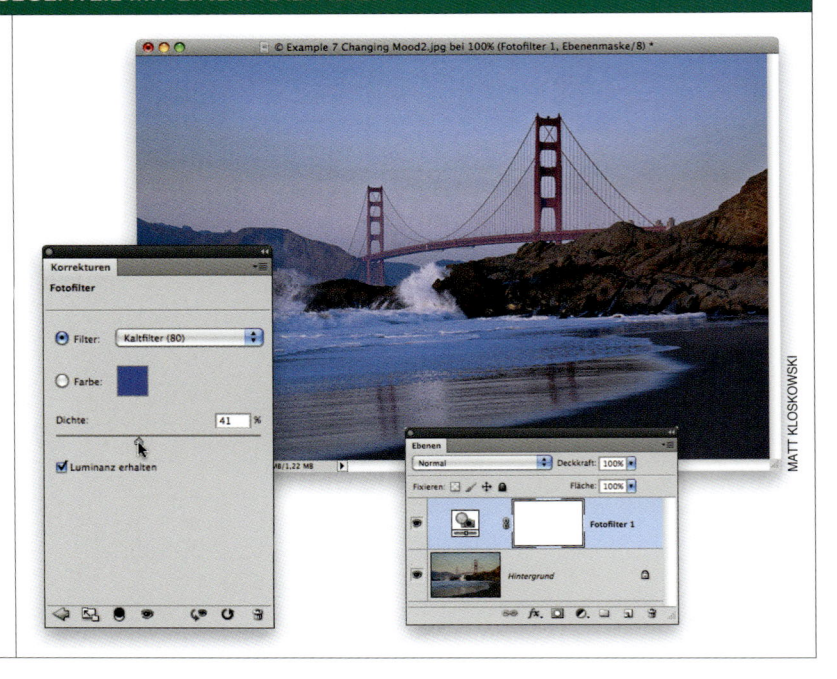

BEISPIEL 8: VINTAGE-EFFEKT

Mit Einstellungsebenen können Sie auch einen Vintage-Effekt erzeugen. Legen Sie zuerst eine FARBTON/SÄTTIGUNG-Einstellungsebene an und reduzieren Sie die Sättigung auf –50, um Farbe aus dem Bild zu entfernen. Fügen Sie darüber eine FARBBALANCE-Einstellungsebene ein. Lassen Sie den FARBTON auf MITTELTÖNE eingestellt, ziehen Sie den unteren Regler Richtung GELB, um den Goldstich zu erzeugen. Ziehen Sie dann den mittleren Regler in Richtung GRÜN, schließlich den oberen Regler nur wenig Richtung ROT, um etwas Farbe in den Hauttönen zurückzuholen. Stellen Sie dann den FARBTON auf TIEFEN ein und ziehen Sie den mittleren Regler auf +12 Richtung GRÜN und den unteren auf +18 Richtung BLAU.

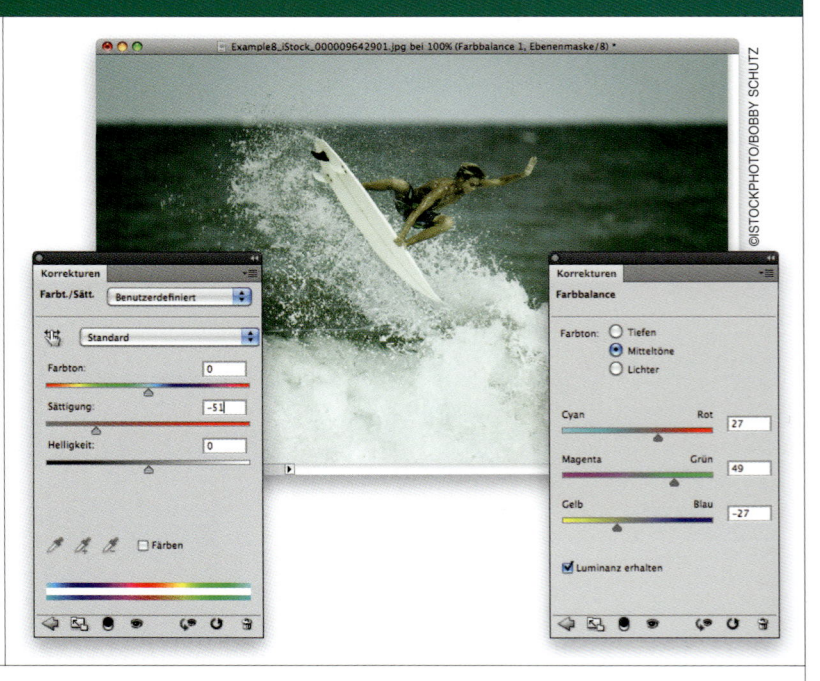

KAPITEL 3

FÜR ELEMENTS GEEIGNET

KORRIGIEREN SIE EINS – KORRIGIEREN SIE ALLE!

EINSTELLUNGSEBENEN SIND NICHT NUR FLEXIBEL, SIE SPAREN AUCH VIEL ZEIT.

Ich liebe Funktionen, die Zeit sparen. Bisher habe ich Ihnen gezeigt, dass Einstellungsebenen toll, wunderbar, flexibel etc. sind. Lassen wir all das für einen Moment beiseite und werfen wir einen Blick auf Einstellungsebenen-Techniken, die wahnsinnig viel Zeit sparen, wenn Sie an ähnlichen Fotos arbeiten.

SCHRITT 1: ÖFFNEN SIE EIN FOTO AUS EINER GRUPPE, DIE BEARBEITET WERDEN SOLL

Öffnen Sie ein Foto mit einem Farb- oder Belichtungsproblem. Diese Technik funktioniert am besten bei Fotos, die unter ähnlichen Bedingungen entstanden sind und dieselben Probleme haben. In diesem Beispiel führten die Kombination aus verwendetem Weißabgleich und der Raumbeleuchtung zu einem Gelb/Grün-Stich.

Einstellungsebenen

SCHRITT 2: EINE GRADATIONSKURVEN-EINSTELLUNGSEBENE HINZUFÜGEN

Klicken Sie auf das GRADATIONS-KURVEN-Icon im Korrekturen-Bedienfeld, um eine GRADATIONS-KURVEN-Einstellungsebene zum Bild hinzuzufügen. Klicken Sie auf die untere Hälfte der Kurve und ziehen Sie sie nach unten, klicken und ziehen Sie anschließend die obere Hälfte nach oben. Sie erhalten auf diese Weise die klassische S-Kurve, die den Kontrast im Foto verbessert.

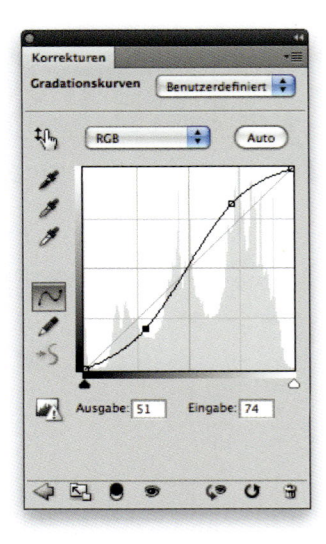

SCHRITT 3: KLICKEN SIE MIT DER MITTELTÖNE-PIPETTE AUF ETWAS GRAUES IM BILD

Um den Farbstich im Bild zu beheben, aktivieren Sie die Mittel-töne-Pipette (hier rot eingekreist). Klicken Sie damit an eine Stelle im Bild, die grau sein sollte. Ich wusste, dass der Tisch grau war (auch wenn er hier nicht so aussieht), also klickte ich darauf. Die Gradationskurven balancierten die Farben im Bild aus, das jetzt schon viel besser wirkt.

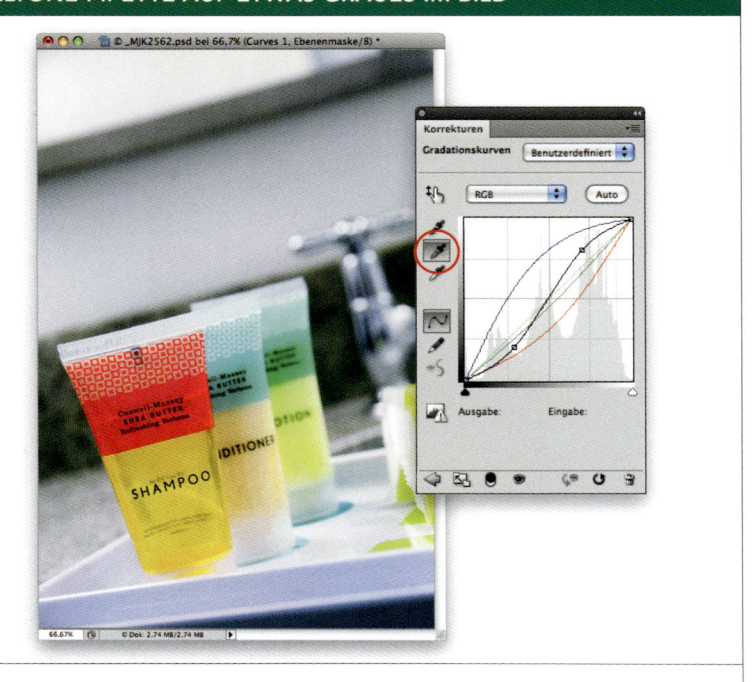

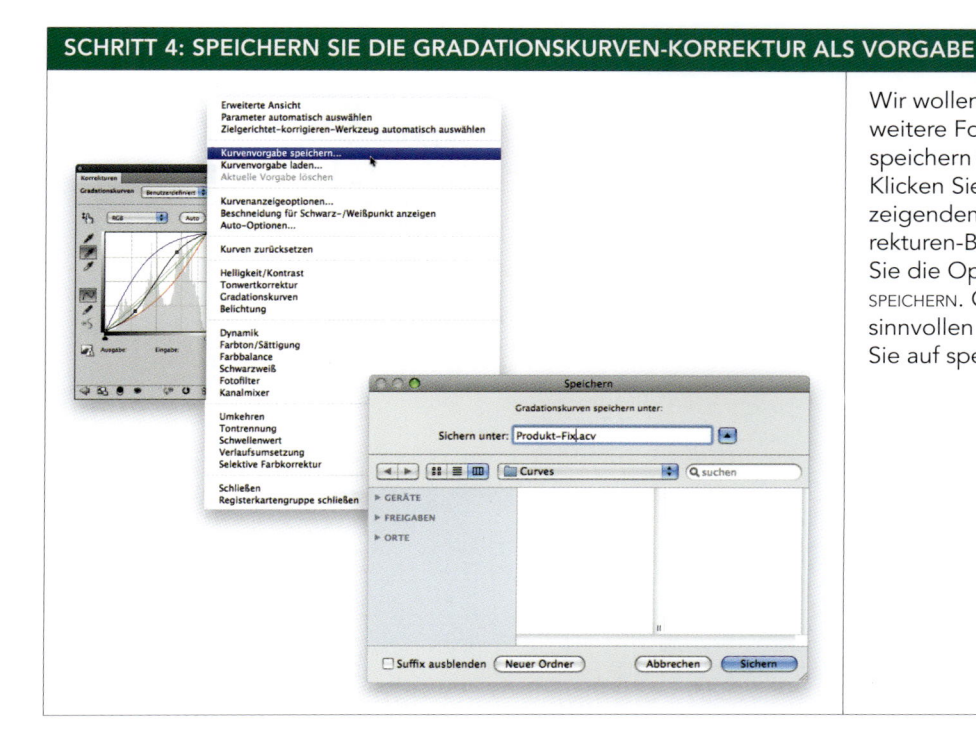

SCHRITT 4: SPEICHERN SIE DIE GRADATIONSKURVEN-KORREKTUR ALS VORGABE

Wir wollen die Korrektur ja auf weitere Fotos anwenden, darum speichern wir sie als Vorgabe. Klicken Sie auf den nach unten zeigenden Pfeil rechts im Korrekturen-Bedienfeld und wählen Sie die Option KURVENVORGABE SPEICHERN. Geben Sie ihr einen sinnvollen Namen und klicken Sie auf speichern.

SCHRITT 5: ÖFFNEN SIE ANDERE FOTOS, DIE UNTER ÄHNLICHEN BEDINGUNGEN ENTSTANDEN SIND

Sie haben nun ein Foto verbessert. Es gibt jedoch noch mehr Fotos, die unter denselben Lichtverhältnissen entstanden sind. Wir haben allerdings keine Lust, diese GRADATIONSKURVEN-Einstellungsebene immer und immer wieder anzulegen. Kein Problem! Öffnen Sie einfach die anderen Fotos, die unter den gleichen Bedingungen aufgenommen wurden. Wie Sie sehen können, leiden sie alle an dem gleichen Farbstich und dem fehlenden Kontrast.

SCHRITT 6: WENDEN SIE DIE VORGABE AUF DIE ANDEREN FOTOS AN

Kehren Sie in einem der Fotos zum Korrekturen-Bedienfeld zurück, klicken Sie jedoch nicht auf das Gradationskurven-Icon. Klicken Sie stattdessen auf den nach unten zeigenden Minipfeil im Bedienfeld neben den Kurvenvorgaben unter den Icons, um diesen Bereich aufzuklappen. Scrollen Sie dann einfach zur eben erstellten Vorgabe und klicken Sie darauf. Photoshop wendet dieselben Gradationskurven-Einstellungen auf das Foto an. Mit nur einem Klick haben Sie auch dieses Foto korrigiert. Wiederholen Sie diesen Schritt für alle übrigen Fotos.

KAPITEL 3

FÜR ELEMENTS GEEIGNET

DER EINSTELLUNGSEBENEN-FÜLLMETHODEN-TRICK
SIE BRAUCHEN IN EINER EINSTELLUNGSEBENE NICHTS ZU TUN, DENNOCH IST SIE HILFREICH.

Okay, jetzt wird es ein bisschen technisch. Aber glauben Sie mir, es ist zu Ihrem Besten. Ich werde technisch, weil Ihnen das auf lange Sicht hilft, kreativ zu sein – Sie werden schon sehen, wieso. Wenn Sie an einem Dokument mit Ebenen arbeiten, kommt es häufig vor, dass Sie eine Ebene duplizieren und ihre Füllmethode in MULTIPLIZIEREN oder NEGATIV MULTIPLIZIEREN ändern, wie in Kapitel 2 gezeigt. Dann radieren Sie Teile dieser duplizierten Ebene (oder besser: Sie verwenden Ebenenmasken, über die wir im nächsten Kapitel ausführlicher reden). Und jetzt kommt's: In dem Moment, in dem Sie diese Ebene duplizieren, nimmt Ihr Bild doppelt so viel Platz auf dem Computer ein wie vorher.

SCHRITT 1: FALLS SIE MIR GLAUBEN, WEITER BEI SCHRITT 2. FALLS NICHT … HIER EIN TEST

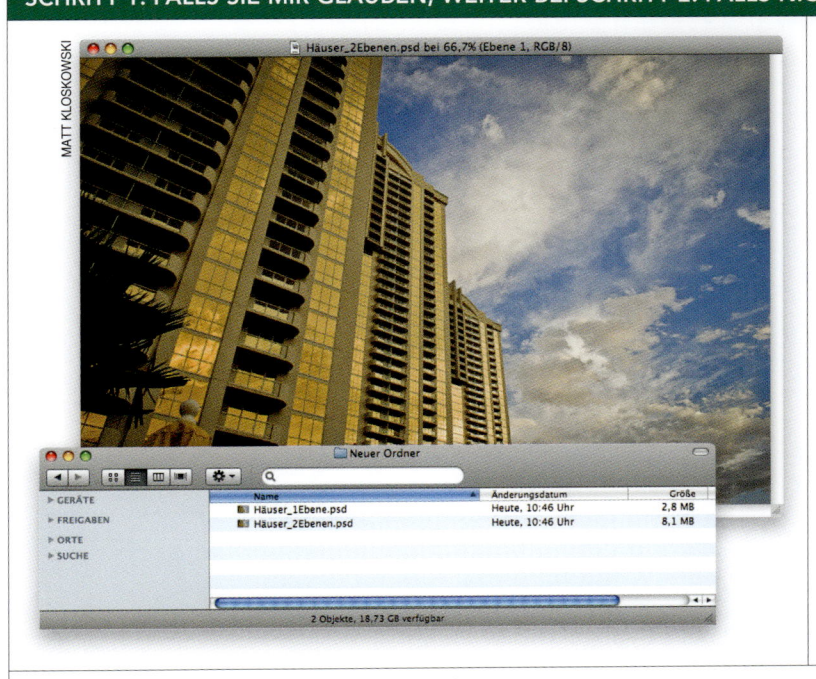

Wenn Sie das Intro oben gelesen haben und mir glauben, wie viel Platz nur eine duplizierte Kopie einer Ebene einnimmt, dann gehen Sie weiter zu Schritt 2. Falls Sie mir jedoch nicht glauben, führen Sie einen schnellen Test durch. Öffnen Sie ein Foto direkt von Ihrer Kamera. Ich habe hier mit einer 10-Megapixel-Kamera im RAW-Modus fotografiert und eines der Fotos in Photoshop geöffnet. Ich speicherte es auf dem Schreibtisch, als es nur eine Ebene hatte. Dann duplizierte ich die Hintergrundebene und speicherte auf dem Schreibtisch eine Kopie mit zwei Ebenen. Beim Vergleich zeigte sich, dass das Bild mit den Ebenen wahnsinnige 5,3 MB größer war als das Bild mit der einen Ebene. Noch Fragen?

SCHRITT 2: ÖFFNEN SIE EIN FOTO, DAS EINE ANDERE FÜLLMETHODE VERTRAGEN KÖNNTE

Öffnen Sie ein Foto, das von einer der Füllmethoden (Negativ multiplizieren oder Multiplizieren) profitieren würde, die wir in Kapitel 2 besprochen haben. In diesem Beispiel verwende ich dasselbe Foto mit den Hochhäusern und dem blauen Himmel. Sie erinnern sich, mit der Füllmethode Multiplizieren haben wir die Gebäude etwas abgedunkelt.

SCHRITT 3: FÜGEN SIE EINE EINSTELLUNGSEBENE HINZU, OHNE ÄNDERUNGEN VORZUNEHMEN

Klicken Sie im Korrekturen-Bedienfeld auf das Tonwertkorrektur- oder Gradationskurven-Icon, um eine Einstellungsebene über der Hintergrundebene einzufügen. Es spielt keine Rolle, welche Einstellungsebene Sie benutzen, da wir die Einstellungen ja nicht ändern werden. Fügen Sie einfach die Ebene hinzu und lassen Sie alles so, wie es ist.

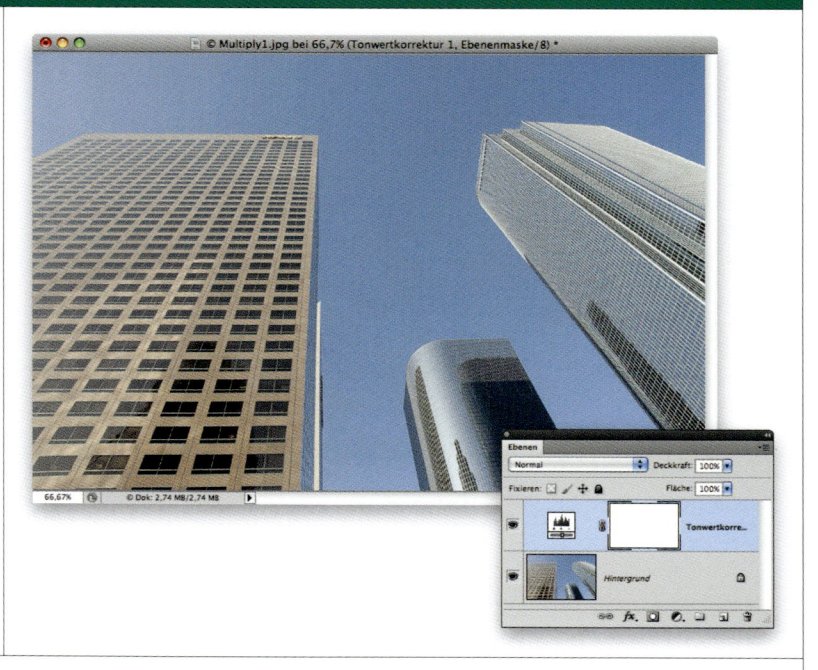

SCHRITT 4: ÄNDERN SIE DIE FÜLLMETHODE IN MULTIPLIZIEREN

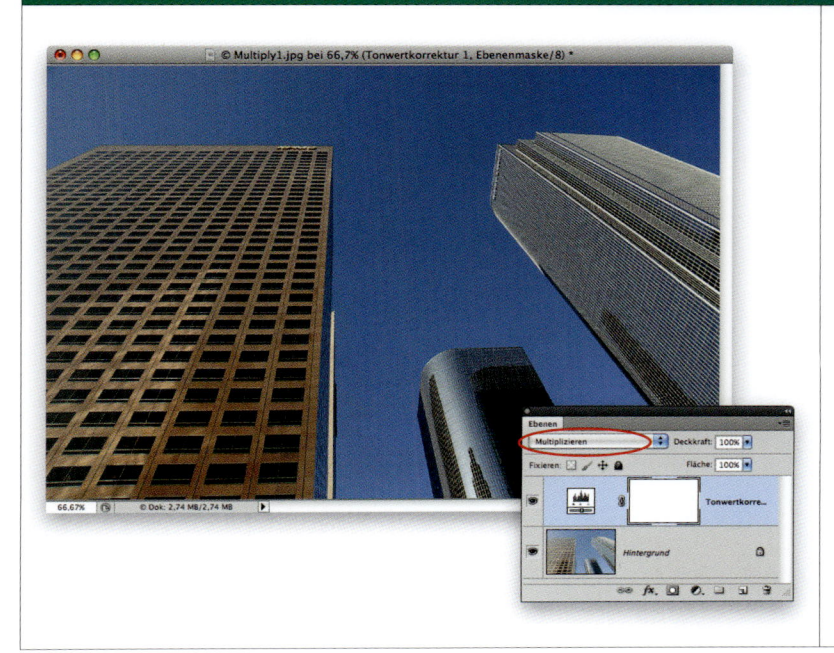

Ändern Sie die Füllmethode der Einstellungsebene in MULTIPLIZIEREN. Damit wird das gesamte Bild abgedunkelt. Der Effekt ist genau so, als würden Sie die Hintergrundebene duplizieren und den Modus des Duplikats ändern, wie in Kapitel 2 beschrieben.

SCHRITT 5: LEGEN SIE MIT EINER AUSWAHL TEILE DER EBENE DARUNTER FREI

Wählen Sie mit einem Auswahlwerkzeug Ihrer Wahl den Himmel aus, wählen Sie Schwarz als Vordergrundfarbe (D) und drücken Sie ⌥-←, um die Auswahl mit Schwarz zu füllen. Wenn Sie die Datei jetzt als PSD speichern, ist die Dateigröße deutlich geringer als bei einer Datei mit zwei Ebenen. Kleine Dateien brauchen weniger Festplattenplatz, weniger RAM und auch weniger Prozessorleistung.

Einstellungsebenen **KAPITEL 3**

Example8_iStock_000009642901(final).psd @ 100% (Color Balance 1, RGB/8) *
100%
Rectangular Marquee
100%
Rectangular Marquee
100%
Rectangular Marquee

WIE ...

DUPLIZIERE ICH EINE EINSTELLUNGSEBENE?

Genau wie jede andere Ebene: Drücken Sie ⌘-J (PC: Ctrl-J).

SETZE ICH DIE EINSTELLUNGEN IM KORREKTUREN-BEDIENFELD ZURÜCK?

Um die Einstellungen im Korrekturen-Bedienfeld zurückzusetzen, klicken Sie auf das ZURÜCKSETZEN-Icon (das zweite von ~~links~~ rechts unten im Bedienfeld).

SEHE ICH EINE VORHER/NACHHER-VERSION DER EINSTELLUNGSEBENE?

Klicken Sie auf das Augen-Icon unten im Korrekturen-Bedienfeld oder im Ebenen-Bedienfeld neben der Ebene, um die Einstellungsebene ein- und auszublenden.

STELLE ICH DIE VORDER-/HINTERGRUNDFARBE AUF IHRE STANDARDWERTE (SCHWARZ UND WEISS) EIN, UM MIT DEM PINSEL ZU MALEN?

Drücken Sie die Taste D, um die Standardwerte für Vorder- und Hintergrundfarbe einzustellen (Schwarz für den Vordergrund und Weiß für den Hintergrund). Bei Einstellungsebenen können Sie sie auch umkehren.

FÜLLE ICH EINE MASKE ODER EINE AUSWAHL IN EINER MASKE MIT DER VORDERGRUNDFARBE?

Drücken Sie die Taste D, um Vorder- und Hintergrundfarbe auf Ihre Standards zurückzusetzen, oder klicken Sie in den Vordergrund-Farbwähler unten in der Werkzeugpalette, um eine Farbe aus dem Farbwähler auszusuchen. Drücken Sie dann Alt-←, um die Ebenenmaske oder Auswahl mit dieser Farbe zu füllen.

FÜLLE ICH EINE MASKE ODER AUSWAHL IN EINER MASKE MIT DER HINTERGRUNDFARBE?

Drücken Sie die Taste D, um Vorder- und Hintergrundfarbe auf Ihre Standards zurückzusetzen, oder klicken Sie in den Hintergrund-Farbwähler unten in der Werkzeugpalette, um eine Farbe aus dem Farbwähler auszusuchen. Drücken Sie dann Alt-←, um die Ebenenmaske oder Auswahl mit dieser Farbe zu füllen.

FINAL IMAGE.psd @ 200% (Layer 5, RGB/8) *
ALL STARS
SHOWCASE
MENS BASKETBALL
200%
Zoom
ALL STARS
SHOWCASE
MENS BASKETBALL
200%
Zoom

KAPITEL VIER

EBENENMASKEN

Ich beginne dieses Kapitel mal mit einer gewagten Aussage. Lesen Sie also unbedingt weiter. Sind Sie bereit? Falls nicht, warte ich noch einen Augenblick – wirklich. Okay, ich denke, ich komm' jetzt mal damit ´rüber, bevor Sie sich ärgern. Also: Eigentlich wissen Sie bereits, was eine Ebenenmaske ist. Genau, wenn Sie in Kapitel 3 alles über Einstellungsebenen gelesen und verstanden haben, wissen Sie über Ebenenmasken Bescheid. Sollten Sie Kapitel 3 nicht gelesen haben, ziehe ich meine Aussage zurück. Sie haben keine Ahnung von Ebenenmasken. Lesen Sie deshalb Kapitel 3 und machen Sie danach gleich hier weiter. Wieso? Weil Ebenenmasken zu den wichtigsten Dingen bei Ebenen gehören. Es ist ein Thema, das man normalerweise meidet wie die Pest. Wenn Sie sich damit aber erst einmal vertraut gemacht haben, werden Sie sich fragen, wie Sie bisher ohne sie auskommen konnten.

KAPITEL 4

EBENENMASKEN: GRUNDLAGEN

EBENENMASKEN ERLAUBEN ES IHNEN, BEREICHE AUS EINER EBENE VERLUSTFREI ZU LÖSCHEN, UM DIE DARUNTERLIEGENDEN EBENEN ANZUZEIGEN

FÜR ELEMENTS GEEIGNET

Zuerst möchte ich anmerken, dass Sie sofort die Einleitung zu diesem Kapitel lesen sollten, falls Sie es noch nicht getan haben. Ich habe dort eine sehr tiefgründige Aussage getroffen, die Sie kennenlernen müssen, bevor Sie weitermachen. Ansonsten ist nämlich der Rest dieses Kapitels für Sie nicht der Gleiche. Lesen Sie sie jetzt, ich warte hier. – Oh, da sind Sie ja wieder. Ich wette, Sie haben jetzt viel mehr Lust, alles über Ebenenmasken zu erfahren. Nun, in dieser Kapiteleinführung sagte ich, dass Sie bereits wissen, was eine Ebenenmaske ist. Wirklich! Denn bei dieser kleinen weißen Miniatur, die in Kapitel 3 jeweils neben einer Einstellungsebene erschien, handelt es sich um eine Ebenenmaske. Der Unterschied zwischen ihnen und dem, was wir hier vorhaben, besteht darin, dass Einstellungsebenen *automatisch* eine Ebenenmaske mitbringen. Eine normale Ebene tut dies nicht. Allerdings ist nur ein Klick nötig, um die gleiche Wirkung zu erzielen.

SCHRITT 1: ÖFFNEN SIE ZWEI FOTOS, DIE SIE KOMBINIEREN MÖCHTEN

Um Ebenenmasken wirklich ausnutzen zu können, benötigen Sie mindestens zwei Ebenen. Öffnen Sie deshalb zwei Bilder, die Sie kombinieren möchten. Sie können die hier gezeigten Bilder von der Website herunterladen, die ich in der Einführung erwähnt habe.

SCHRITT 2: KOMBINIEREN SIE DIE BILDER, DAMIT SIE SICH IM SELBEN DOKUMENT BEFINDEN

Halten Sie die ⇧-Taste gedrückt und ziehen Sie mit dem Verschieben-Werkzeug (V) ein Foto in das Dokument des anderen. (Durch die gedrückte ⇧-Taste wird das Quellbild beim Ziehen im Zentrum des Zielbildes platziert.) In diesem Beispiel ziehe ich das Bild des Fußballers in das Stadionbild. Nun hat dieses Dokument zwei Ebenen. Sobald Sie das Foto verschoben haben, können Sie dessen Original schließen, Sie behalten also nur ein Dokument mit zwei Ebenen.

SCHRITT 3: WÄHLEN SIE DEN BEREICH AUS, DEN SIE BEHALTEN WOLLEN

Was Sie bei Ebenenmasken verstehen müssen, ist, dass sie eng mit Auswahlen zusammenarbeiten. In unserem Beispiel wählen wir den Jungen aus. Klicken Sie in die obere Ebene und wählen Sie AUSWAHL/FARBBEREICH. Schieben Sie den TOLERANZ-Regler auf 20. Stellen Sie den Cursor dann über das orangefarbene T-Shirt und klicken Sie mit der Pipette darauf. Photoshop nimmt die Auswahl anhand der Farbe vor (Echt? Sowas!). Sie sehen jedoch, dass nicht das gesamte T-Shirt ausgewählt wird. Halten Sie die Shift-Taste gedrückt und klicken Sie an weiteren Stellen, um sie zur Auswahl hinzuzufügen, aber bloß nicht auf Blau (den Himmel, den Rand der Stutzen). Klicken Sie auf OK, wenn Sie fertig sind.

Ebenenmasken **KAPITEL 4** 87

SCHRITT 4: BLENDEN SIE DEN HINTERGRUND MIT EINER EBENENMASKE IN DER OBEREN EBENE AUS

Wenn eine Auswahl aktiv ist und Sie eine Ebenenmaske hinzufügen, weiß Photoshop, dass der ausgewählte Bereich sichtbar bleiben und alles andere ausgeblendet werden soll. Hier ist der Fußballer ausgewählt, der Rest wird also ausgeblendet. Probieren Sie es aus. Dabei muss die obere Ebene weiterhin aktiv bleiben. Klicken Sie auf das Icon EBENENMASKE HINZUFÜGEN unten im Ebenen-Bedienfeld (hier eingekreist). Der blaue Himmel verschwindet, der Fußballer bleibt (den hatten wir ja auch ausgewählt).

SCHRITT 5: DIE MASKE SIEHT AUS WIE DIE EINER EINSTELLUNGSEBENE

Wenn Sie auf EBENENMASKE HINZUFÜGEN klicken, sehen Sie, dass Photoshop eine kleine weiße Miniatur neben der Ebenenminiatur in der Ebenen-Palette hinzufügt. Das ist eine Ebenenmaske. Sie sieht genauso aus wie die Maske, die wir in Kapitel 3 beim Anlegen einer Einstellungsebene gesehen haben. Der einzige Unterschied besteht darin, dass Sie hier die Maske per Hand zu einer normalen Ebene hinzugefügt haben. Bei Einstellungsebenen macht Photoshop das automatisch. Im Grunde ist es jedoch dasselbe.

Einstellungsebene mit Maske    *Normale Ebene mit Maske*

SCHRITT 6: WEISS AUF DER MASKE ZEIGT DIE OBERE EBENE, SCHWARZ WAS DARUNTER IST

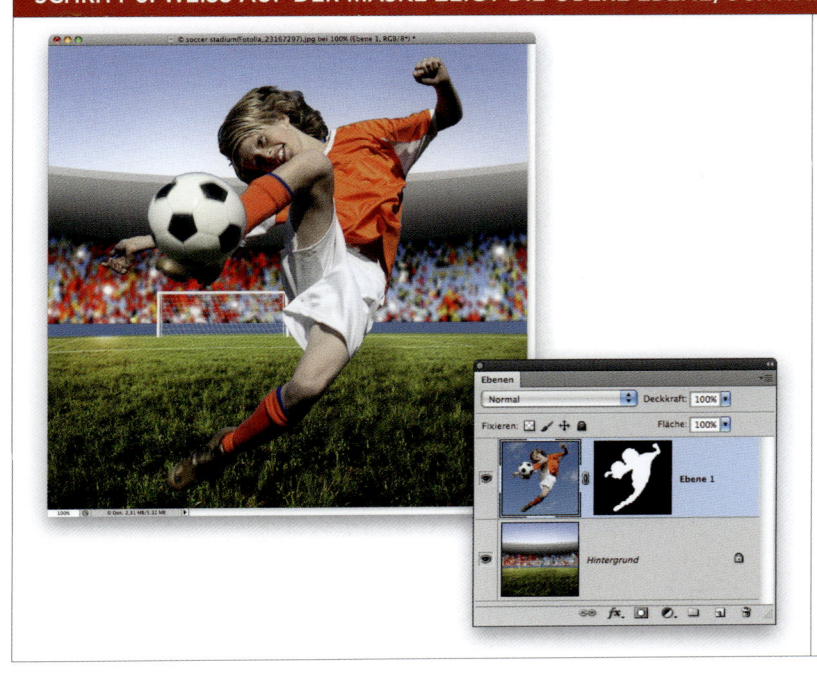

Es geht nur um Schwarz und Weiß. Schauen Sie sich die Miniatur der Maske einmal genau an, damit Sie sie besser verstehen. Wo die Maske weiß ist, sehen wir den Fußballer (die Ebene, zu der die Maske gehört). Dort, wo die Maske schwarz ist, sehen Sie die darunterliegende Ebene (in diesem Fall das Stadion). Das ist das, was Sie bei Masken wirklich verstehen müssen: Schwarz und Weiß. Weiß zeigt Ihnen die aktuelle Ebene, Schwarz die im Stapel darunter.

SCHRITT 7: SIE SEHEN WIE EINZELOBJEKTE AUS, LIEGEN ABER ÜBEREINANDER

Eine weitere Möglichkeit, sich die Funktion einer Ebenenmaske zu verdeutlichen, ist, sich vorzustellen, dass die Maske die Ebene verdeckt, auf die Sie sie legen. Auch wenn beide im Ebenen-Bedienfeld nebeneinander zu sehen sind, könnten Sie die Maske über die Miniatur der Ebene legen, sie würde perfekt passen. Sie wirkt fast wie eine Stanzform oder ein Scherenschnitt. Weiß ist die Form, die Sie von der Ebene erhalten wollen, schwarz wird weggeschnitten und legt das frei, was darunter zu sehen ist.

SCHRITT 8: BEI MASKEN IST NICHTS PERMANENT

Der größte Vorteil von Masken ist, dass nichts für die Ewigkeit bestimmt ist. Auch wenn es so aussieht, als hätten wir den Himmel aus dem Fußballerfoto gelöscht, ist er noch da. Ein Blick auf die Miniatur der Fußballer-Ebene bestätigt Ihnen das. Nichts wurde gelöscht, nur ausgeblendet. Ebenenmasken sind verlustfrei und lassen Ihnen eine Hintertür offen. Um das einmal schnell zu zeigen, klicken Sie in die Miniatur der Maske (nicht die der Ebene). Wählen Sie dann BEARBEITEN/FÜLLEN und anschließend die Option WEISS aus dem Popup-Menü VERWENDEN. Klicken Sie auf OK, um die Maske weiß zu füllen. Alles wieder wie vorher, als wäre nichts passiert.

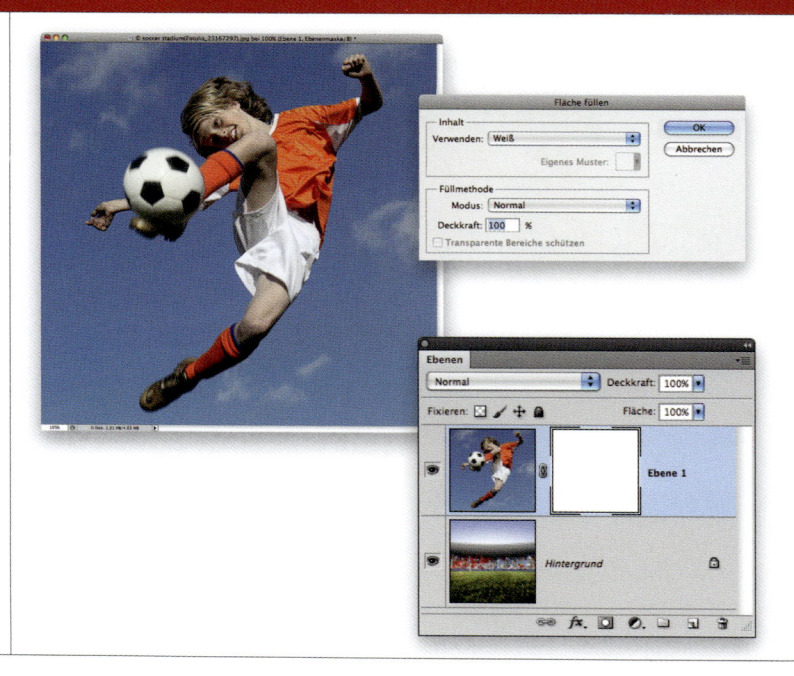

SCHRITT 9: VERFEINERN SIE DIE MASKE MIT DEM PINSEL

Widerrufen Sie den letzten Schritt, so dass die Schwarz-Weiß-Maske wieder erscheint. Wenn Sie genau hinsehen, war Ihre Auswahl von Schritt 3 nicht perfekt. Ein paar Kleinigkeiten fehlen, aber darum kümmern wir uns jetzt. Sie wissen ja – alles nur Schwarz und Weiß. Eingangs legten wir eine Auswahl an, bevor wir die Maske erstellten, Sie können aber mithilfe eines Pinsels auch die volle Kontrolle übernehmen. Klicken Sie auf die Miniatur der Maske, aktivieren Sie den Pinsel ([B]) und wählen Sie eine kleine, weiche Pinselspitze. Wählen Sie Weiß als Vordergrundfarbe und malen Sie über die fehlenden Bereiche. Sie tauchen wie von Zauberhand wieder auf.

SCHRITT 10: SIE KÖNNEN AUF DER MASKE AUCH MIT SCHWARZ MALEN

Sie sehen, dass ich mit dem Pinsel etwas abgerutscht bin. Zwar habe ich auch Teile des Fußballers ins Bild zurückgeholt, allerdings auch etwas Himmel. Ist aber nicht schlimm, Sie wissen ja … Schwarz und Weiß. Wechseln Sie also zu Schwarz als Vordergrundfarbe und malen Sie dann wieder in der Maske, bis die versehentlich freigelegten Himmelsteile wieder verschwunden sind und das Stadion zu sehen ist.

TIPP: Gewöhnen Sie sich bei Masken an die Taste [X]. Damit vertauschen Sie Vorder- und Hintergrundfarbe, können also schnell zwischen Schwarz und Weiß umschalten.

VORHER UND NACHHER

Vorher

Nachher

KAPITEL 4

DER EINZIGE »HAKEN« BEI EBENENMASKEN

EIN KLEINER UNTERSCHIED ZU NORMALEN EBENENMASKEN, DEN SIE KENNEN SOLLTEN, BEVOR SIE WEITERMACHEN

Sie haben mich erwischt. Ich habe vorhin ein kleines bisschen gelogen. Ich habe behauptet, dass es keinen Unterschied gibt zwischen einer Ebenenmaske, die automatisch zu einer Einstellungsebene gehört, und der Ebenenmaske, die Sie nur einer normalen Ebene hinzufügen. Das stimmt nicht ganz. Es gibt nämlich einen. Beim Hinzufügen von Einstellungsebenen mussten Sie nur irgendwo auf die Einstellungsebene klicken, um ihre Ebenenmaske zu bearbeiten. Bei einer normalen Ebenenmaske dagegen spielt es durchaus eine Rolle, wo Sie auf die Ebene klicken.

FÜR ELEMENTS GEEIGNET

SCHRITT 1: ÖFFNEN SIE ZWEI FOTOS, DIE SIE ÜBERBLENDEN WOLLEN

Öffnen Sie erst einmal zwei Fotos. Es können beliebige Fotos sein. Ich möchte die Gelegenheit nutzen und Ihnen meine beiden Söhne, Ryan und Justin, vorstellen. Wählen Sie eines der Fotos aus (⌘-A; PC: Strg-A) und bewegen Sie den Inhalt mit Kopieren und Einfügen in das andere Dokument. Aktivieren Sie die obere Ebene und klicken Sie unten im Ebenen-Bedienfeld auf EBENENMASKE HINZUFÜGEN, um eine Maske zur oberen Ebene hinzuzufügen.

SCHRITT 2: BEACHTEN SIE DIE BEIDEN MINIATUREN IM EBENEN-BEDIENFELD

Schauen Sie sich die obere Ebene (die mit der Maske) genauer an. Sehen Sie die beiden Miniaturen auf dieser Ebene? Bei der einen handelt es sich um die Ebenenminiatur, die Ihnen eine Vorschau des Ebeneninhalts liefert. Die andere ist die Ebenenmaske selbst.

SCHRITT 3: KLICKEN SIE AUF DIE EBENENMINIATUR, UM SIE AUSZUWÄHLEN

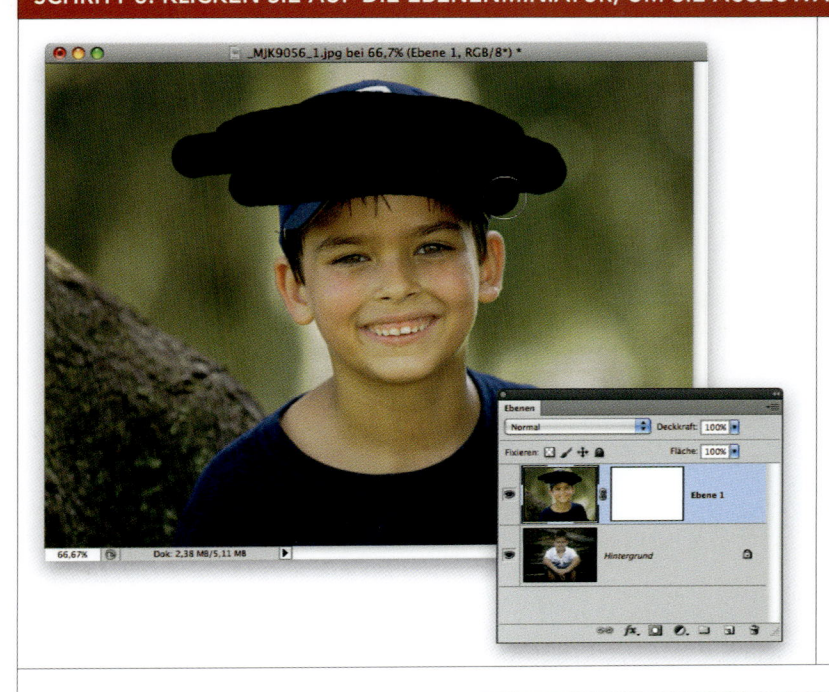

Klicken Sie einmal auf die eigentliche Ebenenminiatur, um sie auszuwählen. Damit meine ich, dass Sie direkt auf die Miniatur klicken sollen, nicht auf den umgebenden markierten Bereich. Wenn Sie genau hinschauen, dann sehen Sie die dünnen schwarzen Linien an den Ecken der Miniatur. Auf diese Weise teilt Photoshop Ihnen mit, dass die Ebene ausgewählt ist und bearbeitet werden kann. Würden Sie den Pinsel (B) aktivieren und anfangen, mit Schwarz zu malen, dann würden Sie das Foto selbst schwarz bemalen und könnten die schwarzen Pinselstriche sehen.

SCHRITT 4: KLICKEN SIE AUF DIE MINIATUR DER EBENENMASKE, UM SIE AUSZUWÄHLEN

Klicken Sie nun einmal auf die Miniatur der Ebenenmaske, um sie auszuwählen. Schauen Sie genau hin, die schwarzen Linien erscheinen jetzt an den Ecken der Miniatur der Maske, nicht an der Ebenenminiatur. Malen Sie nun mit einem schwarzen Pinsel auf der Ebenenmaske. Überall, wo Sie schwarz malen, blenden Sie das Foto auf dieser Ebene aus, so dass der Inhalt der darunterliegenden Ebene freigelegt wird.

SCHRITT 5: ES IST EIN UNTERSCHIED, WELCHE MINIATUR SIE AUSWÄHLEN UND BEMALEN

Sehen Sie, es kommt darauf an, welche Miniatur Sie im Ebenen-Bedienfeld auswählen. Deshalb müssen Sie sich merken, dass Sie tatsächlich auf die Miniatur der Ebenenmaske klicken müssen, wenn Sie die Ebenenmaske bearbeiten wollen. Wollen Sie das eigentliche Bild bearbeiten, dann klicken Sie auf die Ebenenminiatur. Sollte also beim Arbeiten mit Ebenenmasken nicht alles so aussehen, wie Sie es sich gedacht haben, dann überprüfen Sie, welche Miniatur Sie angeklickt haben. In 90 % der Fälle liegt hier das Problem. Okay, jetzt können wir weitermachen. Sehen Sie? Ich sagte Ihnen doch, dass es nur eine kleine Lüge war.

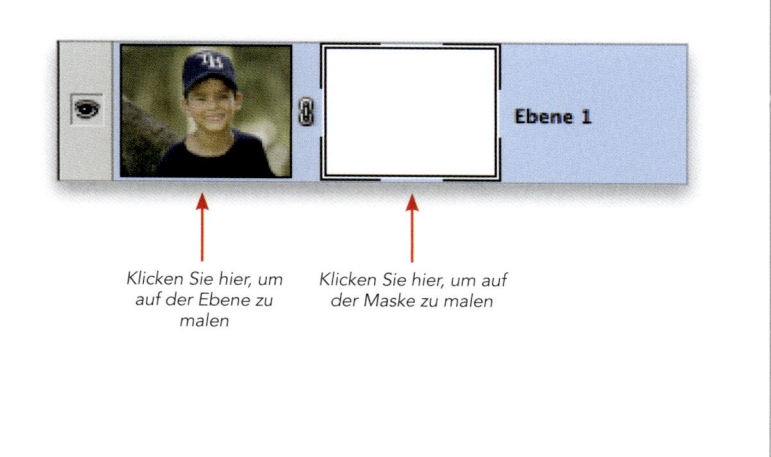

Klicken Sie hier, um auf der Ebene zu malen

Klicken Sie hier, um auf der Maske zu malen

KAPITEL 4

EBENENMASKEN AUS DER NÄHE
SCHAUEN WIR UNS EBENENMASKEN UND WAS SIE DAMIT TUN KÖNNEN GENAUER AN.

Wir kehren noch einmal zu unserem Fußballer zurück und stellen ein paar coole Dinge mit ihm an. Ebenenmasken haben viele kleine Funktionen, die die Arbeit mit ihnen erleichtern. Außerdem gibt es seit Photoshop CS4 das Masken-Bedienfeld, mit dem der Einsatz von Masken einfacher und intuitiver wird.

SCHRITT 1: ÖFFNEN SIE DIE FOTOS FÜR DAS MASKENPROJEKT

Öffnen Sie die Fotos, die Sie kombinieren wollen. Wir nehmen uns wieder den Fußballer vor und versuchen, dass er so aussieht, als käme er aus einem zerrissenen Blatt Papier. Halten Sie wie eben die ⇧-Taste gedrückt und ziehen Sie den Fußballer mit dem Verschieben-Werkzeug in das Papier-Bild. Sie haben nun zwei Ebenen.

Ebenenmasken | 95

SCHRITT 2: WÄHLEN SIE DEN RISS MIT DEM SCHNELLAUSWAHL-WERKZEUG AUS

Blenden Sie die obere Ebene aus, klicken Sie auf die Papier-Ebene. Das Schnellauswahl-Werkzeug ([W]) ist gemeinsam mit der Option KANTEN VERBESSERN eines der besten Auswahlwerkzeuge in Photoshop. Da es sich wie ein Pinsel verhält, können Sie über den Riss malen, um ihn auszuwählen. Passen Sie die Pinselgröße an und wählen Sie den Riss sehr genau aus. Falls Sie zu viel ausgewählt haben, halten Sie die [⌥]-Taste (PC: [Alt]) und entfernen Sie die nächsten Malstriche aus der Auswahl.

TIPP: Mein Auswahl-Training-Video finden Sie unter www.kelbytraining.com/books/layerscs5.

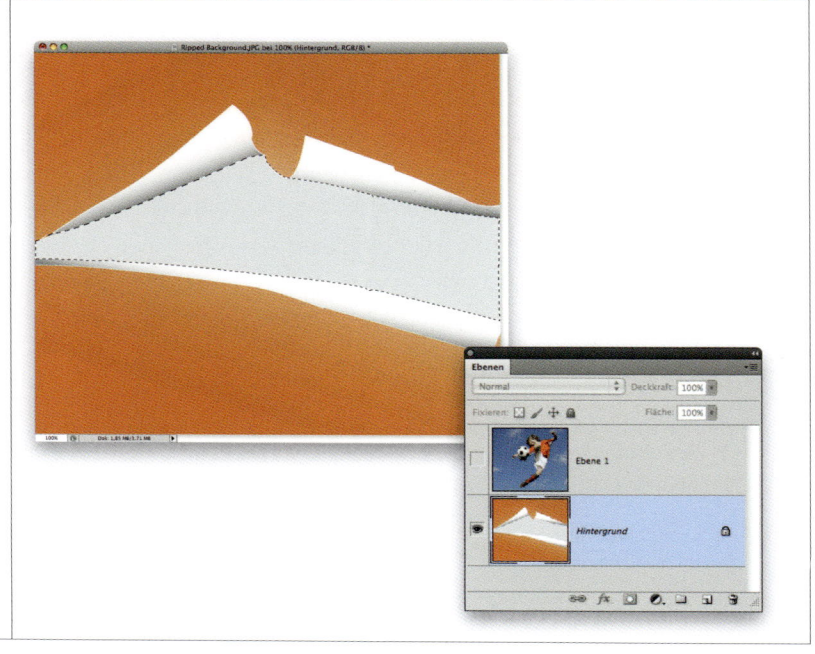

SCHRITT 3: FÜGEN SIE EINE MASKE ZUM FUSSBALLERFOTO HINZU

Blenden Sie die Fußballer-Ebene wieder ein, indem Sie auf das Augen-Icon klicken, aktivieren Sie dann die Ebene. Klicken Sie auf das Icon EBENENMASKE HINZUFÜGEN unten im Ebenen-Bedienfeld, um der Ebene eine Maske hinzuzufügen. Da eine Auswahl aktiv ist, blendet Photoshop alles aus, was nicht ausgewählt ist. Denken Sie daran, der Inhalt der Auswahl bleibt beim Erstellen der Maske sichtbar, der Rest wird ausgeblendet.

SCHRITT 4: BLENDEN SIE DIE MASKE AUS. WÄHLEN SIE DEN REST DES FUSSBALLERS AUS

Derzeit ist nur ein Teil des Fußballers im Riss sichtbar. Aber der Rest soll auch auftauchen. Also versuchen wir nun, mithilfe des Schnellauswahl-Werkzeugs den Fußballer komplett auszuwählen, aber nur ein Teil der Ebene ist sichtbar, weil der Rest durch die Maske verdeckt wird. In Photoshop können Sie die Maske jedoch kurzzeitig ausschalten, um alles zu sehen. ⇧-klicken Sie auf die Miniatur der Maske, dann erscheint ein großes X darüber und die ganze Ebene ist zu sehen. Wählen Sie den Fußballer jetzt mit dem Schnellauswahl-Werkzeug aus.

SCHRITT 5: FÜLLEN SIE DIE AUSWAHL MIT WEISS

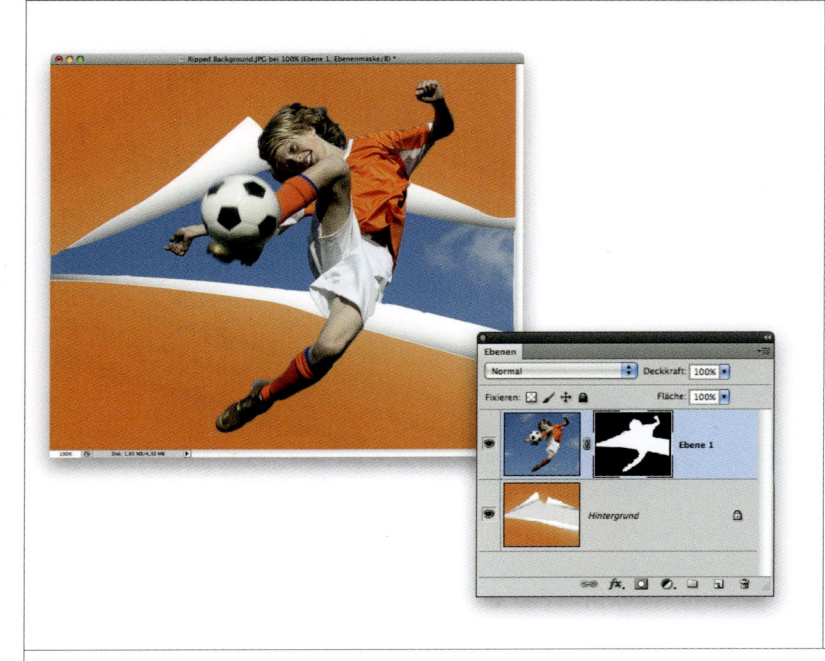

Wir müssen diese Auswahl zur vorhandenen Ebenenmaske hinzufügen, so dass der gesamte Fußballer durch den Riss zu sehen ist. ⇧-klicken Sie zuerst auf die Maske, um sie wieder einzublenden. Wählen Sie dann BEARBEITEN/ FÜLLEN und anschließend die Option WEISS aus dem VERWENDEN-Popup-Menü. Klicken Sie auf OK, um die Auswahl mit Weiß zu füllen. Sie haben soeben den Fußballer zur Maske hinzugefügt. Nun sind der Himmel und der Fußballer durch den Riss zu sehen. Drücken Sie ⌘-D (PC: Strg-D), um die Auswahl aufzuheben.

SCHRITT 6: DAS MASKEN-BEDIENFELD HILFT IHNEN, DIE MASKEN ZU VERÄNDERN

Werfen Sie einen Blick ins Masken-Bedienfeld – falls es nicht zu sehen ist, wählen Sie FENSTER/MASKEN. Dieses Bedienfeld ist (seit Photoshop CS4) eine gute Möglichkeit, die Masken anzupassen, ohne sich jede Menge Tricks merken zu müssen. Der DICHTE-Regler bestimmt die Deckkraft für die Maske. Bei 100 % Dichte deckt die Maske vollkommen. Reduzieren Sie die Dichte, beginnt der maskierte Bereich durchzuscheinen. Die Maske selbst wird immer heller grau, bis sie bei 0 % weiß ist. Der Regler WEICHE KANTE zeichnet die Kanten der Maske weich, damit sie nicht zu harsch erscheinen.

SCHRITT 7: VERFEINERN SIE DIE AUSWAHLKANTEN MIT DEM MASKEN-BEDIENFELD

DICHTE und WEICHE KANTE sind nicht schlecht, der eigentliche Hit jedoch ist der Button MASKENKANTE. Sie sehen, die Auswahl um den Fußballer ist noch nicht perfekt. Ohne zu sehr ins Detail zu gehen: Die meiste Macht liegt hier bei dem Radiusverbessern-Werkzeug (dem kleinen Pinsel-Icon links). Klicken Sie darauf, um es zu aktivieren. Malen Sie damit an den Kanten entlang, die zu grob oder zu schlecht ausgewählt sind (wie das Haar). Photoshop stellt ein paar verrückte Berechnungen an und meistens ist das Ergebnis echt erstaunlich. Malen Sie auch über andere Bereiche und klicken Sie auf OK, wenn Sie fertig sind. Photoshop hat die Maske korrigiert, sie sollte also jetzt besser aussehen.

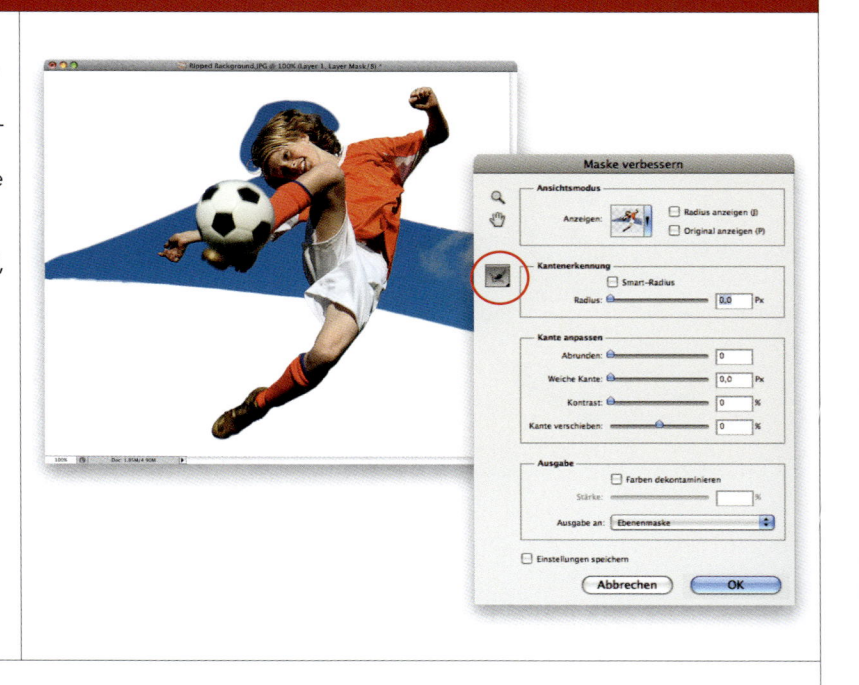

SCHRITT 8: FÜGEN SIE DEM ORANGEFARBENEN HINTERGRUND EINE STRUKTUR HINZU

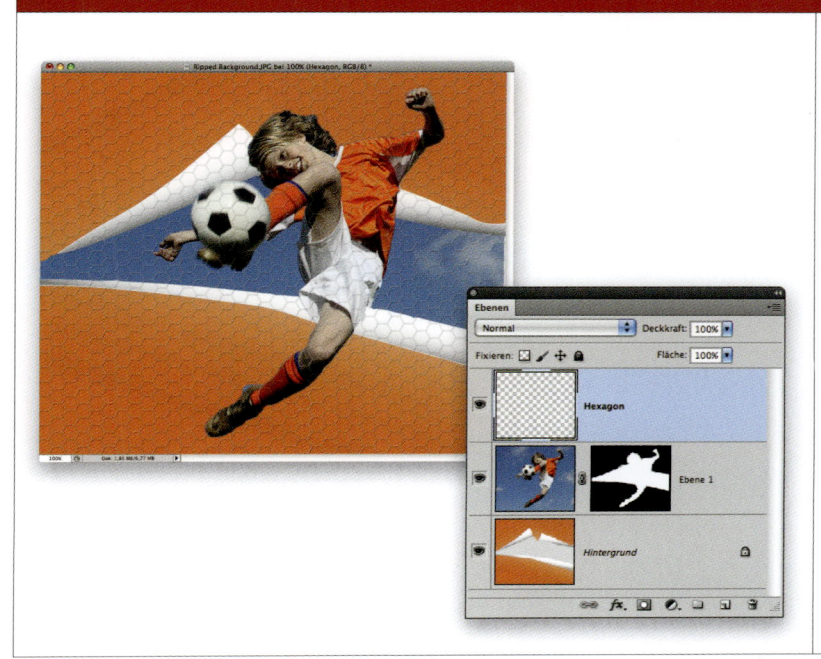

Okay, der Fußballer sieht gut aus. Der orangefarbene Hintergrund ist jedoch etwas flau, lassen Sie uns eine Struktur hinzufügen. Öffnen Sie das dritte Bild für dieses Tutorial, wenn Sie mitmachen wollen. Es handelt sich um eine einfache Ebene mit Wabenmuster (Hexagon). Halten Sie die ⇧-Taste gedrückt (um die Ebene zu zentrieren) und bewegen Sie die Ebene mit dem Verschieben-Werkzeug (V) ins Bild. Ziehen Sie die Hexagon-Ebene direkt über die Fußballer-Ebene.

SCHRITT 9: KOPIEREN SIE DIE MASKE VON EINER ANDEREN EBENE

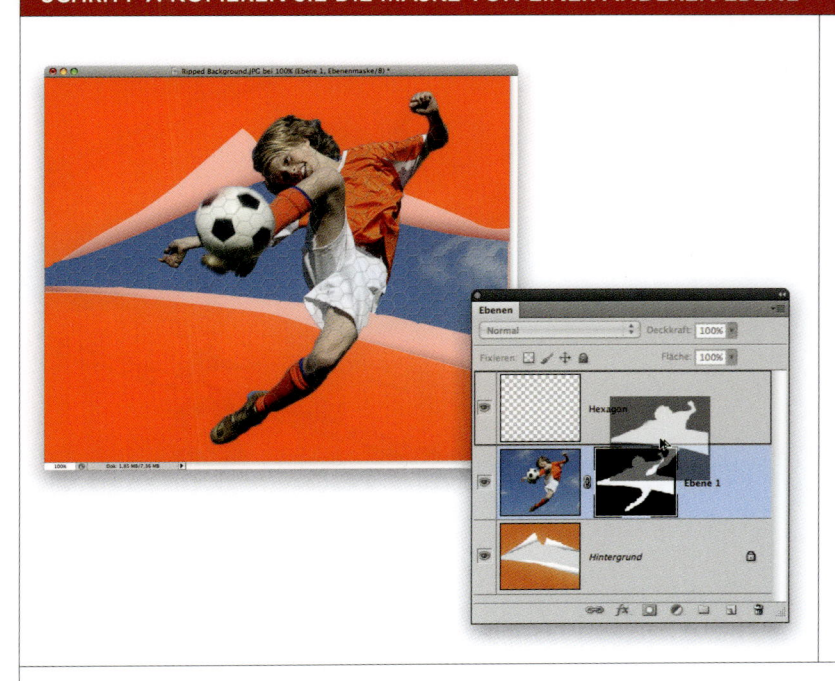

Sie sehen ja, dass die Hexagon-Ebene das gesamte Bild verdeckt. Nun könnten wir wieder von vorn anfangen: Auswahl erstellen, Masken einrichten etc. Aber es geht auch einfacher: Wir kopieren die Maske von einer anderen Ebene. Sie können eine Maske anklicken und einfach auf eine andere Ebene ziehen. Wenn Sie dabei jedoch die ⌥-Taste (PC: Alt) gedrückt halten, wird eine Kopie angefertigt. Probieren Sie es aus. ⌥-klicken Sie auf die Miniatur der Maske der Fußballer-Ebene und ziehen Sie sie auf die Hexagon-Ebene. Sie haben die Maske soeben auf einer anderen Ebene dupliziert.

SCHRITT 10: KEHREN SIE DIE MASKE MIT DEM MASKEN-BEDIENFELD UM

Wir haben ein kleines Problem: Die Maske, die den Fußballer durch den Riss einblenden soll, zeigt den Fußballer, blendet aber alles andere aus. Darum sehen wir das Wabenmuster auch nur über dem Fußballer und nicht im orangefarbenen Hintergrund. Aber wir wollen hier das Gegenteil: Die Waben sollen nur über dem Orange zu sehen sein. Kein Problem: Wählen Sie die Miniatur der Maske aus. Klicken Sie dann im Masken-Bedienfeld auf den Button UMKEHREN. Alternativ drücken Sie ⌘-I (PC: Strg-I), um die Maske umzukehren. Damit wird alles, was in der Maske schwarz war, weiß und umgekehrt. Die Maske zeigt uns also jetzt das, was wir sehen wollen.

SCHRITT 11: FÜGEN SIE EINEN SCHATTEN HINZU

Wir sind fast fertig. Ich finde, dem Fußballer täte etwas Tiefe gut, darum geben wir ihm einen Schlagschatten. Sie erinnern sich, eine Maske ist eigentlich eine Auswahl. Wir haben schon oft Masken aus Auswahlen erstellt. Sie können die Auswahl auch wieder laden und somit erneut sichtbar machen. Klicken Sie dazu auf die Fußballer-Ebene, ⌘-klicken (PC: Strg-Klick) Sie dann auf die Miniatur der Ebenenmaske.

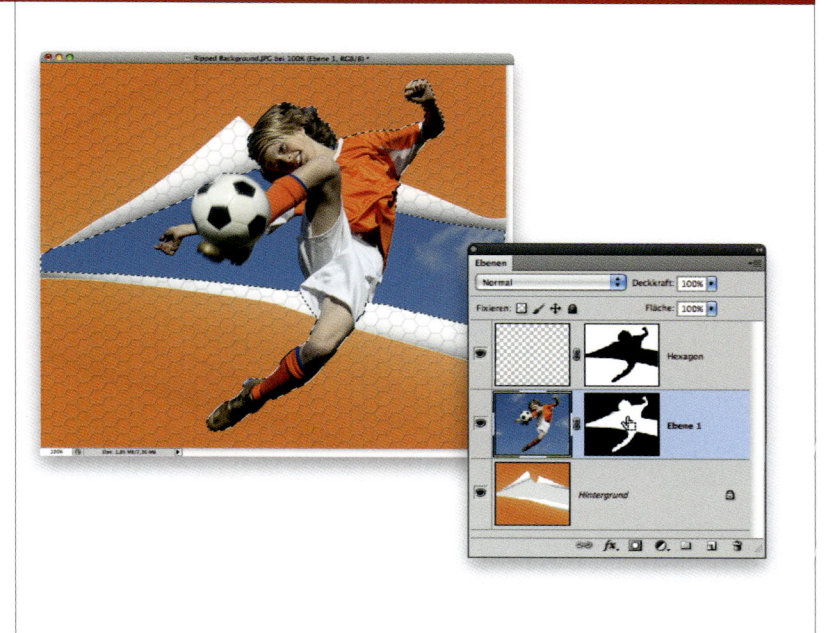

SCHRITT 12: NEUE EBENE, AUSWAHL SCHWARZ, WEICHZEICHNER

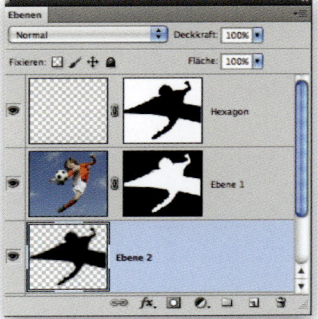

Nun legen wir den Schatten an, um etwas Tiefe ins Bild zu bringen. Klicken Sie auf die Hintergrundebene, dann auf das Icon NEUE EBENE ERSTELLEN unten im Ebenen-Bedienfeld. Füllen Sie die Auswahl mit Schwarz, indem Sie BEARBEITEN/FÜLLEN und aus dem VERWENDEN-Popup-Menü die Option SCHWARZ wählen. Klicken Sie dann auf OK. Drücken Sie ⌘-D (PC: Strg-D), um die Auswahl aufzuheben. Nun wollen wir die Auswahl etwas weichzeichnen. Wählen Sie FILTER/WEICHZEICHNUNGSFILTER/GAUSSSCHER WEICHZEICHNER und geben Sie für den Radius 6 oder 7 Pixel ein. Klicken Sie auf OK, nun sollte hinter dem Fußballer ein schöner Schatten zu sehen sein.

SCHRITT 13: HOLEN SIE LUFT UND SCHAUEN SIE SICH DAS AN

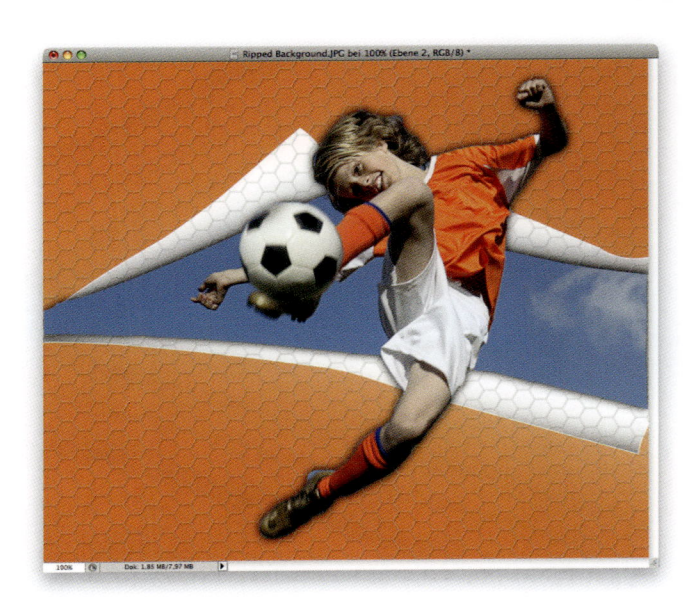

Zeit zum Durchatmen. Hier sind viele Ebenen und Masken unterwegs. Der schwarze Schatten erscheint nur auf dem orangefarbenen Hintergrund. Im Himmel ist er nicht zu sehen. Warum? Denken Sie kurz nach. Der schwarze Schatten liegt auf einer Ebene unter dem Fußballer, also sehen wir nur das Leuchten, nicht die gesamte schwarze Figur, die wir erzeugt haben. Die Maske der Ebene darüber lässt nur den Himmel und den Fußballer durch. Alles, was wir also auf der Ebene darunter hinzufügen (z. B. den Schatten), ist im Himmel nicht zu sehen (das ist gut, dort wollen wir es auch nicht haben). Er ist nur auf dem gerissenen Hintergrundbild zu sehen.

SCHRITT 14: LÖSCHEN SIE DEN SCHATTEN DORT, WO WIR IHN NICHT BRAUCHEN

Sie sehen, dass der Schatten hinter dem Fußballer auftaucht, als würde dieser leuchten. Da es sich aber um einen Schatten handelt, wird er nur in eine Richtung geworfen (nach unten rechts). Fügen Sie also zur Schatten-Ebene eine Maske hinzu und malen Sie die linken Kanten des Schattens weg. Nehmen Sie dazu den Pinsel (B) mit weißer Vordergrundfarbe und malen Sie. Reduzieren Sie die Deckkraft des Schattens auf 60 %, um ihn noch weicher zu machen.

SCHRITT 15: TEXT UND FINISH

Zum Schluss habe ich noch etwas Text hinzugefügt. Mehr zu Textebenen erfahren Sie in Kapitel 5, falls Sie wollen, habe ich jedoch ein Bild mit Ebenen für Sie vorbereitet.

KAPITEL 4

EBENENMASKEN AUTOMATISCH ANLEGEN

SIE KÖNNEN EBENENMASKEN AUTOMATISCH ERZEUGEN, INDEM SIE EINE EINFACHE AUSWAHL TREFFEN

Der Titel dieses Tutorials passt nicht so ganz, aber mir ist kein besserer Name eingefallen. Es ist eine Methode, um Ebenenmasken automatisch zu erzeugen, was im Übrigen eine ganz außerordentliche Flexibilität bedeutet. Blättern Sie also wenigstens einmal um, damit Sie sehen, wie cool das ist.

FÜR ELEMENTS GEEIGNET

SCHRITT 1: SUCHEN SIE EIN FOTO MIT EINEM BEREICH, DEN SIE ERSETZEN WOLLEN

Öffnen Sie zwei Fotos, die Sie auf irgendeine Weise miteinander kombinieren wollen. Ich möchte in diesem Fall das Foto mit den Bergen in die Skibrille des Mannes setzen. Es gibt bei den Ebenenmasken ein kleines Geheimnis, das diese Aufgabe sehr einfach macht.

Ebenenmasken

SCHRITT 2: WÄHLEN SIE DAS FOTO AUS, DAS SIE EINSETZEN WOLLEN, UND KOPIEREN SIE ES

Beginnen Sie mit dem Foto, das Sie in das andere Bild einsetzen wollen. Bei uns ist dies die Aufnahme mit den Bergen. Wählen Sie mit Auswahl/Alles auswählen (oder ⌘-A bzw. Strg-A) das gesamte Foto aus und wählen Sie dann Bearbeiten/Kopieren (⌘-C; PC: Strg-C).

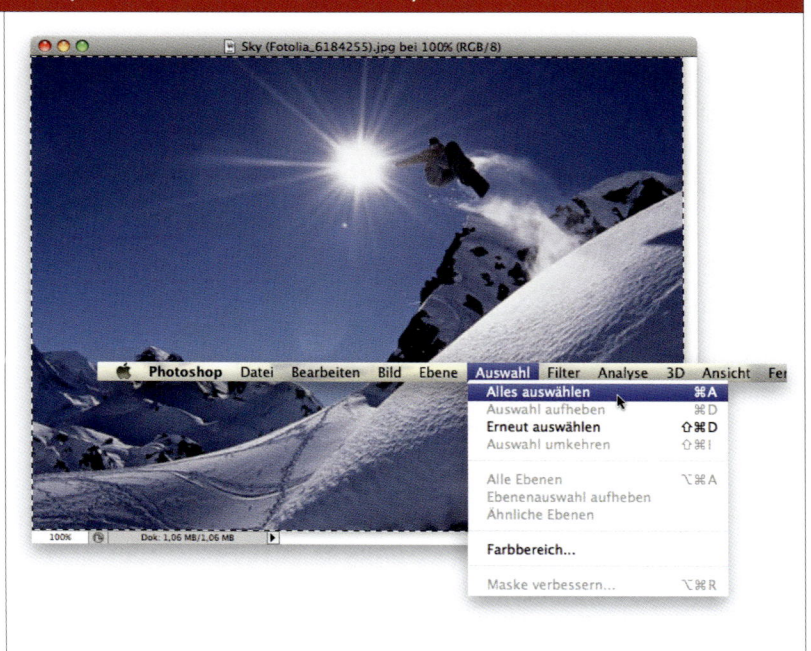

SCHRITT 3: ERZEUGEN SIE EINE AUSWAHL DES BEREICHS, DEN SIE ERSETZEN WOLLEN

Wechseln Sie nun zu dem Mann mit der Skibrille. Zuerst wählen wir den Bereich, den wir ersetzen wollen. Ich habe hier mit dem Schnellauswahl-Werkzeug (W) über die Scheibe der Brille geklickt und gezogen. Ragt die Auswahl bis in das Gesicht oder den Rahmen der Brille hinein, dann drücken Sie die ⌥-Taste (PC: Alt) und klicken auf diese Bereiche, um sie von der Auswahl abzuziehen. Mit Z aktivieren Sie das Zoom-Werkzeug für eine Großansicht.

Hinweis: Denken Sie an mein Auswahl-Video, das Sie unter www.kelbytraining.com/books/layerscs5 online finden.

SCHRITT 4: WÄHLEN SIE IN DIE AUSWAHL EINFÜGEN, UM DIE BERGE ZU VERSETZEN

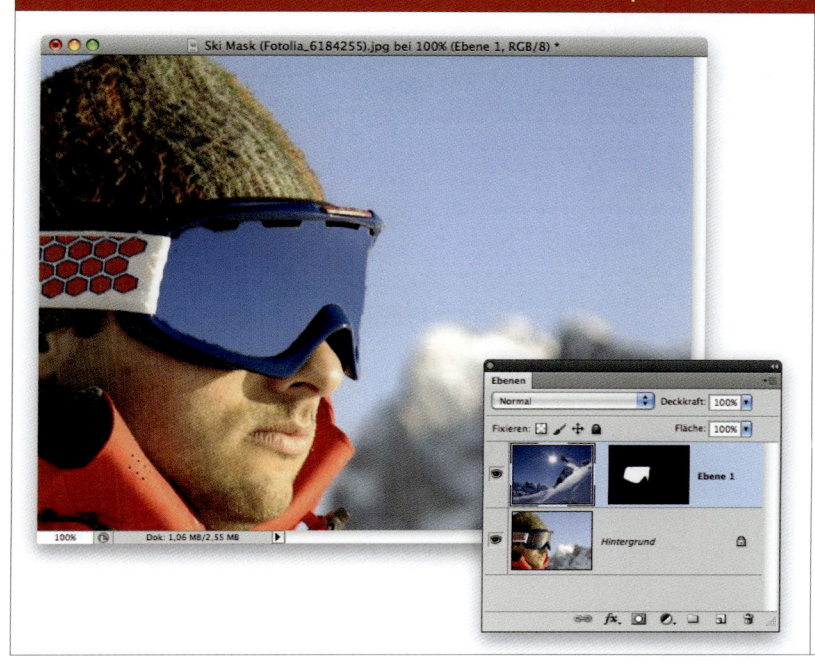

Wählen Sie nun BEARBEITEN/EINFÜGEN SPEZIAL/IN DIE AUSWAHL EINFÜGEN (erinnern Sie sich an die kopierten Schneeberge aus Schritt 2?). Sie haben diesen Befehl vermutlich noch nie benutzt – aber er ist wirklich cool. Er fügt das Foto, das Sie kopiert haben (in diesem Fall die Berge) in die aktive Auswahl ein. Der Befehl sorgt dafür, dass das Foto nur in der Auswahl erscheint, indem er automatisch eine Ebenenmaske erzeugt. Jetzt passt doch der Name dieses Tutorials, oder? Sie haben mit dem Befehl BEARBEITEN/EINFÜGEN SPEZIAL/IN DIE AUSWAHL EINFÜGEN automatisch eine Ebenenmaske angelegt.

SCHRITT 5: VERSCHIEBEN SIE DAS FOTO, DAMIT ES BESSER IN DIE SKIBRILLE PASST

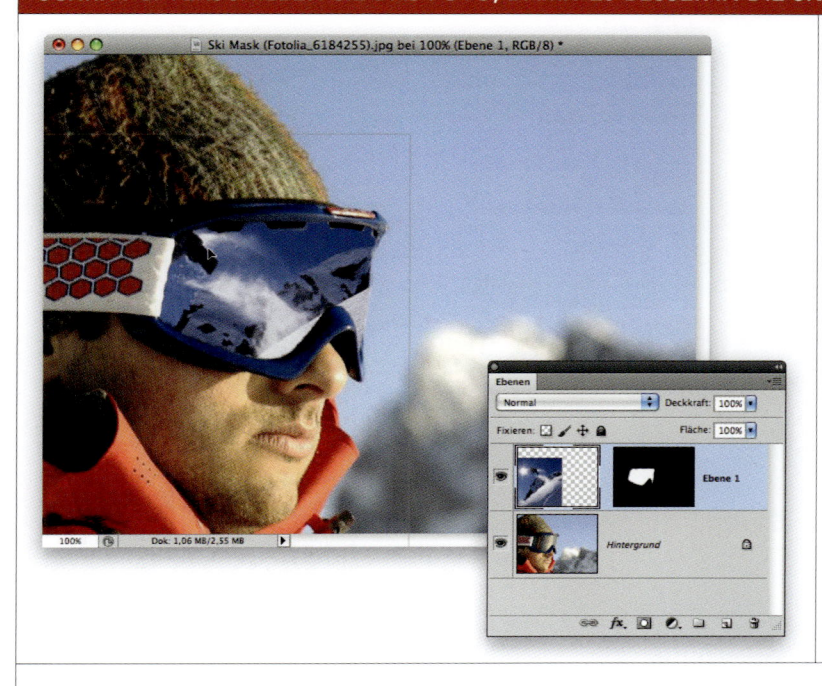

Jetzt wird es wirklich verrückt: Aktivieren Sie das Verschieben-Werkzeug (oder drücken Sie V). Klicken Sie nun das Foto mit den Bergen an und ziehen Sie es herum. Photoshop erlaubt es Ihnen, das Foto neu zu positionieren, lässt es aber innerhalb der ursprünglichen Auswahl. Schließlich hat der Befehl IN DIE AUSWAHL EINFÜGEN dafür diese Ebenenmaske angelegt.

SCHRITT 6: GRÖSSENÄNDERUNG UND VERKRÜMMEN MACHEN DAS FOTO REALISTISCHER

Sie können sogar die Größe des Fotos ändern. Wählen Sie BEARBEITEN/FREI TRANSFORMIEREN (oder drücken Sie ⌘-T; PC: Strg-T). Drücken Sie die ⇧-Taste und ziehen Sie an einem der Eckgriffe, um das Foto besser einzupassen. Klicken und ziehen Sie innerhalb des Rahmens, um ihn zu verschieben. Wählen Sie dann BEARBEITEN/TRANSFORMIEREN/VERKRÜMMEN. Wählen Sie AUFBLASEN aus dem Popup-Menü in der Optionsleiste und biegen Sie das Foto so, dass es sich der verzerrten Perspektive anpasst, die Sie vermutlich in den Reflexionen der Brille erkennen. Drücken Sie ↵, um die Transformation zu bestätigen und abzuschließen.

SCHRITT 7: FÜGEN SIE EINEN VERLAUF HINZU UND REDUZIEREN SIE DIE DECKKRAFT

Ein letzter Zug, um der flachen Reflexion etwas mehr Tiefe zu geben: Aktivieren Sie das Verlaufswerkzeug (G) und wählen Sie in der Optionsleiste den Verlauf SCHWARZ, WEISS aus dem Verlaufswähler, klicken Sie dann auf das Icon LINEARER VERLAUF und wählen Sie LINEARES LICHT als MODUS. Klicken Sie auf das Icon TRANSPARENTE PIXEL FIXIEREN links oben im Ebenen-Bedienfeld. Klicken Sie nun links von der Skibrille und ziehen Sie bis ganz nach rechts, so dass der Verlauf die linke Seite abdunkelt und die rechte aufhellt. Eigentlich haben wir den Verlauf auf das gesamte Bild angewendet, wegen der Maske ist er jedoch nur in der Brille zu sehen. Reduzieren Sie die Deckkraft der Ebene auf 90 %.

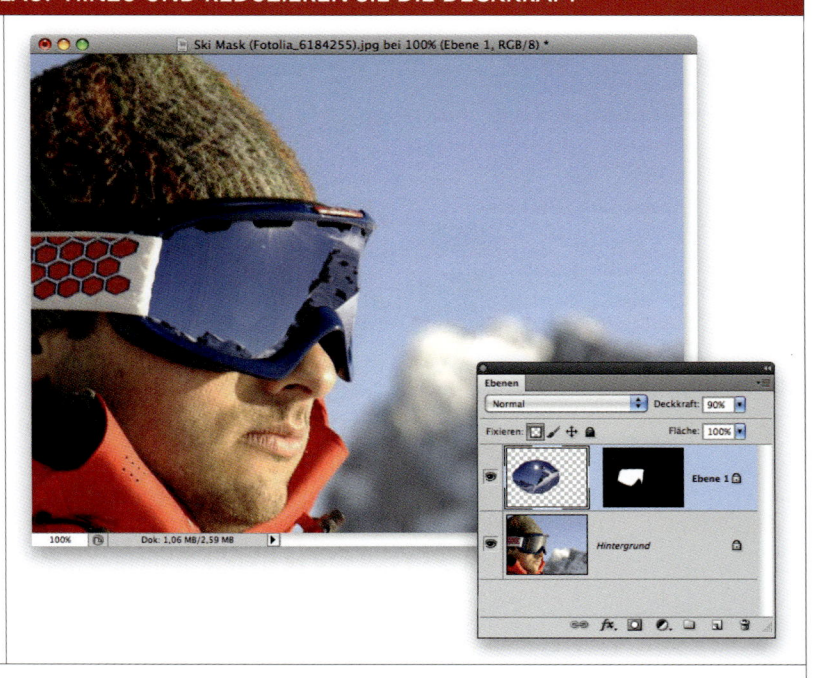

KAPITEL 4

MEHRERE BILDER KOMBINIEREN
MIT EBENENMASKEN KOMBINIEREN SIE MEHRERE BILDER, OHNE TEILE DES BILDES ZU LÖSCHEN.

In Kapitel 1 kombinierten wir mehrere Bilder miteinander, indem wir sie alle in das gleiche Dokument brachten und Teile der einzelnen Ebenen mit dem Radiergummi-Werkzeug entfernten. Das Beispiel demonstrierte sehr gut, wie Ebenen miteinander agieren und wie man Teile von Ebenen sichtbar machen kann, die im Ebenenstapel weiter unten liegen. Tatsächlich ist es jedoch nicht ganz so einfach. Sie ändern Ihre Meinung, Ihr Kunde möchte auf einmal etwas anderes oder irgendjemand ändert das Projekt und dann merken Sie, dass es keine gute Idee war, Teile einer Ebene wegzuradieren. Hauptsächlich liegt das daran, dass Sie diese gelöschten Pixel nicht wieder zurückbekommen. Sie müssten wieder ganz von vorn beginnen, wenn Sie etwas ändern wollten. Wir wollen das Gleiche nun einmal mit Ebenenmasken probieren. Glauben Sie mir, die sind wirklich stark! Ich verspreche Ihnen, wenn Sie erst einmal sehen, wie leicht es ist, werden Sie nie wieder den Radiergummi anfassen.

SCHRITT 1: ÖFFNEN SIE DIE FOTOS, DIE SIE KOMBINIEREN WOLLEN

Öffnen Sie zuerst die Fotos, die Sie kombinieren wollen.

SCHRITT 2: LEGEN SIE EIN NEUES DOKUMENT AN

Wählen Sie dazu Datei/Neu. Geben Sie 5 Inches für Breite und 7 für Höhe ein sowie eine Auflösung von 72 ppi, klicken Sie dann auf OK. Nun haben Sie ein leeres Dokument. Wählen Sie im Foto des halben Basketballs alles aus (⌘-A), kehren Sie dann zurück und fügen Sie das Bild ins neue Dokument ein (⌘-V). Platzieren Sie es mit dem Verschieben-Werkzeug (V) am unteren Bildrand. Sie sollten jetzt zwei Ebenen im Dokument haben – die Hintergrundebene und die mit dem halben Basketball darüber.

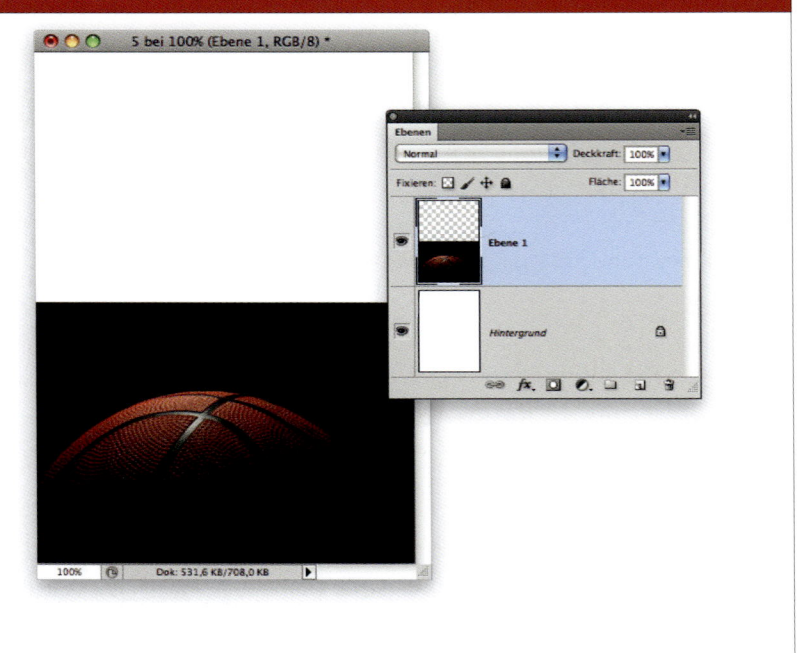

SCHRITT 3: WÄHLEN SIE DAS VERLAUFSWERKZEUG MIT DEM SCHWARZ-WEISS-VERLAUF

Dieses Mal überblenden wir den großen, halben Basketball mit dem Hintergrund, allerdings viel einfacher als vorher (und verlustfrei). Sie erinnern sich, Ebenenmasken kennen nur Schwarz und Weiß, und es spielt keine Rolle, wie die Farbe dorthin gelangt ist. Wir probieren also den Übergang mit einem Verlauf aus. Aktivieren Sie das Verlaufswerkzeug (G) und wählen Sie dann in der Optionsleiste den dritten Verlauf von links im Verlaufswähler, den Standard-Schwarz-Weiß-Verlauf. Aktivieren Sie auch das Icon Linearer Verlauf ganz links in der Optionsleiste und schalten Sie die Checkbox Umkehren ein.

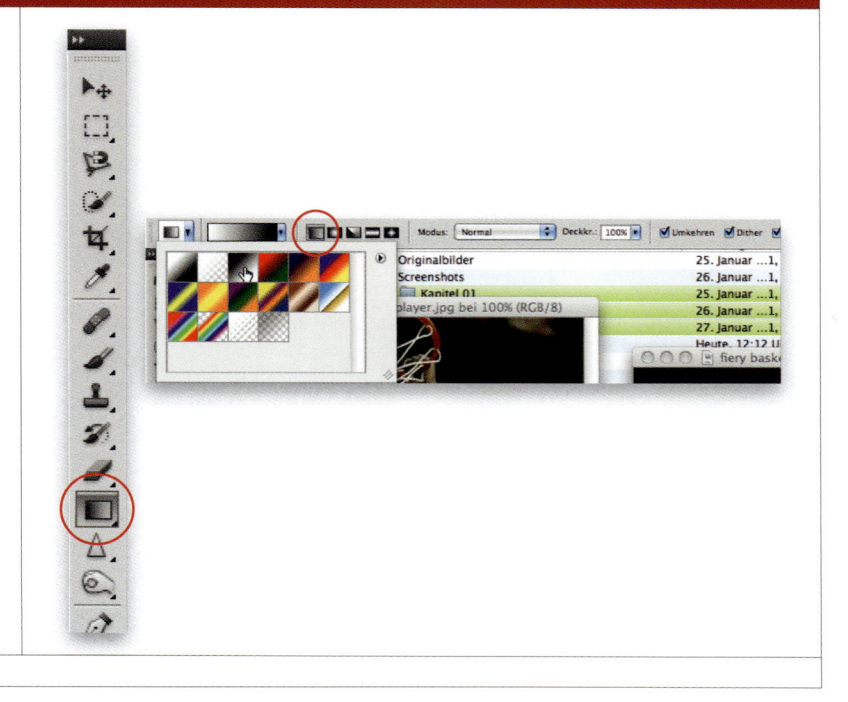

SCHRITT 4: FÜGEN SIE EINE EBENENMASKE HINZU UND JUSTIEREN SIE SIE

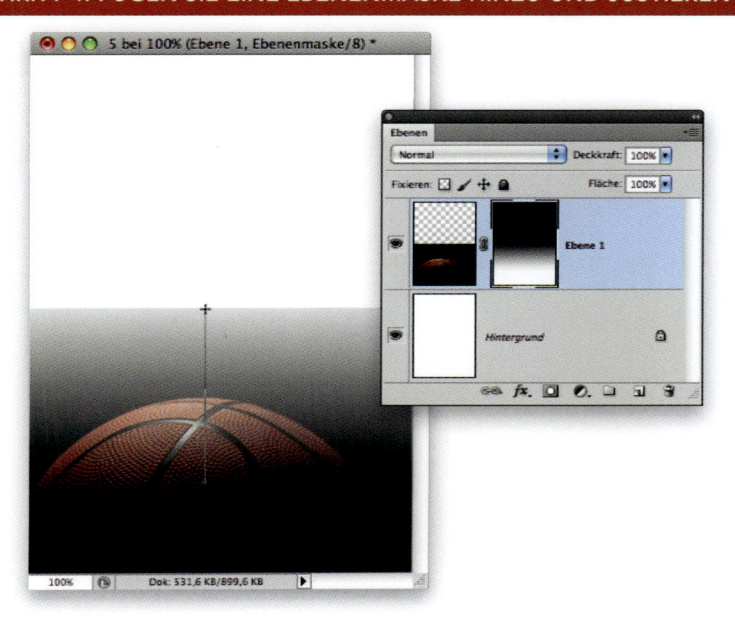

Nun, da der Verlauf ausgewählt ist, wenden wir ihn auf eine Maske an. Klicken Sie in die große Basketball-Ebene und dann auf das Icon VEKTORMASKE HINZUFÜGEN, um eine Maske zu erstellen. Klicken Sie dann in die Nähe des unteren Ballrandes und ziehen Sie bis an seinen oberen Rand. Wenn Sie die Maustaste loslassen, haben Sie auf der Maske einen Verlauf erstellt. Und mehr noch, schauen Sie sich Ihr Bild an. Der Ball blendet schön in den Hintergrund über. Falls Ihre Überblendung zu grob aussieht, liegt das an der Art und Weise, wie Sie den Verlauf aufgezogen haben. Manchmal sind ein paar Versuche nötig, passen Sie den Verlauf also ruhig an.

SCHRITT 5: HOLEN SIE EIN WEITERES FOTO INS BILD

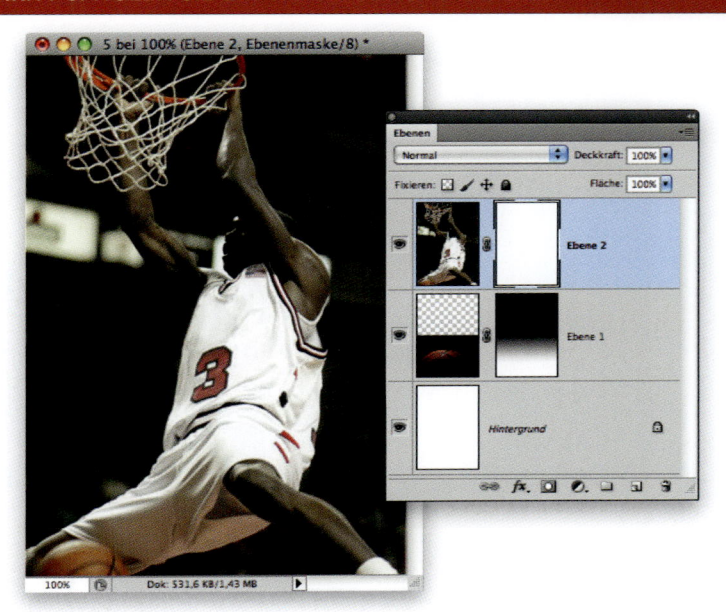

Nun kommen wir zum Foto des Basketballers. Holen Sie es per Kopieren und Einfügen in unser Collage-Dokument, an dem wir gerade arbeiten. Stellen Sie es mit dem Verschieben-Werkzeug in die Mitte. Nun haben Sie hier drei Ebenen: den Hintergrund, den großen Basketball und den Basketballspieler. Fügen Sie auch dieser Ebene eine Maske hinzu.

SCHRITT 6: BLENDEN SIE MIT DEM VERLAUFSWERKZEUG TEILE DES BILDES AUS

Sie sehen, dass der Basketballer den Basketball völlig verdeckt. Wir setzen denselben Schwarz-Weiß-Verlauf auf der Maske des Basketballers ein, dieses Mal jedoch ohne die Checkbox UMKEHREN. Klicken und ziehen Sie von unten nach oben, um den unteren Bereich der Basketballer-Ebene auszublenden und den großen Ball darunter zu zeigen. Dabei taucht auch ein Teil der weißen Hintergrundebene wieder auf. Klicken Sie darum auf den Hintergrund, wählen Sie Schwarz als Vordergrundfarbe und drücken Sie ⌥-⌫, um den Hintergrund mit Schwarz zu füllen.

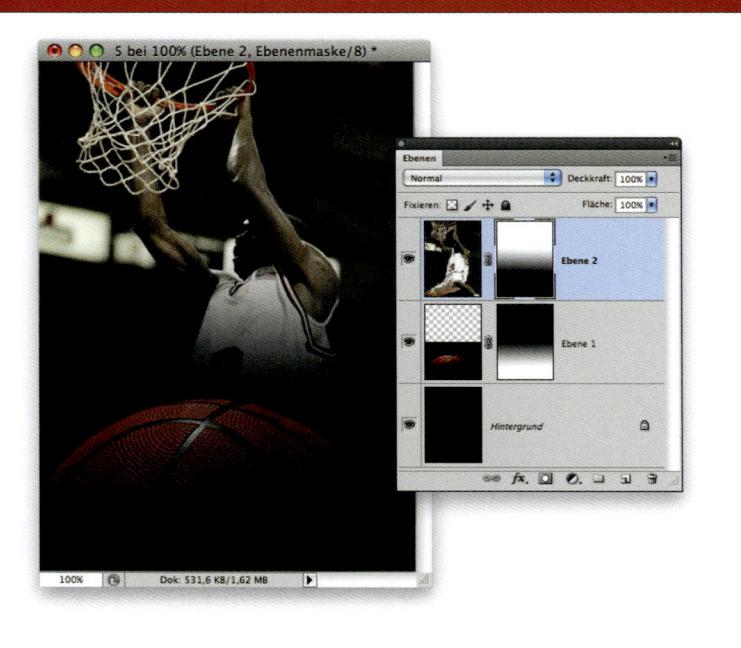

SCHRITT 7: HOLEN SIE DAS LETZTE FOTO INS BILD

Kopieren Sie auch das letzte Foto ins Bild (den brennenden Ball). Im Ebenen-Bedienfeld muss er ganz oben liegen. Ziehen Sie ihn mit dem Verschieben-Werkzeug nach links oben über das Basketballnetz. Fügen Sie dieser Ebene eine Maske hinzu.

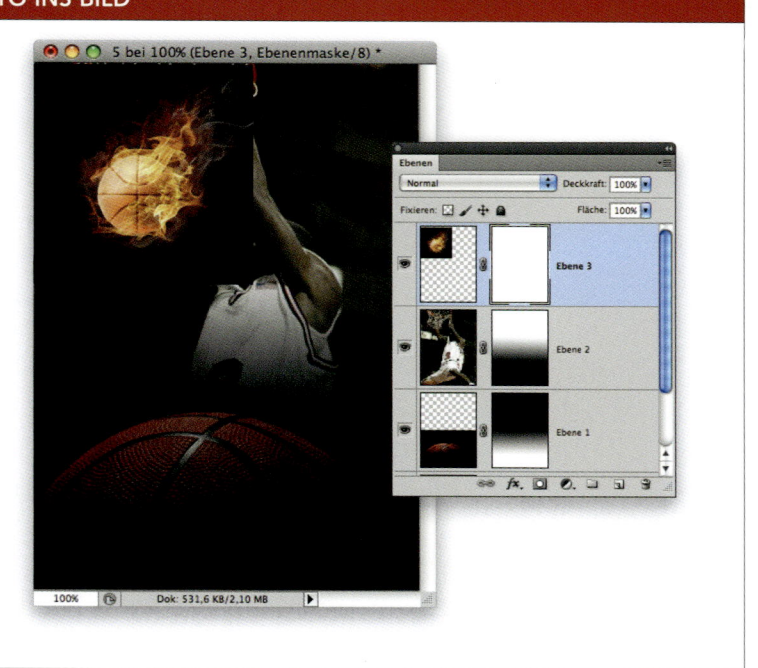

SCHRITT 8: VERBLASSEN SIE DAS FOTO MIT DEM PINSEL

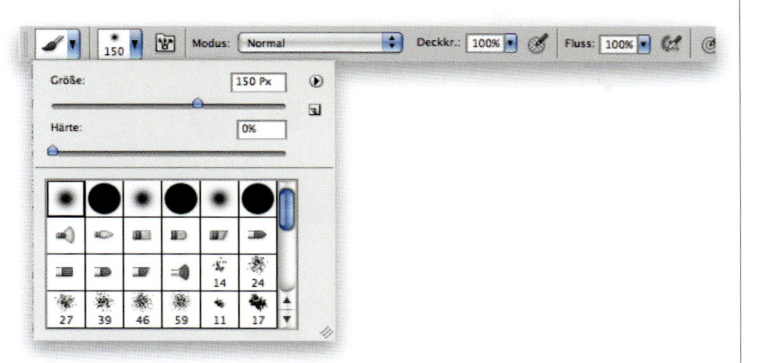

Nun müssen wir die neue Ebene in das Bild mischen. Natürlich könnten wir wieder mit einem Verlauf arbeiten, aber das ist ja langweilig. Stattdessen probieren wir es mit dem Pinsel, mit dem wir viel genauer arbeiten können. Wir haben das bereits einmal an einer Einstellungsebene in Kapitel 3 getan, als wir den Hintergrund um Mutter und Kind herum vor der Gradationskurven-Korrektur schützen wollten. Aktivieren Sie also den Pinsel ([B]). Klicken Sie auf die Pinselminiatur in der Optionsleiste und setzen Sie den HAUPTDURCHMESSER auf einen großen Wert, wie etwa 150 Pixel. Um weiche Kanten zu erhalten, stellen Sie die HÄRTE auf 0 %.

SCHRITT 9: MALEN SIE MIT SCHWARZ AUF DER EBENENMASKE

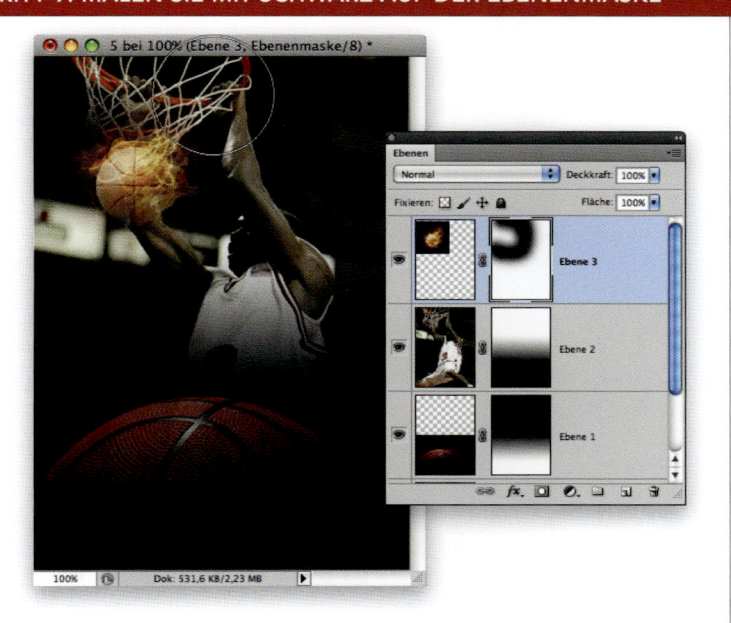

Klicken Sie einmal in die Miniatur der Ebenenmaske, um sie zu aktivieren. Drücken Sie [D], dann [X], um Schwarz als Vordergrundfarbe einzustellen. Malen Sie um den Basketball, damit er sanft ins Netz übergehen kann. Beim Malen verschwindet das Foto in diesen Bereichen. Passen Sie die Größe der Pinselspitze an, wenn das nötig ist.

SCHRITT 10: VERSEHENTLICH AUSGEBLENDETE BEREICHE MALEN SIE MIT WEISS INS BILD ZURÜCK

Angenommen, Sie haben einen Bereich des Fotos ausgeblendet, den Sie eigentlich behalten wollten. Ändern Sie einfach die Vordergrundfarbe in Weiß ([X]) und malen Sie erneut darüber. Wo Sie mit Weiß malen, holen Sie das Originalbild zurück. Das heißt, Sie können Ihrer Kreativität freien Lauf lassen und mit verschiedenen Überblendungen experimentieren.

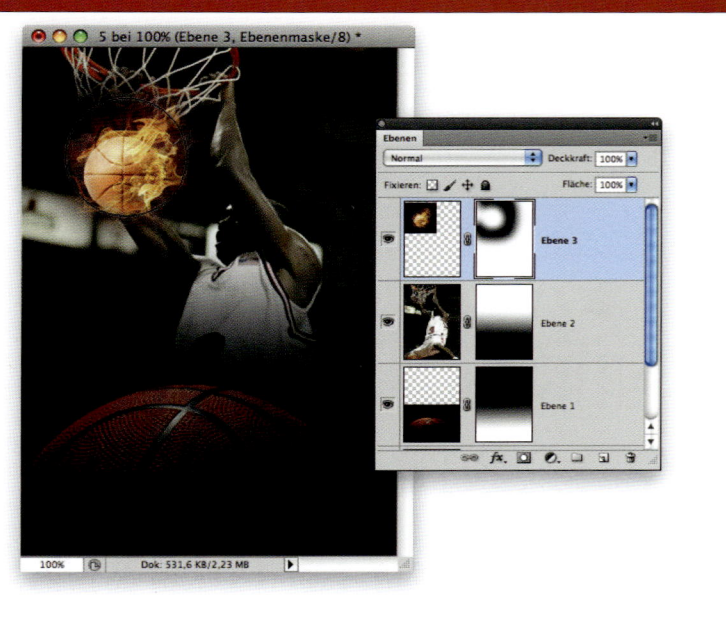

SCHRITT 11: LETZTE FEINHEITEN

Schließlich habe ich noch die Textgrafik eingefügt und das Bild fertiggestellt.

Sieht so aus wie in Kapitel 1, oder? Wir haben dasselbe erreicht und hatten nicht mehr Arbeit damit, allerdings vollkommen verlustfrei. Wir können das Bild immer ändern, wenn es uns in den Sinn kommt. Wären wir wie in Kapitel 1 vorgegangen und hätten Bereiche aus Versehen gelöscht, könnten wir sie nicht einfach wieder ins Bild malen – wären also weit weniger flexibel. Und müssten von vorn beginnen.

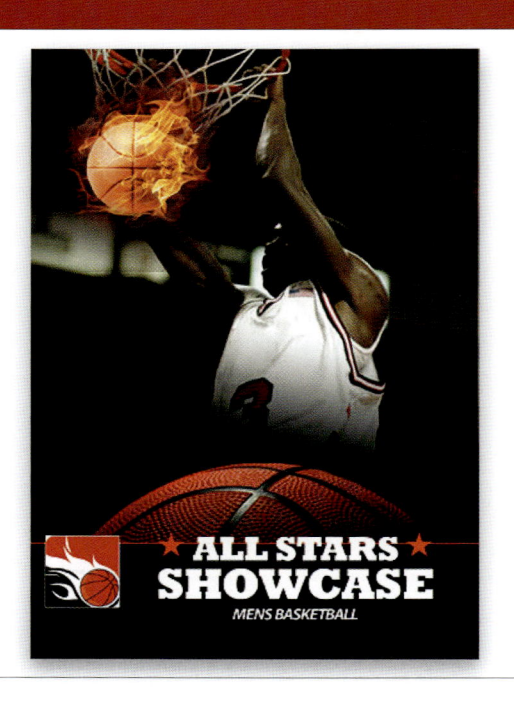

KAPITEL 4

FÜR ELEMENTS GEEIGNET

EINE EBENE IN EINE ANDERE EINPASSEN

SORGEN SIE DAFÜR, DASS DER INHALT EINER EBENE IN DEN INHALT EINER ANDEREN EBENE PASST.

Es gibt noch eine weitere Maskierungsfunktion, die ganz praktisch ist. Die sogenannte Schnittmaske bildet eine weitere Maskenart, die wir zusammen mit Ebenen einsetzen. Sie soll es Ihnen hauptsächlich erlauben, eine Form auf einer Ebene einzusetzen, um darüberliegende Ebenen zu maskieren. Es gibt viele tolle Anwendungen für Schnittmasken, ein großartiges Beispiel ist das Herstellen einer Karte.

SCHRITT 1: LEGEN SIE EIN NEUES, LEERES DOKUMENT AN

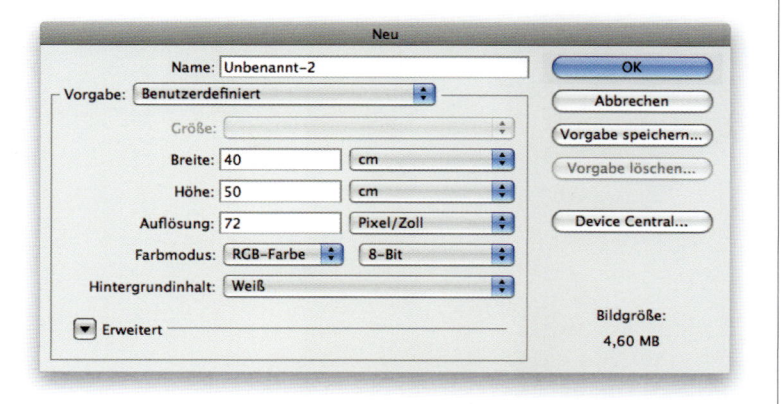

Wir beginnen unsere Grußkarte mit einem brandneuen Dokument. Wählen Sie DATEI/NEU (oder drücken Sie ⌘-N [PC: Strg-N]). Im NEU-Dialog geben Sie die Größe für das Dokument ein. Hier entscheiden wir uns für ein Bild von 40 x 50 cm und eine Auflösung von 72 ppi. Klicken Sie auf OK, um das neue Dokument anzulegen.

SCHRITT 2: NEUE EBENE: SCHWARZES AUSWAHLRECHTECK MIT RUNDEN KANTEN

Aktivieren Sie das Auswahlrechteck-Werkzeug (M). Zeichnen Sie in der Mitte der Arbeitsfläche ein Rechteck. Wählen Sie dann AUSWAHL/AUSWAHL VERÄNDERN/ABRUNDEN. Geben Sie 15 Pixel für den RADIUS ein und klicken Sie auf OK. Auf diese Weise wird eine abgerundete rechteckige Auswahl erzeugt. Klicken Sie nun auf das Icon NEUE EBENE ERSTELLEN unten im Ebenen-Bedienfeld, um eine neue leere Ebene herzustellen. Drücken Sie D, um die Vordergrundfarbe auf Schwarz zu setzen, und füllen Sie die Auswahl mit ⌥-⌫ (PC: Alt-⌫) mit Schwarz. Drücken Sie ⌘-D (PC: Strg-D), um die Auswahl wieder aufzuheben.

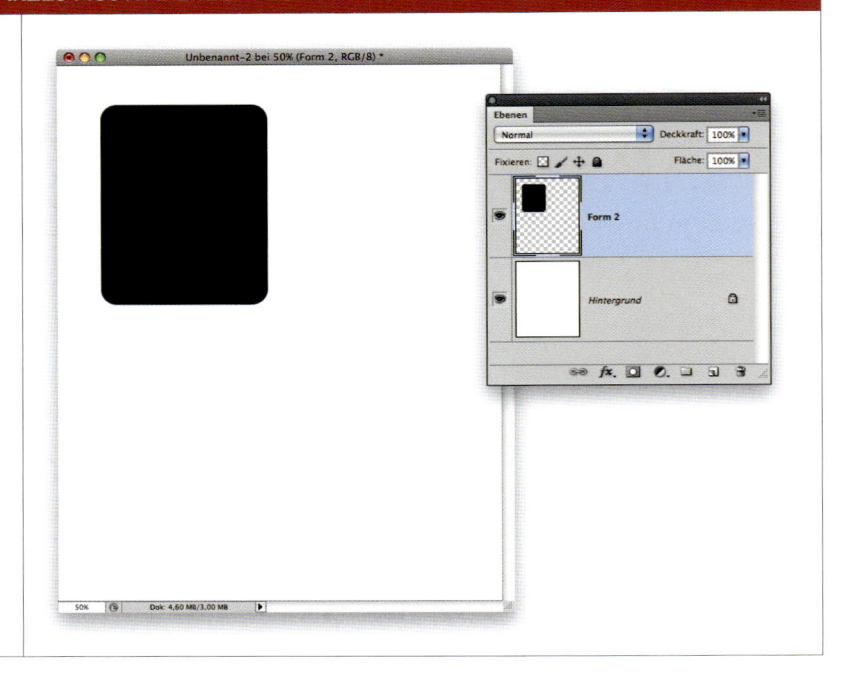

SCHRITT 3: FÜGEN SIE DAS BILD FÜR DIE KARTE AUF EINER NEUEN EBENE EIN

Öffnen Sie das Foto, das auf der Karte erscheinen soll. Hier soll es eine Familiengrußkarte sein, also entscheiden wir uns für ein Foto eines kleinen Mädchens. Drücken Sie ⌘-A (PC: Strg-A), um das Bild auszuwählen. Drücken Sie ⌘-C (PC: Strg-C), wechseln Sie dann zum neuen Dokument und drücken Sie ⌘-V (PC: Strg-V), um das Bild ins neue Dokument einzufügen. Achten Sie darauf, dass das Bild eine Ebene über der Rechteck-Ebene im Ebenen-Bedienfeld liegt.

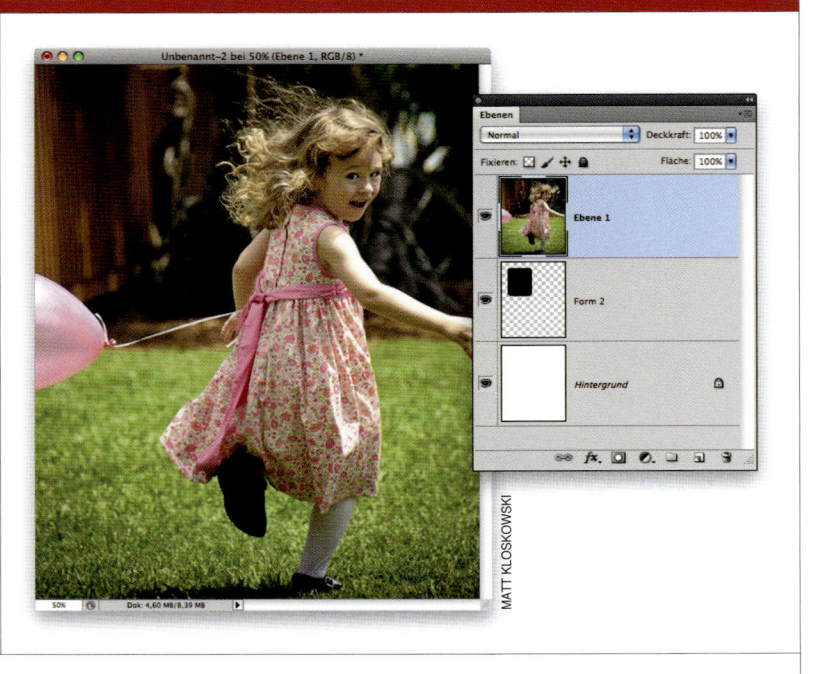

MATT KLOSKOWSKI

SCHRITT 4: ERSTELLEN SIE EINE SCHNITTMASKE, UM DAS MÄDCHEN INS RECHTECK EINZUPASSEN

Klicken Sie auf die Mädchen-Ebene und wählen Sie aus dem Bedienfeldmenü die Option SCHNITTMASKE ERSTELLEN oder drücken Sie ⌘-⌥-G (PC: Strg-Alt-G). Damit erscheint das Mädchen nur in den Grenzen der darunterliegenden Ebene. Und es kommt noch besser: Nehmen Sie das Verschieben-Werkzeug (V) und bewegen Sie das Foto. Es ist nur das zu sehen, was sich hinter dem abgerundeten Rechteck befindet. Sie können sogar die Größe des Bildes verändern. Wählen Sie einfach BEARBEITEN/FREI TRANSFORMIEREN oder drücken Sie ⌘-T (PC: Strg-T). Sie haben die totale Kontrolle und müssen sich um überstehende Bildbereiche keine Sorgen mehr machen.

SCHRITT 5: WAS GESCHIEHT HIER EIGENTLICH?

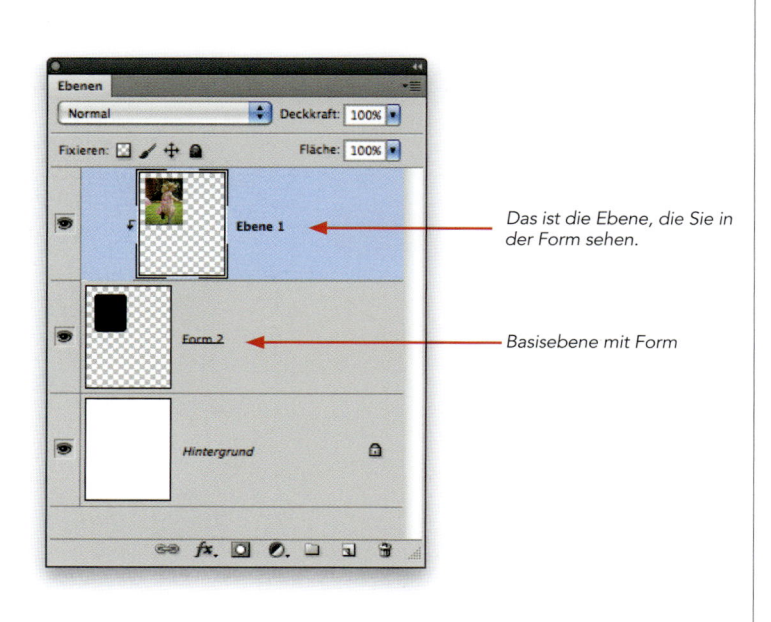

Das ist die Ebene, die Sie in der Form sehen.

Basisebene mit Form

Sie fragen sich wahrscheinlich, was hier eigentlich gerade geschieht, oder? Stellen Sie es sich so vor: Die Basisebene einer Schnittmaske ist die Form, die Sie im fertigen Bild sehen wollen. In diesem Fall handelt es sich dabei um die Form der Grußkarte. Es könnten aber auch andere Formen benutzt werden – Kreise, Quadrate, Logos, ClipArts, Text usw. Diese Basisebene teilt Photoshop mit, welche Form oder welches Objekt Sie am Ende sehen wollen. Alles, was über dieser Ebene geschieht, sehen Sie dann tatsächlich auch im Bild.

SCHRITT 6: RECHTECK DUPLIZIEREN UND MIT INTELLIGENTEN HILFSLINIEN VERSCHIEBEN

Bringen wir es zu Ende. Klicken Sie einmal in die Rechteck-Ebene und drücken Sie ⌘-J (PC: Strg-J), um sie zu duplizieren. Ihr Foto wird nun in das Duplikat eingefügt, bewegen Sie das neue Rechteck also mit dem Verschieben-Werkzeug neben das alte. Ebenen zu bewegen und auszurichten kann recht schwierig sein, aber intelligente Hilfslinien helfen. Wählen Sie ANSICHT/EINBLENDEN/INTELLIGENTE HILFSLINIEN. Achten Sie darauf, dass ANSICHT/AUSRICHTEN aktiviert ist. Wenn Sie das neue Rechteck umherziehen, tauchen immer wieder Hilfslinien auf, die die obere an den anderen Ebenen ausrichten sollen.

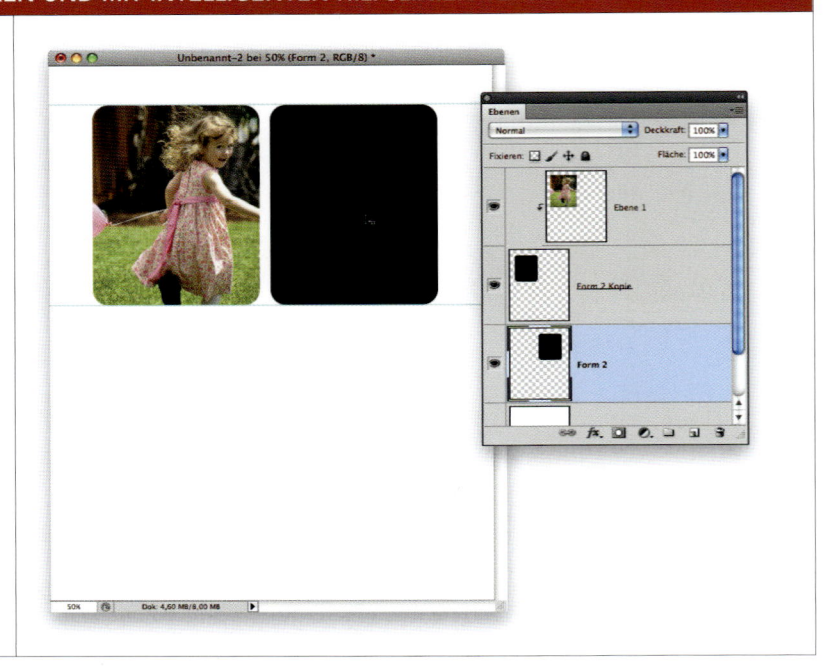

SCHRITT 7: FÜGEN SIE NOCH EIN FOTO HINZU

Kopieren Sie ein weiteres Foto und fügen Sie es in die Grußkarte ein. Ziehen Sie es über die neue Rechteck-Ebene und wählen Sie erneut EBENE/SCHNITTMASKE erstellen. Wiederholen Sie Schritt 6 und diesen Schritt noch einmal für das letzte Foto unten links. Sie sehen, die intelligenten Hilfslinien helfen wirklich.

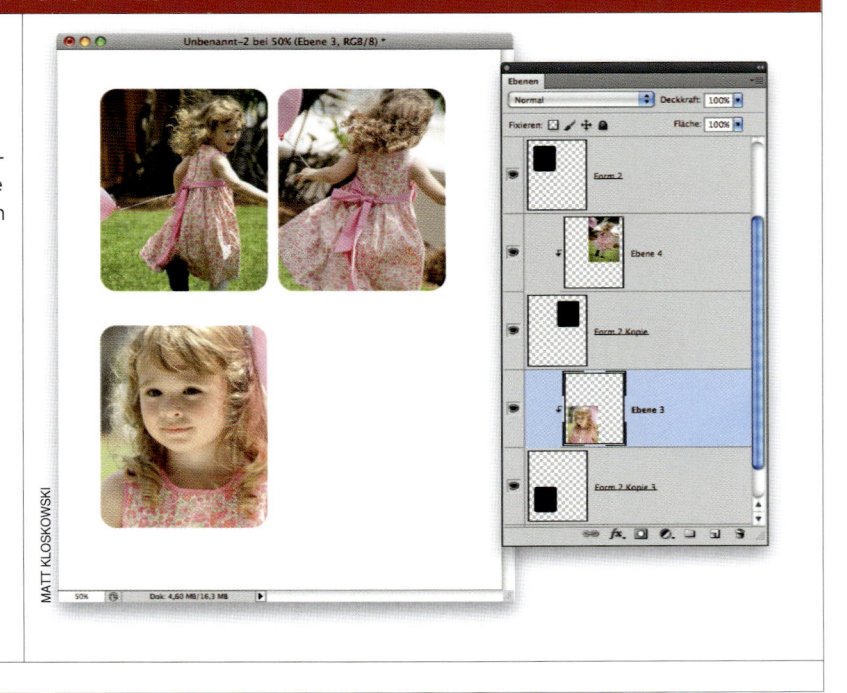

SCHRITT 8: FÜLLEN SIE EINE KOPIE DES RECHTECKS MIT EINER ANDEREN FARBE

Kopieren Sie die Rechteck-Ebene ein weiteres Mal. Schieben Sie sie mit dem Verschieben-Werkzeug nach rechts unten. Da Schwarz bei diesem Foto nicht wirklich passt, probieren wir eine andere Farbe aus. Klicken Sie zuerst in das Vordergrund-Farbfeld und stellen Sie die Farbe ein: R: 211, G: 138, B: 152. Aktivieren Sie dann das Füllwerkzeug (mit dem Verlaufswerkzeug in der Toolbox eingebettet). Solange die Ebene, auf der Sie malen wollen, aktiv ist, müssen Sie mit dem Farbeimer nur in das Objekt klicken, dann füllt es Photoshop automatisch mit der Vordergrundfarbe. Außer dem abgerundeten Rechteck wird auf der Ebene nichts gefüllt.

SCHRITT 9: FÜGEN SIE LOGOS, TEXT ODER GRAFIKEN HINZU

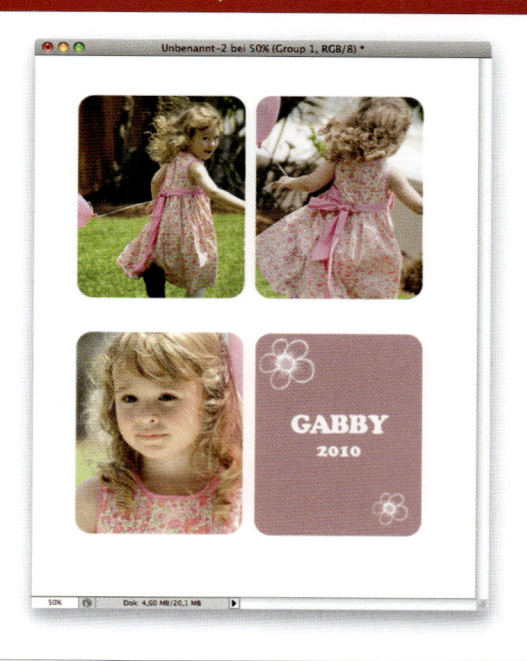

Fügen Sie jetzt noch etwas Text hinzu, dann sind Sie fertig. In diesem Beispiel fügte ich ein paar Kritzelbilder hinzu, wie wir sie auch schon in Kapitel 2 gesehen haben, und änderte deren Füllmethode in NEGATIV MULTIPLIZIEREN, um den schwarzen Hintergrund loszuwerden. Außerdem schrieb ich ihren Namen und das Jahr dazu (Schriftart: Cooper Std).

Ebenenmasken | **KAPITEL 4** | 117

IDEE 1: HIER EINE WEITERE MÖGLICHKEIT FÜR SCHNITTMASKEN: EIN FOTO IN TEXT EINFÜGEN

Eine weitere sehr beliebte Technik ist, ein Foto mithilfe von Schnittmasken in einem Text auftauchen zu lassen. Legen Sie einfach eine Textebene an (mehr dazu in Kapitel 5) und platzieren Sie das Foto in die Ebene über dem Text. Verwenden Sie dazu das Verschieben-Werkzeug. Klicken Sie auf die Foto-Ebene und erzeugen Sie damit eine Schnittmaske. Nun sehen Sie das Foto nur in der Textform.

IDEE 2: SCHNITTMASKEN SIND AUCH IM MARKETING PRAKTISCH

Schnittmasken können Sie auch einsetzen, um ein Foto in einer selbst erstellten Form zu platzieren. Und Sie müssen nicht nur eine Form pro Ebene haben. Hier malte ich mit Schwarz mit ein paar Spritzerpinseln auf eine leere Ebene, um meine Schnittmaske zu erstellen. Dann fügte ich ein Foto von einem Tattoo ein und ließ es in der Maske erscheinen. Fügen Sie noch eine Ebene mit einem Firmenlogo hinzu, dann haben Sie ein cooles Marketingdesign, das Sie ganz schnell mit einem anderen Foto verändern können.

WIE ...

SCHALTE ICH EINE EBENENMASKE AUS ODER DEAKTIVIERE SIE?

⇧-klicken Sie auf die Miniatur der Maske im Ebenen-Bedienfeld. Ein rotes X erscheint über der Miniatur. Die Maske ist zwar noch da, aber deaktiviert. ⇧-klicken Sie erneut, um sie wieder einzuschalten.

BETRACHTE ICH DEN INHALT EINER EBENENMASKE?

Sie sehen den Inhalt einer Ebenenmaske, indem Sie darauf ⌥-klicken (PC: Alt-Klick). Jetzt sehen Sie die Maske auf dem Bildschirm und können sie anpassen (darauf malen) wie immer. ⌥-klicken Sie erneut, um zur normalen Ansicht zurückzukehren.

VERSCHIEBE ICH EINE EBENENMASKE AUF EINE ANDERE EBENE?

Klicken Sie auf die Maske und ziehen Sie sie auf die andere Ebene.

KOPIERE ICH EINE MASKE AUF EINE ANDERE EBENE?

Um eine Ebenenmaske zu kopieren, halten Sie die ⌥-Taste gedrückt (PC: Alt), klicken auf die Maske und ziehen sie auf eine andere Ebene. Sie sehen einen Doppelcursor, der anzeigt, dass Sie die Maske duplizieren und nicht nur verschieben.

LÖSCHE ICH EINE EBENENMASKE?

Ziehen Sie die Maske auf das Papierkorb-Icon unten im Ebenen-Bedienfeld.

VERSCHIEBE ICH DEN INHALT EINER EBENE OHNE DIE MASKE?

Um den Inhalt einer Ebene im Bild zu verschieben, die Maske jedoch an Ort und Stelle zu lassen, müssen Sie die beiden trennen. Klicken Sie dazu auf das kleine Ketten-Icon zwischen den Miniaturen der Ebene und der Ebenenmaske. Klicken Sie erneut in den Zwischenraum, um sie wieder zu verbinden.

WENDE ICH EINE MASKE PERMANENT AUF EINE EBENE AN?

Um eine Maske für immer auf eine Ebene anzuwenden und die maskierten Bereiche also tatsächlich zu löschen, rechts-klicken Sie auf das Icon der Ebenenmaske und wählen dann EBENENMASKE ANWENDEN aus dem Kontextmenü.

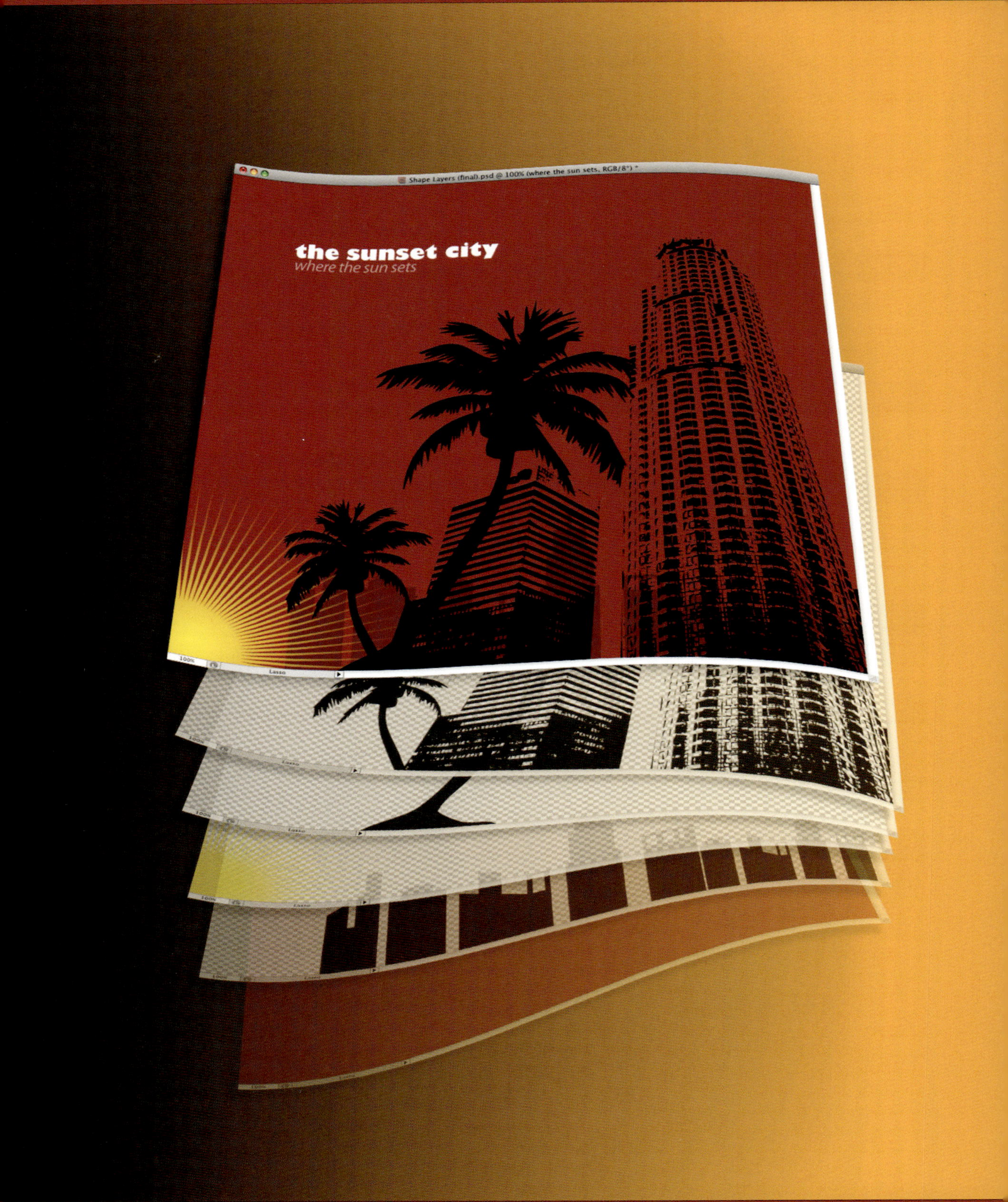

the sunset city
where the sun sets

KAPITEL FÜNF

TEXT- UND FORMEBENEN

Es gibt noch zwei weitere beliebte Ebenenkategorien, über die wir bisher noch nicht gesprochen haben: Textebenen und Formebenen. Obwohl man diese Ebenen mit zwei unterschiedlichen Werkzeugen anlegt, haben sie viel gemeinsam, weshalb ich sie hier zusammen behandle. Außerdem sind diese Ebenen für Sie ein Klacks, wenn Sie bisher alles verstanden haben. Und es gibt vieles, was Sie mit diesen Ebenen tun können, was ohne sie nicht oder nur sehr schwer möglich wäre.

KAPITEL 5

TEXTEBENEN ANLEGEN

MIT TEXTEBENEN BRINGEN SIE TEXT IN IHRE PHOTOSHOP-DOKUMENTE. SIE BIETEN ABER AUCH EINE MENGE EXTRAS.

FÜR ELEMENTS GEEIGNET

Text in Photoshop anzulegen, ist wirklich einfach. Um ehrlich zu sein, müsste man dazu nicht einmal ein richtiges Tutorial schreiben: Aktivieren Sie das Text-Werkzeug, klicken Sie auf die Arbeitsfläche und beginnen Sie zu schreiben. Das war's! Wenn man allerdings Bilder mit professionell aussehendem Text ausstattet, gibt es noch Unmengen an weiteren Funktionen und Eigenschaften. Und genau damit werden wir uns in diesem Tutorial befassen. Deshalb: Dies ist ein Textkapitel, aber es ist relativ langweilig, einfach nur Text herzustellen. Ich habe mir deshalb ein kleines Projekt ausgedacht, ein Cover für eine Gesundheitszeitschrift.

SCHRITT 1: ÖFFNEN SIE EIN HINTERGRUNDBILD

Das ist zwar nicht unbedingt erforderlich, aber wenn Sie mit demselben Bild mitmachen wollen, öffnen Sie das von mir bereitgestellte Bild. Sicher könnten Sie auch einem leeren Dokument einfach Text hinzufügen, aber irgendwie sieht es so sinnvoller aus, vor allem, wenn es ums Platzieren geht.

Hinweis: In der Einführung erwähnte ich, dass Sie die Bilder für dieses Buch herunterladen können. Sie finden sie unter www.kelbytraining.com/books/layerscs5.

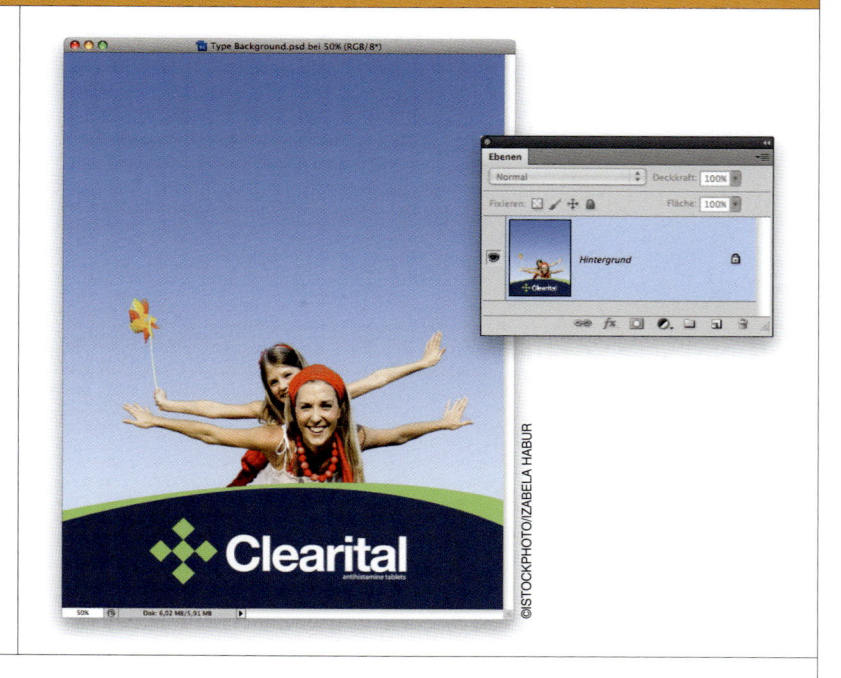

SCHRITT 2: AKTIVIEREN SIE DAS TEXTWERKZEUG UND ÄNDERN SIE DIE TEXTOPTIONEN

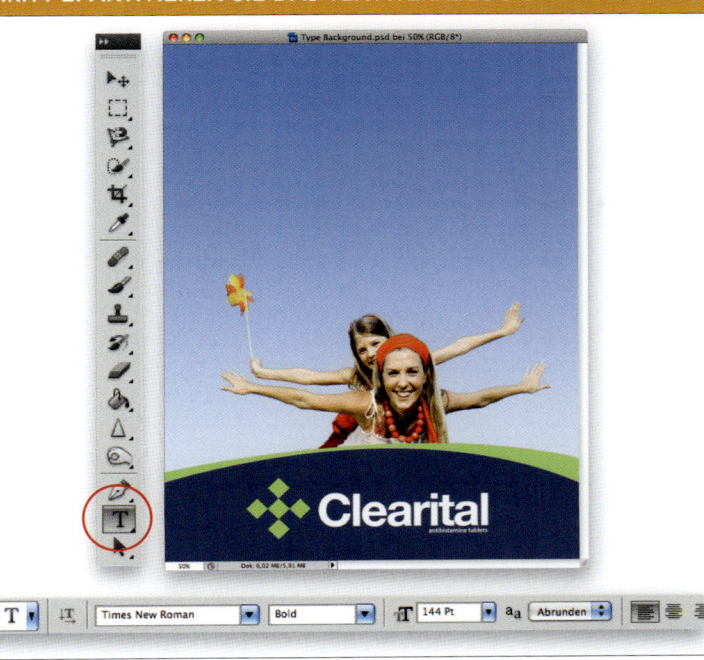

Aktivieren Sie das Textwerkzeug (T) in der Werkzeug-Palette. Stellen Sie in der Optionsleiste TIMES NEW ROMAN als Schriftfamilie ein. Wählen Sie dann BOLD als Schriftschnitt und geben Sie 144 PT für den Schriftgrad ein.

SCHRITT 3: WÄHLEN SIE EINE VORDERGRUNDFARBE UND ERSTELLEN SIE ETWAS TEXT

Klicken Sie nun in das Farbfeld für die Vordergrundfarbe unten in der Toolbox. Der Farbwähler öffnet sich, geben Sie die Werte R: 42, G: 67, B: 114 für die Vordergrundfarbe ein. Jeder Text, den Sie erstellen, erscheint automatisch in der Vordergrundfarbe, wählen Sie sie also besser vorher (später geht aber auch noch). Klicken Sie dann in die Arbeitsfläche und tippen Sie das Wort *health*. Klicken Sie dann auf den kleinen Haken in der Optionsleiste, um den Text freizugeben, oder auf ein anderes Werkzeug, um den Text freizugeben und gleichzeitig das Werkzeug zu wechseln. Hier klickte ich auf das Verschieben-Werkzeug (V) und positionierte den Text dann oben in der Mitte.

Text- und Formebenen **KAPITEL 5** 123

SCHRITT 4: ERSTELLEN SIE MEHR TEXT MIT DEM TEXTWERKZEUG

Aktivieren Sie erneut das Text-Werkzeug und klicken Sie auf die Arbeitsfläche. Tippen Sie nun die Wörter *The Weekly*. Sehen Sie? Das Text-Werkzeug hat sich die zuletzt eingestellten Optionen gemerkt und den Text im gleichen Stil angelegt. Die gleiche Schrift, die gleiche Größe. Vermutlich ist der Text zu groß für das Dokument.

SCHRITT 5: AKTIVIEREN SIE DIE EBEN ANGELEGTE TEXTEBENE UND ÄNDERN SIE DIE SCHRIFTART

Das Tolle an Text in Photoshop ist, dass Sie sich niemals damit zufriedengeben müssen. Sie können jederzeit Ihre Meinung ändern und das werden wir für den Text, den wir gerade eingetippt haben, tun. Die zuletzt angelegte Textebene muss aktiv sein. Ändern Sie in der Optionsleiste den Wert für die Schriftfamilie auf etwas richtig Fettes – ich benutze hier Rockwell Extra Bold. Stellen Sie für den Schriftgrad 27 pt ein, klicken Sie auf das Verschieben-Werkzeug in der Werkzeugleiste und verschieben Sie den Text nach Wunsch.

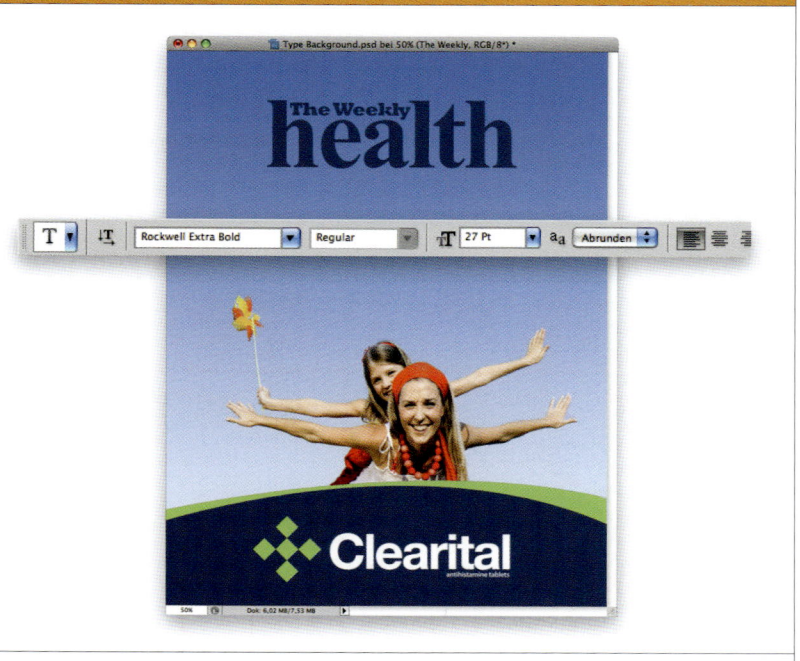

SCHRITT 6: BEARBEITEN SIE DEN TEXT, NACHDEM SIE IHN ANGELEGT HABEN

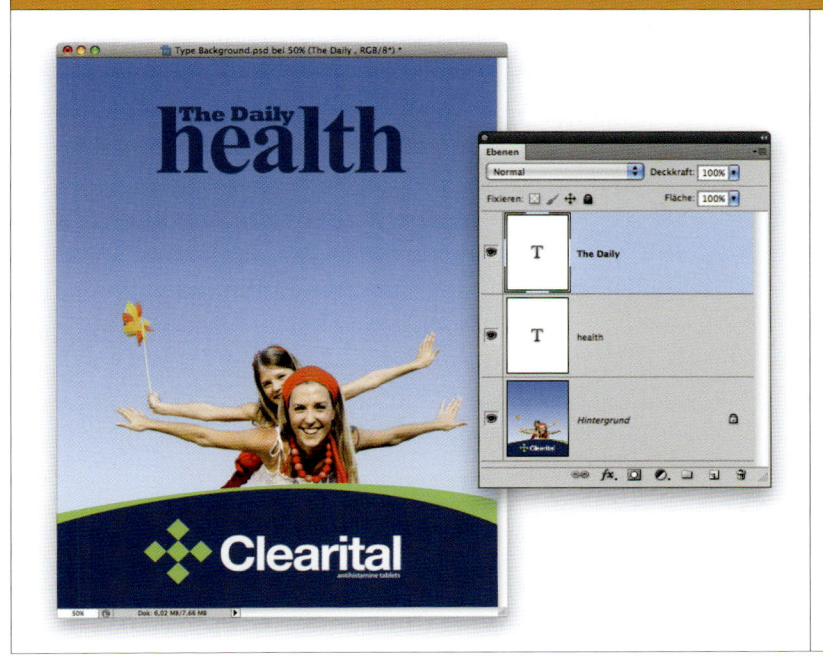

Manchmal wollen Sie Text bearbeiten, nachdem Sie ihn erzeugt haben. Das ist schließlich der große Vorteil an editierbarem Text – Sie können sich jederzeit etwas Neues überlegen. Dazu haben Sie zwei Möglichkeiten: (1) Doppelklicken Sie auf die Textebene im Ebenen-Bedienfeld, um den Text zu markieren und etwas anderes zu tippen, oder (2) klicken Sie auf den Text selbst und ziehen Sie mit der Maus über die Buchstaben, die Sie ändern wollen, um sie zu markieren. Ich habe hier das Wort *Weekly* ausgewählt und es in *Daily* und den Schriftgrad in 31 geändert.

SCHRITT 7: ÄNDERN SIE DIE TEXTFARBE NACH DEM ERSTELLEN

Auch die Textfarbe muss nicht für immer so bleiben. Aktivieren Sie die Daily-Ebene und ziehen Sie über das Wort *Daily*, um es auszuwählen. Klicken Sie dann in das Farbfeld für die Vordergrundfarbe in der Werkzeugleiste. Ändern Sie im Farbwähler die Farbe in ein helles Blau: R: 197, G: 223, B: 247 und drücken Sie ⌘-↵ (PC: Strg-↵), um die Änderung umzusetzen.

SCHRITT 8: GEBEN SIE MEHR TEXT EIN. WÄHLEN SIE DIE SCHRIFT JETZT IN DER VORSCHAU

Tippen wir nun das Wort *Journal* unter das Wort *health*. Wie zuvor werden die eingestellten Werte für Schriftfamilie, Schriftgrad und Farbe verwendet. Wählen Sie nach der Eingabe des Textes den gesamten neuen Text aus. Klicken Sie dann auf das Schriftfamilie-Popup-Menü, um alle Schriften einzublenden. Auf der rechten Seite des Menüs erhalten Sie eine relativ realistische Vorschau aller Schriften, die auf Ihrem Computer installiert sind, so dass Sie sich anhand des Aussehens eine neue Schrift aussuchen können.

SCHRITT 9: WÄHLEN SIE DIE BESTE SCHRIFT PER LIFE-VORSCHAU

Diese Schriftvorschau ist schon ganz hübsch, ich mag sie aber nicht besonders. Erstens ist sie klein. Zweitens zeigt sie nur das Wort *Sample*, was sicher reicht, wenn Sie nur das Wort *Sample* eingeben wollen, was aber bestimmt nicht immer der Fall ist. Machen Sie es doch lieber so: Wählen Sie den Text aus und klicken Sie auf den Namen der Schriftfamilie im Popup-Menü der Optionsleiste (der Name wird markiert). Achtung, sind Sie bereit? Drücken Sie nun die Pfeiltasten (nach oben bzw. unten), um alle Schriften durchzublättern. Photoshop zeigt automatisch den Text auf der Arbeitsfläche in der gerade ausgewählten Schrift an. Auf diese Weise erhalten Sie eine echte Live-Vorschau auf die gewählte Schrift.

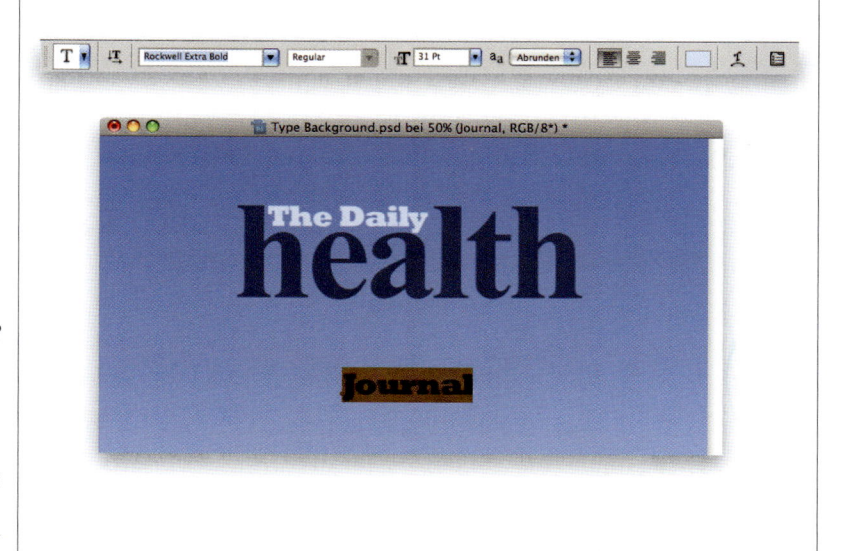

SCHRITT 10: SCHREIBEN SIE DAS WORT *JOURNAL* IN GROSSBUCHSTABEN

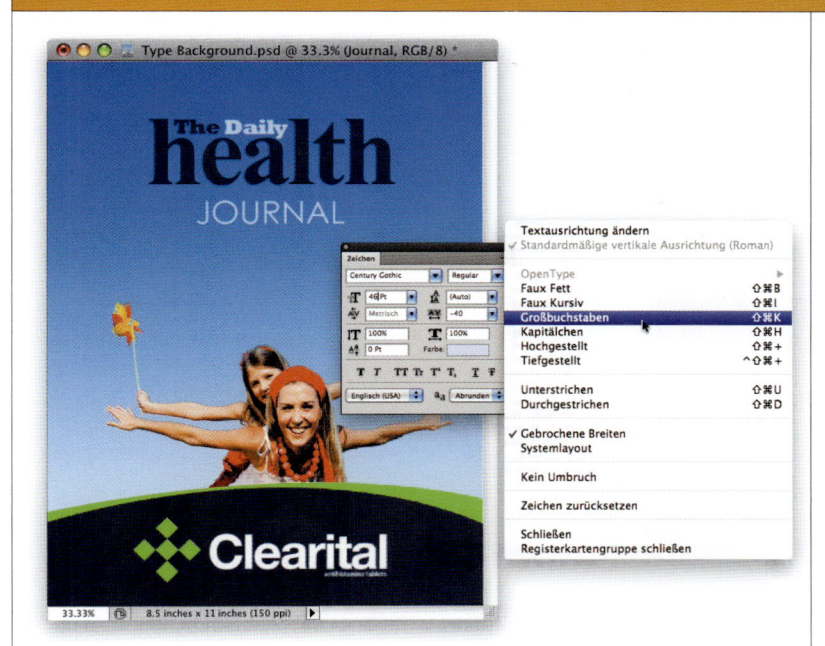

Ich habe mich bei der Journal-Ebene für die Schrift Century Gothic entschieden. Den Schriftgrad habe ich auf 46 pt gestellt und für die Farbe das gleiche Blau gewählt wie bei der Daily-Ebene. Ändern wir nun die Journal-Ebene in Großbuchstaben. Anstatt alles noch einmal neu einzutippen, wählen Sie ZEICHEN im FENSTER-Menü. Klicken Sie dann auf den Pfeil in der oberen rechten Ecke des Zeichen-Bedienfelds und wählen Sie aus dem Bedienfeldmenü GROSSBUCHSTABEN. Bei diesem einen Wort wäre es natürlich kein Problem, es von Hand zu ändern, bei einem längeren Text dagegen ist das sehr zeitraubend.

SCHRITT 11: VERGRÖSSERN SIE DEN ABSTAND ZWISCHEN DEN BUCHSTABEN IN *JOURNAL*

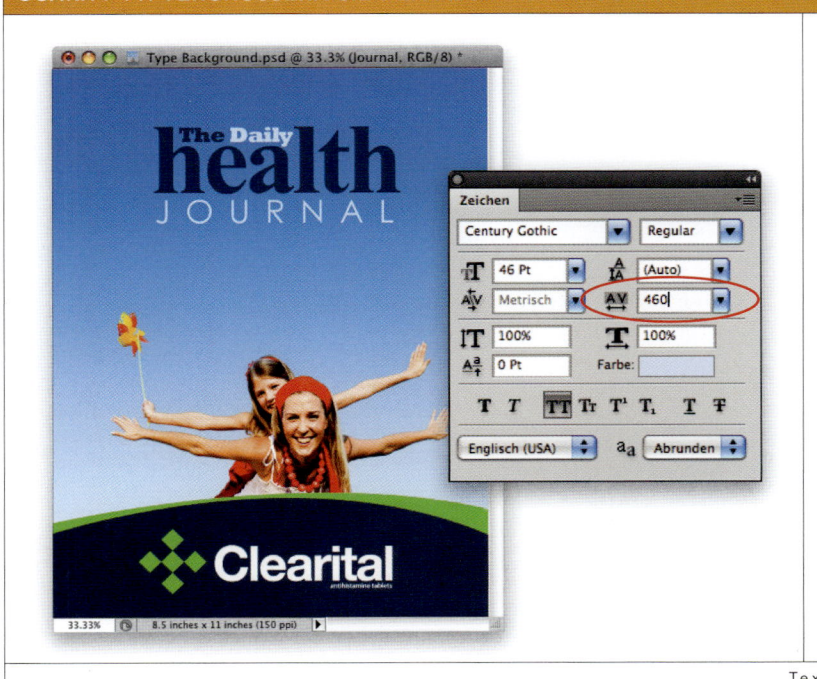

Ich möchte, dass das Wort *JOURNAL* so breit wird wie das Wort *Health*. Allerdings will ich dies nicht über den Schriftgrad, sondern über den Abstand zwischen den Buchstaben erreichen. Dazu greifen wir auf die Zeichen-Palette zurück, die wir in Schritt 10 benutzt haben. Wählen Sie zuerst das Wort *JOURNAL* aus. Im Zeichen-Bedienfeld stellen Sie im Feld mit den Buchstaben AV und dem Doppelpfeil die Laufweite, den Abstand zwischen den Zeichen ein. Klicken Sie in das Feld und drücken Sie die Pfeiltaste nach oben. Der Abstand zwischen den Buchstaben beginnt sich zu vergrößern. Ich habe 460 eingestellt und dann *JOURNAL* mit dem Verschieben-Werkzeug ([V]) unter *health* positioniert.

SCHRITT 12: GEBEN SIE MEHR TEXT EIN UND POSITIONIEREN SIE IHN

Folgen Sie unserem Beispiel und schreiben Sie weiteren Text auf die Seite. (Für *manage your allergies* verwendete ich die Monotype Corsiva mit dem Schriftgrad 42 pt in Schwarz.) Klicken Sie jetzt auf die obere Textebene im Ebenen-Bedienfeld und Shift-klicken Sie dann auf die unterste, um alle Textebenen auszuwählen. Verschieben Sie den ganzen Text mit dem Verschieben-Werkzeug etwas nach oben. Damit entsteht genügend Platz, um den Textblock aus dem nächsten Schritt aufzunehmen.

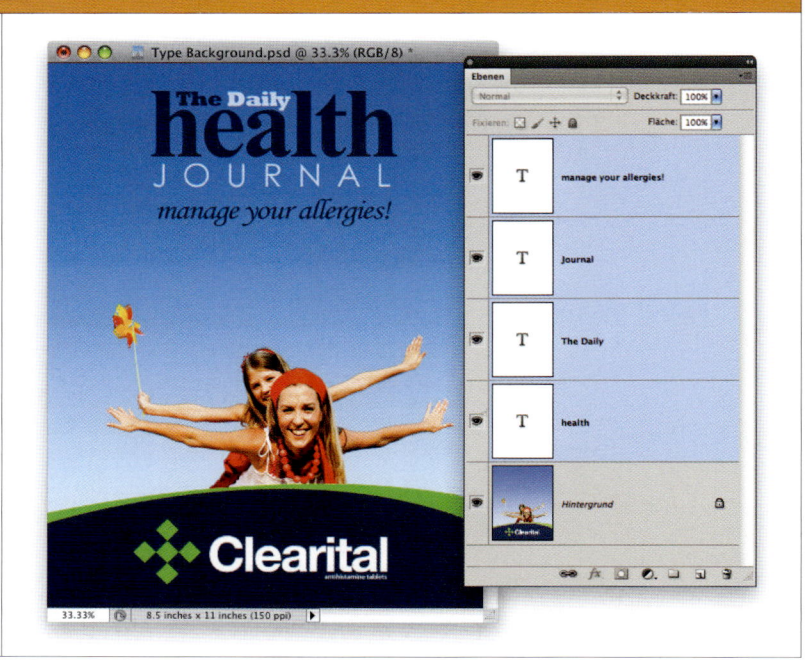

SCHRITT 13: ERZEUGEN SIE EINEN GROSSEN TEXTBLOCK

Als Nächstes möchte ich einen großen Textblock hinzufügen. Bisher standen alle Texte jeweils auf einer Zeile. Jetzt soll Text über mehrere Zeilen entstehen. Sie könnten natürlich am Ende jeder Zeile die Enter-Taste drücken, um auf die nächste Zeile zu gelangen, aber das ist umständlich. Stattdessen erzeugen wir den Textblock mit dem Text-Werkzeug. Aktivieren Sie zuerst das Text-Werkzeug (T) in der Toolbox. Klicken und ziehen Sie dann ein Rechteck auf. Stellen Sie sich einfach vor, Sie würden eine Auswahl mit dem Auswahl-Werkzeug herstellen. Dadurch erzeugen Sie einen Textrahmen, in den Sie schreiben können.

SCHRITT 14: WÄHLEN SIE IHRE SCHRIFT UND BEGINNEN SIE ZU TIPPEN

Wählen Sie entsprechend Ihren Vorstellungen Schriftfamilie, Schriftstil, Schriftgrad und Farbe und beginnen Sie zu tippen (ich habe Myriad Pro mit 13 pt in Weiß eingestellt). Beobachten Sie, was passiert, wenn Sie am Ende einer Zeile angelangt sind. Wenn Ihr Text am rechten Rand anstößt, wird er automatisch in die nächste Zeile umbrochen. Sie müssen überhaupt nichts tun. Natürlich könnten Sie die ⏎-Taste drücken, wenn Sie einen festen Zeilenumbruch einfügen wollten. Der Trick bei Textrahmen besteht jedoch darin, dass Sie das nicht müssen.

SCHRITT 15: ÄNDERN SIE DIE AUSRICHTUNG IM ABSATZ-BEDIENFELD

Mit einem Textrahmen eröffnen sich Ihnen völlig neue Möglichkeiten der Bearbeitung. Denn mit dem Absatz-Bedienfeld können Sie die Optionen für die Ausrichtung im Flattersatz bzw. im Blocksatz ändern. Wählen Sie FENSTER/ABSATZ. Die Optionen für den Flattersatz finden Sie oben links, für den Blocksatz oben rechts. Klicken Sie für dieses Beispiel auf BLOCKSATZ, LETZTE LINKSBÜNDIG (das vierte Symbol von rechts), damit Ihr Text gleichmäßig im Textrahmen verteilt wird.

SCHRITT 16: VERSUCHEN SIE, EINEN VERLAUF ODER FILTER AUF DIE TEXTEBENE ANZUWENDEN

Wir sind fast fertig, ich möchte nur noch eines tun: Ich möchte das Wort *health* etwas aufpeppen und dachte, ein Verlauf wäre eine nette Lösung. Das Problem ist: Es geht nicht. Probieren Sie es aus. Aktivieren Sie die health-Ebene im Ebenen-Bedienfeld und aktivieren Sie das Verlaufswerkzeug (G) aus der Werkzeugleiste. Stellen Sie den Cursor auf Ihr Dokument, dann sehen Sie schon das kleine Symbol, das Ihnen mitteilt: »Keine Chance!«

SCHRITT 17: DUPLIZIEREN SIE EINE TEXTEBENE UND RASTERN SIE DAS DUPLIKAT

Ich möchte damit sagen, dass Ihre Textebenen besondere Ebenen sind. Es gibt bestimmte Dinge, die Sie mit ihnen nicht tun können (etwa Filter oder Verläufe anwenden oder darauf malen). Dazu müssen wir die Ebene zuerst rastern. Das ist ganz leicht, allerdings kann der Text hinterher nicht mehr als solcher bearbeitet werden. Aktivieren Sie die health-Ebene und duplizieren Sie sie mit ⌘-J (PC: Strg-J). Blenden Sie das Original (zur Sicherheit) aus. Rechts-klicken Sie auf das Duplikat und wählen Sie TEXT RASTERN. Dadurch wird die Textebene in eine normale Pixelebene umgewandelt. Jetzt können Sie Verläufe und Filter anwenden, der Text lässt sich jedoch nicht mehr ändern.

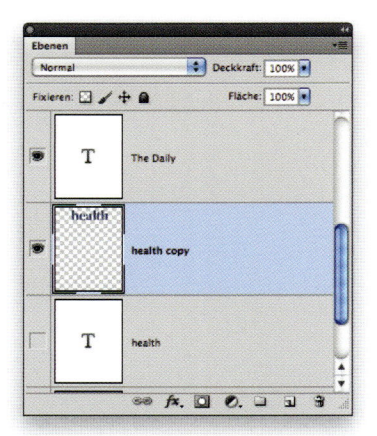

SCHRITT 18: ERZEUGEN SIE EINEN VERLAUF FÜR DIE GERASTERTE TEXTEBENE

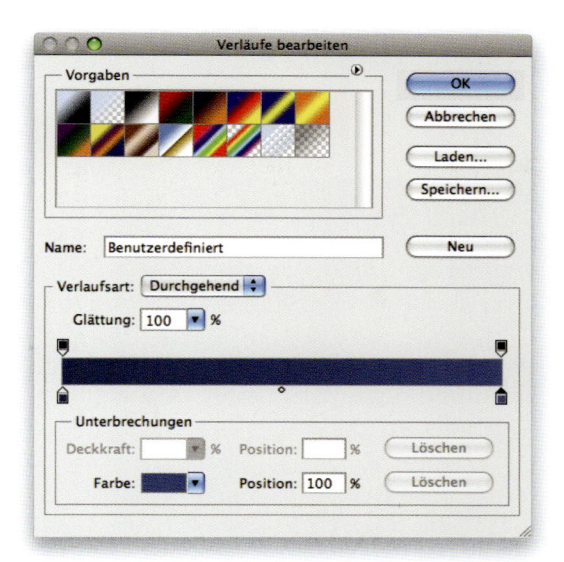

Aktivieren Sie das Verlaufswerkzeug und klicken Sie in die Miniatur in der Optionsleiste. Der Verlaufseditor öffnet sich. Wir erstellen jetzt einen Verlauf, der links bei Dunkelblau beginnt und rechts bei Hellblau endet. Doppelklicken Sie zuerst auf die Farbunterbrechung unten links unter dem Verlaufsbalken. Wählen Sie aus dem Farbwähler ein Dunkelblau (hier R: 40, G: 63, B: 107). Klicken Sie dann auf die rechte untere Farbunterbrechung und wählen Sie ein helleres Blau (R: 54, G: 84, B: 143).

SCHRITT 19: WENDEN SIE DEN VERLAUF AUF DIE HEALTH-EBENE AN

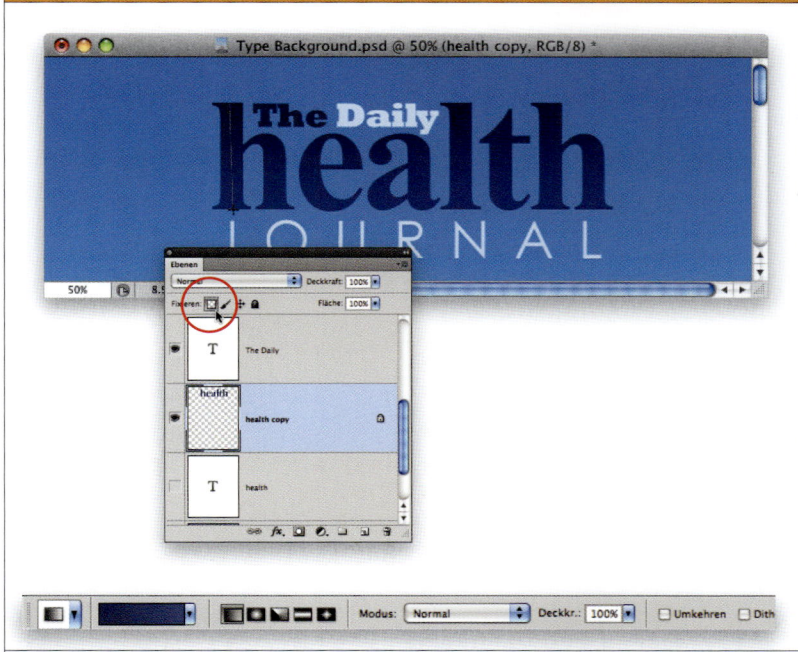

Klicken Sie in der Optionsleiste auf das Icon LINEARER VERLAUF (das erste rechts von der Verlaufsminiatur). Wir werden oben in das Wort *health* klicken und mit dem Verlaufswerkzeug bis nach unten ziehen. Ein kleiner Trick jedoch: Wenn wir auf dieser Ebene nur klicken und ziehen, wird die gesamte Ebene gefüllt. Klicken Sie deshalb auf das Icon TRANSPARENTE PIXEL FIXIEREN oben links im Ebenen-Bedienfeld. Damit werden alle transparenten Pixel geschützt. Klicken und ziehen Sie jetzt von oben nach unten über das Wort *health*, um den Verlauf hinzuzufügen.

FERTIGES BILD

132 KAPITEL 5   Text- und Formebenen

KAPITEL 5

ALLES ÜBER FORMEBENEN
ERWEITERN SIE IHRE BILDER UM EINE GANZ NEUE DIMENSION – MIT FORMEBENEN.

Formebenen in Photoshop gehören zu den unterschätzten, aber ausgesprochen leistungsfähigen Funktionen. Was tun Sie, wenn Sie eine Form herstellen müssen, dies aber mit einem der Auswahlwerkzeuge nicht schaffen? Hier können die Formwerkzeuge einspringen. Falls Sie ein Symbol oder einen Button für das Web erzeugen wollen, werden Sie Formebenen lieben. Wenn Sie komplexere Formen herstellen müssen, dann sind Formebenen genau das Richtige für Sie. Sie können sie sogar als Vorgabe speichern und später wiederverwenden. Es gibt buchstäblich Tausende von Möglichkeiten. Falls Sie sich noch nie mit Formen in Photoshop befasst haben, dann lesen Sie dieses Tutorial und lernen Sie sie kennen.

SCHRITT 1: LEGEN SIE EIN NEUES, LEERES DOKUMENT AN

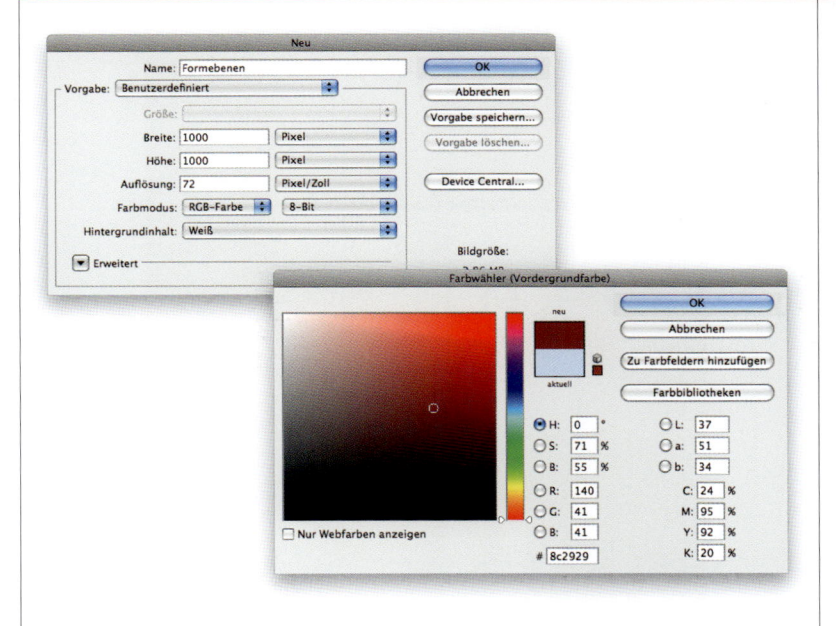

Erzeugen Sie zuerst mit DATEI/NEU ein neues, leeres Dokument. Geben Sie 1000 x 1000 Pixel für Breite und Höhe ein sowie 72 ppi für die Auflösung. Geben Sie Ihrem neuen Dokument einen Namen und klicken Sie auf OK. Klicken Sie in das Farbfeld für die Vordergrundfarbe unten in der Werkzeugleiste und geben Sie folgende Werte ein: R: 140, G: 41, B: 41. Klicken Sie auf OK und drücken Sie ⌥-⌫ (PC: Alt-⌫), um die Hintergrundebene mit der roten Vordergrundfarbe zu füllen.

SCHRITT 2: AKTIVIEREN SIE EIN FORMWERKZEUG UND WÄHLEN SIE DIE OPTION FORMEBENEN

Aktivieren Sie nun das Rechteck-Werkzeug (U) in der Toolbox. Verwechseln Sie es nicht mit dem Auswahlrechteck – das Rechteck-Werkzeug befindet sich weiter unten. Wenn Sie darauf klicken und die Maustaste gedrückt halten, erscheint ein kleines Menü mit einigen anderen Formen. Uns reicht momentan das Rechteck-Werkzeug. Schauen Sie oben links in die Optionsleiste. Dort sehen Sie drei kleine Symbole. Klicken Sie auf das erste Symbol für die Option FORMEBENEN. Damit sorgen Sie dafür, dass Sie tatsächlich eine Formebene anlegen.

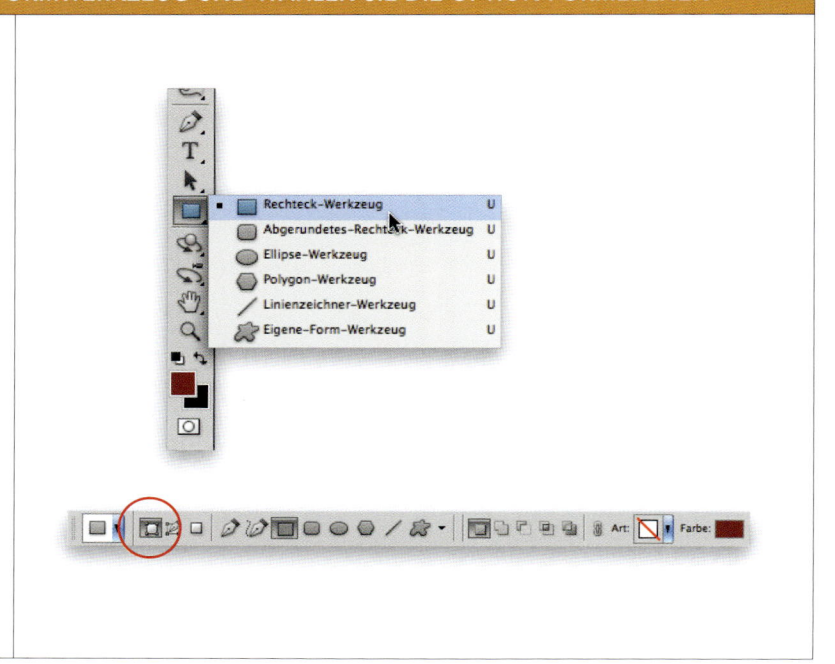

SCHRITT 3: ZEICHNEN SIE UNTEN AUF DER ARBEITSFLÄCHE EIN RECHTECK

Drücken Sie D, um die Vordergrundfarbe auf Schwarz zu setzen, und zeichnen Sie dann mit dem Rechteck-Werkzeug ein Rechteck am unteren Rand der Arbeitsfläche. Falls Sie es beim ersten Mal nicht richtig positionieren, drücken Sie die Leertaste, um es beim Klicken und Ziehen zu verschieben.

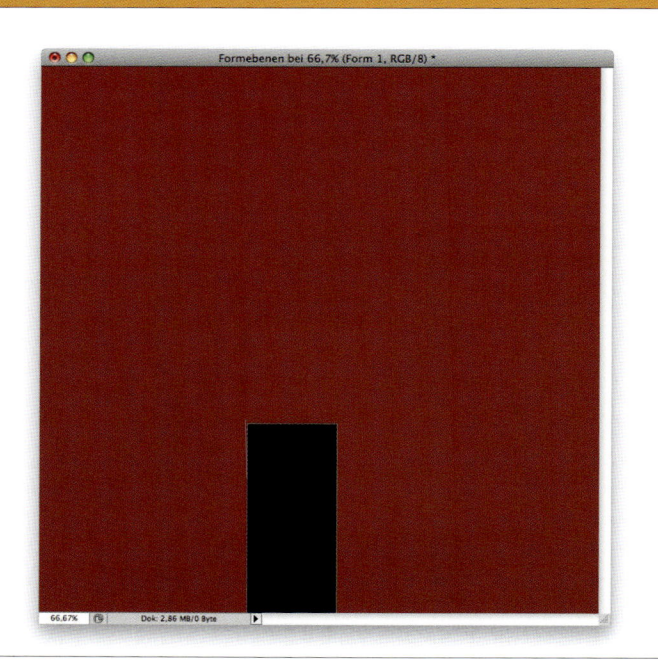

SCHRITT 4: ÄNDERN SIE DIE FARBE DER FORMEBENE

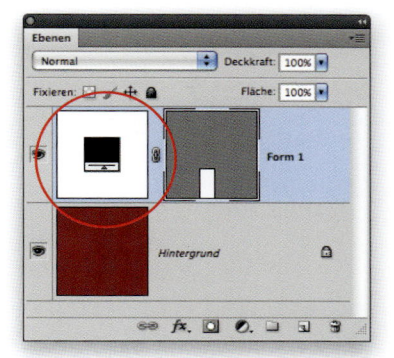

Nachdem Sie die Form erzeugt haben, werden Sie in der Ebenen-Palette eine neue Ebene bemerken. Diese Ebene sollte anders aussehen als alle anderen Ebenen in diesem Kapitel – es ist eine Formebene. Formebenen sind aus verschiedenen Gründen ziemlich cool – einer besteht darin, dass Sie ihre Farbe einfach durch einen Doppelklick auf die Ebenenminiatur (das linke Symbol) ändern können. Probieren Sie es: Doppelklicken Sie auf die Miniatur der Formebene und ändern Sie im Farbwähler die Farbe. Wir lassen unser Rechteck jedoch schwarz, klicken Sie darum auf Abbrechen.

SCHRITT 5: ÄNDERN SIE DIE GRÖSSE DES RECHTECKS

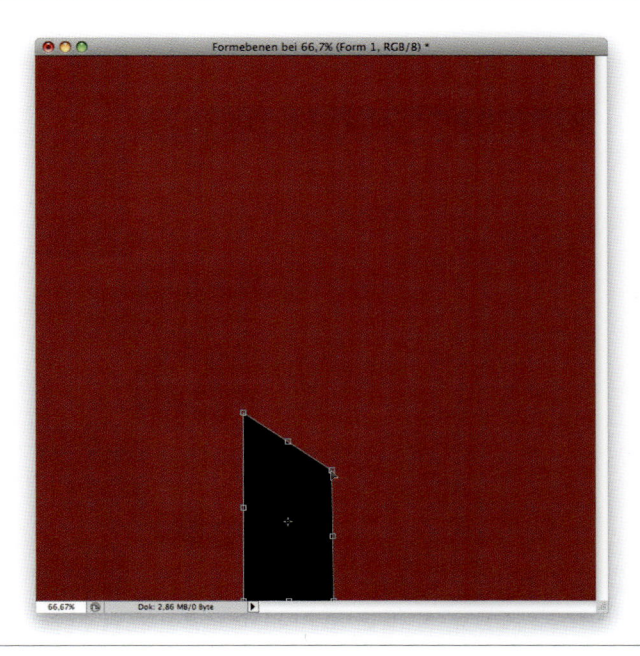

Eine Formebene ist anders als andere Ebenen und kann verlustfrei in der Größe angepasst und transformiert werden. Wählen Sie Bearbeiten/Frei transformieren (oder drücken Sie einfach ⌘-T [PC: Strg-T]), halten Sie dann die ⌘-Taste (PC: Strg) gedrückt und klicken Sie auf den rechten oberen Eckpunkt. Ziehen Sie ihn nach unten, Sie sehen, wie sich die Form der Ebene ändert. Drücken Sie ↵, wenn Sie fertig sind, um die Transformation zu bestätigen und Frei transformieren zu verlassen.

SCHRITT 6: FÜGEN SIE ETWAS ZUR FORM HINZU

Eine weitere coole Funktion von Formebenen ist, dass Sie nicht bei der Form bleiben müssen, wenn Sie sie einmal erstellt haben. Es gibt viele Möglichkeiten, sie zu ändern. Wir verwendeten FREI TRANSFORMIEREN, aber es geht auch besser: Klicken Sie bei aktiviertem Rechteck-Werkzeug in der Optionsleiste auf das Icon DEM FORMBEREICH HINZUFÜGEN (rot eingekreist). Am Cursor taucht ein kleines Plus auf. Ziehen Sie ein weiteres Rechteck auf, das sich mit dem ersten überschneidet (halten Sie die Leertaste beim Ziehen gedrückt, um das Rechteck beim Erstellen zu verschieben). Schauen Sie ins Ebenen-Bedienfeld: Sie haben die Form geändert, ohne eine weitere Ebene hinzuzufügen.

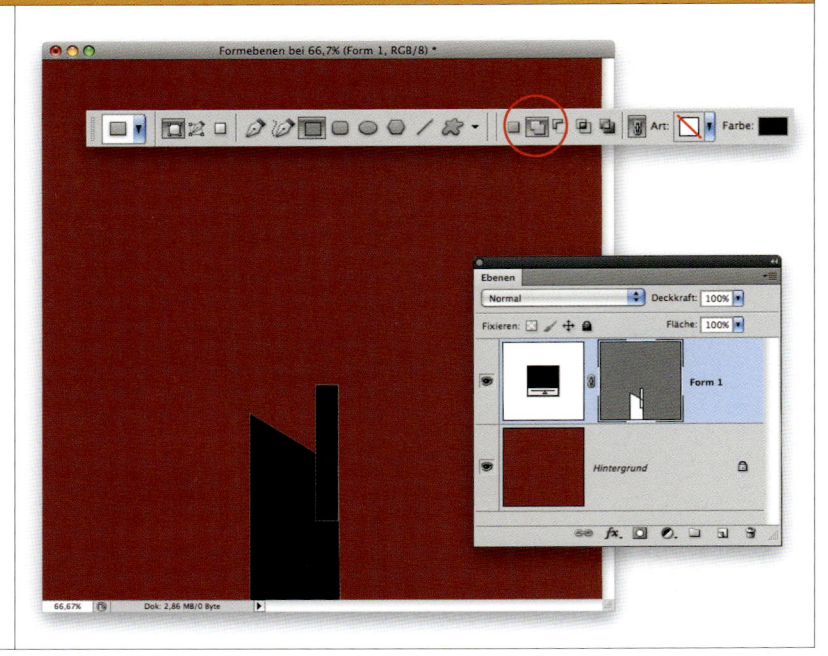

SCHRITT 7: ENTFERNEN SIE ETWAS AUS DEM FORMBEREICH

Jetzt werden wir etwas aus der Form entfernen. Klicken Sie auf das Icon VOM PFADBEREICH SUBTRAHIEREN (Hier hat Adobe wohl nicht aufgepasst, eigentlich müsste es Formbereich heißen!), hier rot eingekreist, und ziehen Sie innerhalb des Rechtecks ein kleines Rechteck auf (halten Sie dabei wieder die Leertaste gedrückt, um das Rechteck beim Ziehen zu bewegen). Wenn Sie die Maustaste loslassen, sehen Sie, dass der Bereich entfernt wurde.

TIPP: Wenn Sie an einer Formebene arbeiten, achten Sie darauf, dass die Form ausgewählt ist – dazu muss die graue Miniatur, eine Vektormaske rechts neben der Miniatur aktiv sein. Sie erkennen das an den dünnen Linien.

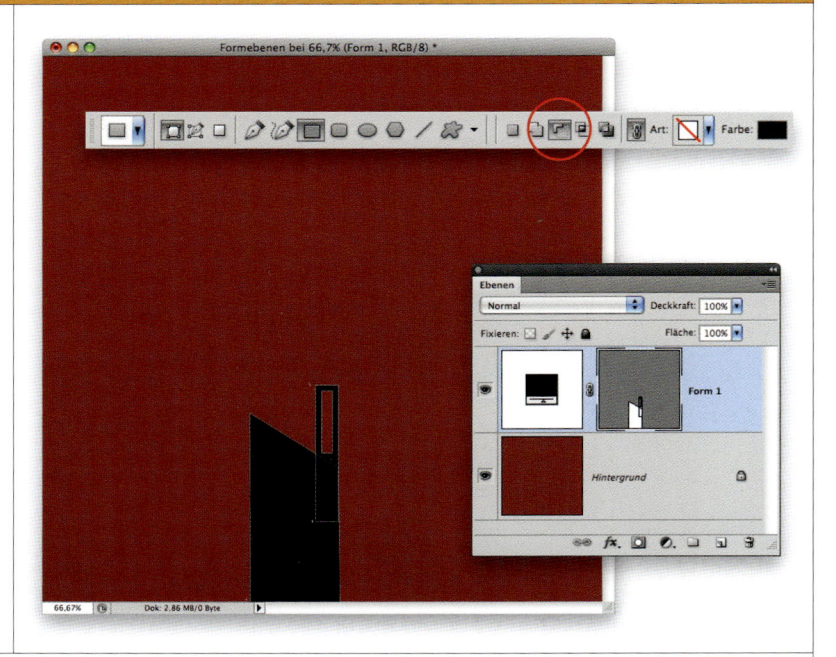

SCHRITT 8: ERZEUGEN SIE NOCH EIN PAAR FORMEN

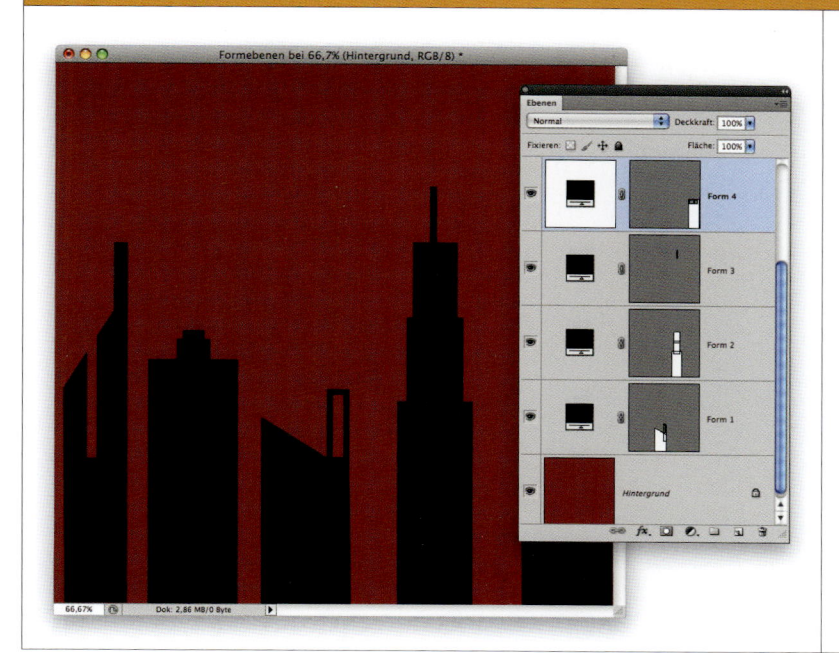

Wiederholen Sie die Schritte 3 bis 7 noch einige Male, bis Sie zufällige Formen wie die einer Skyline erstellt haben. Diese bilden den Hintergrund für unser fertiges Bild.

SCHRITT 9: GRUPPIEREN, GRÖSSE ANPASSEN, DECKKRAFT REDUZIEREN

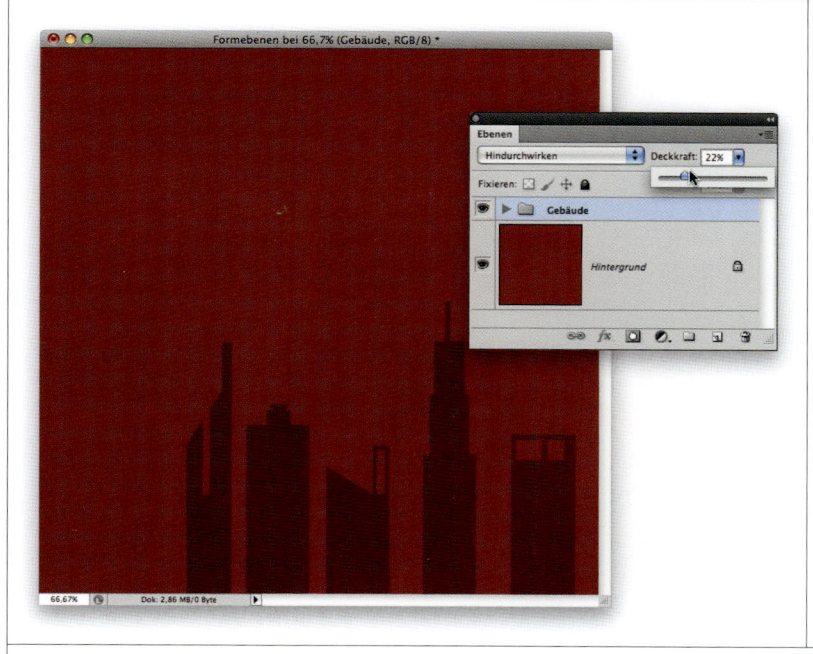

Nun räumen wir etwas im Ebenen-Bedienfeld auf, indem wir die Ebenen gruppieren. Klicken Sie auf die unterste Formebene im Ebenen-Bedienfeld und Shift-klicken Sie dann auf die oberste Ebene, um alle Gebäudeformen auszuwählen. Wählen Sie dann EBENE/EBENEN GRUPPIEREN. Doppelklicken Sie auf den Namen der Gruppe und benennen Sie sie, damit Sie wissen, was sich darin befindet. Jetzt können Sie deren Größe verändern (BEARBEITEN/FREI TRANSFORMIEREN) und die ganze Gruppe verschieben, wie ich das hier getan habe. Ich verringerte außerdem die Deckkraft auf 22 %.

SCHRITT 10: ANDERES FORMWERKZEUG, ANDERE OPTIONEN, NEUE EBENE

Sie können mehr als Rechtecke erstellen. Jedes Formwerkzeug hat seine eigenen Optionen. Wählen Sie das Polygon-Werkzeug in der Optionsleiste (rot eingekreist) und klicken Sie auf den kleinen Pfeil nach unten, um die Optionen einzublenden. Schalten Sie ECKEN ABRUNDEN, STERN, SEITEN EINZIEHEN UM: 99% und EINZÜGE GLÄTTEN ein und geben Sie in das Feld SEITEN rechts daneben in der Optionsleiste den Wert 100 ein. Klicken Sie in das Farbfeld und wählen Sie Gelb als Vordergrundfarbe, klicken und ziehen Sie dann, um eine neue Formebene zu erstellen. Diese sieht wie eine Sonne aus. Ziehen Sie sie mit dem Verschieben-Werkzeug in die linke untere Ecke.

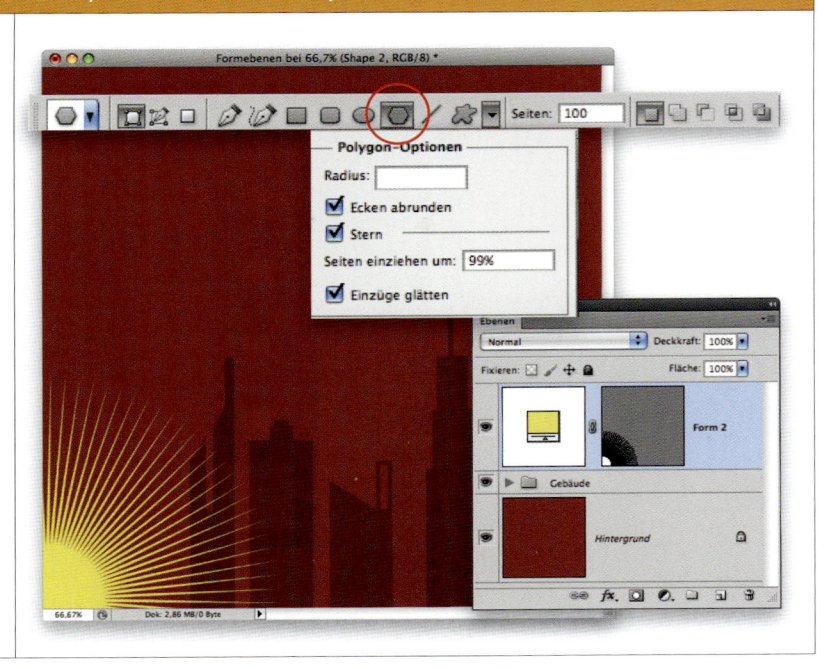

SCHRITT 11: FÜGEN SIE DER FORMEBENE EBENENMASKE UND VERLAUF HINZU

Sie Sonne soll schöner werden. Halten Sie die Option-Taste gedrückt und klicken Sie auf das Icon EBENENMASKE HINZUFÜGEN unten im Ebenen-Bedienfeld. Klicken Sie mit dem Verlaufswerkzeug (G) auf den Pfeil nach unten, rechts neben der Miniatur in der Optionsleiste. Wählen Sie den Verlauf VORDER- ZU HINTERGRUNDFARBE und klicken Sie auf das Icon RADIALER VERLAUF rechts davon. Klicken Sie in die rechte untere Ecke des Bildes und ziehen Sie nach außen, um die Sonne unter der schwarzen Ebenenmaske freizulegen. Klicken Sie nun in die Formebene der Sonne, um sie zu deaktivieren und den Effekt der Verlaufs zu sehen.

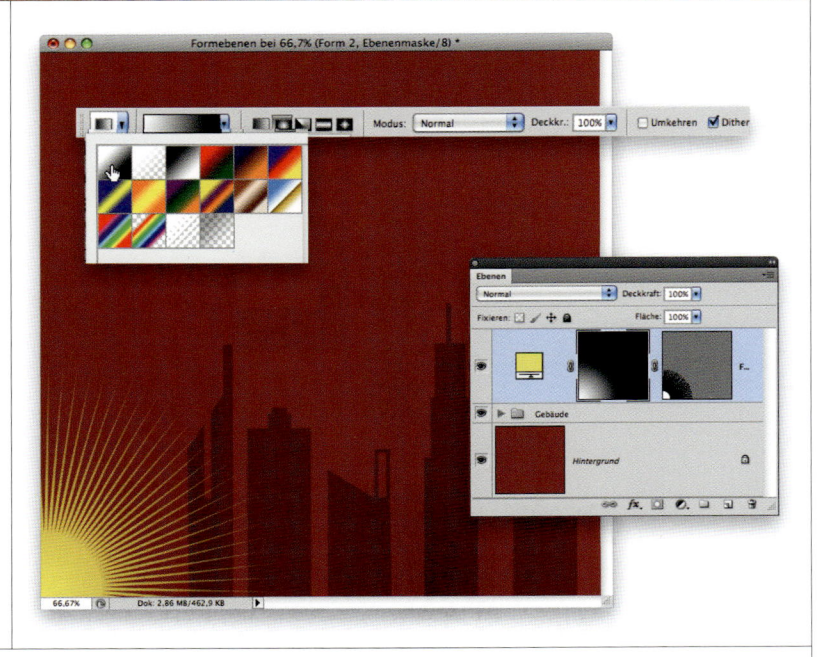

SCHRITT 12: BILD ÖFFNEN, AUSWÄHLEN UND AUSWAHL IN PFAD WANDELN

Bisher haben wir nur mit Formen gearbeitet, die Photoshop bereits mitbringt, aber jetzt erzeugen wir unsere eigene. Öffnen Sie das Bild von der Palme. Klicken Sie mit dem Zauberstab (W) in die schwarze Palme, um sie auszuwählen, mit ⇧-Klick fügen Sie fehlende Bereiche zur Auswahl hinzu. Bevor wir daraus eine eigene Form machen können, müssen wir die Auswahl in einen Pfad umwandeln. Wählen Sie FENSTER/PFADE, um das Pfade-Bedienfeld zu öffnen. Klicken Sie dann auf das Icon ARBEITSPFAD AUS AUSWAHL ERSTELLEN unten im Bedienfeld (rot eingekreist). Damit wird die Auswahl zum Pfad, der erste Schritt zu einer Form.

SCHRITT 13: DEFINIEREN SIE FÜR DIE PALME EINE EIGENE FORM

Jetzt, da Sie den Pfad erstellt haben, wählen Sie BEARBEITEN/EIGENE FORM FESTLEGEN. Geben Sie einen sinnvollen Namen ein (etwas wie Palme oder so) und klicken Sie auf OK. Nun haben Sie eine eigene Form, die Sie in jedem Bild einsetzen können.

SCHRITT 14: VERWENDEN SIE IHRE EIGENE FORM

Kehren Sie zu den Formwerkzeugen zurück, klicken Sie dieses Mal jedoch auf das Eigene-Form-Werkzeug (das letzte rechts). Klicken Sie auf die Form-Miniatur, scrollen Sie im Formwähler nach unten, dann sehen Sie die neue Palme. Klicken Sie darauf, wählen Sie Schwarz als Vordergrundfarbe und erstellen Sie eine Palmen-Formebene im Bild. (Wenn Sie vor dem Freigeben der Maustaste die Leertaste gedrückt halten, können Sie die erstellte Form frei auf der Arbeitsfläche umherziehen und an der gewünschten Stelle positionieren.)

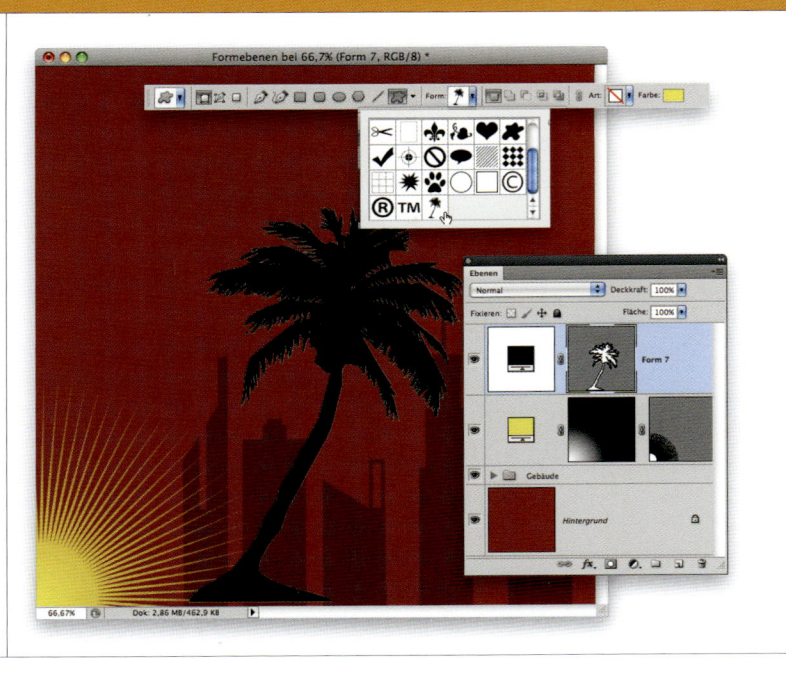

SCHRITT 15: FÜGEN SIE NOCH EINE FORMEBENE HINZU UND SPIEGELN SIE SIE

Erzeugen Sie eine kleinere Palmen-Formebene und wählen Sie dann BEARBEITEN/PFAD TRANSFORMIEREN/HORIZONTAL SPIEGELN. Positionieren Sie die Palme jetzt mit dem Verschieben-Werkzeug.

SCHRITT 16: ÖFFNEN SIE EIN NORMALES FOTO UND KORRIGIEREN SIE ES

Jetzt werden wir ein normales Foto in eine eigene Form umwandeln, zuerst müssen wir es aber so verändern, dass es einfarbig ist, etwas anderes versteht eine Formebene nicht. Öffnen Sie also das Foto (Sie können es aus den Bildern zum Buch herunterladen) und wählen Sie Bild/Korrekturen/ Schwellenwert. Geben Sie einen Wert von 100 ein und klicken Sie auf OK.

SCHRITT 17: WÄHLEN SIE DAS SCHWARZ IM BILD AUS

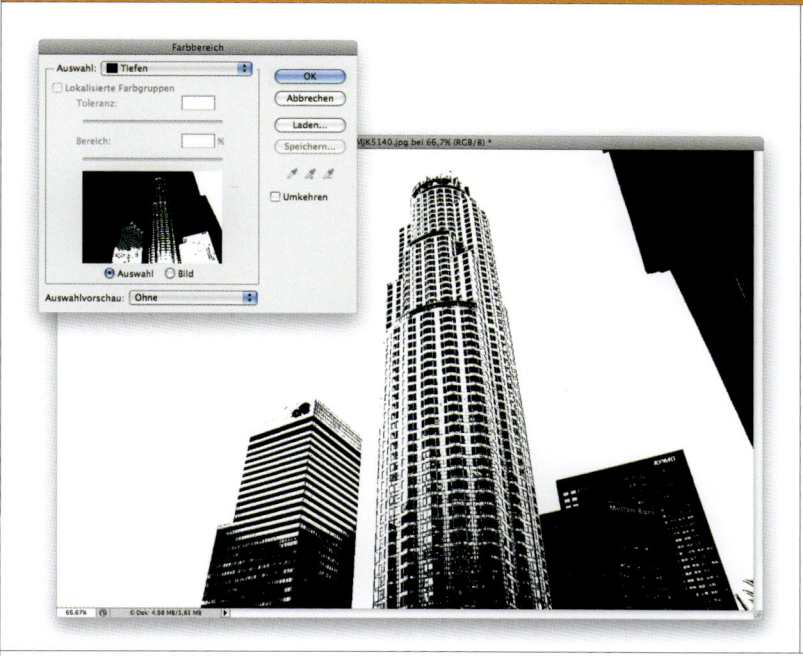

Nun wandeln wir die Gebäude wie eben die Palme in eine eigene Form um. Wir wählen sie jedoch anders aus. Wählen Sie dazu Auswahl/Farbbereich und anschließend oben aus dem Auswahl-Popup-Menü die Option Tiefen. Klicken Sie auf dann OK, um die Schwarztöne im Bild auszuwählen.

Text- und Formebenen | KAPITEL 5

SCHRITT 18: IN FORMEBENE WANDELN, NEUE EBENE ERSTELLEN, ABSCHLIESSEN

Tun Sie nun dasselbe wie bei der Palme: Klicken Sie im Pfade-Bedienfeld auf das Icon ARBEITS-PFAD AUS AUSWAHL ERSTELLEN. Damit wird die Auswahl zu einem Pfad. Wählen Sie BEARBEITEN/EIGENE FORM FESTLEGEN, benennen Sie sie und klicken Sie auf OK. Wählen Sie die neue Form schließlich im Form-wähler des Eigene-Form-Werk-zeugs und erstellen Sie damit eine neue Formebene. Passen Sie wenn nötig die Größe mit FREI TRANSFOR-MIEREN an ([⌘]-[T] [PC: [Strg]-[T]]). Klicken Sie auf die Gruppe der kleinen Häuser im Ebenen-Bedienfeld und machen Sie sie mit FREI TRANSFORMIEREN etwas kleiner, fügen Sie zum Schluss noch Text hinzu.

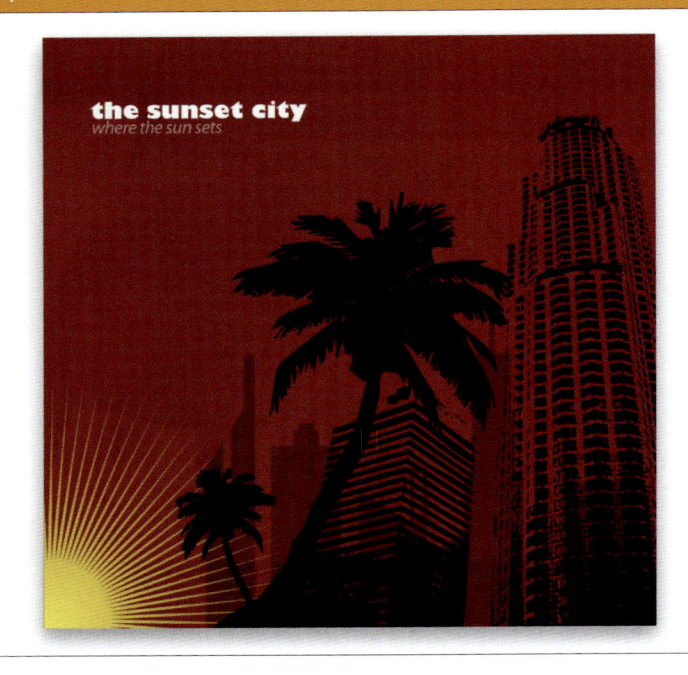

SCHRITT 19: VERGRÖSSERN SIE DAS BILD BELIEBIG – DIE QUALITÄT BLEIBT ERHALTEN

Zu guter Letzt schauen wir uns noch eine der besten Eigenschaften der Formebenen (und auch der Textebenen) an. Wählen Sie BILD/BILDGRÖSSE. Stellen Sie hier einen wirklich hohen Wert ein – fünfmal so groß wie vorher – und klicken Sie auf OK. Wenn Sie sich das Bild in der neuen Größe bei 100% anschauen, sehen Sie, dass die Kanten immer noch perfekt scharf und die Qualität der Form- und Textebenen hervorragend sind. Das liegt daran, dass es sich bei Form- und Textebenen um Vektorebenen handelt. Das ist nur ein anderer Ausdruck dafür, dass diese Ebenen nicht aus Pixeln bestehen. Sie können die Größe jederzeit ändern, ohne Qualitätsverluste hinnehmen zu müssen.

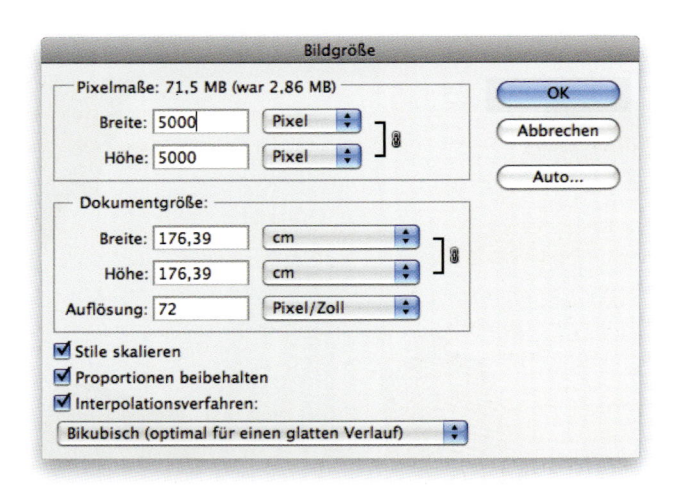

KAPITEL 5

WIE ...

WÄHLE ICH MEINEN TEXT SCHNELL AUS?

Doppelklicken Sie auf die Miniatur der Textebene (das Ding mit dem T darauf) im Ebenen-Bedienfeld. Damit wird der gesamte Text auf dieser Textebene ausgewählt.

SEHE ICH SCHNELL, WIE UNTERSCHIEDLICHE SCHRIFTEN MIT MEINEM TEXT AUSSEHEN?

Wählen Sie zunächst den Text aus. Klicken Sie dann einmal in das Schriftfamilie-Popup-Menü. Mit den Pfeiltasten bewegen Sie sich jetzt nach oben bzw. unten in der Schriftliste und können die verschiedenen Schriften auf dem Bildschirm sehen. Falls Ihnen keine gefällt, drücken Sie die Esc-Taste.

BLENDE ICH DIE MARKIERUNG EINES TEXTES AUS, WENN ICH VERSUCHE FESTZUSTELLEN, WIE EINE ANDERE SCHRIFTART AUSSIEHT?

Drücken Sie ⌘-H (PC: Strg-H). Merken Sie sich jedoch, dass Sie diesen Tastaturbefehl gedrückt haben, und drücken Sie ihn später wieder, um die Markierung erneut einzublenden.

ÄNDERE ICH DIE GRÖSSE DES SCHRIFTBEISPIELS IM SCHRIFTFAMILIE-POPUP-MENÜ?

Ja, man kann die Größe der Vorschau (das Wort *Sample*) ändern. Falls Sie sie vergrößern wollen, öffnen Sie die Photoshop-Voreinstellungen (PHOTOSHOP/VOREINSTELLUNGEN auf einem Mac oder BEARBEITEN/VOREINSTELLUNGEN auf einem PC). Klicken Sie in der weißen Spalte links auf TEXT. Ändern Sie die Größe der Schriftvorschau auf einen größeren Wert und klicken Sie OK.

VERGRÖSSERE ODER VERKLEINERE ICH DIE SCHRIFTGRÖSSE, OHNE DEN UMWEG ÜBER DIE OPTIONSLEISTE ZU NEHMEN?

Drücken Sie ⌘-⇧-W (PC: Strg-⇧-W), um die Schrift zu vergrößern, und ⌘-⇧-A (PC: Strg-⇧-A), um sie zu verkleinern.

DUPLIZIERE ICH EINE TEXTEBENE?

Wie bei jeder anderen Ebene drücken Sie ⌘-J (PC: Strg-J).

ÖFFNE ICH DAS ZEICHEN-BEDIENFELD?

Für den langen Weg wählen Sie FENSTER/ZEICHEN. Schneller geht es mit ⌘-T (PC: Strg-T). Sie müssen aber zuerst Text auswählen, bevor Sie das Tastenkürzel verwenden können. Ansonsten bringt es Sie in den FREI TRANSFORMIEREN-Modus.

ÖFFNE ICH DAS ABSATZ-BEDIENFELD?

Wählen Sie FENSTER/ABSATZ.

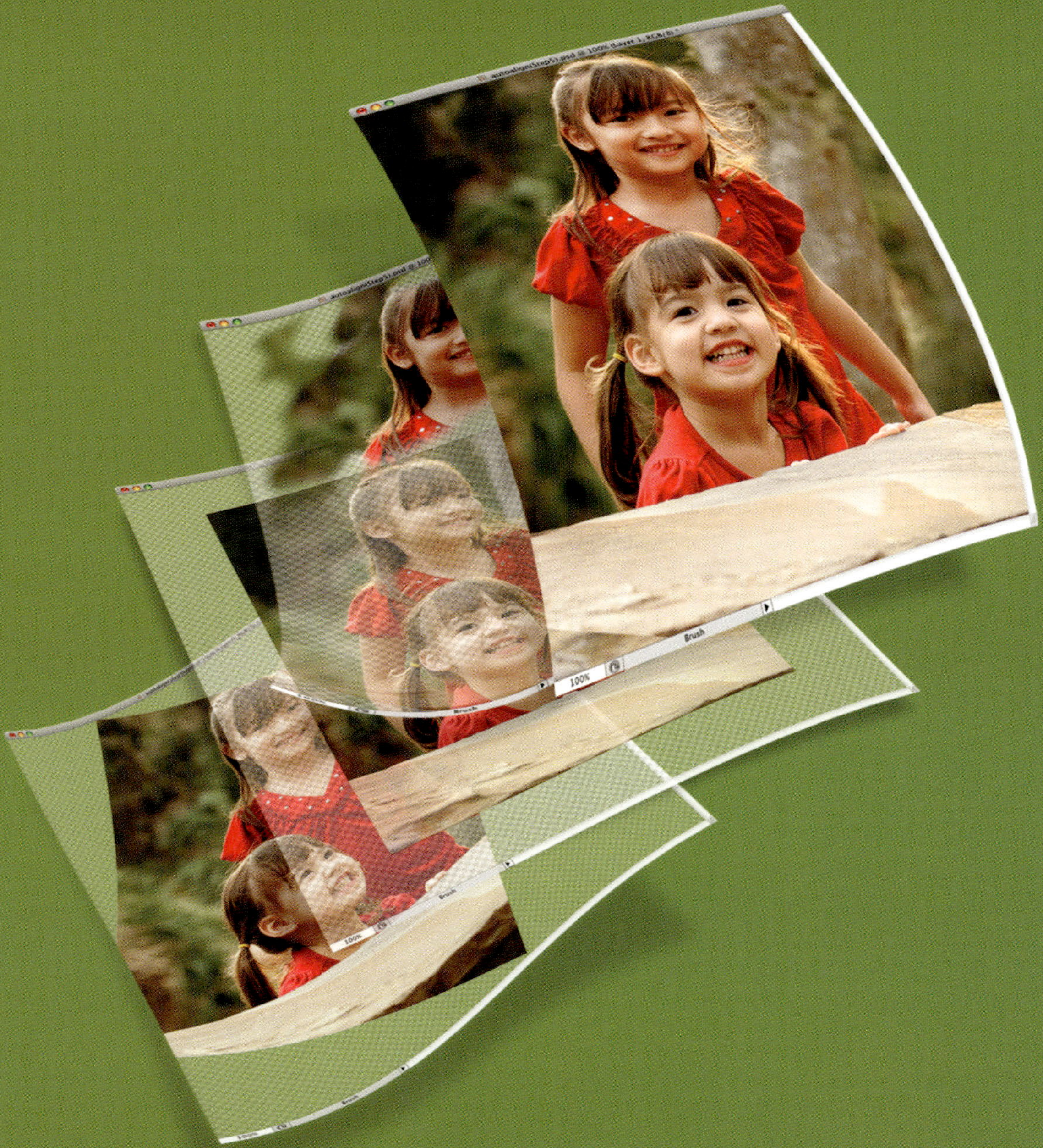
100%
Brush

KAPITEL SECHS

FOTOS MIT EBENEN VERBESSERN

In diesem Kapitel geht es hauptsächlich um das Verbessern von Digitalfotos. Wir wollen die Fotos, die Sie auf Ihrem Computer haben (und schließlich ausdrucken), so aussehen lassen wie in dem Moment, in dem Sie sie aufgenommen haben. Sie werden im Laufe dieses Kapitels (neben den Techniken zum Verbessern Ihrer Fotos) ein gemeinsames Thema erkennen – Einfachheit. Diese Techniken erfordern keine 50 Ebenen. Um ehrlich zu sein, gewinnt man keinen Blumentopf, wenn man viele Ebenen einsetzt, um Fotos zu verbessern. Im Gegenteil, je weniger Ebenen man benutzt, umso leichter wird die Arbeit und umso mehr schafft man.

KAPITEL 6

MEHRERE BELICHTUNGEN KOMBINIEREN
EINES DER HEISSESTEN THEMEN IST DIE KOMBINATION VON ZWEI BELICHTUNGEN ZU EINER.

Falls Sie schon einmal ein eigentlich ganz anständiges Foto mit einem überbelichteten Himmel hatten, sollten Sie unbedingt dieses Tutorial lesen. Wenn Sie nämlich ein Foto mit einem hellen Himmel aufnehmen, müssen Sie sich entscheiden: Wollen Sie die Kamera so einstellen, dass der Himmel gut aussieht, oder wollen Sie den Vordergrundbereich so belichten, dass er in Ordnung ist? Oft geht nur eines von beiden – guter Himmel oder guter Vordergrund. Stellen Sie die Belichtung anhand des Himmels ein, wird der Vordergrund meist zu dunkel. Belichten Sie den Vordergrund korrekt, wird der Himmel wahrscheinlich zu hell und verliert alle Details. Es gibt jedoch einen Ausweg aus diesem Dilemma: mehrere Belichtungen. Sie nehmen ein Foto mit einem korrekt belichteten Himmel und eines mit einem richtig belichteten Vordergrund auf. Mit Ebenen und Ebenenmasken kombinieren Sie die beiden und erhalten das Beste aus beiden Welten.

SCHRITT 1: ÖFFNEN SIE DIE BEIDEN FOTOS, DIE SIE KOMBINIEREN WOLLEN

Öffnen Sie zuerst die beiden Fotos, die Sie kombinieren wollen. Ich habe in diesem Beispiel zwei Fotos derselben Szene aufgenommen. Damit diese Technik funktioniert, sollten Sie ein Stativ benutzen, da Sie diese beiden Fotos übereinanderlegen wollen und sie passen müssen. Das erste Foto habe ich mit dem Ziel fotografiert, dass der Himmel gut aussieht. Wie Sie sehen, tut er das, allerdings ist der Vordergrund viel zu dunkel. Ich habe daher das Stativ unverändert gelassen und die Belichtung so eingestellt, dass der Vordergrund gut aussieht. In dem Foto, das dabei entstand, ist der Himmel völlig überbelichtet und zeigt kaum noch Details.

SCHRITT 2: HOLEN SIE BEIDE FOTOS IN EIN DOKUMENT

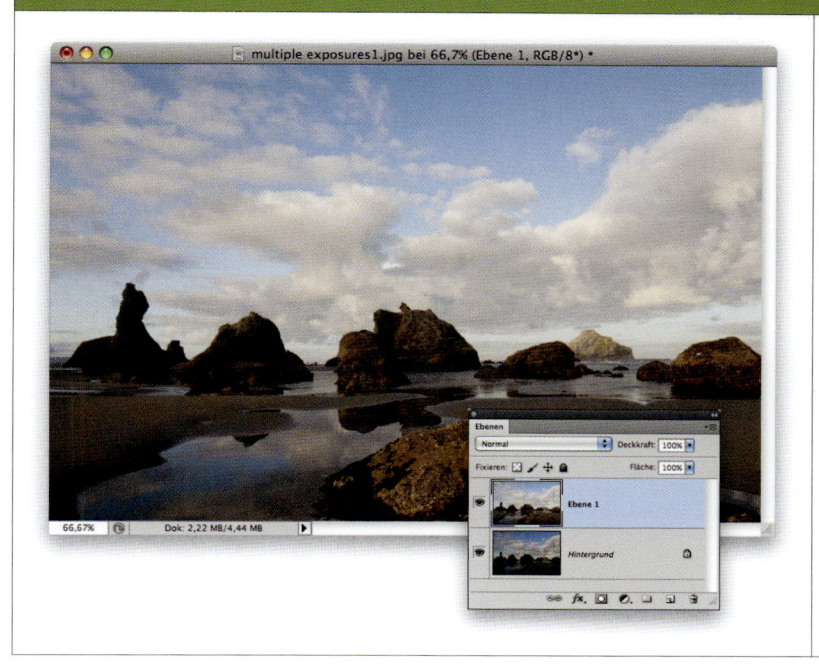

Kopieren Sie das Foto mit dem überbelichteten Himmel und fügen Sie es in das andere Foto (mit dem guten Himmel) ein, indem Sie zuerst das Foto mit dem ausgefressenen Himmel anklicken und dann ⌘-A (PC: Strg-A) drücken, um das ganze Bild auszuwählen. Drücken Sie ⌘-C (PC: Strg-C), um es zu kopieren. Klicken Sie dann das Foto mit dem brauchbaren Himmel an und drücken Sie ⌘-V (PC: Strg-V), um das andere Foto einzufügen. Jetzt haben Sie beide Belichtungen in einem Dokument, und zwar auf zwei Ebenen. Auf der Arbeitsfläche sollten Sie nur das Foto mit dem schlechten, hellen Himmel sehen.

SCHRITT 3: FÜGEN SIE DER OBEREN EBENE EINE EBENENMASKE HINZU

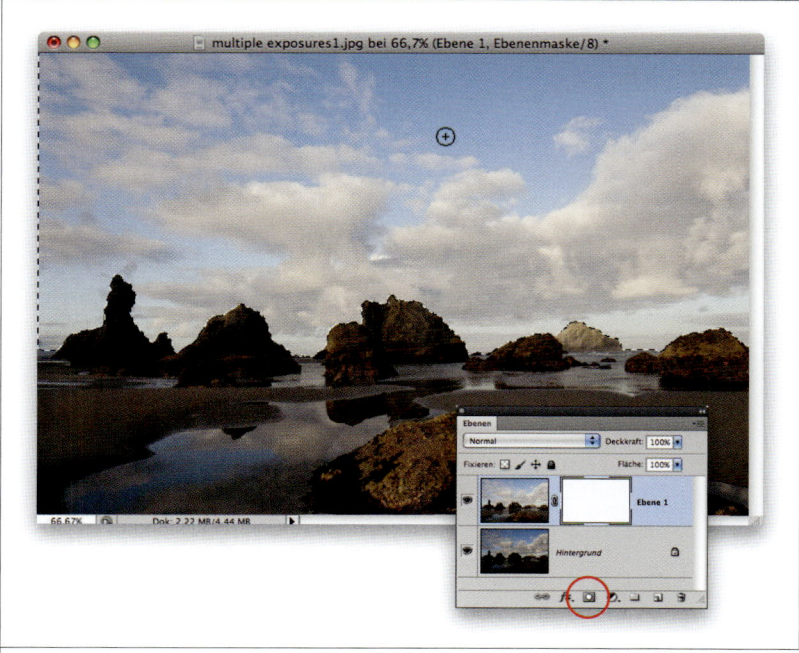

Die oberste Ebene sollte noch immer ausgewählt sein. Klicken Sie unten im Ebenen-Bedienfeld auf das Symbol EBENENMASKE HINZUFÜGEN, um die obere Ebene mit einer Maske zu versehen. Wählen Sie dann mit dem Schnellauswahl-Werkzeug (W) den Himmel und die Wolken aus.

Hinweis: Ich weiß, ich wiederhole mich, aber kann ja durchaus sein, dass Sie erst an dieser Stelle des Buches angefangen haben zu lesen (und den Rest ausgelassen haben). Ich habe ein Video erstellt, ich dem ich Ihnen grundlegende Auswahlen zeige. Sie finden es auf der Website zum Buch unter www.kelbytraining.com/books/layerscs5.

SCHRITT 4: FÜLLEN SIE DIE AUSWAHL IN DER MASKE MIT SCHWARZ FÜR DEN KORREKTEN HIMMEL

Vergewissern Sie sich, dass die Ebenenmaske ausgewählt ist (um die Miniatur sollten dünne schwarze Linien zu sehen sein). Wählen Sie BEARBEITEN/FLÄCHE FÜLLEN, wählen Sie die Farbe Schwarz und klicken Sie auf OK (oder drücken Sie die Taste [X], um Schwarz als Vordergrundfarbe einzustellen und füllen Sie die Auswahl dann mit [⌥]-[←] [PC: [Alt]-[←]] mit Schwarz). Drücken Sie anschließend [⌘]-[D] (PC: [Strg]-[D]), um die Auswahl zu entfernen. Der helle Himmel wird aus- und der darunterliegende dunklere Himmel eingeblendet.

TIPP: Sie können auch mit dem Pinsel (mit Schwarz oder Weiß) auf der Maske malen, um die Kanten zu verbessern.

SCHRITT 5: REDUZIEREN SIE IM MASKEN-BEDIENFELD DIE DICHTE DER MASKE

Es kann sein, dass der Himmel etwas zu dunkel aussieht – das hängt von der Belichtung der beiden Fotos ab. Nutzen Sie dann das Masken-Bedienfeld. Klicken Sie auf die Miniatur der Ebenenmaske und wählen Sie FENSTER/MASKEN, um das Bedienfeld einzublenden. Reduzieren Sie dort die Einstellung für die Dichte. Das ist eine Art Deckkrafteinstellung für die Ebenenmaske. So bringen Sie einen Teil des hellen Himmels zurück.

MIT LICHT MALEN

DIES IST EINE DER HEISSESTEN METHODEN, UM FOTOS ZU VERBESSERN UND DIE AUFMERKSAMKEIT AUF DAS MOTIV ZU LENKEN.

Immer wenn ich diese Technik vorstelle, wollen die Leute noch mehr davon sehen. Hier erfahren Sie, wieso sie so cool ist. Es ist wirklich nicht viel dabei. Sie bekommen das, was Sie sehen. Die Technik ist einfach und effektiv. Punkt. Deshalb setze ich sie so häufig ein. Eine zusätzliche Ebene und ich bin fertig. Ich denke, Sie werden mir zustimmen – einfach ist besser.

SCHRITT 1: ÖFFNEN SIE EIN FOTO, IN DEM DAS MOTIV STÄRKER BETONT WERDEN MUSS

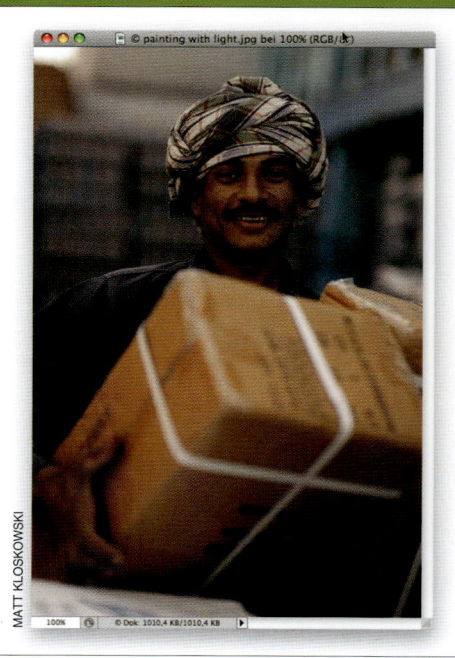

Öffnen Sie zunächst ein Foto, in dem das abgebildete Motiv stärker betont werden muss. Hier sehen Sie ein Foto, das ich auf einem Markt in Dubai aufgenommen habe. Der Mann hatte ein tolles Lachen, und obwohl er beschäftigt war, posierte er für ein schnelles Foto. Das Problem bei diesem Bild ist, dass sein Gesicht im Vergleich zum Rest des Fotos zu dunkel erscheint.

SCHRITT 2: FÜGEN SIE EINE GRADATIONSKURVEN-EINSTELLUNGSEBENE HINZU

Klicken Sie im Korrekturen-Bedienfeld auf das Kurven-Symbol, um eine GRADATIONSKURVEN-Einstellungsebene hinzuzufügen. Klicken Sie in die Mitte der Kurve, um einen Punkt hinzuzufügen und ziehen Sie ihn nach oben, um das gesamte Foto etwas aufzuhellen. Übertreiben Sie es aber nicht. Sie können die Kurve jederzeit bearbeiten, wenn Sie wollen. Noch etwas: Drücken Sie ⌘-I (PC: Strg-I), um die weiße Ebenenmaske in eine schwarze Maske umzuwandeln und die Gradationskurveneinstellung auszublenden.

TIPP: Sie können auch im Masken-Bedienfeld auf UMKEHREN klicken.

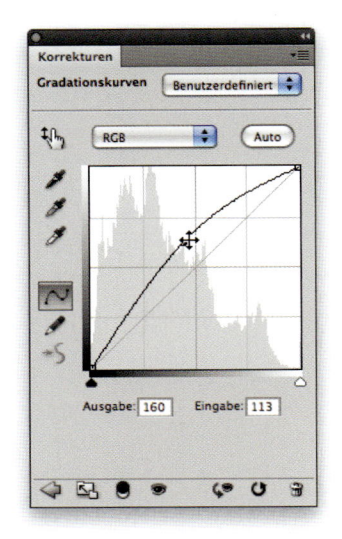

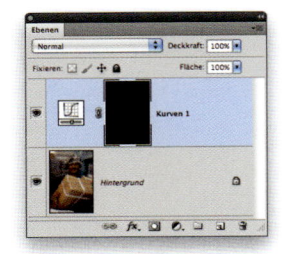

SCHRITT 3: MALEN SIE MIT EINEM WEISSEN PINSEL MIT NIEDRIGER DECKKRAFT ÜBER TEILE DES FOTOS

Aktivieren Sie den Pinsel (B) und klicken Sie auf die Pinselminiatur in der Optionsleiste. Wählen Sie eine mittlere, weiche Pinselspitze aus. Reduzieren Sie anschließend die Deckkraft des Pinsels auf 30 %. Drücken Sie die Taste D, um Weiß als Vordergrundfarbe einzustellen (bei einer Einstellungsebene werden Standard-Vorder- und Hintergrundfarbe getauscht), und malen Sie über die Bereiche, die aufgehellt werden sollen. Sehen Sie? Jetzt ergibt der Titel dieses Tutorials auch einen Sinn, oder?

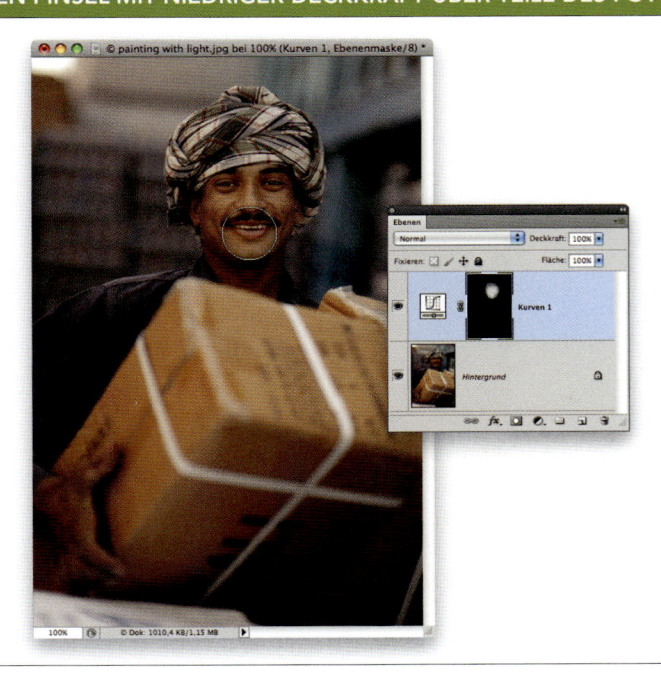

SCHRITT 4: VERSTÄRKEN SIE DEN AUFHELLUNGSEFFEKT MIT MEHRFACHEN PINSELSTRICHEN

Im vorherigen Schritt haben wir die Pinseldeckkraft auf 30 % gesetzt. Wir wollten vorsichtig vorgehen, das Foto soll schließlich nicht aussehen, als wäre es falsch ausgeleuchtet worden. Falls Sie bestimmte Bereiche weiter aufhellen müssen, malen Sie einen Strich, lassen Sie die Maustaste los und klickenSie , um erneut zu malen. Mit jedem Pinselstrich verstärken Sie den Effekt und machen diese Striche heller, was wiederum die Helligkeit in den Bereichen verstärkt, die Sie übermalen. Denken Sie daran, hinterher die Deckkraft wieder zurückzusetzen. Falls Sie die Maske sehen wollen, ⌥-klicken (PC: Alt-klicken) Sie darauf, so dass Ihnen die Schwarzweißversion gezeigt wird. Nach einem erneuten ⌥/Alt-Klick sehen Sie wieder Ihr Bild.

SCHRITT 5: BEARBEITEN SIE DIE GRADATIONSKURVE FÜR MEHR ODER WENIGER LICHT

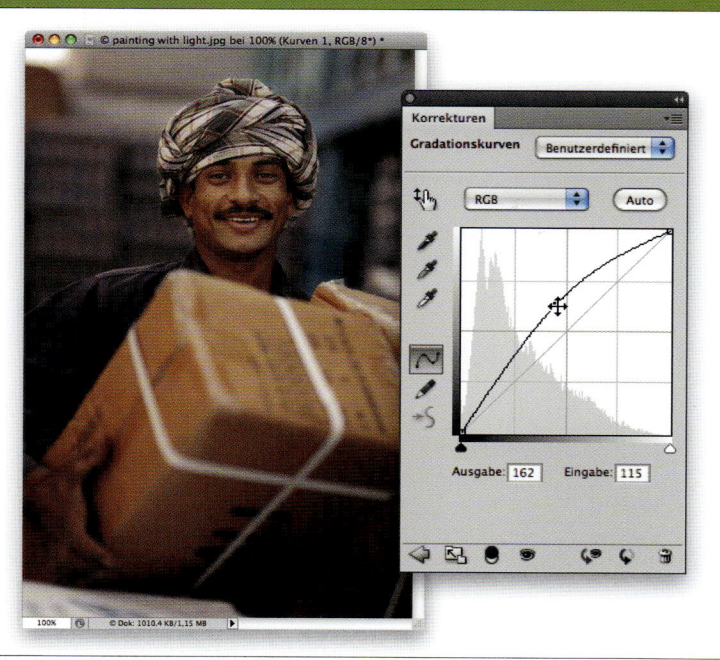

Das wirklich Coole an diesem Aufhellungseffekt ist, dass Sie ihn nachträglich noch bearbeiten können. Doppelklicken Sie einfach auf die Miniatur der GRADATIONSKURVEN-Einstellungsebene im Ebenen-Bedienfeld, um wieder den GRADATIONSKURVEN-Dialog zu öffnen. Klicken Sie dann die Kurve an und ziehen Sie sie nach oben für mehr Aufhellung oder nach unten für weniger Aufhellung. Das ist alles und Sie benötigten nur eine Ebene. Sie werden diesen Kram lieben!

KAPITEL 6

ABWEDELN UND NACHBELICHTEN – ABER RICHTIG

WENN SIE EINZELNE BILDBEREICHE BETONEN WOLLEN, DANN IST DIESE TECHNIK GENAU RICHTIG.

Die Ursprünge von Abwedeln und Nachbelichten liegen in den Tagen des Films. Gemeint ist das partielle Aufhellen oder Abdunkeln eines Fotos. In Photoshop gibt es Werkzeuge zum Abwedeln und Nachbelichten, die genauso funktionieren wie die in der Dunkelkammer. Adobe hat sie in Photoshop CS4 sogar noch verbessert, allerdings ist deren Effekt immer noch dauerhaft und vor allem destruktiv. Dennoch mag ich das Konzept des Abwedelns und Nachbelichtens, da man damit die Aufmerksamkeit des Betrachters lenken kann, indem man wichtige Bereiche aufhellt und unwichtige abdunkelt. Die hier vorgestellte Technik bietet Ihnen alle Vorteile des Abwedelns und Nachbelichtens, ohne unwiderrufliche Änderungen am Bild zu verursachen.

SCHRITT 1: ÖFFNEN SIE EIN FOTO, DAS ABGEWEDELT UND NACHBELICHTET WERDEN MUSS

Öffnen Sie ein Foto, das ein wenig flau aussieht. Sie fragen sich, was das bedeutet? Sie werden ein flaues Foto erkennen, wenn Sie es sehen. Ein solches Foto ist nicht schlecht, ihm fehlt aber der entscheidende Pfiff. Bei dem hier verwendeten Foto scheint alles ineinander überzugehen. Nichts hebt sich wirklich ab. Das Wasser im unteren Teil des Fotos ist der hellste und größte Teil des Bildes und zieht die gesamte Aufmerksamkeit auf sich.

Fotos mit Ebenen verbessern

SCHRITT 2: LEGEN SIE EINE NEUE EBENE AN UND FÜLLEN SIE SIE MIT 50% GRAU

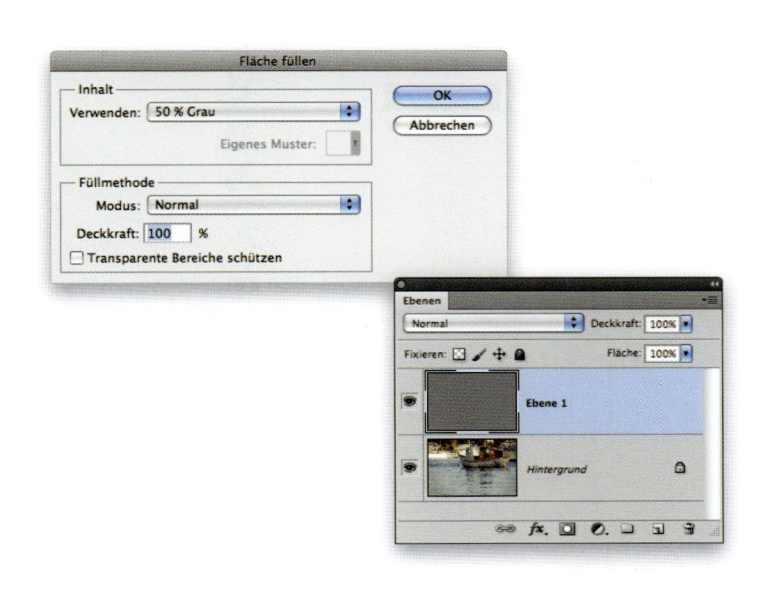

Klicken Sie auf das Symbol Neue Ebene erstellen unten im Ebenen-Bedienfeld, um über der Hintergrundebene eine neue, leere Ebene anzulegen. Wählen Sie aus dem Bearbeiten-Menü Fläche füllen. Im Popup-Menü Verwenden stellen Sie 50 % Grau ein und klicken dann OK.

SCHRITT 3: ÄNDERN SIE DIE FÜLLMETHODE AUF INEINANDERKOPIEREN. BEOBACHTEN SIE DAS GRAU

Ändern Sie die Füllmethode der gerade erzeugten grauen Ebene auf Ineinanderkopieren. Diese Füllmethode blendet alles aus, was 50 % grau ist. Die graue Ebene wird dadurch also transparent. Blenden Sie probehalber einmal diese Ebene aus, indem Sie auf das Augen-Icon neben der Ebenenminiatur klicken. Das Bild sieht unverändert aus – ob mit oder ohne diese Ebene.

TIPP: Sie können auch ⌘-⇧-N (PC: Strg-⇧-N) drücken, um eine neue Ebene anzulegen und den Neue Ebene-Dialog zu öffnen. Dort können Sie in einem Schritt die Füllmethode auf Ineinanderkopieren stellen und die Ebene mit 50 % Grau füllen.

Fotos mit Ebenen verbessern **KAPITEL 6** 153

SCHRITT 4: WÄHLEN SIE DAS PINSEL-WERKZEUG MIT EINER DECKKRAFT VON 20 %

Aktivieren Sie nun das Pinsel-Werkzeug (B) im Werkzeug-Bedienfeld. Wählen Sie einen mittelgroßen Pinsel mit weicher Kante – er muss groß genug sein, um in den Gebieten malen zu können, die Sie abwedeln und nachbelichten wollen, aber nicht so groß, dass Sie alles übermalen. Setzen Sie die Deckkraft des Pinsels in der Optionsleiste dann auf 20 %.

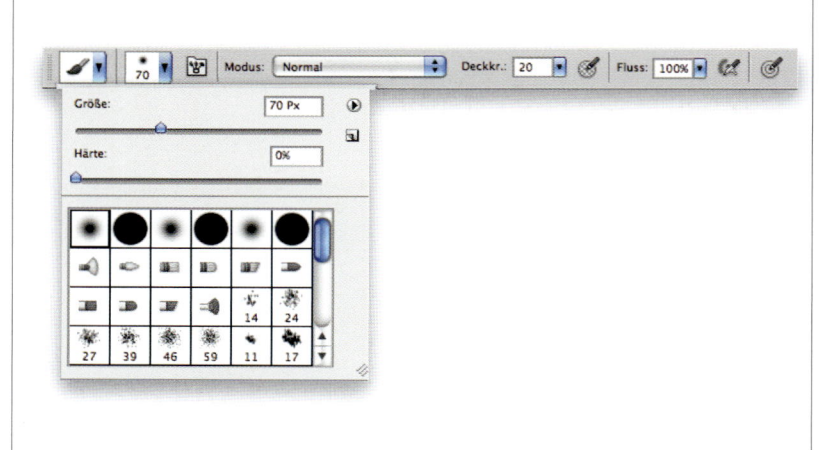

SCHRITT 5: MALEN SIE MIT WEISS, UM DAS ABWEDELN ZU SIMULIEREN

Klicken Sie einmal auf die graue Ebene, um sie auszuwählen. Setzen Sie die Vordergrundfarbe auf Weiß, indem Sie D und dann X drücken. Malen Sie dann über Bereiche, die Sie abwedeln bzw. aufhellen wollen. Da Ihr Pinsel nur eine geringe Deckkraft besitzt, können Sie zwischendurch die Maustaste loslassen und neu ansetzen, um mehrfache Pinselstriche zu simulieren. Dadurch wird der Effekt intensiviert und der Bereich noch stärker aufgehellt. Suchen Sie nach wichtigen Bereichen in dem Foto, die Sie betonen wollen. In diesem Beispiel male ich über das Boot in der Mitte und über das ganz rechts.

SCHRITT 6: MALEN SIE MIT SCHWARZ, UM DAS NACHBELICHTEN ZU SIMULIEREN

Drücken Sie nun X (zum Vertauschen von Vorder- und Hintergrundfarbe), um Schwarz als Vordergrundfarbe einzustellen. Malen Sie über die Bereiche, die Sie nachbelichten bzw. abdunkeln wollen. Damit sind Bereiche gemeint, auf die Sie nicht unbedingt die Aufmerksamkeit des Betrachters lenken wollen. Ich habe hier über das Wasser gemalt (unten links und rechts). Auch die Bäume im oberen Bildbereich dunkele ich etwas ab. Vergessen Sie nicht, dabei die Pinselspitze zu verkleinern.

TIPP: Drücken Sie die Taste Ö, um den Pinsel zu verkleinern.

SCHRITT 7: MALEN SIE MIT 50% GRAU, UM DAS ORIGINAL ZURÜCKZUBEKOMMEN

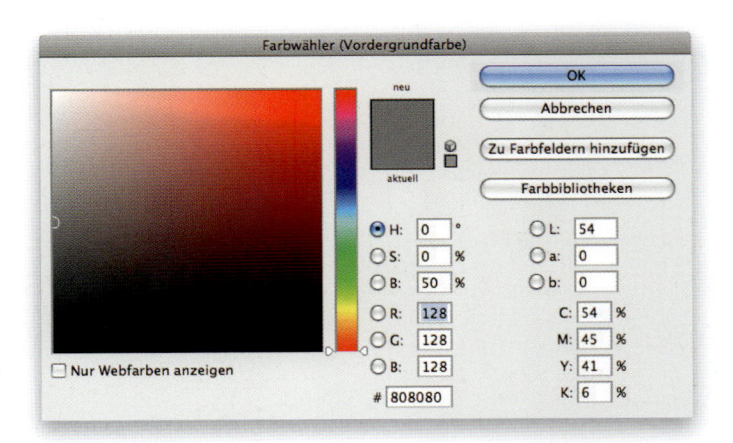

Malen Sie weiter mit Schwarz oder Weiß, um das Abwedeln und Nachbelichten zu simulieren. Da Sie all das auf der grauen Ebene tun, ist es nicht destruktiv. Die geringe Deckkraft des Pinsels bietet Ihnen eine gute Möglichkeit, den Effekt schrittweise zu verstärken. Und falls Sie einen Bereich verändert haben, der gar nicht verändert werden sollte, klicken Sie im Werkzeug-Bedienfeld auf das Farbfeld für die Vordergrundfarbe, stellen im Farbwähler 50 % Grau ein und malen über diesen Bereich. Die Farbwerte sind R: 128, G: 128, B: 128. Damit wird der Effekt neutralisiert, alle Änderungen verschwinden, da Grau transparent erscheint. Setzen Sie die Deckkraft des Pinsels wieder zurück, wenn Sie fertig sind.

KAPITEL 6

PSEUDO-HDR-EFFEKT

MITHILFE VON EBENEN KÖNNEN SIE EINEN PSEUDO-HDR-EFFEKT IN BESTIMMTEN BILDBEREICHEN ERZEUGEN.

Die HDR-Fotografie ist dieser Tage total angesagt. Dabei nehmen Sie ein und dasselbe Motiv mit unterschiedlichen Belichtungen auf und fügen diese mithilfe einer HDR-Software (z. B. Zu HDR Pro zusammenfügen in Photoshop CS5) zusammen. Was aber, wenn Sie nur ein Foto haben? In CS5 gibt es eine Einstellung namens HDR-Tonung. Mit ein paar Reglern und Ebenen können Sie einen ziemlich guten Pseudo-HDR-Effekt erzeugen.

SCHRITT 1: ÖFFNEN SIE DAS FOTO, ZU DEM DIESER COOLE EFFEKT PASST

Als Erstes müssen Sie wissen, bei welcher Art von Foto dieser Effekt besonders gut aussieht – es sollte einen besonderen Look haben. Es ist wie bei dem Effekt mit dem weichen Fokus, den ich Ihnen in diesem Kapitel noch zeigen werde – nur umgekehrt. Der weiche Fokus harmoniert am besten mit netten Familienfotos, Fotos von Kindern und Fotos, die allgemein eher weich sind. Dieser Effekt hingegen verleiht einem Foto ein eher raues Aussehen.

SCHRITT 2: WENDEN SIE DIE HDR-TONUNG AUF DAS FOTO AN

Da es sich um einen Pseudo-HDR-Effekt handelt, werden wir nur mit einer Einstellung und nicht dem vollständigen HDR-Pro-Dialog arbeiten, der Teil von Photoshop CS5 ist. Der Effekt lässt sich jedoch nicht als Einstellungsebene anwenden. Sie müssen BILD/KORREKTUREN/HDR-TONUNG wählen. Diese Einstellung funktioniert nicht mit mehreren Ebenen. Wenn Sie den Effekt auf ein Dokument mit mehr als einer Ebene anwenden wollen, müssen Sie diese auf die Hintergrundebene reduzieren. Ich weiß, das ist nicht so toll, aber ich zeige Ihnen gleich noch einen Trick.

SCHRITT 3: PASSEN SIE DIE WERTE FÜR EINEN WIRKLICH COOLEN EFFEKT AN

Der nächste Teil macht richtig Spaß. Passen Sie die Einstellungen an, damit Ihr Foto wirklich cool aussieht. Ich habe herausgefunden, dass eine hohe Detaileinstellung ganz gut funktioniert – auch wenn Sie die STÄRKE und den Gammawert erhöhen. Keine Angst, wenn Sie damit in einigen Bildbereichen (z. B. auf der Haut) negative Effekte erzielen. Wir nutzen gleich weitere Ebenen, um das zu korrigieren. Wenn Sie die Regler angepasst haben, klicken Sie auf OK.

SCHRITT 4: WÄHLEN SIE ALLES AUS UND KOPIEREN SIE DAS NEUE HDR-BILD

Wie Sie sehen, leiden die Hautbereiche und andere Teile des Bildes unter dieser Einstellung. Jetzt müssen wir mir der Tatsache klarkommen, dass der HDR-Effekt nicht auf Dokumente mit meheren Ebenen angewendet werden kann. Wäre das möglich, hätten wir einfach die Originalebene dupliziert und könnten nun mit einer Ebenenmaske arbeiten. Stattdessen müssen wir Photoshop etwas austricksen. Wählen Sie AUSWAHL/ ALLES AUSWÄHLEN und BEARBEITEN/ KOPIEREN, um diese Bildversion zu kopieren.

SCHRITT 5: GEHEN SIE NUN BIS ZUM ORIGINALFOTO ZURÜCK

Gehen wir nun so lange einen Schritt zurück, bis wir wieder beim Originalfoto angelangt sind. Wählen Sie dazu BEARBEITEN/ SCHRITT ZURÜCK oder drücken Sie ⌘-⌥-Z (PC: Strg-Alt-Z), bis das Originalfoto ohne HDR-Effekt erscheint.

Noch einfacher geht es natürlich mit dem Protokoll-Bedienfeld.

SCHRITT 6: FÜGEN SIE DIE KOPIERTE EBENE ÜBER DEM ORIGINAL EIN

Wählen Sie BEARBEITEN/EINFÜGEN und fügen Sie die HDR-Version des Fotos ein (Sie haben sie ein paar Schritte zuvor kopiert). Und obwohl Sie zur Originalversion des Bildes zurückgesprungen sind, existiert die kopierte Bildversion noch in Photoshops Zwischenspeicher. Nach dem Einfügen erscheinen im Ebenen-Bedienfeld zwei Ebenen – das Original und die HDR-Version.

SCHRITT 7: FÜGEN SIE EINE SCHWARZE MASKE HINZU UND MALEN SIE DEN HDR-EFFEKT INS BILD

Jetzt entfernen wir den HDR-Effekt aus den Bereichen, in denen er nicht gut aussieht. Klicken Sie im Ebenen-Bedienfeld auf die obere Ebene und fügen Sie (wie bei vielen anderen Effekten aus diesem Kapitel) eine Ebenenmaske hinzu, indem Sie unten im Bedienfeld auf EBENENMASKE HINZUFÜGEN klicken. Klicken Sie anschließend im Masken-Bedienfeld auf den UMKEHREN-Button, damit die Maske schwarz wird und der Effekt zunächst ausgeblendet wird. Stellen Sie Weiß als Vordergrundfarbe ein und malen Sie mit dem Pinsel ([B]) den Effekt in den gewünschten Bereichen ins Bild. Auf dem T-Shirt und der Kleidung sieht er besonders gut aus, auch auf dem Reifen.

Fotos mit Ebenen verbessern | **KAPITEL 6**

KAPITEL 6

EINEN HIMMEL ERSETZEN
MANCHMAL MUSS DAS EINFACH SEIN.

FÜR ELEMENTS GEEIGNET

Wenn Sie das hier lesen, befinden Sie sich an einem Wendepunkt in Ihrer Photoshop-Karriere. Einige lesen die Überschrift dieses Tutorials und überspringen es sofort, weil sie glauben, dass das nicht richtig ist. Vielleicht sogar unethisch. Warum? Weil sie glauben, dass das Betrug ist. Sie müssen sich also entscheiden. Ist es in Ordnung, den Himmel in Photoshop zu ersetzen? Ich denke, ja. Wenn ich tausende Kilometer gefahren bin, um eine schöne Aufnahme zu machen und mir das Wetter dann einen Strich durch die Rechnung macht (wie in dem Foto unten zu sehen), dann habe ich das Recht (oder nein, die Aufgabe!), das Foto so umzugestalten, wie ich es gern fotografiert hätte. Als Pressefotograf würde ich so etwas natürlich nicht machen. Aber ich bin ja schließlich keiner. Ich bin nicht nur professioneller Fotograf, sondern auch ein Photoshop-Mensch, es wird also regelrecht von mir erwartet, oder? Ich schreibe diese Einleitung mit einem Lächeln auf den Lippen. Ich denke, dass einige von Ihnen Ihre Fotos nicht für »Freiwild« halten. Keine Angst! Dann tun Sie es nicht. Viele werden es aber tun (diese Anfrage ist sehr beliebt, deshalb habe ich sie in das Buch aufgenommen). Fühlen Sie sich nicht schuldig, wenn Sie die Technik anwenden.

SCHRITT 1: ÖFFNEN SIE EIN FOTO MIT EINEM SCHLECHTEN UND EINES MIT EINEM GUTEN HIMMEL

Wie ich zu diesem Beispiel kam: Vor etwa einem Jahr gab ich einen Lehrgang zum Thema Landschaftsfotografie/Photoshop, der in Washington State stattfand, wo ich schon seit Jahren einmal hinreisen wollte – in die Palouse-Region. Dort gibt es diese wunderbaren grünen Hügel mit alten Hütten und in der Regel fluffigen Wolken. Nur als ich dort war nicht. Der Himmel war das gesamte Wochenende vollkommen klar. (Es hätte auch regnen können, also sollte ich nicht zu enttäuscht sein, richtig?) Ich habe ein tolles Foto bei Sonnenaufgang gemacht – in der Ferne waren auch ein paar kleine Wolken zu sehen. Ich wollte aber die richtig schönen und vor allem viele Wolken. Deshalb nahm ich ein anderes meiner Fotos mit netten Wolken her.

SCHRITT 2: STELLEN SIE SICHER, DASS DER »FALSCHE« HIMMEL AUCH FUNKTIONIERT

Und so geht's: Damit es auch wirklich funktioniert (und Photoshop keinen schlechten Ruf bekommt), sollten Sie sicherstellen, dass das Wolkenfoto auch wirklich passt. Deshalb fotografiere ich schöne Wolken immer aus verschiedenen Blickwinkeln. Man weiß nie, wann man sie mal braucht. Im Palouse-Foto geht die Sonne auf der linken Seite auf – dort befindet sich also die Lichtquelle. Im Wolkenfoto muss sich die Sonne ungefähr an derselben Stelle befinden. Ist das nicht der Fall, sieht das Ergebnis falsch aus. Die meisten Betrachter wissen auf den ersten Blick sicherlich nicht, was falsch ist, aber sie merken, dass irgendetwas nicht passt, und stellen die unangenehme Frage: »Hast du das in Photoshop gemacht?«

SCHRITT 3: KOPIEREN SIE DAS WOLKENFOTO

Klicken Sie in das Foto mit den schönen Wolken. Wählen Sie anschließend AUSWAHL/ALLES AUSWÄHLEN oder drücken Sie ⌘-A (PC: Strg-A), um das gesamte Bild auszuwählen. Wählen Sie nun BEARBEITEN/KOPIEREN oder drücken Sie ⌘-C (PC: Strg-C), um das Foto zu kopieren.

Fotos mit Ebenen verbessern **KAPITEL 6**

SCHRITT 4: WÄHLEN SIE DEN NICHT SO SCHÖNEN HIMMEL AUS UND FÜGEN SIE DIE WOLKEN EIN

Wechseln Sie nun zum Foto mit dem schönen Vordergrund. Markieren Sie den Himmel mit dem Schnellauswahl-Werkzeug ([W]) und wählen Sie dann BEARBEITEN/EINFÜGEN SPEZIAL/IN DIE AUSWAHL EINFÜGEN. Der schöne Himmel wird nun über das Foto eingefügt. Dabei wird, basierend auf der Auswahl, automatisch eine Maske erstellt. Sie sehen vom oberen Bild also nur den Himmel.

TIPP: Falls Sie Ihre Auswahl etwas verbessern müssen, klicken Sie auf die Miniatur der Ebenenmaske und anschließend im Masken-Bedienfeld auf KANTE VERBESSERN. Auf das Masken-Bedienfeld gehe ich in Kapitel 4 genauer ein.

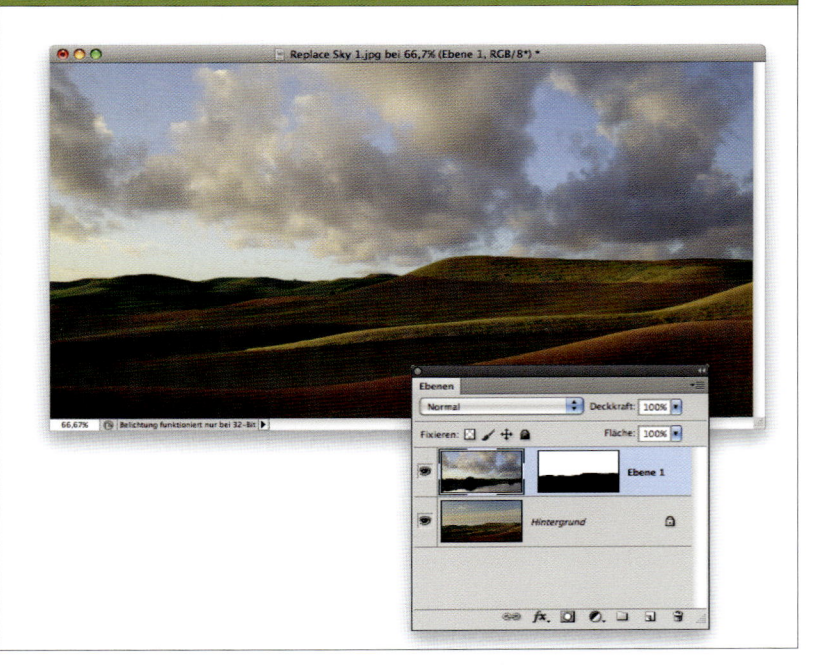

SCHRITT 5: PASSEN SIE DEN NEUEN HIMMEL AN, DAMIT ER AUCH WIRKLICH INS BILD PASST

Wählen Sie schließlich BEARBEITEN/FREI TRANSFORMIEREN und passen Sie die Größe des Himmels an oder verschieben Sie diesen, damit er gut in das Foto passt. Das klappt allerdings nicht immer perfekt. Im letzten Schritt sehen Sie, dass die Bäume aus dem Wolkenfoto etwas durchscheinen. Klicken Sie in so einem Fall auf das Augen-Icon der unteren Ebene, um nur die obere Ebene zu sehen. Aktivieren Sie dann den Bereichsreparaturpinsel ([J]) mit der Option INHALT BEWAHREN und malen Sie über die Bäume, um sie zu entfernen.

EBENEN FÜR GRUPPENFOTOS AUTOMATISCH AUSRICHTEN

MANCHMAL SCHAUEN NICHT ALLE GLEICHZEITIG IN DIE KAMERA.

Im BEARBEITEN-Menü gibt es eine wenig bekannte Funktion namens EBENEN AUTOMATISCH AUSRICHTEN. Diese ist bei Gruppenfotos sehr praktisch – wenn Sie feststellen müssen, dass nicht alle gleichzeitig in die Kamera geschaut haben oder jemand seine Augen geschlossen hat. In Photoshop können Sie das Beste aus mehreren Fotos in einem Bild vereinen. Allerdings kann es schwierig werden, alle Fotos manuell auszurichten. An dieser Stelle kommt dann die Funktion EBENEN AUTOMATISCH AUSRICHTEN ins Spiel.

SCHRITT 1: ÖFFNEN SIE ZWEI FOTOS, DIE SIE KOMBINIEREN WOLLEN

Öffnen Sie die beiden Fotos, mit denen Sie arbeiten wollen. Wahrscheinlich sieht in jedem Foto eine andere Person (oder Personengruppe) gut aus. Es gibt immer mindestens eine Person, die ihre Augen geschlossen hat oder nicht in die Kamera schaut. So machen Sie dann ein neues Foto und in dem sieht die Person dann gut aus, allerdings schaut nun jemand anderes nicht in die Kamera. Wenn Sie das direkt beim Fotografieren merken, können Sie noch ein paar neue Aufnahmen probieren, ansonsten bleibt Ihnen nur Photoshops EBENEN AUTOMATISCH AUSRICHTEN.

SCHRITT 2: WÄHLEN SIE BEIDE EBENEN AUS UND RICHTEN SIE DIESE AUTOMATISCH AUS

Kopieren Sie zunächst eines der Fotos über das andere, damit sich beide in einem Dokument befinden. Klicken Sie anschließend im Ebenen-Bedienfeld in eine der Ebenen, halten Sie die ⇧-Taste gedrückt und klicken Sie auch auf die andere Ebene. Wählen Sie nun BEARBEITEN/EBENEN AUTOMATISCH AUSRICHTEN. Behalten Sie die AUTO-Option bei und klicken Sie auf OK. Es dauert nun einen Moment, bis Photoshop die Details der Ebenen erkannt und aneinander ausgerichtet hat. Hier werden die beiden Fotos basierend auf der Mauer im Vordergrund aneinander ausgerichtet, damit sich beide Mauern in etwa derselben Position und Perspektive befinden.

SCHRITT 3: ÄNDERN SIE DIE FÜLLMETHODE IN DIFFERENZ UND NUTZEN SIE DAS VERSCHIEBEN-WERKZEUG

Manchmal arbeitet der Befehl perfekt, hin und wieder müssen Sie jedoch selbst noch etwas Hand anlegen. Nutzen wir hier einen alten Füllmethodentrick, um beide Ebenen aneinander auszurichten. Wählen Sie die obere Ebene aus und ändern Sie die Füllmethode in DIFFERENZ. Die Fotos sehen jetzt etwas seltsam aus, Dinge, die sich auf beiden Ebenen befinden, sind schwarz dargestellt. Mein Ziel ist es hier, das obere Mädchen so dunkel wie möglich darzustellen. Verschieben Sie die obere Ebene mit dem Verschieben-Werkzeug (V), damit sich die Gesichtsstrukturen möglichst perfekt überlagern. Beim Ausrichten der Ebenen nutzte ich auch den Ausschnitt ihres Shirts als Referenzpunkt.

SCHRITT 4: FÜGEN SIE EINE MASKE HINZU UND MALEN SIE SCHLÜSSELBEREICHE ZURÜCK INS BILD

Wenn Sie denken, dass Sie fertig sind, ändern Sie die Füllmethode wieder in Normal. Klicken Sie anschließend unten im Ebenen-Bedienfeld auf das Icon Ebenen-maske hinzufügen. In diesem Beispiel schaut das kleinere Mädchen auf der oberen Ebene nicht in die Kamera, jedoch auf der darunterliegenden (wo das große Mädchen in die Ferne blickt). Ich aktiviere deshalb den Pinsel (B) und malte mit Schwarz über das untere Mädchen. Dadurch wird ihr Gesicht aus der oberen Ebene aus- und das darunterliegende eingeblendet. Ich malte auch Teile des Arms und der rechten Seite ins Bild, damit alles noch besser zusammenpasst. Jetzt haben Sie die besten Bereiche beider Bilder vereint.

SCHRITT 5: STELLEN SIE DAS FOTO FREI

Falls beim Befehl Ebenen automatisch ausrichten die Fotos gedreht wurden, aktivieren Sie das Freistellungswerkzeug (C) und stellen Sie das Foto frei, um weiße oder transparente Bereiche zu entfernen. Das war's.

Fotos mit Ebenen verbessern **KAPITEL 6**

KAPITEL 6

DIE TIEFENSCHÄRFE VERBESSERN

TIEFENSCHÄRFE IST EIN WEITERER GUTER WEG, UM DAS HAUPTMOTIV EINES FOTOS ZU BETONEN.

Nur falls Sie es noch nicht bemerkt haben, in diesem Kapitel geht es darum, das Motiv eines Fotos besser aussehen zu lassen. Das ist in der Tat eines der wichtigsten Ziele beim Verbessern von Digitalfotos. Wir wollen das Foto so aussehen lassen wie die Szene im Moment der Aufnahme. Tiefenschärfe ist eine weitere Methode, um das zu erreichen. Diese können Sie schon mit der Objektiv- und Blendenwahl beeinflussen. Manchmal muss aber auch der Computer herhalten. Diese Technik hilft Ihnen dabei.

FÜR ELEMENTS GEEIGNET

SCHRITT 1: BEGINNEN SIE MIT EINEM FOTO, DESSEN HINTERGRUND ZU SCHARF IST

Öffnen Sie ein Foto mit einem belebten Hintergrund. Das Hauptmotiv ist scharf, der Hintergrund aber ebenfalls sehr detailreich, so dass er vom Thema des Bildes ablenkt (hier spielen die Kinder die Hauptrolle und die Eltern befinden sich im Hintergrund). Oft können Sie diesen Effekt erreichen, wenn Sie mit einer großen Blende fotografieren, aber manchmal ist das nicht machbar. Auch einfache Kompaktkameras neigen dazu, alles scharf zu zeigen.

SCHRITT 2: WENDEN SIE DEN GAUSSSCHEN WEICHZEICHNER AUF EINE HINTERGRUNDKOPIE AN

Duplizieren Sie die Hintergrundebene, indem Sie ⌘-J (PC: Strg-J) drücken. Wählen Sie FILTER/WEICHZEICHNUNGSFILTER/GAUSSSCHER WEICHZEICHNER. Der RADIUS-Wert hängt von Ihrem Foto ab und wie viel Weichzeichnen Ihnen gefällt. Im Allgemeinen werden Sie es so stark weichzeichnen, dass Sie noch erkennen können, was auf dem Foto zu sehen ist, es aber nicht mehr scharf ist. Bei kleinen Fotos wie diesem stelle ich meist 4–5 Pixel ein. Da ich die Eltern im Hintergrund weichzeichnen will, beginne ich mit 2 Pixel. Für große Fotos benutze ich etwa 10–15 Pixel. Klicken Sie OK, wenn Sie fertig sind.

SCHRITT 3: FÜGEN SIE EINE EBENENMASKE HINZU UND MALEN SIE MIT SCHWARZ

Klicken Sie wieder auf das Symbol EBENENMASKE HINZUFÜGEN unten im Ebenen-Bedienfeld, um dieser weichgezeichneten Ebene eine Ebenenmaske hinzuzufügen. Aktivieren Sie dann das Pinsel-Werkzeug (B) und wählen Sie einen Pinsel mit weicher Kante aus dem Pinselwähler. Setzen Sie die Vordergrundfarbe auf Schwarz und malen Sie, um die nicht weichgezeichnete Version des Hauptmotivs wieder zurückzuholen. Je nach Abbildung müssen Sie einen kleineren Pinsel wählen und einzoomen, um die Ränder nachzuzeichnen. Hier musste ich auch den Bereich zwischen den Kindern und unter ihren Füßen wieder ins Bild malen. Das dauert einen Moment, aber es lohnt sich.

KAPITEL 6

SELEKTIVES SCHARFZEICHNEN
VERWENDEN SIE EBENEN, UM NUR BESTIMMTE BEREICHE EINES FOTOS SCHARFZUZEICHNEN.

Seien wir ehrlich, Scharfzeichnen ist keine große Kunst. Es ist sogar relativ einfach, weshalb ich es nicht mit Unmengen an Ebenen und technischen Ausdrücken verkomplizieren will. Meiner Meinung nach sieht die einfachste Form des Scharfzeichnens meist am besten aus. Es müssen (oder sollten) auch nicht alle Bereiche eines Fotos scharfgezeichnet werden, doch manchmal gibt es ganz besondere Bereiche, die schärfer sein sollten als andere. In dem Fall kommt diese Technik zum Zug. Mit einer Ebene und einer Ebenenmaske erhalten wir ganz außerordentliche Kontrolle beim Scharfzeichnen.

SCHRITT 1: ÖFFNEN SIE EIN FOTO, DAS SCHARFGEZEICHNET WERDEN MUSS

Öffnen Sie zuerst das Foto, das scharfgezeichnet werden muss. Hier sehen Sie meine Nichte am Ostersonntag.

SCHRITT 2: DUPLIZIEREN SIE DIE EBENE UND WENDEN SIE DEN UNSCHARF MASKIEREN-FILTER AN

Duplizieren Sie die Hintergrundebene, indem Sie ⌘-J (PC: Strg-J) drücken. Im Ebenenbedienfeld gibt es nun zwei Kopien des Bildes. Wählen Sie anschließend FILTER/SCHARFZEICHNUNGSFILTER/UNSCHARF MASKIEREN. Da es sich hier um ein kleines Foto mit geringer Pixelanzahl handelt, wähle ich eine STÄRKE von 150 % (für die meisten Fotos ist das schon sehr hoch), einen RADIUS von 1,2 Pixel und einen SCHWELLENWERT von 0. Bei einem Foto mit 150 ppi oder mehr würde ich eine Stärke zwischen 175 % und 200 % wählen. Klicken Sie anschließend auf OK, um die Scharfzeichnung anzuwenden.

SCHRITT 3: ZOOMEN SIE HINEIN UND PRÜFEN SIE DIE DETAILS

Aktivieren Sie das Zoom-Werkzeug (Z) und klicken Sie in das Foto, um in die Arme oder das Gesicht einzuzoomen. Zunächst eine Warnung: Es ist schwer, das hier im Buch zu sehen, probieren Sie es deshalb selbst aus. In meinem Beispiel bekommt die Haut bereits eine leichte Struktur und die Kanten um die Arme zeigen diese unschönen Halos. Ich habe das Bild also etwas zu stark scharfgezeichnet. Aber kein Problem, das korrigieren wir im nächsten Schritt.

Fotos mit Ebenen verbessern **KAPITEL 6** 169

SCHRITT 4: FÜGEN SIE ZUR SCHARFGEZEICHNETEN EBENE EINE SCHWARZE EBENENMASKE HINZU

Klicken Sie unten im Ebenen-Bedienfeld auf das Icon EBENENMASKE HINZUFÜGEN, um die obere Ebene mit einer Maske zu versehen (die soeben scharfgezeichnete). Drücken Sie anschließend ⌘-I (PC: Strg-I), um die Maske umzukehren und mit Schwarz zu füllen. Der Scharfzeichnungseffekt wird ausgeblendet, die darunterliegende Originalebene kommt wieder zum Vorschein.

TIPP: Diesen Tipp nutze ich immer, also lesen Sie ihn! Halten Sie die ⌥-Taste (PC: Alt) gedrückt, wenn Sie auf EBENENMASKE HINZUFÜGEN klicken, um automatisch eine schwarze Maske zu erstellen.

SCHRITT 5: MALEN SIE MIT WEISS DIE SCHARFEN BEREICHE WIEDER INS BILD

Aktivieren Sie den Pinsel (B) mit einer kleinen, weichen Pinselspitze. Stellen Sie Weiß als Vordergrundfarbe ein und malen Sie auf der Maske über die Bereiche, die scharfgezeichnet werden sollen. Hier malte ich über das Kleid, um dessen Details zu betonen. Das Tolle an dieser Technik ist, dass Sie jederzeit mit Schwarz auf der Maske malen können, um die Scharfzeichnung wieder zu entfernen. So haben Sie viel Kontrolle über die Scharfzeichnung Ihrer Bilder. Was das kostet? Nur eine zusätzliche Ebene.

KAPITEL 6

FÜR ELEMENTS GEEIGNET

BESTIMMTE FARBEN VERSTÄRKEN
FÜR DIE GELEGENHEITEN, WENN NUR EINE BESTIMMTE FARBE IN IHREM FOTO EINEN KICK BRAUCHT

Oft wirkt bei einem Foto nur eine Farbe nicht so wie in dem Moment, in dem Sie das Foto aufgenommen haben. Einer der Vorteile der FARBTON/SÄTTIGUNG-Einstellungsebene besteht daher darin, dass man damit bestimmte Farben ansprechen kann und nicht gleich das ganze Foto beeinflusst. Außerdem kann Ihnen auch die Möglichkeit, Änderungen mit der Ebenenmaske auf der Einstellungsebene ausblenden zu können, dabei helfen, wirklich starke Bilder zu gestalten.

SCHRITT 1: ÖFFNEN SIE EIN FOTO, IN DEM SIE EINE FARBE VERBESSERN WOLLEN

Öffnen Sie ein Foto, auf dem eine der Farben nicht so gut aussieht wie die ganzen anderen Farben. In diesem Beispiel könnten die Gelb- und Blautöne etwas kräftiger aussehen. Klicken Sie im Korrekturen-Bedienfeld (FENSTER/KORREKTUREN) auf das Icon FARBTON/SÄTTIGUNG. Im Popup-Menü über dem Farbtonregler wählen Sie zunächst die Gelbtöne aus.

Fotos mit Ebenen verbessern | 171

SCHRITT 2: ERHÖHEN SIE DIE SÄTTIGUNG

Ziehen Sie den Regler SÄTTIGUNG nach rechts auf +40 – die Gelbtöne werden stärker gesättigt. Das funktioniert genauso für die anderen Farben. Das Blau des Himmels könnte beispielsweise etwas intensiver sein. Wählen Sie deshalb im Popup-Menü BLAUTÖNE und verstärken Sie deren Sättigung.

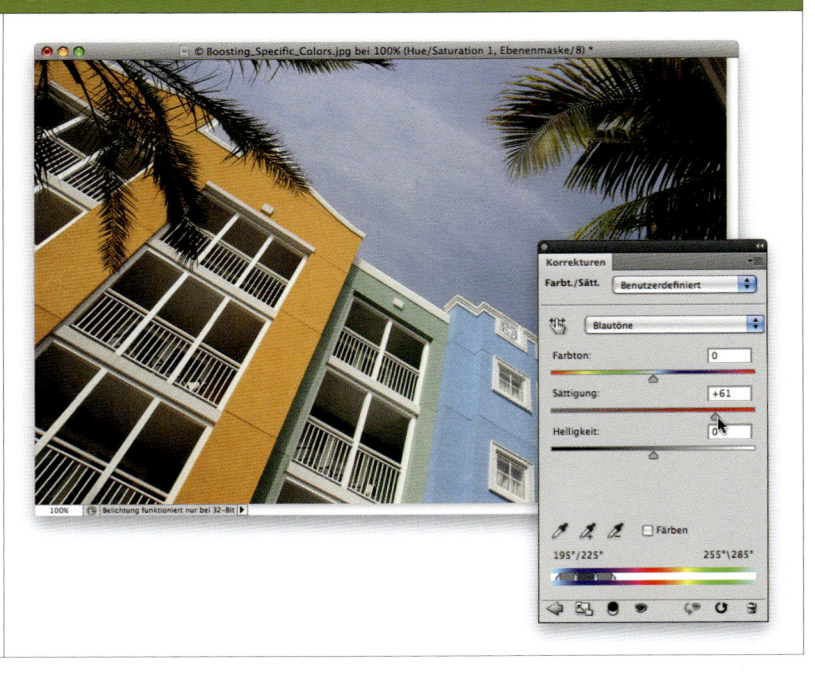

SCHRITT 3: MALEN SIE AUF DER EBENENMASKE, UM DEN EFFEKT AUSZUBLENDEN

Das Problem dabei ist, dass alles andere, was im Bild ebenfalls blau ist, jetzt auch stärker gesättigt ist, mir dort jedoch die Farben so gefielen, wie sie ursprünglich waren. Da die FARBTON/SÄTTIGUNG-Einstellungsebene mit einer Maske ausgestattet ist, brauchen Sie nur den Pinsel ([B]) zu aktivieren, Schwarz als Vordergrundfarbe einzustellen und auf der Ebenenmaske zu malen, um den Effekt aus den anderen Bereichen zu entfernen. Die Farbverstärkung der Einstellungsebene ist jetzt nur noch im Himmel und in den gelben Bereichen zu sehen.

KAPITEL 6

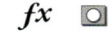

FÜR ELEMENTS GEEIGNET

SOFT-FOKUS
MIT EINER EBENE UND EINEM FILTER IST ES GANZ EINFACH, TRADITIONELLE FOTOFILTER NACH-ZUAHMEN.

Ich liebe es, Effekte traditioneller Fotofilter zu erzeugen. Der Hauptgrund dafür ist, dass ich mich nicht schon bei der Aufnahme für einen bestimmten Effekt entscheiden muss, denn ich weiß, dass ich mindestens genauso gute Ergebnisse in Photoshop erzielen kann. So habe ich keinen Effekt erzeugt, den ich später vielleicht gar nicht mehr haben will.

SCHRITT 1: ÖFFNEN SIE EIN FOTO, DAS VON EINEM WEICHEN FOKUS PROFITIERT

Öffnen Sie ein Foto, dass bei der Aufnahme von einem Soft-Fokus-Filter profitiert hätte. Nicht jedes Foto eignet sich dafür. Ein Kopf-an-Kopf-Zielfoto beim Pferderennen zum Beispiel eher nicht. Das ist kein »weiches« Foto. Auch andere Sportfotos funktionieren nicht so gut. Am besten eignen sich Personenporträts (Paare oder Eltern mit Kind) sowie Aufnahmen, die in den frühen Morgenstunden entstanden sind.

Fotos mit Ebenen verbessern | 173

SCHRITT 2: WENDEN SIE AUF EINE HINTERGRUNDKOPIE EINEN GAUSSSCHEN WEICHZEICHNER AN

Drücken Sie ⌘-J (PC: Strg-J), um die Hintergrundebene zu duplizieren. Wählen Sie anschließend FILTER/WEICHZEICHNUNGSFILTER/ GAUSSSCHER WEICHZEICHNER. Ich stelle in der Regel einen Radius von 10 Pixel ein. Achten Sie bei der Anwendung des Filters auf Folgendes: Sie wollen das gesamte Foto weichzeichnen, aber nicht so stark, dass nichts mehr zu erkennen ist. Stellen Sie also sicher, dass Sie im Foto trotz der Weichzeichnung noch Details erkennen können. Klicken Sie dann auf OK.

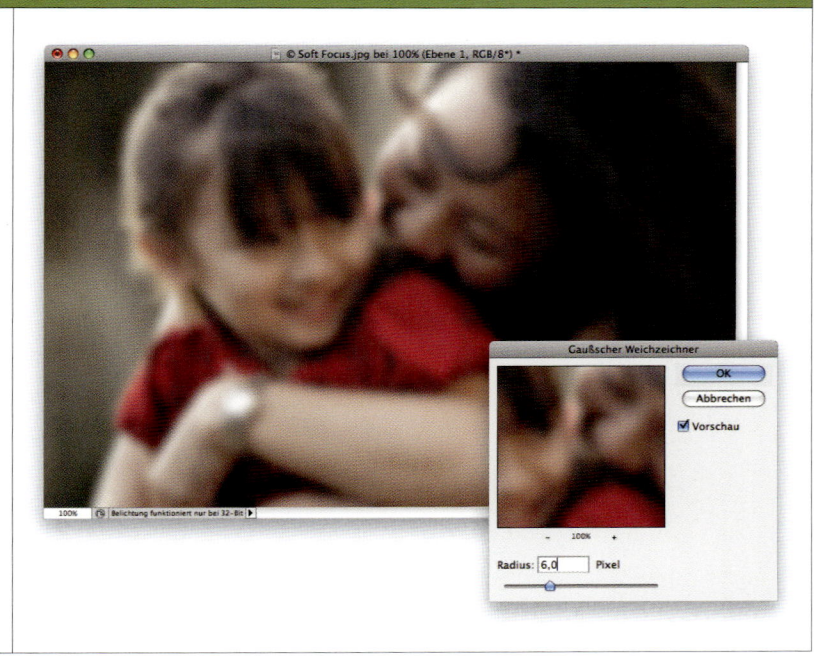

SCHRITT 3: REDUZIEREN SIE DIE DECKKRAFT DER WEICHGEZEICHNETEN EBENE

Jetzt ist das gesamte Foto weichgezeichnet. Reduzieren Sie nun zunächst die Deckkraft der weichgezeichneten Ebene. Ich stelle meistens einen Wert zwischen 60 % und 70 % ein. So scheint noch ein Teil der darunter liegenden Originalebene durch.

SCHRITT 4: OPTIONAL: FÜGEN SIE EINE EBENENMASKE HINZU UND MALEN SIE MIT SCHWARZ

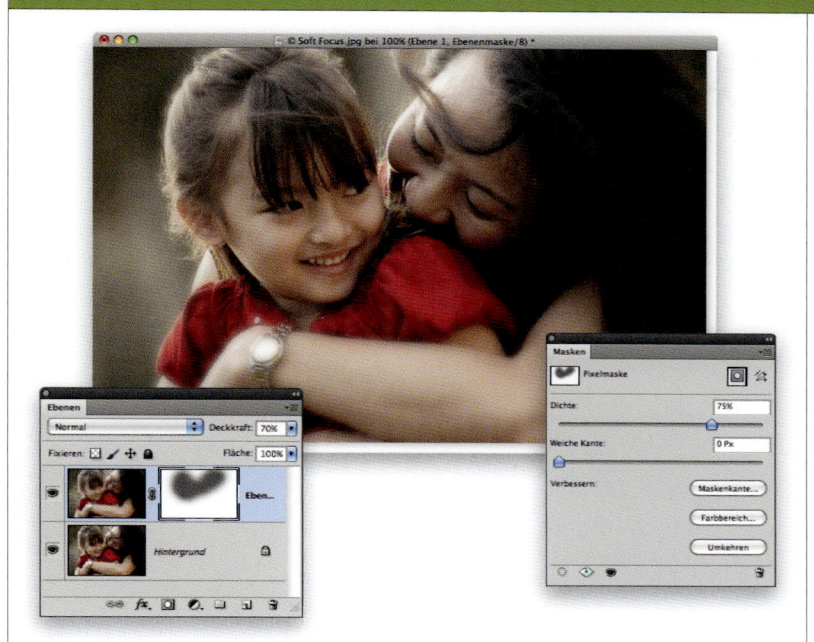

Dieser Schritt ist optional und hängt von Ihrem Foto ab, und ob Sie Teile dieses Bildes wieder scharf darstellen wollen. Wenn ja, dann klicken Sie unten im Ebenen-Bedienfeld auf EBENENMASKE HINZUFÜGEN und aktivieren Sie den Pinsel ([B]). Stellen Sie Schwarz als Vordergrundfarbe ein ([X]) und malen Sie über die Person im Foto, die etwas schärfer sein soll als alles andere. Der Effekt ist jetzt vollständig. Für den wirklich letzten Schliff am Bild lesen Sie aber am besten noch ein Stück weiter.

TIPP: Passen Sie die Dichte im Masken-Bedienfeld an, nachdem Sie einige Details zurück ins Bild gemalt haben.

SCHRITT 5: LETZTER SCHLIFF: FÜGEN SIE EINE FOTOFILTER-EINSTELLUNGSEBENE HINZU

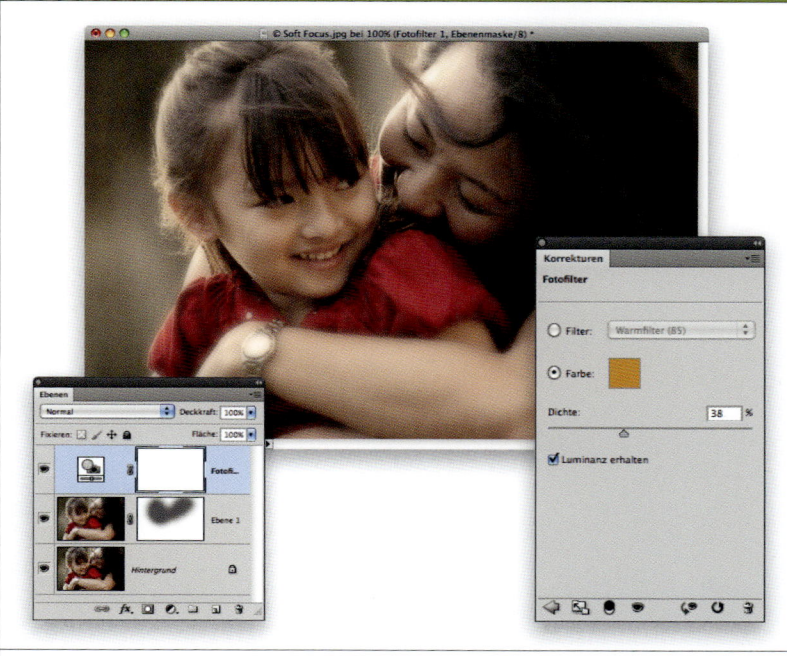

Ein netter Effekt ist es, das Foto zum Schluss noch etwas aufzuwärmen. Dadurch sieht es so aus, als hätten Sie das Foto in weichem Morgenlicht aufgenommen. Klicken Sie unten im Ebenen-Bedienfeld auf das Icon NEUE FÜLL- ODER EINSTELLUNGSEBENE ERSTELLEN und wählen Sie FOTOFILTER. Aktivieren Sie den WARMFILTER (85) und erhöhen Sie die DICHTE auf etwa 40 %. Mit nur zwei zusätzlichen Ebenen haben Sie Ihr Foto nun deutlich aufgewertet.

176 **KAPITEL 6** | Fotos mit Ebenen verbessern

WIE...

DUPLIZIERE ICH SCHNELL EINE EBENE?

Ich weiß, dass ich mich anhöre wie eine gesprungene Schallplatte, aber wenn es ein Tastenkürzel gibt, das Sie aus diesem Buch mitnehmen sollten, dann dieses: ⌘-J (PC: Strg-J), um eine Ebene zu duplizieren.

MACHE ICH MEINE PINSELSPITZE OHNE DEN PINSELWÄHLER WEICHER?

Um die Pinselspitze härter oder weicher zu machen, ohne dazu in den Pinselwähler gehen zu müssen, drücken Sie ⇧-` oder ⇧->.

STELLE ICH DIE STANDARD-VORDER- UND HINTERGRUNDFARBEN EIN (SCHWARZ UND WEISS)?

Drücken Sie die Taste D, um Schwarz und Weiß als Standardfarben für den Vorder- und den Hintergrund einzustellen. Bei einer Ebenenmaske ist es andersherum. Da stellen Sie mit der Taste D Weiß als Vordergrundfarbe und Schwarz als Hintergrundfarbe ein.

VERTAUSCHE ICH VORDER- UND HINTERGRUNDFARBE?

Drücken Sie die Taste X.

ERSTELLE ICH EINE NEUE EBENE?

Um schnell eine neue, leere Ebene ohne Dialoge zu erstellen, drücken Sie ⌘-⌥-⇧-N (PC: Strg-Alt-⇧-N).

WECHSLE ICH SCHNELL IN DIE FÜLLMETHODE INEINANDERKOPIEREN?

Drücken Sie ⌥-⇧-O (PC: Alt-⇧-O). Arbeiten Sie mit einem Werkzeug mit Füllmethoden in der Optionsleiste, wird diese dort geändert. Bei allen anderen Werkzeugen wird die Füllmethode der Ebene geändert.

WENDE ICH EINEN FILTER MIT DENSELBEN EINSTELLUNGEN NOCH EINMAL AN?

Sie wenden den zuletzt verwendeten Filter mit exakt denselben Einstellungen noch einmal an, indem Sie ⌘-F (PC: Strg-F) drücken. Es erscheint kein Dialog.

WENDE ICH EINEN FILTER AUTOMATISCH MIT ANDEREN EINSTELLUNGEN NOCH EINMAL AN?

Sie können den zuletzt verwendeten Filter noch einmal anwenden – dieses Mal mit Dialogbox, um die Einstellungen anzupassen –, indem Sie ⌘-⌥-F (PC: Strg-Alt-F) drücken.

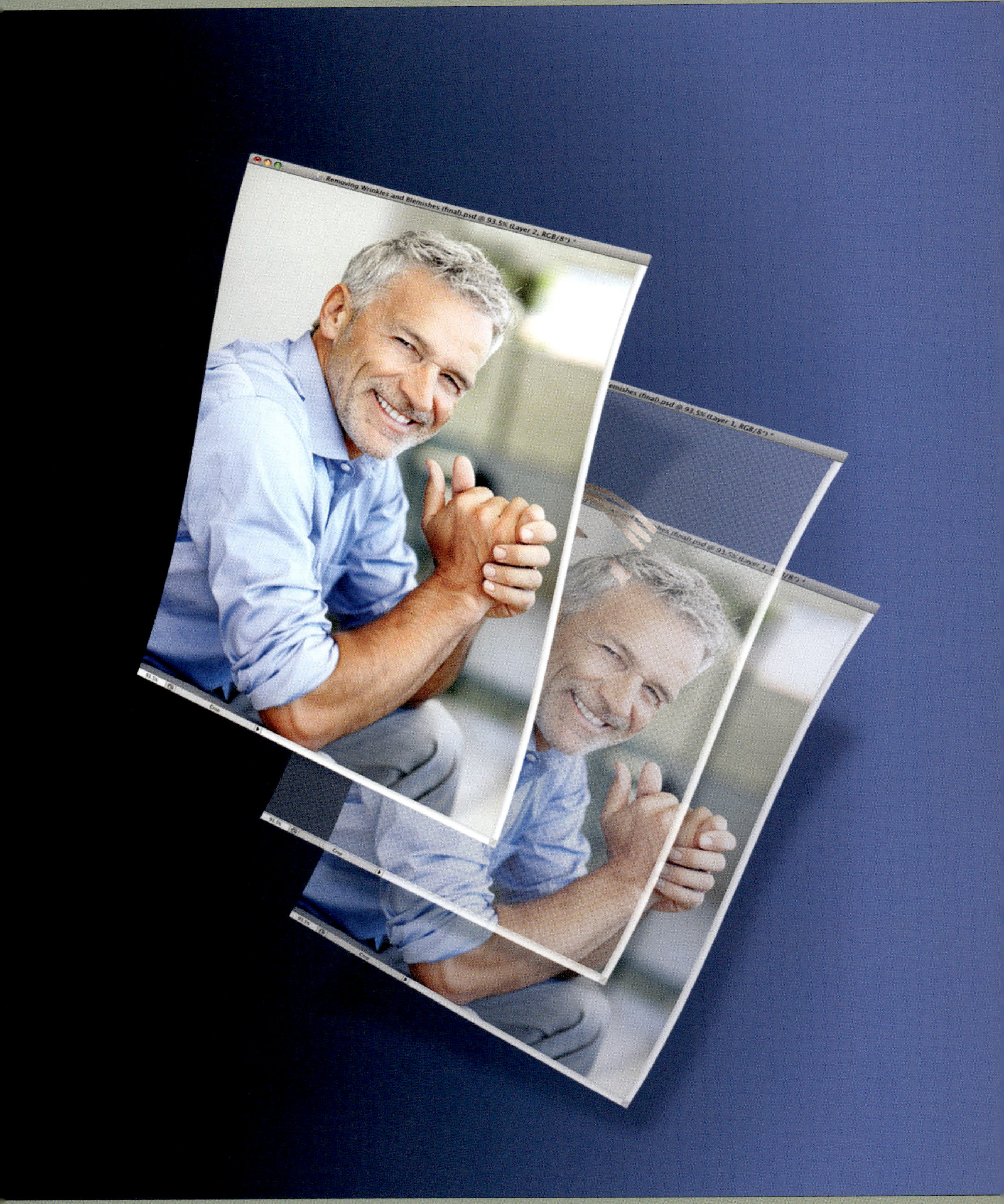
Removing Wrinkles and Blemishes (final).psd @ 93.5% (Layer 2, RGB/8*) *

KAPITEL SIEBEN

RETUSCHE MIT EBENEN

Dies ist eines meiner Lieblingsthemen beim Arbeiten mit Ebenen. Wahrscheinlich liegt das daran, dass man mit ein paar einfachen Retuschewerkzeugen und Ebenen so viel erreichen kann. Denken Sie beim Lesen dieses Kapitels an eines: Es soll nicht die allumfassende Quelle für all Ihre Retuschierbedürfnisse sein. Stattdessen möchte ich Ihnen zeigen, wie Sie einige der Ebenenfunktionen, die Sie bereits kennen, auch anders einsetzen können. Außerdem gibt es in Photoshop einige Retuschewerkzeuge, deren Ebenenfunktionen Sie unbedingt kennen sollten.

KAPITEL 7

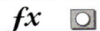

FÜR ELEMENTS GEEIGNET

SCHÖNHEITSFEHLER UND FALTEN ENTFERNEN

BEI EINIGEN RETUSCHEWERKZEUGEN IN PHOTOSHOP IST EIN EBENENTRICK BEREITS EINGEBAUT.

Wenn man im täglichen Leben mit Menschen zu tun hat, fallen einem Schönheitsfehler oder Falten in deren Gesichtern meist gar nicht auf. Das liegt daran, dass man sich (hoffentlich) auf das Gespräch und den Umgang konzentriert. Sieht man dann jedoch Fotos dieser Leute, wird man die kleinen Unvollkommenheiten auf ihrer Haut wahrscheinlich bemerken. Da ist es praktisch, wenn man Retuschewerkzeuge und Ebenen zur Hand hat. Man kann die Wirkung von Falten verringern, sollte aber konservativ vorgehen und die Person weiterhin realistisch aussehen lassen.

SCHRITT 1: ÖFFNEN SIE DAS FOTO EINER PERSON MIT HAUTUNREINHEITEN ODER FALTEN

Öffnen Sie das Porträt einer Person, das einige Hautunreinheiten oder Falten zeigt, die Sie entfernen wollen. Falls Ihnen keines Ihrer Bilder geeignet erscheint, laden Sie das Bild, das ich hier verwende, von der am Anfang des Buches genannten Website herunter.

TIPP: Sollten Sie an einem Familienmitglied oder einem Freund herumexperimentieren, dann sorgen Sie zuerst dafür, dass Sie allein sind. Ich habe festgestellt, dass niemand gern zusieht, wenn das eigene Foto retuschiert wird. Ich mein' ja nur.

SCHRITT 2: LEGEN SIE EINE NEUE, LEERE EBENE FÜR DIE RETUSCHEN AN

Das Arbeiten auf einer separaten Ebene und das anschließende Reduzieren der Deckkraft, um den Effekt zu verringern, war bisher eine häufig angewandte Ebenentechnik, um Bilder zu verbessern. Das gilt auch hier. Wir werden unsere gesamten Retuschen auf einer leeren Ebene durchführen, so dass wir gegebenenfalls das darunterliegende Originalbild wieder zum Vorschein bringen können. Klicken Sie deshalb auf das Symbol NEUE EBENE ERSTELLEN unten im Ebenen-Bedienfeld, um eine leere Ebene zu erzeugen. Sie können der Ebene sogar den Namen »Bereichsreparatur« geben, denn genau das werden wir hier tun. Doppelklicken Sie auf den Ebenennamen, um ihn zu ändern.

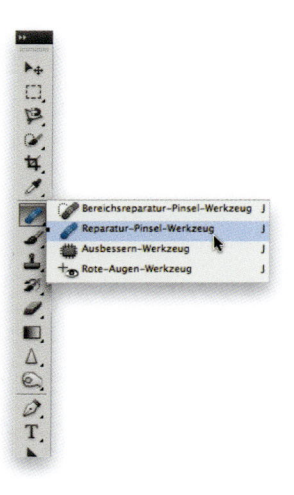

SCHRITT 3: AKTIVIEREN SIE DEN REPARATUR-PINSEL

Aktivieren Sie nun den Reparatur-Pinsel ([J]) in der Toolbox. Wählen Sie einen sehr kleinen, weichen Pinsel, der nicht größer ist als die Hautunreinheiten oder Falten, die Sie entfernen wollen. Es gibt nun eine Einstellung, die dafür sorgt, dass diese ganze Ebenensache überhaupt funktioniert. Oben in der Optionsleiste sehen Sie die Checkbox ALLE EBENEN AUFNEHMEN. Schalten Sie sie ein. Falls Sie das nicht tun, erscheint nichts von Ihrer Arbeit auf der gerade erzeugten leeren Ebene.

TIPP: Der Reparatur-Pinsel ist wie der normale Pinsel. Er besitzt einen DURCHMESSER und eine HÄRTE, benutzen Sie ihn deshalb wie jeden anderen Pinsel.

SCHRITT 4: OPTION-KLICKEN (PC: ALT-KLICKEN) SIE AUF EINE SAUBERE STELLE DER HAUT

Der Reparatur-Pinsel funktioniert etwas anders als sein kleiner Bruder, der Bereichsreparatur-Pinsel. Beim Bereichsreparatur-Pinsel müssen Sie nichts aufnehmen. Das Werkzeug vermischt die Flecken einfach mit der Umgebung. Beim Reparatur-Pinsel müssen zuerst Sie einen Aufnahmepunkt setzen. Üblicherweise handelt es sich dabei um einen Bereich mit reiner Haut, der sich in der Nähe des Bereichs befindet, den Sie retuschieren wollen. Der Bereich muss nicht perfekt sauber sein, aber zumindest besser als die Falten, die Sie entfernen wollen. Drücken Sie also die ⌥-Taste (PC: Alt) und klicken Sie auf eine glatte Stelle auf der Haut, die als Aufnahmepunkt dienen soll.

SCHRITT 5: MALEN SIE MIT DEM REPARATUR-PINSEL ÜBER DIE FALTEN

Malen Sie wie mit einem normalen Pinsel auf der Reparatur-Ebene über die Runzeln oder Falten. Der Pinsel sollte nicht größer sein als die eigentliche Runzel oder Falte. Setzen Sie beim Malen über die Falten mehrmals an. Immer wenn Sie die Maustaste loslassen, mischt Photoshop den glatten, aufgenommenen Bereich mit der Haut, über die Sie malen. Sie werden ein kleines Fadenkreuz bemerken, das Ihrem Pinsel folgt. Auf diese Weise teilt Photoshop Ihnen mit, wo es aufnimmt. Meist funktioniert das großartig. Falls Ihnen hingegen ein Pinselstrich nicht gefällt, drücken Sie ⌘-Z (PC: Strg-Z), um ihn zu widerrufen und es noch einmal zu probieren.

SCHRITT 6: WECHSELN SIE ZU EINEM ANDEREN BEREICH UND WÄHLEN SIE EINE NEUE QUELLE

Wenn Sie den Reparatur-Pinsel vorher noch nie verwendet haben, werden Sie vermutlich jetzt schon begeistert sein. Ich weiß nicht genau, wie das Programm es anstellt, aber was Photoshop hinter den Kulissen errechnet, ist phänomenal.

Wechseln Sie als Nächstes zu einem anderen Bereich im Bild, zum Beispiel zur Stirn. Photoshop merkt sich den letzten Aufnahmepunkt, deshalb sollten Sie auch hier noch einmal ⌥-klicken, um eine andere Quelle aufzunehmen, bevor Sie weiter retuschieren.

SCHRITT 7: REDUZIEREN SIE DIE DECKKRAFT DER REPARATUR-EBENE

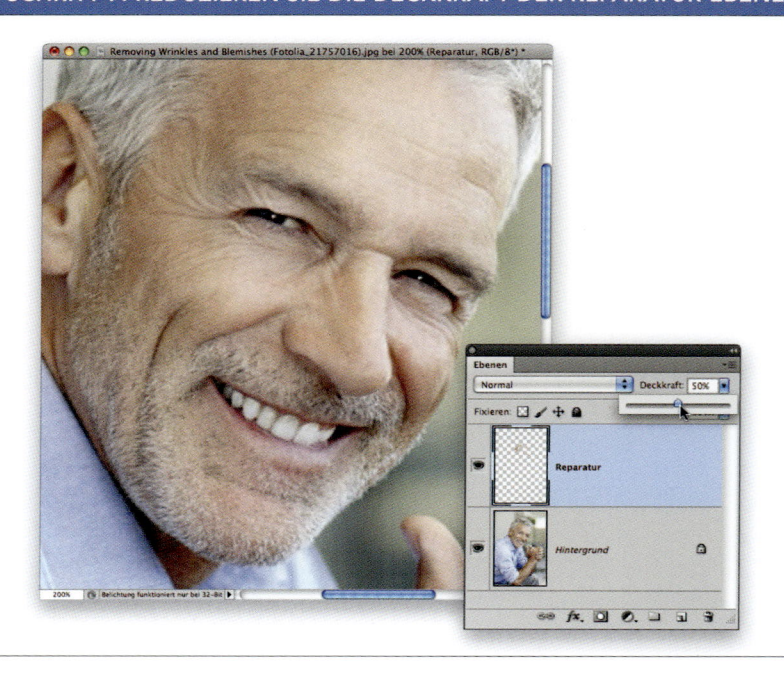

Nun müssen wir die Deckkraft der Reparatur-Ebene etwas reduzieren. Die entfernten Falten wirken reichlich unecht, indem wir aber die Deckkraft der Ebene auf 40 – 50 % reduzieren, halten Sie die Balance zwischen Realität und Wunschtraum. Zum Schluss erhalten Sie ein nettes, geschmackvoll retuschiertes Porträt.

Retusche mit Ebenen **KAPITEL 7**

KAPITEL 7

HAUT GLÄTTEN UND VERBESSERN

RETUSCHIEREN IST HEUTZUTAGE »IN« UND DAS GLÄTTEN VON HAUT GEHÖRT VERMUTLICH ZU IHREN ERSTEN AKTIONEN.

Das Glätten von Haut nützt bei Porträts von Leuten aller Altersgruppen. Es gibt dafür mehrere Anwendungen: Erstens können Sie damit einige der Strukturen entfernen, die häufig durch Make-up verursacht werden. Und zweitens können Sie die Wirkung von Fältchen und Runzeln abschwächen.

SCHRITT 1: ÖFFNEN SIE EIN PORTRÄT, BEI DEM SIE DIE GESICHTSHAUT GLÄTTEN MÖCHTEN

Öffnen Sie ein Porträt einer Person, an der Sie die Hautglättungstechnik ausprobieren wollen. Lesen Sie die Schritte 2 und 3, falls Sie mit dem Foto aus dem vorherigen Tutorial arbeiten wollen. Ich werde Ihnen zeigen, wie Sie die verschiedenen Techniken kombinieren können und dennoch den Überblick über die Ebenen im Ebenen-Bedienfeld behalten. Falls Sie dagegen von Grund auf neu anfangen, gehen Sie einfach gleich zu Schritt 4.

SCHRITT 2: WAS TUN SIE, WENN SIE BEREITS EBENEN IN IHREM FOTO HABEN?

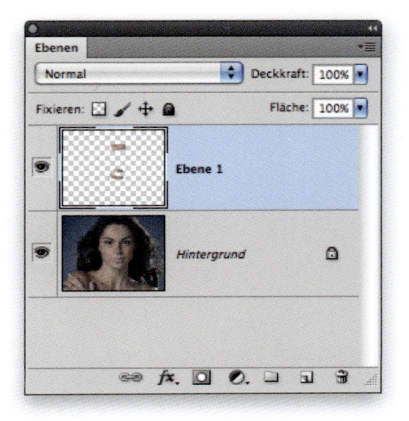

Da Sie diesen Schritt lesen, vermute ich, dass Sie die Techniken kombinieren wollen. Das heißt, Sie haben das erste Tutorial in diesem Kapitel (»Schönheitsfehler und Falten entfernen«) gelesen und über Ihrer Hintergrundebene liegt bereits eine weitere Ebene. Jetzt wollen Sie diese Hautglättungstechnik anwenden, ohne Ihre Ebenen zusammenzufassen. Ihr Ebenen-Bedienfeld sollte also zu Beginn dieses Tutorials etwa so aussehen (so haben wir das erste Tutorial abgeschlossen).

SCHRITT 3: REDUZIEREN SIE IHRE EBENEN, OHNE ALLES ZUSAMMENZUFASSEN

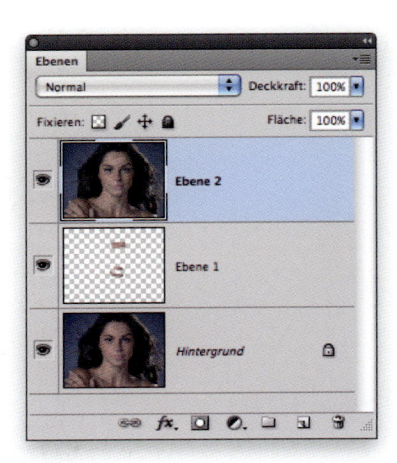

Sie müssen nicht alle Ebenen im Bild auf den Hintergrund reduzieren. Verwenden Sie ein wenig bekanntes Tastenkürzel, das Ihre Ebenen in einer neuen Ebene oben im Ebenenstapel zusammenfasst. Gehen Sie folgendermaßen vor: Klicken Sie auf die oberste Ebene. Drücken Sie dann ⌘-⌥-⇧-E (PC: Strg-Alt-⇧-E). Das nennt sich SICHTBARE EBENEN STEMPELN. Alles, was sichtbar ist, wird auf eine neue Ebene reduziert, die über allen anderen Ebenen liegt. Die anderen Ebenen bleiben intakt. Führen Sie diesen Schritt nach Abschluss jeder Technik aus.

SCHRITT 4: DUPLIZIEREN SIE DIE HINTERGRUNDEBENE

Wenn Sie von Schritt 1 direkt hierher gekommen sind, haben Sie jetzt nur eine Hintergrundebene. Drücken Sie nun ⌘-J (PC: Strg-J), um die Hintergrundebene zu duplizieren, so dass Sie nun zwei Kopien der Ebene im Ebenen-Bedienfeld haben.

Falls Sie dagegen von Schritt 3 hierher gekommen sind, dann haben Sie eine reduzierte Ebene, die sich über den anderen Ebenen befindet. Nehmen Sie diese als »neue« Hintergrundebene und duplizieren Sie sie wie die normale Hintergrundebene.

SCHRITT 5: WENDEN SIE DEN MATTER-MACHEN-FILTER AUF DAS DUPLIKAT AN

Klicken Sie auf die obere Kopie im Ebenen-Bedienfeld, um sie auszuwählen. Um die Haut zu glätten, müssen wir sie weichzeichnen. Viele Leute setzen dafür den GAUSSSCHEN WEICHZEICHNER ein. Ich dagegen finde den MATTER MACHEN-Filter für diesen Zweck viel besser. Man muss hinterher nicht so viel nacharbeiten (wie Sie gleich sehen werden). Wählen Sie daher FILTER/WEICHZEICHNUNGSFILTER/MATTER MACHEN. Geben Sie für den RADIUS 10 Pixel ein und setzen Sie den SCHWELLENWERT auf 15. Klicken Sie OK, wenn Sie fertig sind.

SCHRITT 6: FÜGEN SIE DER WEICHGEZEICHNETEN EBENE EINE EBENENMASKE HINZU

Sie haben nun das ganze Foto weichgezeichnet und die Haut sollte wirklich glatt aussehen. Zu glatt, nicht wahr? Im Moment wirkt sie irgendwie unecht. Und obwohl der MATTER MACHEN-Filter besser funktioniert als der GAUSSSCHE WEICHZEICHNER, was das Erhalten der Details und das Weichzeichnen der »Oberfläche« betrifft, so ist er doch nicht perfekt. Wir müssen auch hier wichtige Bereiche wiederherstellen, die scharf sein sollen. Klicken Sie auf das Symbol EBENENMASKE HINZUFÜGEN unten im Ebenen-Bedienfeld, um auf der weichgezeichneten Ebene eine Ebenenmaske anzulegen.

SCHRITT 7: AKTIVIEREN SIE DEN PINSEL MIT EINER MITTELGROSSEN, WEICHEN SPITZE

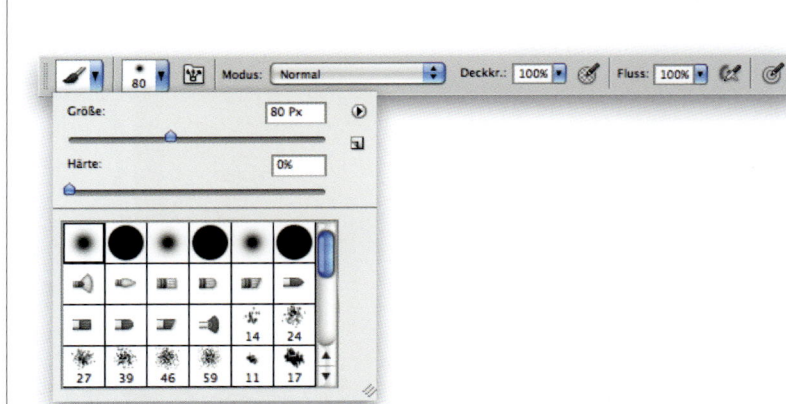

Aktivieren Sie nun das Pinsel-Werkzeug in der Werkzeugleiste (oder drücken Sie einfach B). Klicken Sie auf die Pinselminiatur in der Optionsleiste und wählen Sie einen mittelgroßen Pinsel mit weichen Kanten aus dem Pinselwähler (klein genug, um in den wichtigen Bereichen wie Augen und Mund malen zu können).

SCHRITT 8: MALEN SIE MIT SCHWARZ AUF DER EBENENMASKE, UM BEREICHE FREIZULEGEN

Drücken Sie D und dann X, um Ihre Vordergrundfarbe auf Schwarz zu setzen. Malen Sie auf dem Foto über die wichtigsten Elemente, die scharf sein sollen. Wir beginnen mit den Augen. Anschließend folgen die Nase, der Mund sowie Schmuck und Haare, die ebenfalls nicht weichgezeichnet bleiben sollen. Denken Sie daran, dass Sie die Größe des Pinsels mit den Tasten Ö und # ändern können.

SCHRITT 9: VERRINGERN SIE DIE DECKKRAFT DER WEICHGEZEICHNETEN EBENE

Der letzte Schritt ist nicht zwingend erforderlich, wird aber – je nachdem, wie stark Sie die Haut weichgezeichnet haben – empfohlen. Wissen Sie, manche Leute mögen diese überaus glatte, porzellanartige Haut. Man findet sie vor allem in Hochglanzmagazinen. Ich arbeite aber normalerweise nicht für diese Art von Magazin und bin auch kein großer Fan des superglatten Aussehens. Deshalb verringere ich die Deckkraft der weichgezeichneten Ebene auf etwa 40–60 %. Normalerweise wirkt die Haut immer noch schön glatt, es ist aber noch ein Teil der Originalstruktur von der darunterliegenden Ebene zu sehen.

KAPITEL 7

AUGEN UND ZÄHNE WEISSER MACHEN

ES GIBT EINE EINSTELLUNG, DIE GLEICH ZWEI HÄUFIGE RETUSCHEAUFGABEN ERLEDIGT.

Mit zunehmendem Alter werden unsere Augen dunkler (und können sogar leicht blutunterlaufen erscheinen) und die Zähne nehmen einen Gelbton an. Das ist völlig natürlich. Es gibt allerdings Möglichkeiten, diese Effekte in Photoshop abzuschwächen. Das Beste daran ist, dass eine Funktion gleich beide Aufgaben erledigt, so dass Sie nur zwei zusätzliche Ebenen benötigen.

FÜR ELEMENTS GEEIGNET

SCHRITT 1: ÖFFNEN SIE EIN FOTO, IN DEM AUGEN ODER ZÄHNE GEWEISST WERDEN MÜSSEN

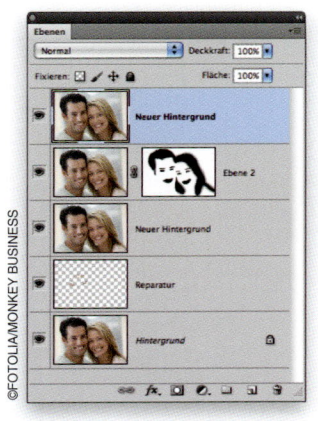

Falls Sie mehrere Techniken kombinieren, fassen Sie die Ebenen zu einer neuen Ebene zusammen.

Falls nicht, beginnen Sie einfach mit der Hintergrundebene.

Öffnen Sie zuerst ein Foto, bei dem Augen oder Zähne oder beides weißer gemacht werden sollen. Unser Beispielfoto verträgt sogar beide Verbesserungen, wir nehmen sie uns aber nacheinander vor. Falls Sie bereits einige Retuschen durchgeführt haben, wie wir in den vorherigen zwei Tutorials, dann gibt es schon mehrere Ebenen. Um diese Ebenen zu sichern, setzen Sie den in Schritt 3 der vorherigen Technik erwähnten Trick ein. Damit reduzieren Sie Ihr Bild auf eine neue Ebene, die über allen anderen Ebenen liegt, und unsere neue Hintergrundebene wird. Falls Sie noch keine Retuschen durchgeführt haben, beginnen Sie einfach mit der Hintergrundebene.

Retusche mit Ebenen | **189**

SCHRITT 2: FÜGEN SIE EINE FARBTON/SÄTTIGUNG-EINSTELLUNGSEBENE HINZU

Wenden wir uns zunächst den Augen zu. Klicken Sie auf das Symbol Neue Füll- oder Einstellungsebene erstellen und legen Sie eine Farbton/Sättigung-Einstellungsebene an. Bei Augen tritt häufig das Problem auf, dass sie einen Rotanteil enthalten. Wählen Sie deshalb Rottöne aus dem Bearbeiten-Popup-Menü und verringern Sie die Sättigung. Ich weiß, es sieht im Moment beängstigend aus, aber keine Panik, darum kümmern wir uns gleich.

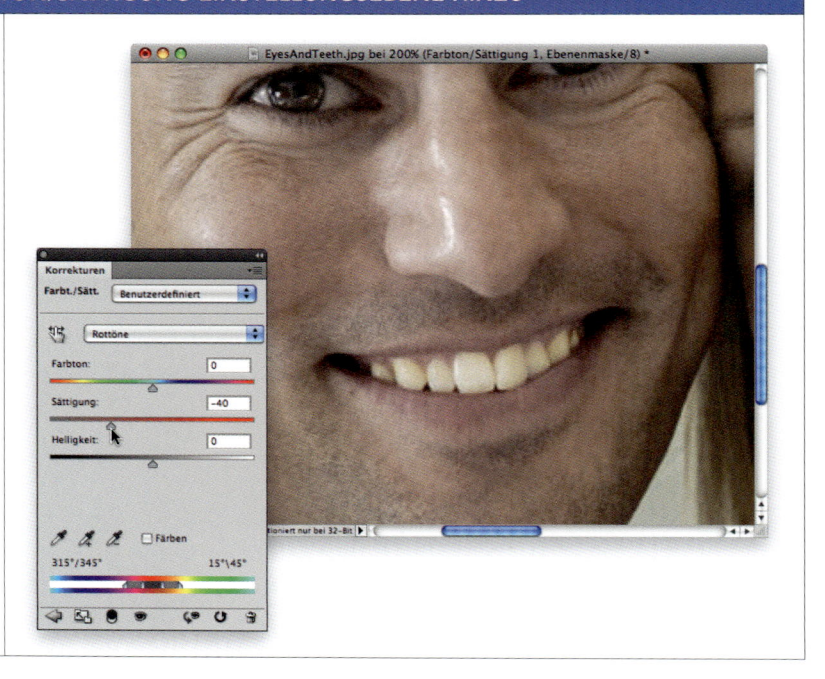

SCHRITT 3: SCHALTEN SIE UM AUF STANDARD UND ERHÖHEN SIE DIE HELLIGKEIT

Schalten Sie im Bearbeiten-Menü wieder um auf Standard. Erhöhen Sie die Helligkeit auf 20, um das gesamte Foto aufzuhellen. Klicken Sie OK, wenn Sie fertig sind.

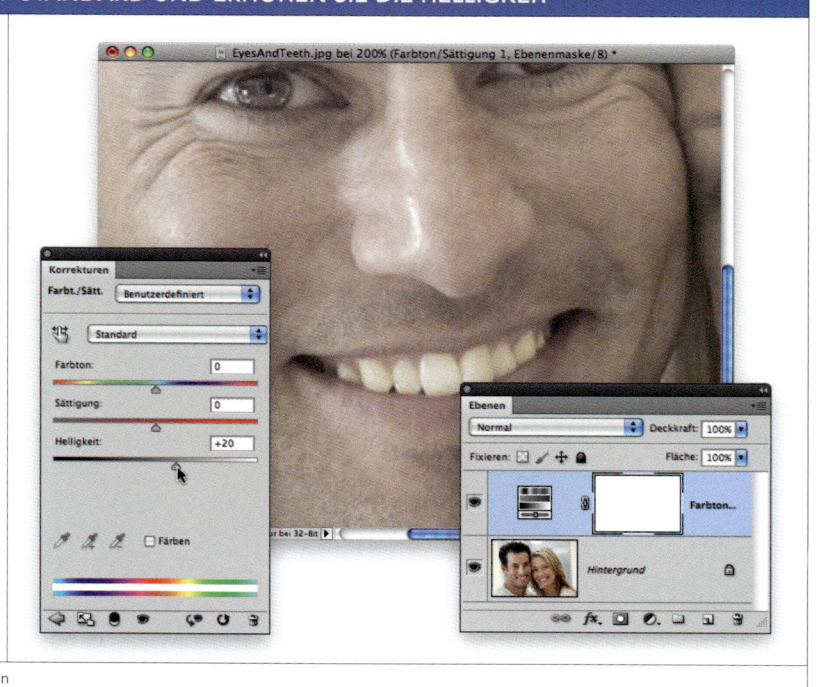

SCHRITT 4: FÜLLEN SIE DIE MASKE MIT SCHWARZ. MALEN SIE MIT WEISS AUF DEN AUGEN

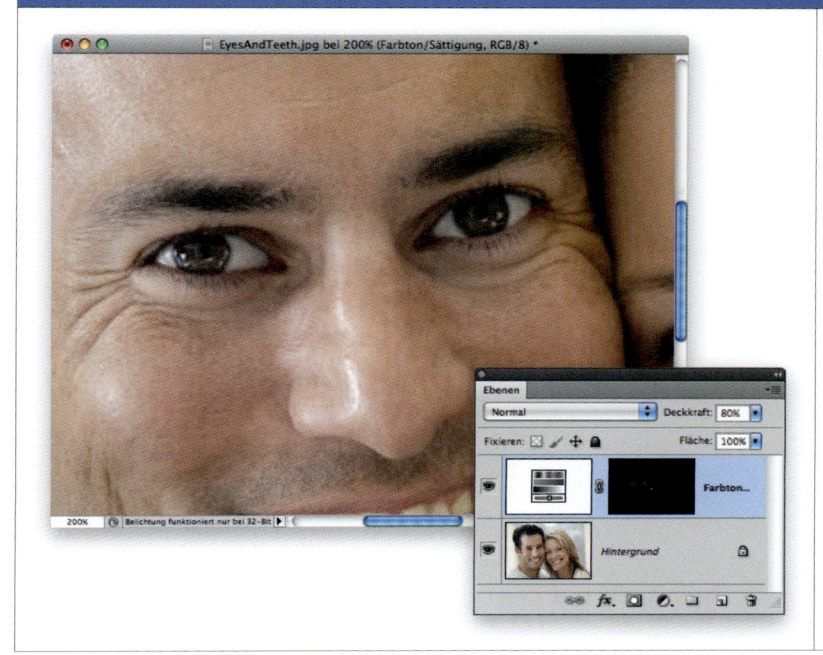

Da das ganze Foto jetzt ziemlich mies aussieht und wir nur einen kleinen Bereich reparieren wollen, füllen wir die Maske der Einstellungsebene mit Schwarz. Drücken Sie einfach ⌘-I (PC: Strg-I), um das Weiß umzukehren und in Schwarz zu verwandeln. Damit wird die FARBTON/SÄTTIGUNG-Korrektur ausgeblendet. Zoomen Sie nun mit dem Zoom-Werkzeug (Z) auf die Augen. Drücken Sie D, um die Vordergrundfarbe auf Weiß zu stellen, aktivieren Sie den Pinsel (B) und malen Sie mit Weiß über das Weiße in den Augen. Sie müssen einen kleinen Pinsel wählen und vorsichtig vorgehen. Wenn Sie fertig sind, verringern Sie die Deckkraft der Einstellungsebene auf 80 %, damit die weißeren Augen glaubwürdiger wirken.

SCHRITT 5: NUN ZUM AUFHELLEN DER ZÄHNE. ERZEUGEN SIE EINE AUSWAHL DER ZÄHNE

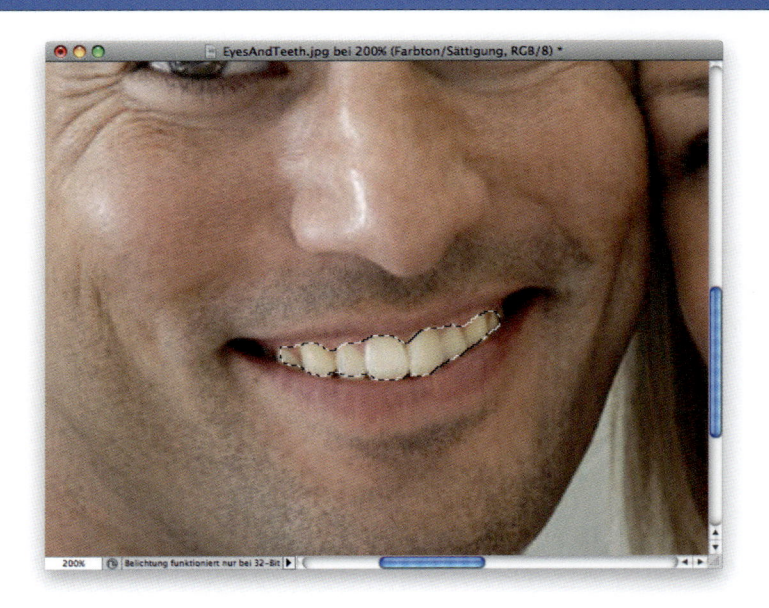

Jetzt wollen wir mit den Zähnen weitermachen. Wählen Sie die Zähne mit Ihrem bevorzugten Auswahlwerkzeug aus. Ich habe bei diesem Foto das Schnellauswahl-Werkzeug (W) aktiviert und einfach auf die Zähne geklickt, bis sie ausgewählt waren. Es macht nichts, wenn Sie ein bisschen Zahnfleisch mit erwischen, darum kümmern wir uns später. Sorgen Sie vor allem dafür, dass alle Zähne ausgewählt werden.

SCHRITT 6: ERSTELLEN SIE EINE FARBTON/SÄTTIGUNG-EINSTELLUNGSEBENE FÜR DIE ZÄHNE

Fügen Sie eine weitere FARBTON/SÄTTIGUNG-Einstellungsebene hinzu, indem Sie auf das entsprechende Icon unten im Ebenen-Bedienfeld klicken. Wählen Sie jetzt GELBTÖNE aus dem Korrekturen-Bedienfeld.

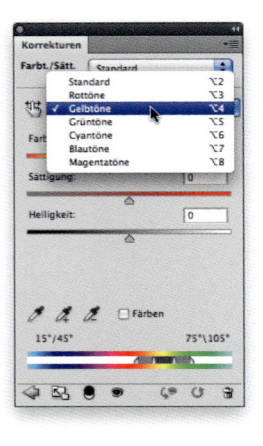

SCHRITT 7: ZIEHEN SIE DIE SÄTTIGUNG NACH LINKS UND ERHÖHEN SIE DIE HELLIGKEIT

Ziehen Sie den SÄTTIGUNG-Regler ganz nach links. Schalten Sie dann im BEARBEITEN-Popup-Menü wieder auf STANDARD um und erhöhen Sie die HELLIGKEIT ein klein wenig auf etwa 5. Sehen Sie, dass die Anpassung auf den Bereich beschränkt wird, den wir in Schritt 5 ausgewählt haben? Klicken Sie OK, wenn Sie fertig sind. Und obwohl wir zwei FARBTON/SÄTTIGUNG-Einstellungsebenen haben, die übereinanderliegen, werden die Änderungen nicht auf das ganze Foto angewandt. Das liegt daran, dass die Ebenenmasken die Korrektur jeweils auf kleine Bildstellen begrenzen.

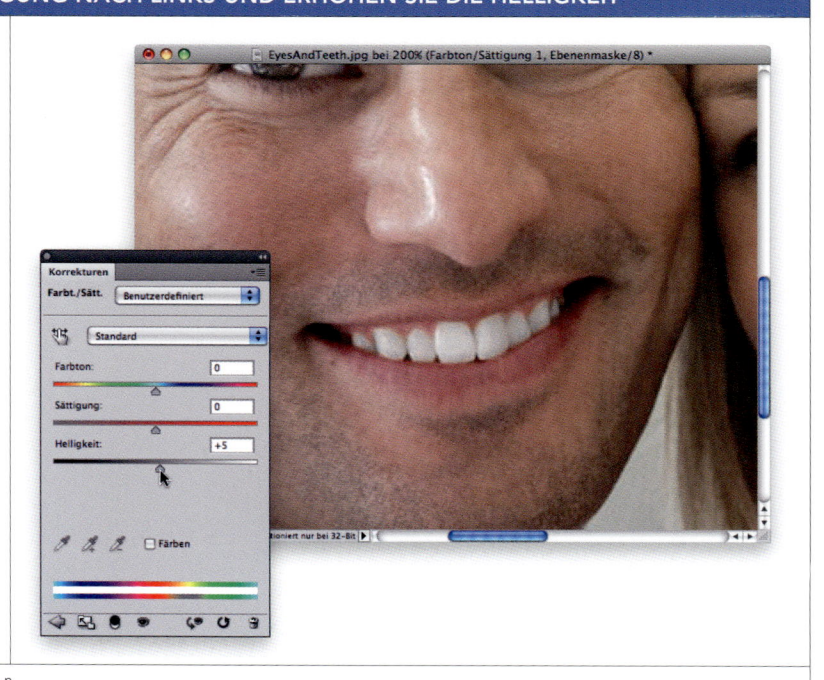

SCHRITT 8: BESSERN SIE DIE MASKE MIT DEM PINSEL NACH

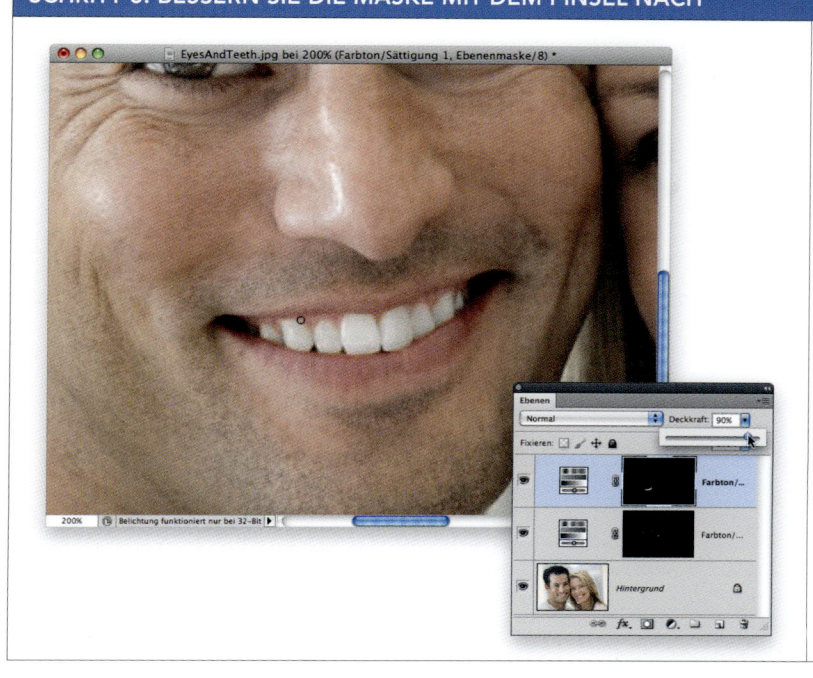

Aktivieren Sie den Pinsel erneut (B) und zoomen Sie auf die Zähne ein (Z). Wählen Sie Weiß als Vordergrundfarbe und malen Sie in die Bereiche, die beim ersten Mal vergessen wurden. Oder drücken Sie die Taste X, um Vorder- und Hintergrundfarbe zu tauschen und Änderungen von Bereichen zu entfernen, die aus Versehen mit bearbeitet wurden. Verringern Sie die Deckkraft der FARBTON/SÄTTIGUNG-Einstellungsebene, wenn die Zähne zu hell werden. Nun haben Sie Zähne und Augen mit nur zwei Ebenen aufgehellt.

VORHER UND NACHHER

Vorher

Nachher

Retusche mit Ebenen **KAPITEL 7** | 193

KAPITEL 7

ABLENKUNGEN ENTFERNEN

RETUSCHEN BESCHRÄNKEN SICH NICHT AUF PERSONEN, AUCH ANDERE FOTOS MIT ABLENKUNGEN UND STÖRUNGEN PROFITIEREN DAVON.

Nun werden wir uns verschiedene Möglichkeiten anschauen, um Ablenkungen aus Fotos verschwinden zu lassen. Hier setzen wir vor allem den Kopierstempel ein. Dieser verhält sich anders als der Reparatur-Pinsel, den wir eben bemüht haben, obwohl er ihm eigentlich ähnlich ist. Dann schauen wir uns das inhaltssensitive Füllen von Photoshop CS5 an und Sie werden sehen, dass jedes dieser Werkzeuge seine eigene Ebenenfunktion mitbringt.

FÜR ELEMENTS GEEIGNET

SCHRITT 1: ÖFFNEN SIE EIN FOTO MIT ABLENKUNGEN, DIE WIR ENTFERNEN WOLLEN

Öffnen Sie ein Foto, das Ablenkungen oder unerwünschte Elemente enthält. Wir beginnen mit einer einfachen Aufnahme aus Dubai. Es handelt sich um eine wunderschöne Moschee, die in jeder Hinsicht ziemlich makellos ist. Als ich das Foto aufnahm, flog allerdings ein Vogel hindurch, und Sie sehen auch die kleine Überwachungskamera an der Wand (nahe der Bildmitte), die mir nicht gefällt. Wir werden sie mit dem Kopierstempel entfernen, denn beim Entfernen von Gegenständen funktioniert er besser als der Reparatur-Pinsel (der eine merkwürdige Struktur auf der Wand hinterlassen würde).

SCHRITT 2: ERZEUGEN SIE EINE NEUE EBENE FÜR DIE RETUSCHEARBEITEN

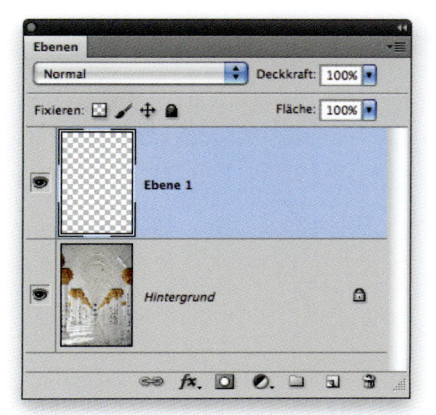

Klicken Sie genau wie beim Retuschieren von Porträts zuerst auf das Symbol Neue Ebene erstellen unten im Ebenen-Bedienfeld, um eine neue, leere Ebene für Ihre Retusche anzulegen.

SCHRITT 3: WÄHLEN SIE DEN KOPIERSTEMPEL MIT DER OPTION ALLE EBENEN VERWENDEN

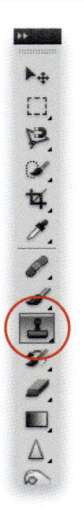

Aktivieren Sie den Kopierstempel in der Toolbox oder drücken Sie die Taste S. Der Kopierstempel verhält sich fast wie der Reparatur-Pinsel. Er besitzt in der Optionsleiste das gleiche Aufnehmen-Popup-Menü. Wählen Sie in diesem Menü die Option Alle Ebenen, damit Sie auf der leeren Ebene arbeiten können. Ansonsten würden Sie mit dem Kopierstempel nur von der transparenten Ebene aufnehmen, auf der sich ja nichts befindet.

SCHRITT 4: OPTION-KLICKEN (PC: ALT-KLICKEN) SIE IN EINEN SAUBEREN BEREICH ALS QUELLE

Ich sagte ja, dass der Kopierstempel dem Reparatur-Pinsel ähnlich ist. Zumindest legen Sie auch hier einen Aufnahmepunkt fest, allerdings sollten Sie dabei etwas vorsichtiger sein. Der Kopierstempel verschmilzt nicht alles wie der Reparatur-Pinsel, er kopiert die Quelle exakt. Das ist der eigentliche Unterschied. Sie sollten also einen Bereich aufnehmen, der dem Zielbereich recht nahe ist. ⌥-klicken Sie (PC: Alt-Klick) auf die Wand direkt neben der Fehlerstelle, um den Aufnahmepunkt zu setzen (es hilft, eine passende Struktur aufzunehmen). Zoomen Sie ein (Z), wenn das nötig ist.

SCHRITT 5: VERWENDEN SIE DIE KOPIERÜBERLAGERUNG, DAMIT ES AUCH PASST

Seit Photoshop CS4 gibt es eine Kopierüberlagerung, eine Art Vorschau dessen, was Sie mit dem Kopierstempel aufgenommen haben. Diese winzige Neuerung erleichtert die Arbeit mit dem Kopierstempel kolossal. Da ich hier ein Muster aufgenommen habe, das mit dem übereinstimmt, über das ich malen will, kann ich die Überlagerung als Kopiervorschau verwenden und meine Kopien so perfekt ausrichten. Bevor Sie also zum Malen klicken, stellen Sie sicher, dass die Muster korrekt ausgerichtet sind, bevor Sie über den zu entfernenden Bereich malen.

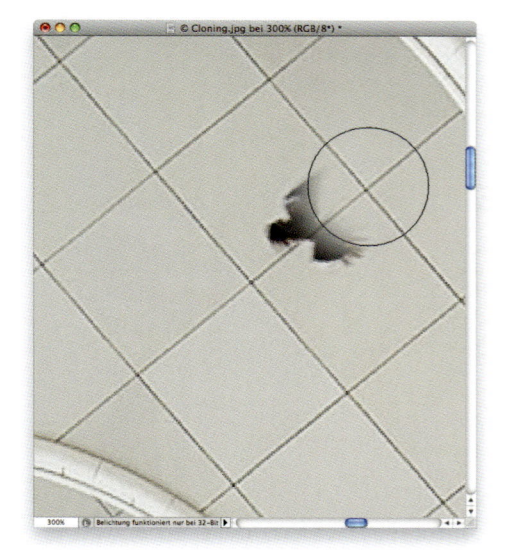

SCHRITT 6: MALEN SIE, UM DIE ABLENKUNG ZU BESEITIGEN

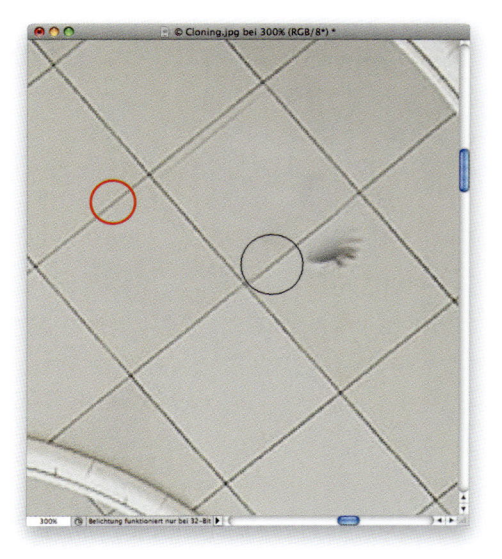

Klicken und ziehen Sie mit dem Kopierstempel, um Ihren Quellbereich über den Bildfehler zu malen (hier über den Vogel). Wie beim Reparatur-Pinsel sehen Sie ein kleines Fadenkreuz neben dem Cursor, von wo Photoshop Material aufnimmt.

SCHRITT 7: OPTION-KLICKEN SIE AN EINE ANDERE STELLE, UM EINE NEUE QUELLE ZU DEFINIEREN

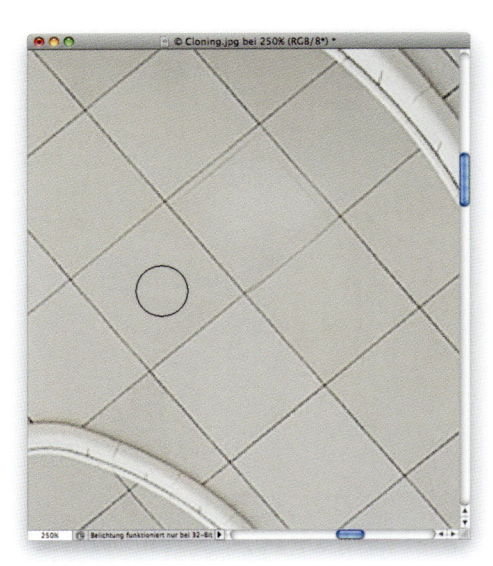

Da der Kopierstempel etwas pingeliger ist als der Reparatur-Pinsel, müssen wir einen weiteren Aufnahmepunkt setzen. Falls wir das nicht tun, übernehmen wir die Farbe und die Struktur von dem ersten Aufnahmepunkt an die nächste Stelle. ⌥-klicken Sie an eine Stelle neben der Kamera. Richten Sie dann das Muster erneut genau aus, was mit der Vorschau ja kein Problem sein sollte. Klicken und ziehen Sie schließlich erneut, um die Kamera wegzustempeln.

Retusche mit Ebenen **KAPITEL 7** **197**

KAPITEL 7

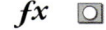

FÜR ELEMENTS GEEIGNET

INHALTSSENSITIVES FÜLLEN: KOPIE UND REPARATUR IN EINEM!
VEREINEN SIE DIE BESTEN EIGENSCHAFTEN VON KOPIERSTEMPEL UND REPARATUR-PINSEL.

An dieser Stelle wissen Sie bereits, dass der Reparatur-Pinsel sehr praktisch sein kann. Er ist ausgezeichnet dafür geeignet, Fehler zu beseitigen und Fotos so zu retuschieren, dass der Problembereich in die Nachbarbereiche überblendet wird. Für Details eignet er sich jedoch weniger. Sie kennen aber den Kopierstempel. Wenn Sie exakt arbeiten müssen und einen Bildbereich in einen anderen kopieren müssen, so dass jedes Pixel stimmt, dann ist der Kopierstempel das Instrument der Wahl. Ein Werkzeug haben wir bisher ausgelassen – den Bereichsreparatur-Pinsel. Der Name wird ihm jedoch nicht gerecht. Mit ihm können Sie gleichzeitig kopieren und reparieren, und seit CS5 kopiert er inhaltssensitiv – Sie müssen es mit eigenen Augen sehen, um es zu glauben.

SCHRITT 1: ÖFFNEN SIE EIN BILD, AUS DEM EIN BEREICH ENTFERNT WERDEN MUSS

In dem Foto, an dem wir hier arbeiten, möchte ich gern einiges verbessern. Zum einen möchte ich die Blendenflecke aus dem Himmel entfernen. Dann ist da noch dieser Schatten der Person, die für mich den Blitz hält. Die Person selbst konnte ich per Freistellen aus dem Bild entfernen, der Schatten ist jedoch noch immer da. Könnte ich diese Bereiche mit einer sorgfältigen Kombination aus Kopierstempel und Reparatur-Pinsel entfernen? Sicher. Aber was Sie hier sehen, macht alles noch viel einfacher.

SCHRITT 2: FÜGEN SIE EINE NEUE EBENE FÜR DIE RETUSCHE HINZU

Wie bei allem, was wir in diesem Kapitel getan haben, legen wir auch dieses Retuscheobjekt auf einer eigenen Ebene an. Das ist ziemlich praktisch, denn so können Sie jederzeit zu dieser Ebene zurückkehren und Bereiche radieren, verbessern oder ändern, ohne den Rest des Bildes zu beeinträchtigen. Wenn Sie direkt auf der Foto-Ebene korrigieren, müssten Sie später alles rückgängig machen, um zurückliegende Korrekturen zu widerrufen. Klicken Sie also auf das Icon NEUE EBENE ERSTELLEN unten im Ebenen-Bedienfeld, um eine Retusche-Ebene anzulegen.

SCHRITT 3: AKTIVIEREN SIE DEN BEREICHSREPARATUR-PINSEL MIT DER OPTION INHALTSSENSITIV

Sie erinnern sich, dass ich eben sagte, der Bereichsreparatur-Pinsel kann gleichzeitig kopieren und reparieren? Das Werkzeug an sich ist zwar nicht neu, wohl aber eine Option, die es fast zu einem neuen Werkzeug werden lässt. Ich weiß, der Name weist weder auf etwas Cooleres noch auf etwas Besseres hin, aber ich bin ganz ehrlich der Meinung, dass es sich hier um eines der leistungsstärksten Retuschewerkzeuge in Photoshop handelt. Aktivieren Sie ihn also in der Werkzeugleiste (oder drücken Sie J), wählen Sie in der Optionsleiste eine kleine, weiche Pinselspitze und schalten Sie die Option INHALTSSENSITIV ein.

Retusche mit Ebenen | **KAPITEL 7** | **199**

SCHRITT 4: BEGINNEN SIE EINFACH. MALEN SIE ÜBER DIE BLENDENFLECKE IM HIMMEL

Wir beginnen mit etwas Leichtem. Der Bereichsreparatur-Pinsel funktioniert etwas anders als Reparatur-Pinsel und Kopierstempel. Dort mussten wir zuerst einen Quellbereich aufnehmen, was hier nicht nötig ist. Der Bereichsreparatur-Pinsel sucht automatisch die Umgebung der Malstelle ab und trifft die Auswahl für Sie. Probieren Sie es aus. Malen Sie über den Blendenfleck und suchen Sie andere Verunreinigungen im Himmel (vielleicht müssen Sie auch einzoomen), und Sie werden sehen, sie verschwinden einfach so. Kein Stress. Der Bereichsreparatur-Pinsel repariert einfach so. Klasse.

SCHRITT 5: ENTFERNEN SIE ALS NÄCHSTES DEN SCHATTEN

Malen Sie als Nächstes über den Schatten auf dem Boden und sehen Sie zu, was passiert. Was Sie auf Ihrem Foto sehen, kann anders sein als das, was ich Ihnen hier zeige. Die Option INHALTSSENSITIV arbeitet etwas zufällig (nicht sehr), das Ergebnis kann also ein bisschen abweichen. Was Sie jedoch erkennen sollten, ist, dass Photoshop den Schatten größtenteils entfernt hat. Es hat den Bereich überblendet, die Umgebung jedoch auch. Darum halte ich es auch für den perfekten Werkzeugmix. Bei mir hat es jedoch nicht alles entfernt, außerdem sind ein paar merkwürdige Muster entstanden. Das ist normal, und deshalb habe ich mich für dieses Beispiel entschieden.

SCHRITT 6: WECHSELN SIE ZUM KOPIERSTEMPEL UND RÄUMEN SIE AUF

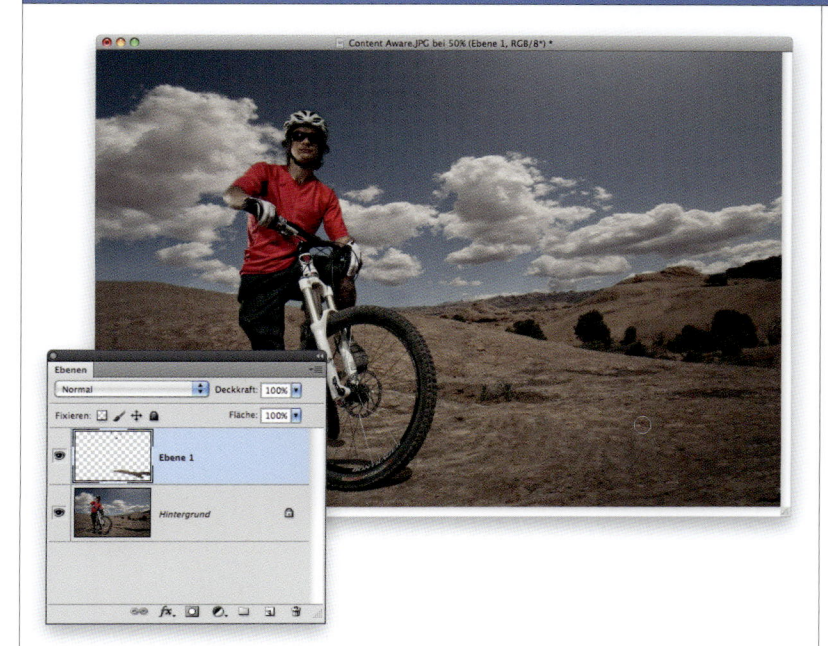

Wie gesagt, 90 % sind geschafft. Es hätte deutlich länger gedauert, wenn wir das mit dem Kopierstempel versucht hätten. Nun wechseln wir jedoch dorthin ([S]), um den Schattenbereich zu säubern. Achten Sie darauf, dass in er Optionsleiste AUFNEHMEN: ALLE EBENEN ausgewählt ist, [⌥]-klicken Sie dann auf einen Bereich unterhalb des alten Schattens und nehmen Sie einen sauberen Bereich auf. Malen Sie jetzt über den Bereich, den der Bereichsreparatur-Pinsel in Schritt 5 erstellt hat. Für den Schatten sollte das ausreichen. Schließlich sind Sie ja auf einer separaten Ebene und können immer noch zum Original zurückkehren oder die Ebene anpassen, wenn Sie sie mit dem Original überblenden.

VORHER UND NACHHER

Vorher

Nachher

Retusche mit Ebenen **KAPITEL 7** 201

KAPITEL 7   Retusche mit Ebenen

WIE …

RETUSCHIERE ICH AUF EINER LEEREN EBENE?

Um auf einer leeren Ebene zu retuschieren, wählen Sie für das verwendete Werkzeug die Option AUFNEHMEN: ALLE EBENEN in der Optionsleiste aus (das funktioniert beim Bereichsreparatur-Werkzeug, dem Reparatur-Pinsel und dem Kopierstempel). Legen Sie dann eine neue Ebene an und aktivieren Sie sie, bevor Sie retuschieren.

VERRINGERE ICH DEN EFFEKT EINER RETUSCHE?

Am besten retuschieren Sie auf einer separaten, leeren Ebene und reduzieren dann die Deckkraft der Ebene, um Originalstruktur, -muster oder -objekte aus dem Hintergrund durchscheinen zu lassen.

REDUZIERE ICH MEINE EBENEN, OHNE SIE WIRKLICH ZU REDUZIEREN?

Das ist einer meiner Lieblingstricks. Reduzieren, ohne zu reduzieren, ist wirklich hilfreich. Angenommen, Sie wollen mit einer Version eines Bildes arbeiten, das auf eine Ebene reduziert ist, wollen dabei aber nicht alle Ebenen zu einer verschmelzen. Klicken Sie oben ins Ebenen-Bedienfeld. Drücken Sie dann ⌘-⌥-⇧-E (PC: Strg-Alt-⇧-E). Damit erzeugen Sie eine neue Ebene, alle anderen werden darunter gestapelt (bzw. gestempelt, so heißt das auf Photoshop-Deutsch). Sie bleiben jedoch intakt und werden nicht wie gewöhnlich reduziert.

WECHSLE ICH SCHNELL ZU DEN GELBTÖNEN IN KORREKTUREN/FARBTON/SÄTTIGUNG …?

Drücken Sie einfach ⌥-4 (PC: Alt-4). Alle Farben im Farbton/Sättigung-Bereich des Korrekturen-Bedienfelds haben Tastenkürzel. Sie reichen von ⌥-2 (PC: Alt-2) bis ⌥-8 (PC: Alt-8) (die zugehörigen Farben finden Sie im Popup-Menü).

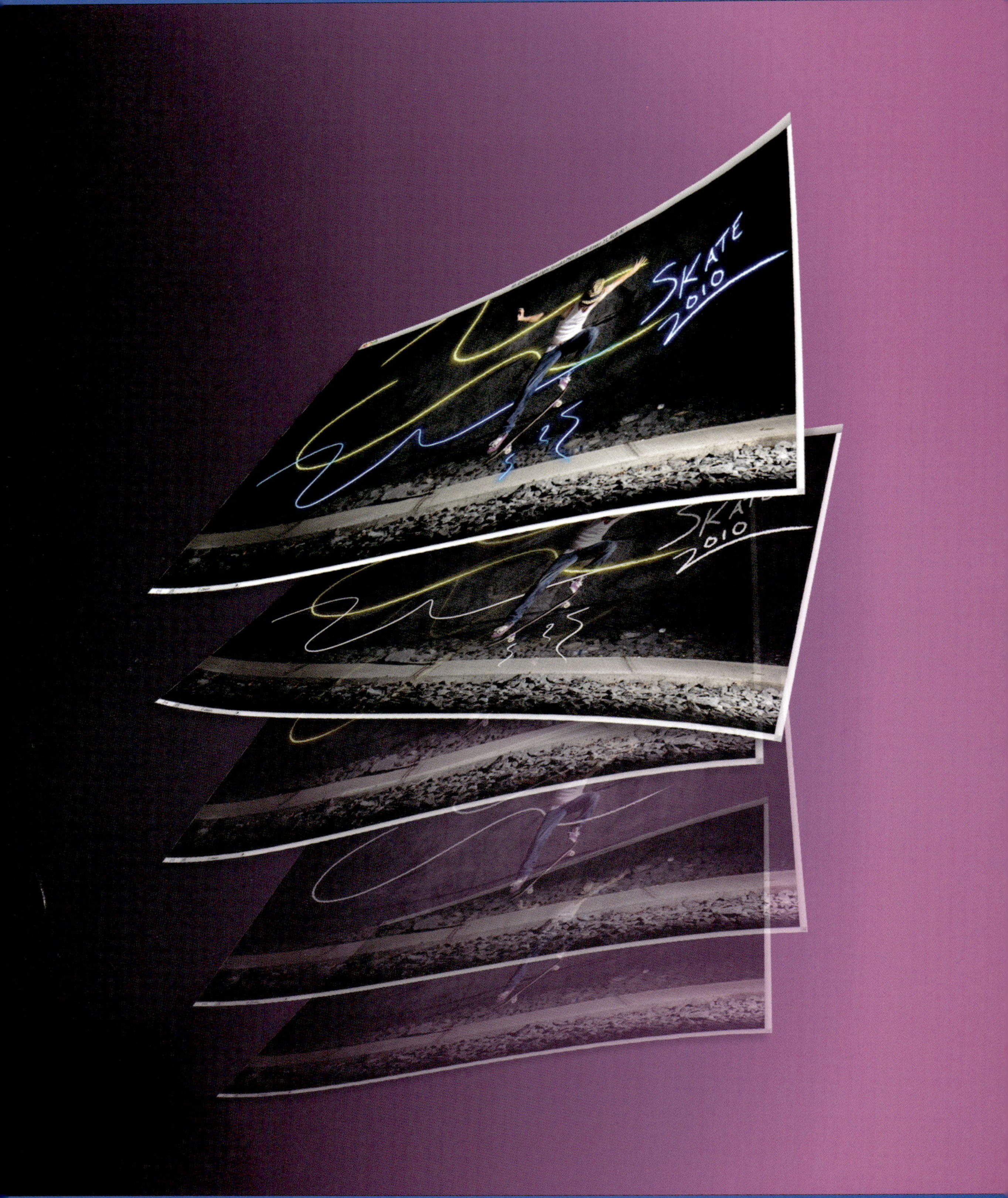
SKATE
2010

KAPITEL ACHT

EBENENSTILE

Photoshop besitzt eine ganze Reihe von Ebeneneffekten (sogenannte Ebenenstile), wie Schatten, Schein, abgeflachte Kante und Konturen, die unmittelbar auf eine Ebene angewandt werden können. Das spart schon eine Menge Zeit. Ebenenstile bieten jedoch noch mehr: 1) Sie können sie immer bearbeiten. Es sind Live-Effekte, das heißt, Sie können eine 4 Pixel breite weiße Kontur um eine Ebene herum anlegen und sie später auf 2 Pixel Breite verkleinern. 2) Sie können sie speichern. Das erlaubt es Ihnen, einen Stil ganz nach Ihren Wünschen herzustellen, ihn zu speichern, ein anderes Foto zu öffnen und diesen Stil mit nur einem Klick darauf anzuwenden. Es gibt buchstäblich Tausende von Kombinationen mit Ebenen, krempeln Sie also die Ärmel hoch und machen Sie sich ans Werk.

FÜR ELEMENTS GEEIGNET

KAPITEL 8

EBENENSTILE: GRUNDLAGEN

MIT NUR WENIGEN EINFACHEN EBENENSTILEN KÖNNEN SIE WIRKLICH AUFREGENDE DESIGNS ERSTELLEN.

Das Schöne an Ebenenstilen ist ihre Einfachheit. Man kann sie leicht hinzufügen, speichern und ändern (falls das jemals nötig sein sollte). Außerdem sind sie direkt in Photoshop enthalten. Effekte, die man bisher nur unter großen Schwierigkeiten bei einem Bild erreichen konnte, erfordern jetzt nur noch einen Klick. Schlagschatten, Konturen, Schein, plastische Kanten … das ganze Programm. Ich sage Ihnen, falls Sie sich bisher noch nie aus Gründen des Designs mit Ebenenstilen herumgeschlagen haben, dann sind Sie es sich schuldig, dieses Tutorial und den Rest des Kapitels zu lesen.

SCHRITT 1: ÖFFNEN SIE EIN FOTO, UM DARAUF EINEN EFFEKT ANZUWENDEN

Öffnen Sie ein Foto, auf das Sie einen Ebenenstil anwenden wollen. Für unser Beispiel eignen sich Fotos von Personen, die in Bewegung sind, besonders gut, sowie Sportfotos. Falls Sie das Tutorial an diesem Foto nachvollziehen wollen, laden Sie es von der bereits bekannten Website dieses Buchs herunter.

SCHRITT 2: WÄHLEN SIE DAS MOTIV AUS UND SETZEN SIE ES AUF EINE EIGENE EBENE

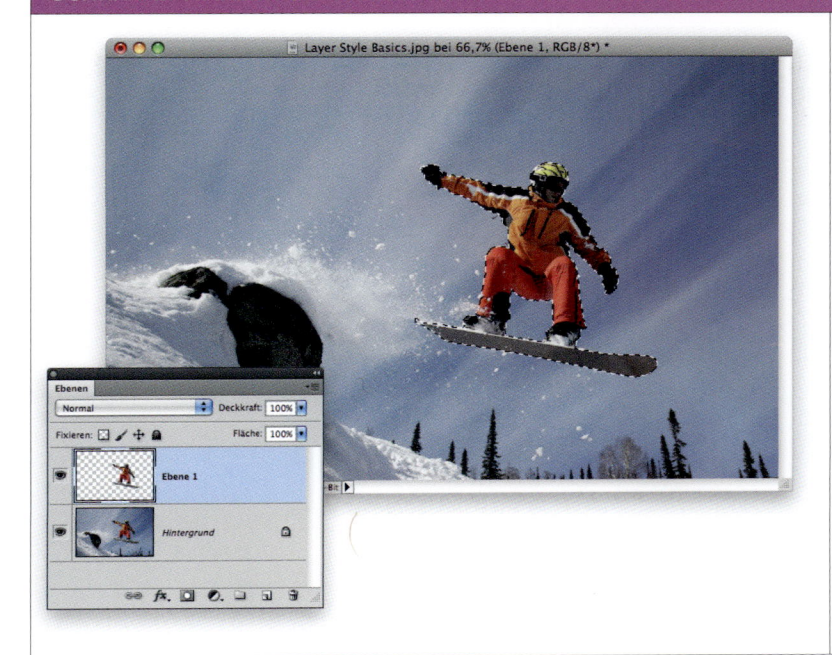

Immer schön der Reihe nach. Sie müssen das Hauptmotiv vom Hintergrund des Fotos auswählen. Ich habe hier mit dem Schnellauswahl-Werkzeug ([W]) eine Auswahl um den Snowboarder herum erstellt. Sie können natürlich das Auswahlwerkzeug einsetzen, das Ihnen am meisten behagt. Anschließend kopieren Sie die Auswahl mit [⌘]-[J] (PC: [Strg]-[J]) auf eine eigene Ebene.

SCHRITT 3: ERZEUGEN SIE EINE RECHTECKAUSWAHL DES GEWÜNSCHTEN HINTERGRUNDBEREICHS

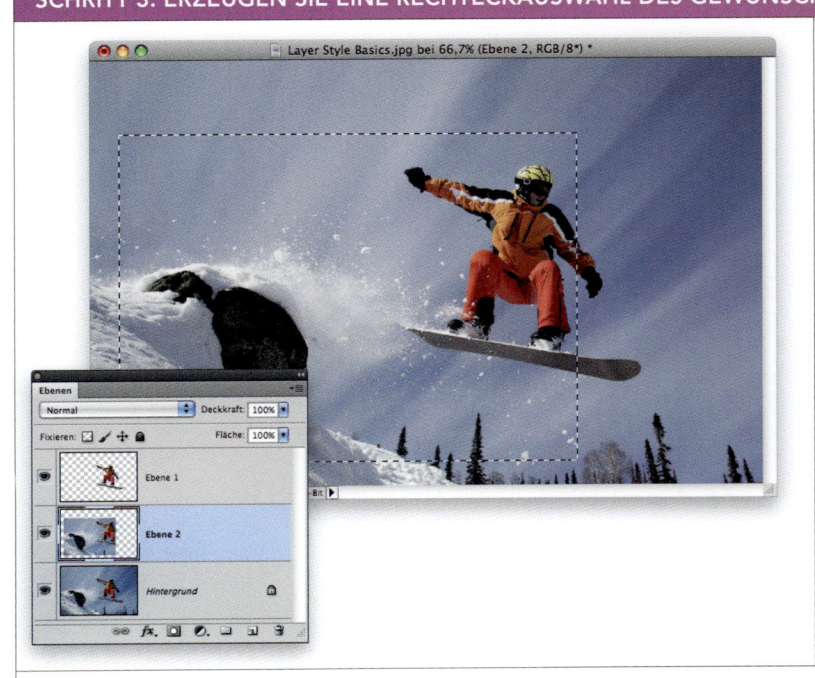

Klicken Sie wieder auf die Hintergrundebene, um sie zu aktivieren. Erzeugen Sie dann mit dem Auswahlrechteck-Werkzeug ([M]) eine rechteckige Auswahl desjenigen Bildteils, den Sie behalten wollen. Sorgen Sie dafür, dass die Auswahl Teile des Snowboarders enthält. Auf diese Weise scheint er später aus dem Bild zu springen. Drücken Sie erneut [⌘]-[J] (PC: [Strg]-[J]), um die rechteckige Auswahl auf ihre eigene Ebene zu legen.

Ebenenstile **KAPITEL 8** **207**

SCHRITT 4: KLICKEN SIE AUF DAS ICON EBENENSTIL HINZUFÜGEN

Die eben erstellte Ebene mit dem rechteckigen Foto ist noch immer aktiv. Wir werden eine Kontur um das Foto anlegen, aber anders, als wir es in diesem Buch bisher getan haben. Unten im Ebenen-Bedienfeld sehen Sie das fx-Icon, EBENENSTIL HINZUFÜGEN. Klicken Sie darauf, dann erscheint ein Popup-Menü mit Ebenenstilen, die Sie der Ebene zuweisen können.

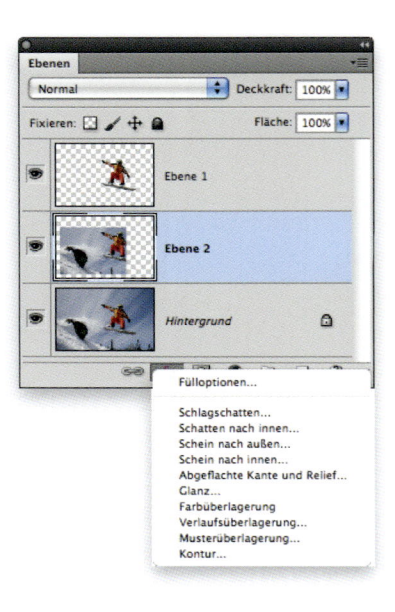

SCHRITT 5: FÜGEN SIE EINE KONTUR HINZU

Wählen Sie KONTUR aus dem Pop-up-Menü, die Dialogbox EBENENSTIL öffnet sich. Sie sehen, in der linken Spalte ist KONTUR bereits ausgewählt, die Kontur-Einstellungen sind geöffnet. Wählen Sie INNEN als POSITION. Ändern Sie die GRÖSSE in 15 Pixel. Klicken Sie schließlich unten in das Farbfeld und ändern Sie die FARBE in Weiß.

TIPP: Die Position INNEN macht die Kanten der Kontur scharf anstatt sie anzurunden.

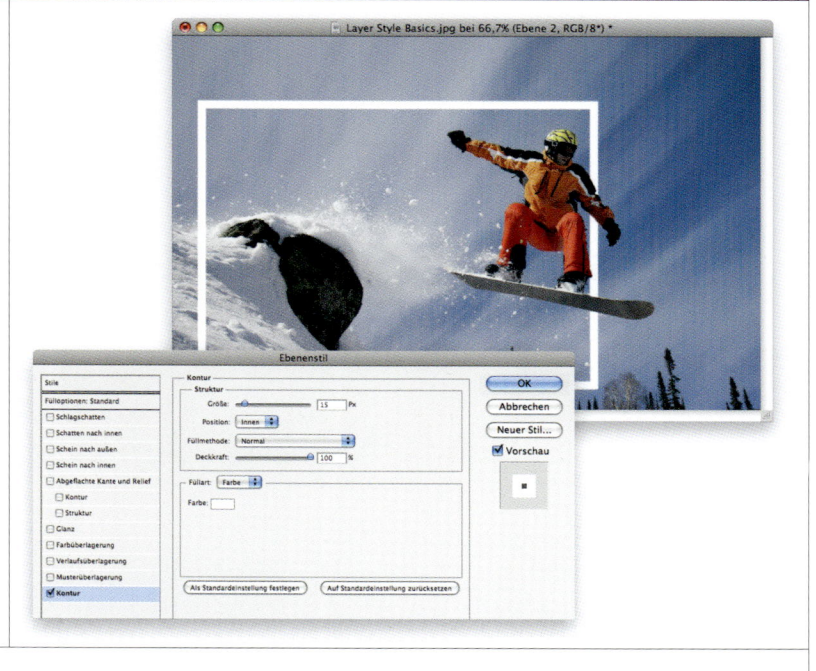

SCHRITT 6: SCHLAGSCHATTEN, UM DIE AUSWAHL VOM HINTERGRUND ABZUHEBEN

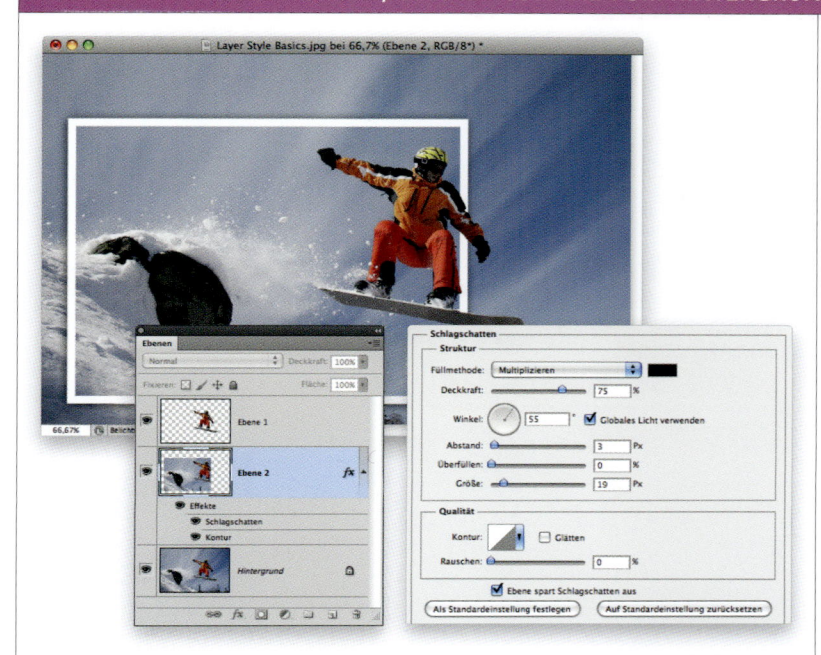

Klicken Sie links auf Schlagschatten, um auch einen solchen Effekt zur Ebene hinzuzufügen. Hier aber ein Tipp: Schalten Sie nicht die Checkbox ein, sondern klicken Sie links auf die zugehörige Bezeichnung SCHLAGSCHATTEN, um die richtigen Einstellungen zu sehen. Ändern Sie den WINKEL in 125, die DISTANZ in 3 und die GRÖSSE in 19 Pixel. Klicken Sie auf OK, um die Dialogbox zu schließen. Sie sehen die Ebenenstile im Ebenen-Bedienfeld.

SCHRITT 7: FÜGEN SIE EINEN SCHLAGSCHATTEN ZUR SNOWBOARDER-EBENE HINZU

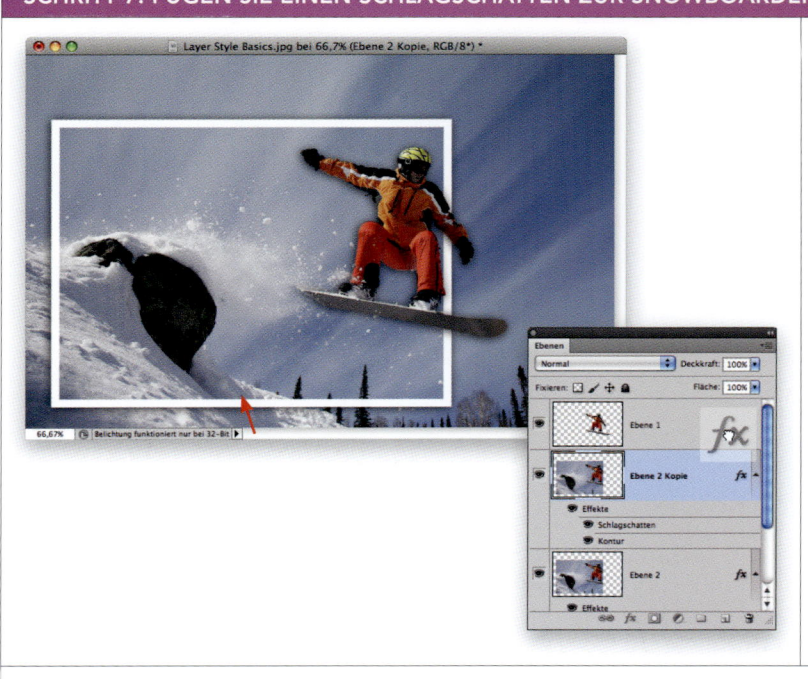

Nun fügen wir einen Ebenenstil zur Ebene mit dem Snowboarder hinzu. Statt einen neuen Stil anzulegen, können Sie einen vorhandenen von einer anderen Ebene kopieren. Halten Sie die ⌥-Taste (PC: Alt) gedrückt und klicken Sie in den soeben erstellten Schlagschatten-Ebenenstil der Fotoebene, ziehen Sie ihn in die Snowboarder-Ebene. Lassen Sie die Maustaste über der Snowboarder-Ebene los, dann sehen Sie, dass der Stil kopiert wird. Allerdings fällt auch dieser Schatten innen ins Foto, aber darum kümmern wir uns in Schritt 10.

SCHRITT 8: FÜLLEN SIE DIE HINTERGRUNDEBENE MIT WEISS

Um den Gesamteindruck des Bildes zu verbessern, klicken Sie auf die Hintergrundebene und füllen sie mit Weiß. Drücken Sie dazu D, um die Hintergrundfarbe auf Weiß zu setzen. Anschließend drücken Sie ⌘-← (PC: Strg-←). Damit füllen Sie die Ebene mit der Hintergrundfarbe. Der Effekt des »Aus-dem-Foto-Springens« wird dadurch noch betont.

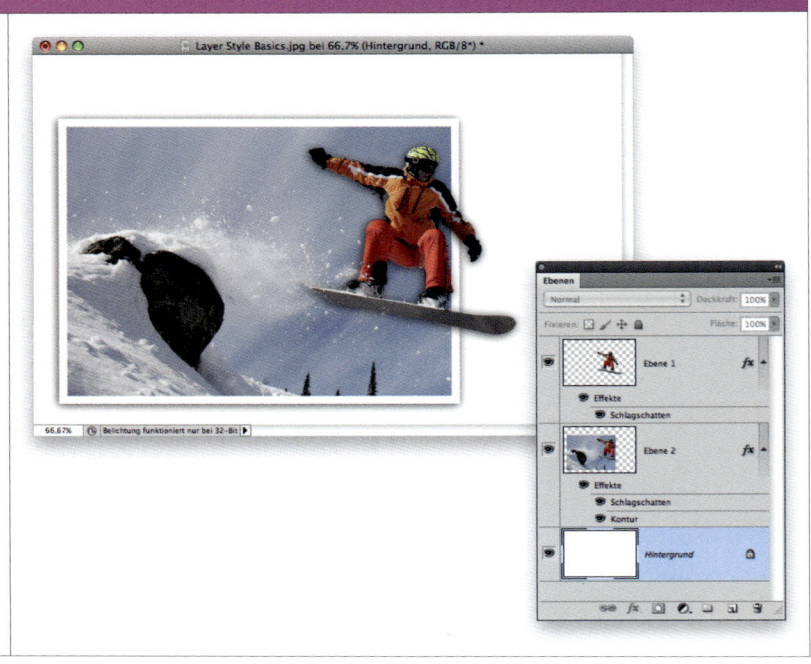

SCHRITT 9: BLENDEN SIE EINEN EBENENSTIL AUS

Wenn Sie wissen wollen, wie Ihr Bild ohne einen bestimmten Effekt aussieht, klicken Sie auf das kleine Augen-Icon neben dem Schlagschatten im Ebenen-Bedienfeld, um nur diesen Ebenenstil auszublenden. Die Kontur bleibt noch erhalten, aber der Schlagschatten ist zeitweilig verschwunden. Klicken Sie erneut an die Stelle, wo das Auge war, um ihn wieder einzublenden.

TIPP: Wenn Sie den Schlagschatten vollständig löschen wollen, klicken Sie im Ebenen-Bedienfeld darauf und ziehen Sie ihn auf das Papierkorb-Icon unten im Bedienfeld.

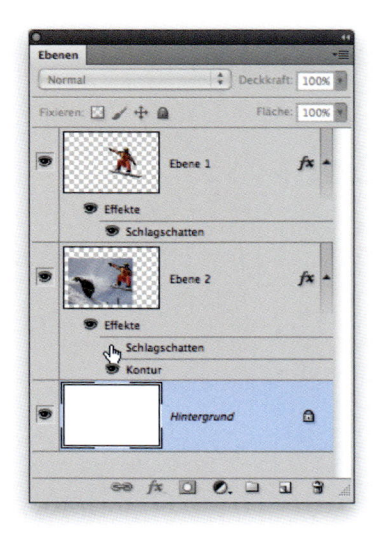

SCHRITT 10: VERWANDELN SIE DEN SCHLAGSCHATTEN-STIL IN EINE EIGENE EBENE

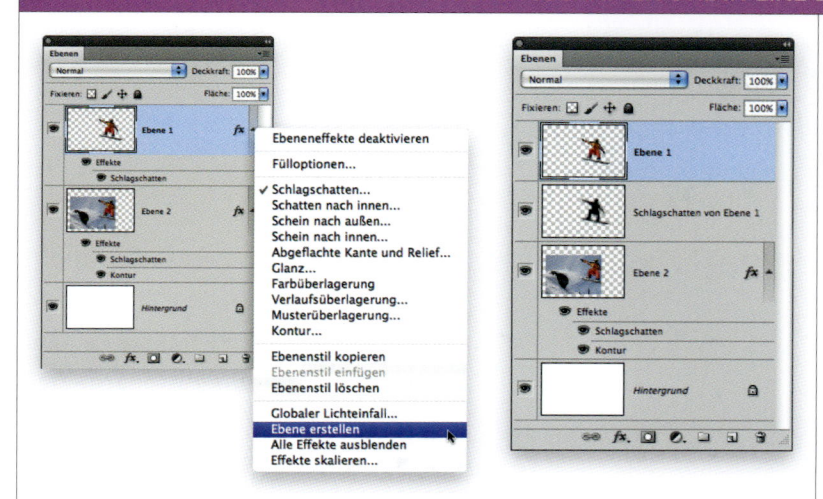

Leider sieht der Schatten hinter dem Snowboarder unrealistisch aus. Er soll zwar in den Bereich außerhalb des rechteckigen Fotos fallen, weil dadurch der Eindruck entsteht, der Boarder würde aus dem Foto springen. Oben an dem Foto selbst soll dagegen kein Schatten sein. Um dieses Problem zu lösen, müssen wir die Effekte des Ebenenstils in eine normale Ebene umwandeln. [Ctrl]-klicken (PC: rechtsklicken) Sie auf das *fx*-Symbol rechts neben der Ebene. Wählen Sie aus dem Kontextmenü EBENE ERSTELLEN. Damit wird der Ebenenstil in eine eigene Ebene unter dem Snowboarder umgewandelt. Der Ebenenstil selbst kann nun nicht mehr als solcher bearbeitet werden, Sie können ihn jedoch teilweise aus der Ebene löschen.

SCHRITT 11: LÖSCHEN SIE DIE UNERWÜNSCHTEN BEREICHE AUS DEM SCHLAGSCHATTEN

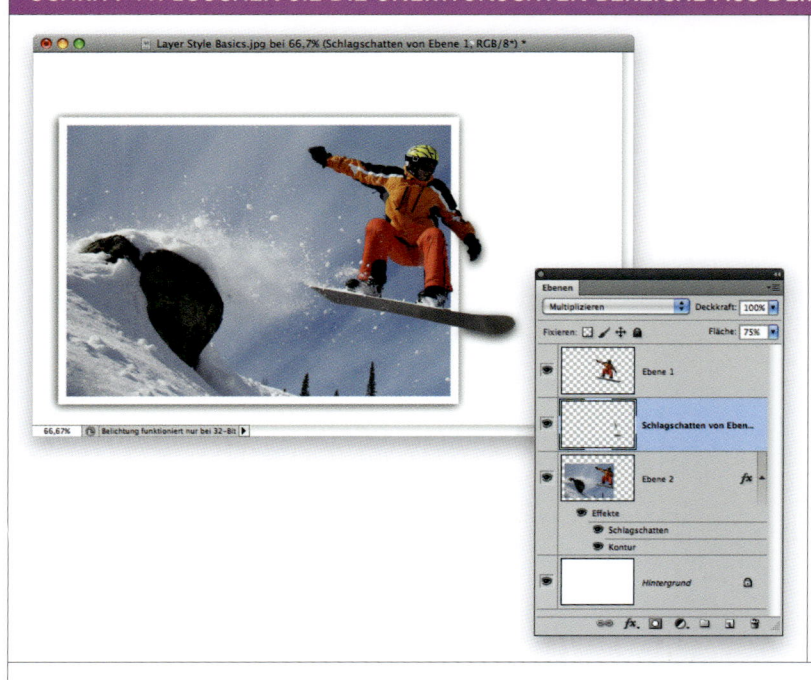

Klicken Sie die Schlagschattenebene an, damit sie zur aktiven Ebene wird. Wählen Sie dann das Radiergummi-Werkzeug ([E]) aus und löschen Sie alle Bereiche, in denen die Schatten über dem »Foto« erscheinen. Lassen Sie den Schlagschatten jedoch an den Stellen stehen, an denen er über den weißen Rand hinausragt, damit es wirklich so aussieht, als würde der Boarder aus dem Foto herausspringen.

SCHRITT 12: ZENTRIEREN SIE DAS FOTO UND DEN SNOWBOARDER

Wenn Sie das Foto mit dem Snowboarder, der aus dem weißen Hintergrund springt, zentrieren wollen, klicken Sie einfach auf die erste Ebene über dem weißen Hintergrund und ⌘-klicken (PC: Strg-klicken) Sie dann auf jede Ebene darüber (den Namen, nicht die Miniatur), um alle auszuwählen. Klicken Sie anschließend mit dem Verschieben-Werkzeug (V) auf das Foto und schieben Sie es in die Mitte des Dokuments.

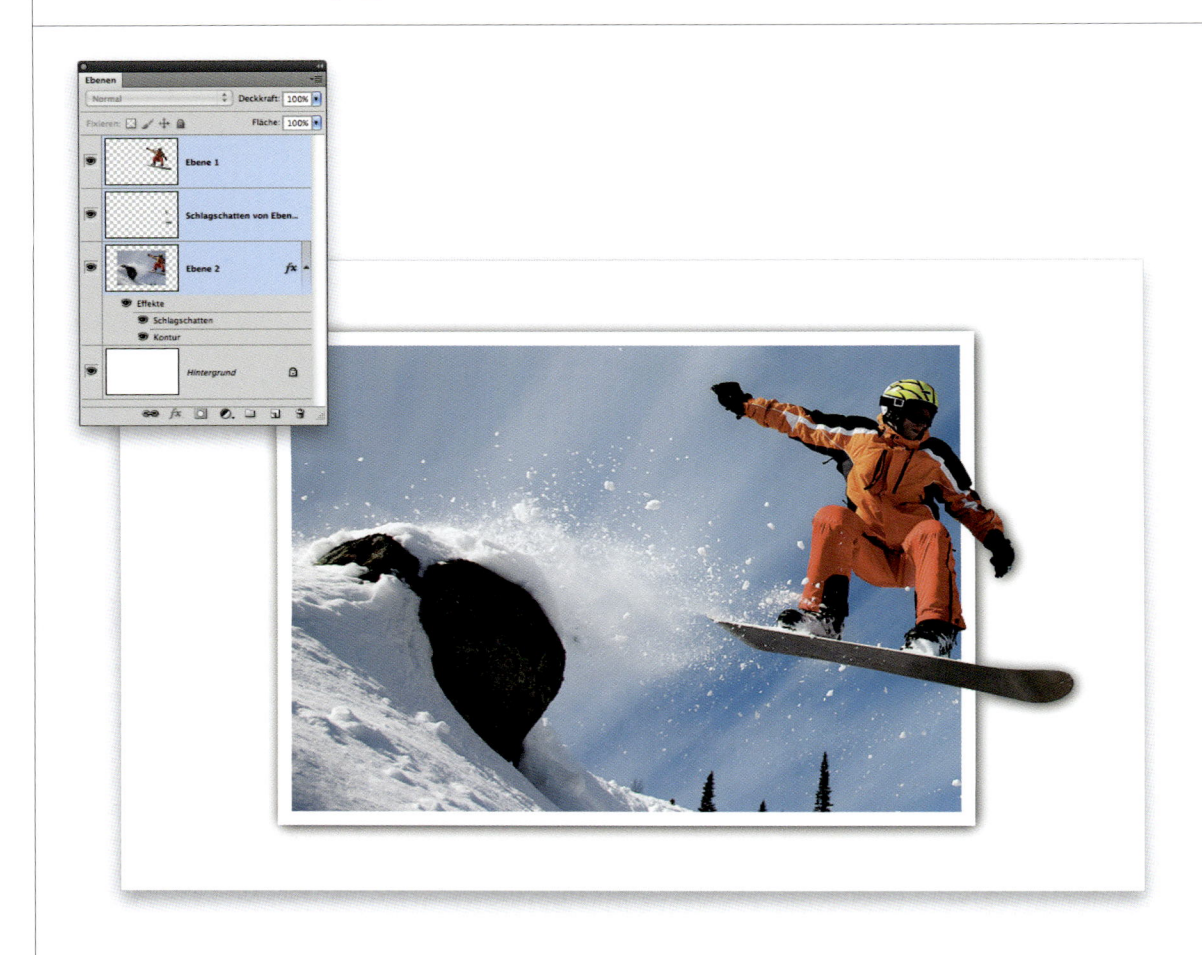

FÜR ELEMENTS GEEIGNET

KAPITEL 8

EIN WASSERZEICHEN ERSTELLEN

EBENENSTILE VERFÜGEN ÜBER ZWEI DECKKRAFTEINSTELLUNGEN, DIE FÜR UNTERSCHIEDLICHE EFFEKTE EINGESETZT WERDEN KÖNNEN.

Im Verlauf dieses Buches haben wir schon oft eine Ebene dupliziert, auf das Duplikat einen Effekt angewandt und dann die Deckkraft der Ebene verringert. Wir haben stets die tatsächliche DECKKRAFT-Einstellung reduziert, aber vielleicht ist Ihnen im Ebenen-Bedienfeld auch schon der FLÄCHE-Wert aufgefallen. Hier erfahren Sie, worin der Unterschied zwischen beiden besteht.

SCHRITT 1: ÖFFNEN SIE EIN BILD UND FÜGEN SIE IHR COPYRIGHT HINZU

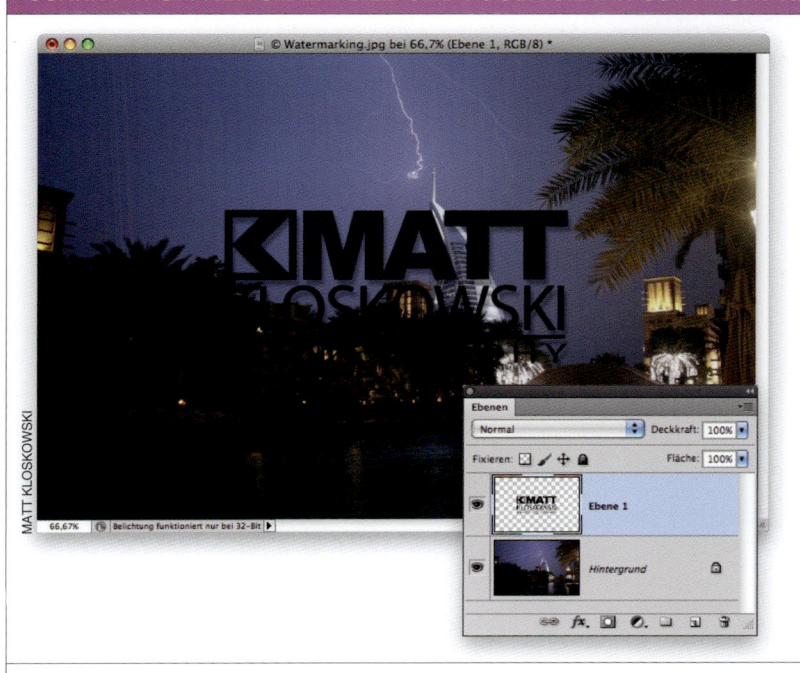

Öffnen Sie ein Bild, das Sie mit einem Wasserzeichen versehen wollen. Diese Technik eignet sich vor allem für Bilder für das Web, die andere Leute nicht stehlen oder ohne Bezahlung benutzen sollen. Zuerst müssen Sie die Form für das Wasserzeichen hinzufügen. Dabei könnte es sich um Ihr Firmenlogo, Ihre Initialen oder ein Copyright-Symbol handeln. Ich habe hier eine Grafik mit meinem Namen verwendet, den ich per Kopieren und Einfügen in mein Foto geholt habe.

Ebenenstile **213**

SCHRITT 2: ABGEFLACHTE KANTE UND RELIEF FÜR DIE COPYRIGHT- ODER LOGO-EBENE

Doppelklicken Sie auf die Copyright- oder Logo-Ebene, um die EBENENSTIL-Dialogbox zu öffnen. Klicken Sie auf ABGEFLACHTE KANTE UND RELIEF links in der Dialogbox, um die entsprechenden Einstellungen zu öffnen. Ändern Sie die TIEFE in 80 % und die GRÖSSE in 1. Klicken Sie auf OK, um die Dialogbox zu schließen.

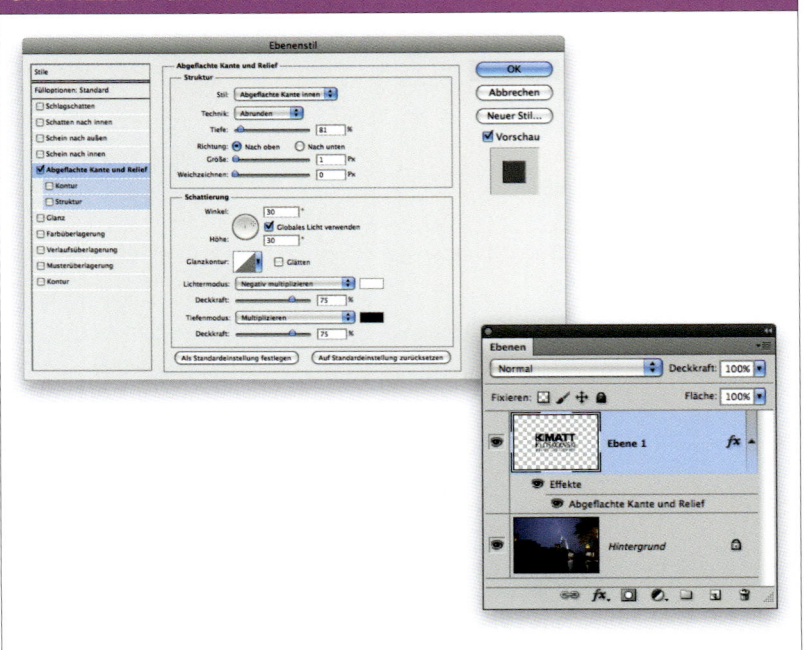

SCHRITT 3: REDUZIEREN SIE DIE FLÄCHEN-DECKKRAFT

Damit das wirklich wie ein Wasserzeichen wirkt, müssen Sie durch den schwarzen Bereich hindurchschauen können. Wenn Sie nur die Deckkraft der Ebene verringern, machen Sie den schwarzen Teil der Form tatsächlich durchsichtig, blenden aber auch den Ebenenstil ABGEFLACHTE KANTE UND RELIEF aus, der wichtig für das Wasserzeichen ist. Verringern Sie stattdessen den FLÄCHE-Wert auf 0 %. Dadurch werden die Pixel ausgeblendet, die sich auf der Ebene befinden (in diesem Fall die schwarze Form meines Copyright-Symbols), die Wirkungen des Ebenenstils bleiben aber erhalten. Das heißt, wir sehen den Ebenenstil ABGEFLACHTE KANTE UND RELIEF, der die Anmutung eines Wasserzeichens hervorruft.

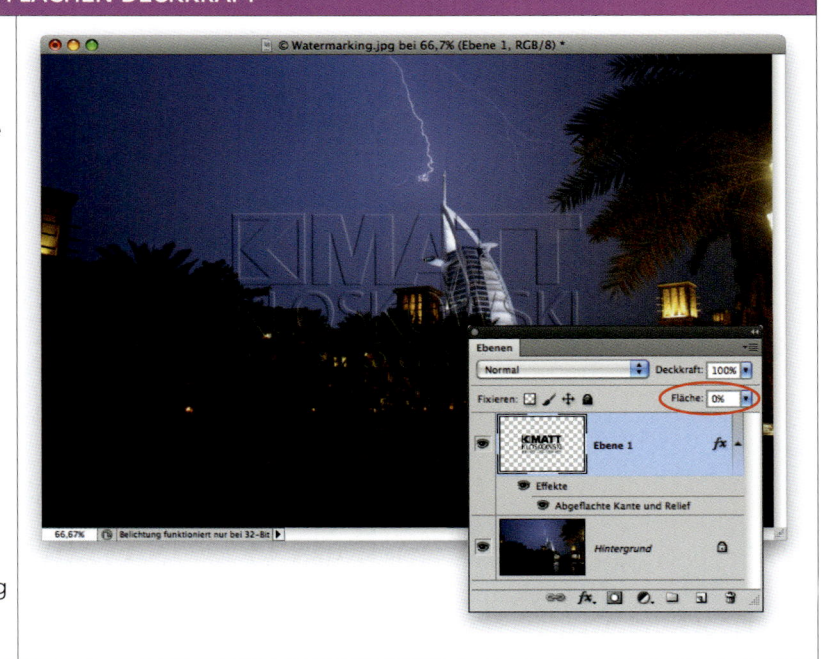

FÜR ELEMENTS GEEIGNET

KAPITEL 8

WIEDERVERWENDBARE FOTO-EFFEKTE ERSTELLEN

EBENENSTILE SIND AUSGEZEICHNET DAFÜR GEEIGNET, AUFFÄLLIGE UND WIEDERVERWENDBARE FOTOEFFEKTE ANZULEGEN.

Viele Photoshop-Benutzer halten Ebenenstile für einen »Designeffekt«. Das heißt, sie glauben, dass Ebenenstile eher von Designern als von Fotografen benutzt werden. Teilweise stimmt das, es gibt aber auch großartige fotografische Beispiele für den Einsatz von Ebenenstilen. Wirklich praktisch sind sie, wenn man wiederverwendbare fotografische Effekte herstellen möchte, weil man sie nach dem Herstellen speichern und dann später mit nur einem Klick auf andere Fotos anwenden kann. Schauen wir uns das einmal an.

SCHRITT 1: WANDELN SIE DIE HINTERGRUNDEBENE IN EINE NORMALE EBENE UM

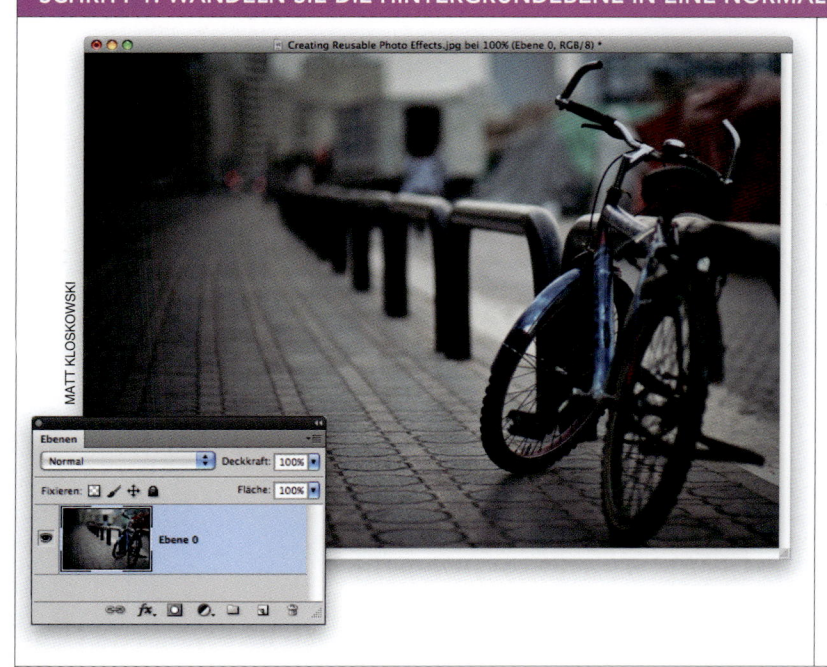

Öffnen Sie zuerst das Foto, auf das Sie einen Ebenenstil anwenden wollen. Hier werden wir ihm eine klassische Tönung verpassen. Eine Eigenart der Ebenenstile ist, dass sie sich nicht auf Hintergrundebenen anwenden lassen. Doppelklicken Sie also auf die Hintergrundebene und klicken Sie in der Neue-Ebene-Dialogbox auf OK, um sie in eine normale Ebene zu verwandeln.

Ebenenstile | **215**

SCHRITT 2: FÜGEN SIE EINE FARBÜBERLAGERUNG HINZU UND ÄNDERN SIE DIE FARBE IN BRAUN

Doppelklicken Sie auf die Ebene, um den EBENENSTIL-Dialog zu öffnen. Klicken Sie auf der linken Seite auf FARBÜBERLAGERUNG. Ihr ganzes Foto wird in ein hässliches Rot (die Standardtönung) umgewandelt. Klicken Sie auf das Farbfeld rechts neben dem FÜLLMETHODE-Popup-Menü und wählen Sie die gewünschte Tönung für Ihr Bild. Ich habe hier einen Orange-Braun-Ton eingestellt (R: 111, G: 91, B: 51).

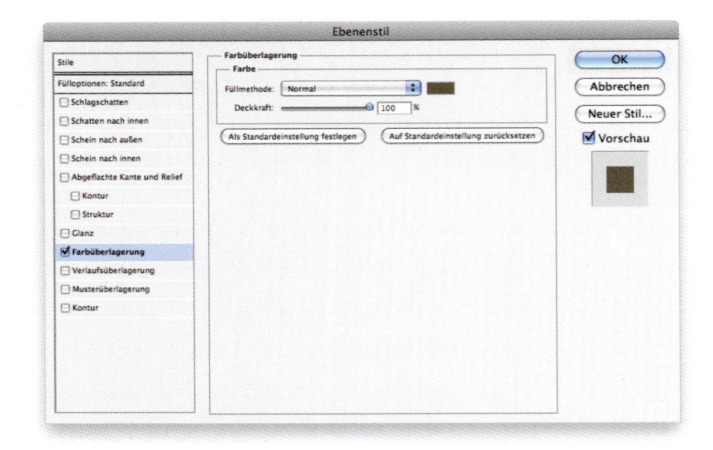

SCHRITT 3: ÄNDERN SIE DIE FÜLLMETHODE IM STIL FARBÜBERLAGERUNG IN FARBE

Momentan sehen Sie auf Ihrem Foto nur durchgängig eine Farbe. Damit Sie durch diese Farbe hindurchsehen können, ändern Sie das FÜLLMETHODE-Popup-Menü auf FARBE. Damit wird die gewählte Farbe eingesetzt, um das Foto zu tönen. Falls die Tönung zu stark ist, verringern Sie die DECKKRAFT auf 60 %–70 %.

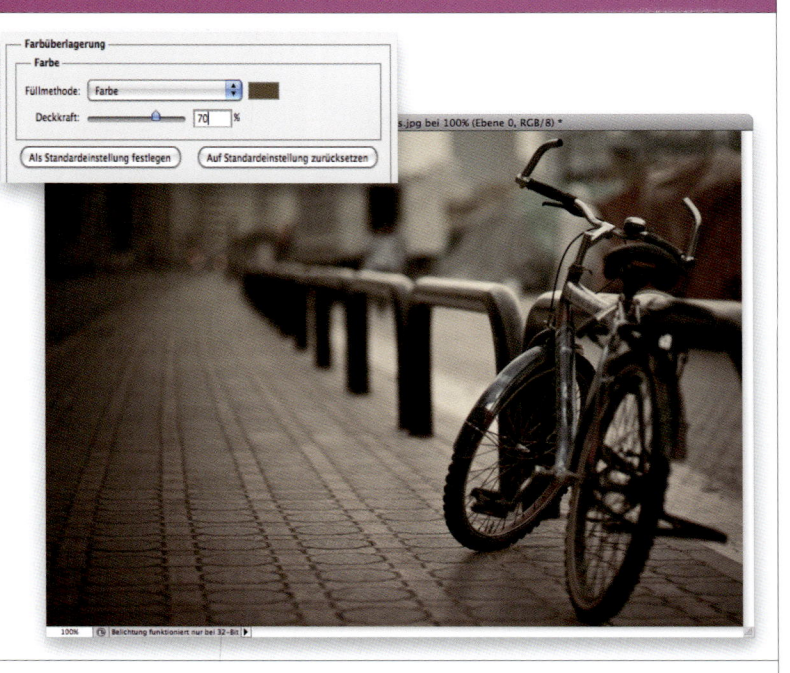

SCHRITT 4: FÜGEN SIE EINEN SCHEIN NACH INNEN HINZU. ÄNDERN SIE FARBE UND FÜLLMETHODE

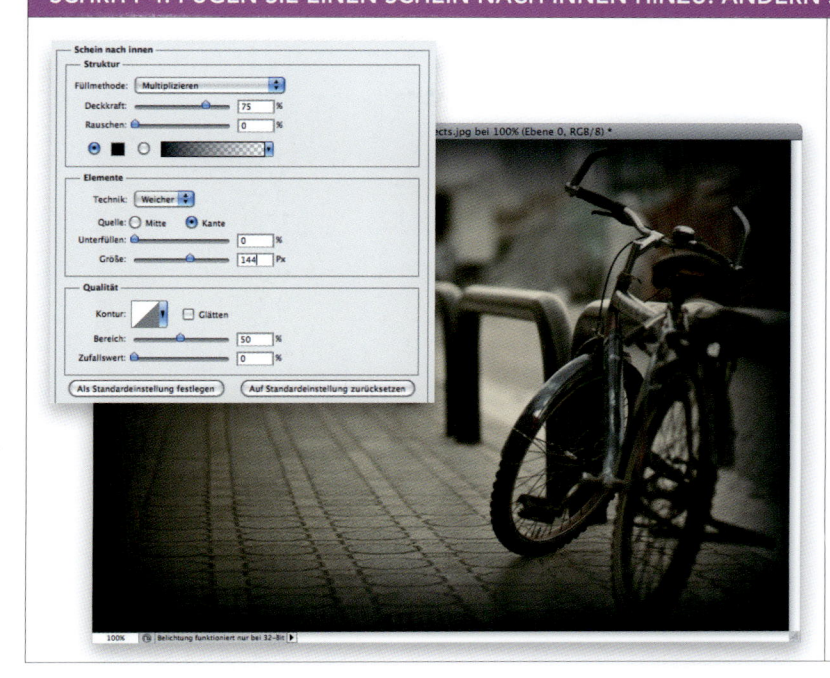

Um den Effekt zu vervollständigen, klicken Sie auf der linken Seite auf SCHEIN NACH INNEN, um die Einstellungen dieses Stils anzuzeigen. SCHEIN NACH INNEN setzt ein gelbliches Leuchten in Ihr Foto. Wir wollen damit aber die Kanten abdunkeln. Klicken Sie zuerst auf das Farbfeld und ändern Sie die Farbe auf Schwarz. Stellen Sie anschließend im FÜLLMETHODE-Popup-Menü MULTIPLIZIEREN ein. Erhöhen Sie zum Schluss die GRÖSSE auf einen hohen Wert wie 140 px (oder sogar höher, falls es sich um ein hoch aufgelöstes Foto handelt). Wahrscheinlich wird es zu viel und zu dunkel, verringern Sie deshalb die DECKKRAFT auf 30 %–40 %. Klicken Sie aber noch nicht auf OK.

SCHRITT 5: SPEICHERN SIE DEN EBENENSTIL ALS WIEDERVERWENDBARE VORGABE

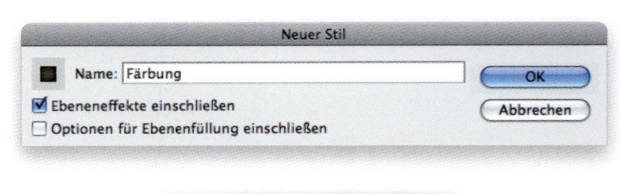

Schauen Sie einmal auf die rechte Seite des Ebenenstil-Dialogs. Sehen Sie den Button NEUER STIL? Klicken Sie darauf, um die entsprechende Dialogbox zu öffnen. Geben Sie Ihrem Stil einen aussagekräftigen Namen und klicken Sie OK, um ihn zu speichern. Nachdem Sie diesen Stil gespeichert haben, können Sie ihn später wiederverwenden. Klicken Sie jetzt OK, um den EBENENSTIL-Dialog zu schließen.

SCHRITT 6: ÖFFNEN SIE EIN WEITERES FOTO, AUF DAS SIE DIESEN EFFEKT ANWENDEN WOLLEN

Sie können das erste Foto jetzt speichern und schließen. Damit sind Sie nun fertig. Öffnen Sie anschließend ein weiteres Foto, auf das Sie den gleichen Effekt anwenden wollen.

SCHRITT 7: ÖFFNEN SIE DAS STILE-BEDIENFELD. SUCHEN SIE DEN NEU ANGELEGTEN STIL

Nachdem Sie ein anderes Foto geöffnet haben, das diesen Stil erhalten soll, müssen Sie den Stil finden, nicht wahr? Wählen Sie STILE aus dem FENSTER-Menü. Das Stile-Bedienfeld wird geöffnet. Hier befinden sich alle Stilvorgaben. Ganz unten sehen Sie den gerade angelegten Stil FÄRBUNG.

TIPP: Wenn Sie auf den Pfeil oben rechts im Stile-Bedienfeld klicken und das Bedienfeldmenü öffnen, sehen Sie viele vorgegebene Stile, die bereits in Photoshop enthalten sind und sich auf Ihrem Computer befinden. Probieren Sie sie aus.

SCHRITT 8: KLICKEN SIE AUF DAS STIL-ICON, UM DEN STIL AUF DAS FOTO ANZUWENDEN

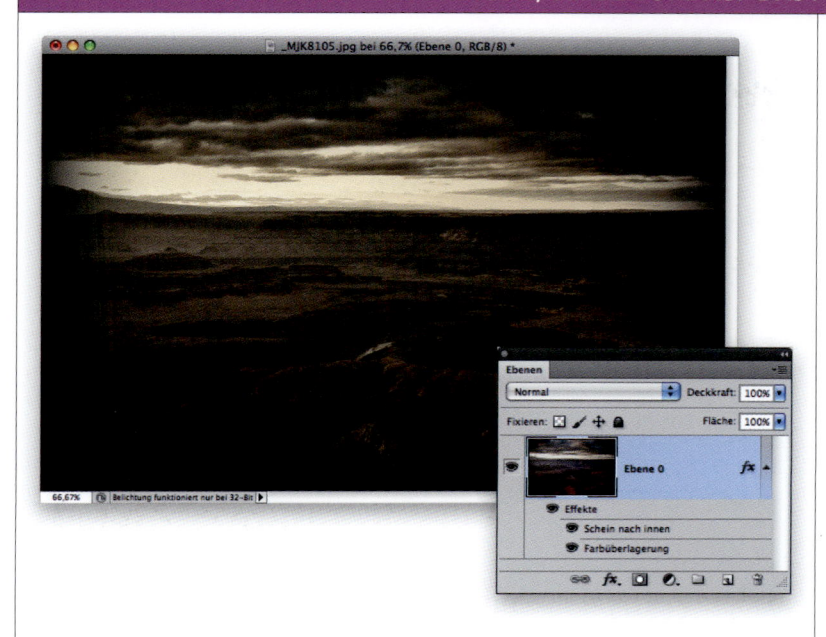

Klicken Sie nun im Stile-Bedienfeld auf das Symbol des Ebenenstils Färbung, um den Stil auf das neue Foto anzuwenden. Vergessen Sie nicht, dass der Stil erst dann funktioniert, wenn Sie die Hintergrundebene in eine normale Ebene umgewandelt haben.

SCHRITT 9: BEARBEITEN SIE DEN EBENENSTIL

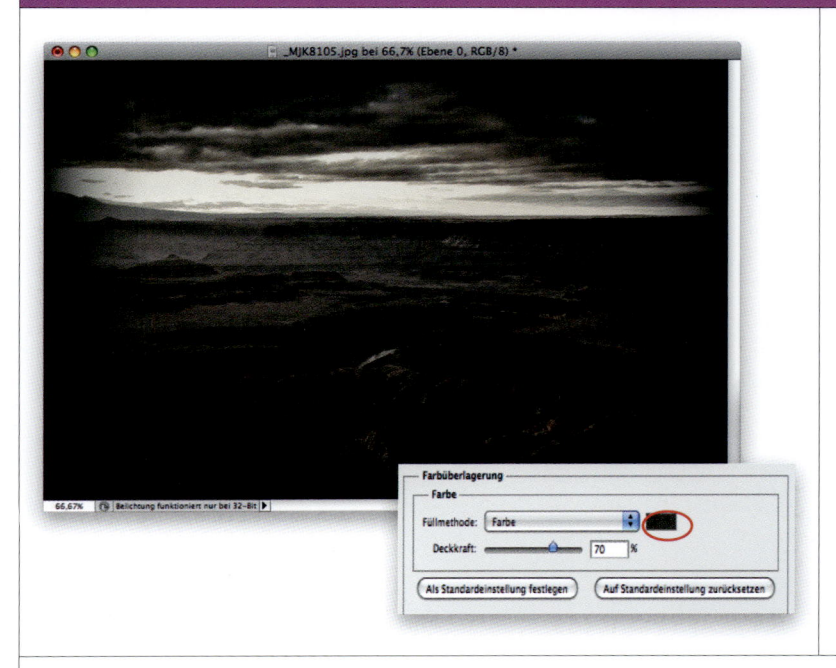

Sie sind so gut wie fertig. Nehmen wir aber einmal an, Sie wollen einen Aspekt des Stils ändern, z. B. die Farbe, die Sie in Farbüberlagerung festgelegt haben. Doppelklicken Sie einfach auf den Namen des Ebenenstils Farbüberlagerung im Ebenen-Bedienfeld, um im Ebenenstil-Dialog dessen Einstellungen zu erhalten, und ändern Sie die Farbe nach Ihren Vorstellungen. Das ist das Coole an den Ebenenstilen. Sie können jederzeit ihre Werte ändern.

Ebenenstile **KAPITEL 8** 219

FÜR ELEMENTS GEEIGNET

KAPITEL 8

MEHR EBENENSTIL-IDEEN
HIER SIND EIN PAAR WEITERE IDEEN, DIE SIE MIT EBENENSTILEN REALISIEREN KÖNNEN

Ich sagte bereits, dass es buchstäblich Tausende Möglichkeiten gibt, was man mit Ebenenstilen alles anstellen kann. Natürlich kann ich hier nicht alle aufzählen, aber zumindest präsentiere ich Ihnen einige meiner Favoriten.

IDEE 1: LEUCHTSTREIFEN

Diesen Effekt habe ich von Corey Barker, dem FX-Zauberer der National Association of Photoshop Professionals. Aktivieren Sie den Pinsel und wählen Sie einen der ausgefransten Strukturpinsel aus dem Pinselwähler. Malen Sie ein paar Striche ins Bild und fügen Sie sowohl einen SCHEIN NACH INNEN als auch einen SCHEIN NACH AUSSEN zur Ebene hinzu, um die Streifen wie Neonleuchten aussehen zu lassen.

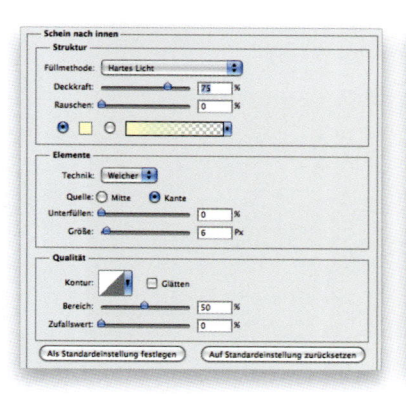

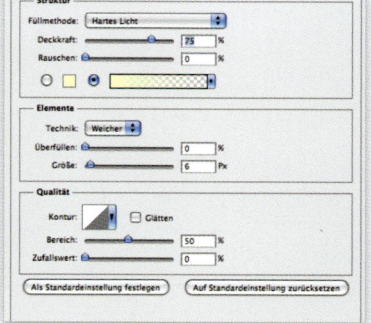

Schein nach innen *Schein nach außen*

IDEE 1: LEUCHTSTREIFEN (FORTSETZUNG)

Fertiges Bild

IDEE 2: FELSEN-STRUKTUR

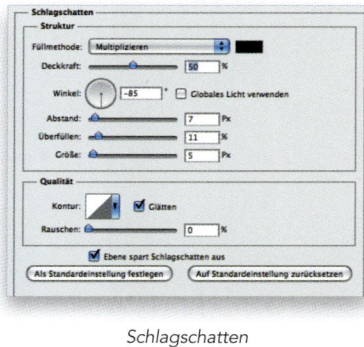

Sie können Ihren Bildern auch einen felsigen Anstrich verleihen. Diese Struktur funktioniert ausgezeichnet bei Text, Sie können sie aber auch auf jede beliebige Form anwenden. Sie wirkt auch cool, wenn Sie sie auf etwas Altes, Rostiges oder Abgenutztes anwenden. *Hinweis:* Für die Musterüberlagerung müssen Sie Ihre Struktur zum Musterwähler hinzufügen.

Schlagschatten

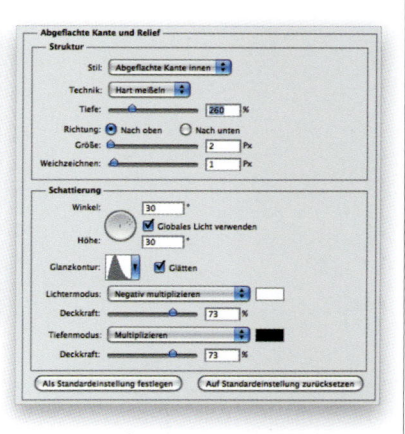

Abgeflachte Kante und Relief

IDEE 2: FELSEN-STRUKTUR (FORTSETZUNG)

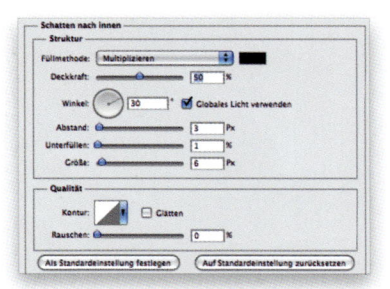

Schatten nach innen

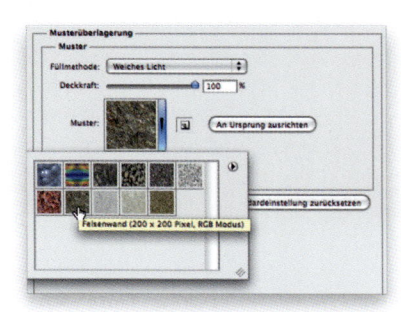

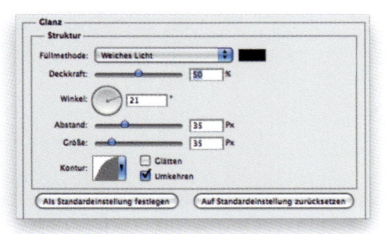

Verlaufsüberlagerung

Musterüberlagerung

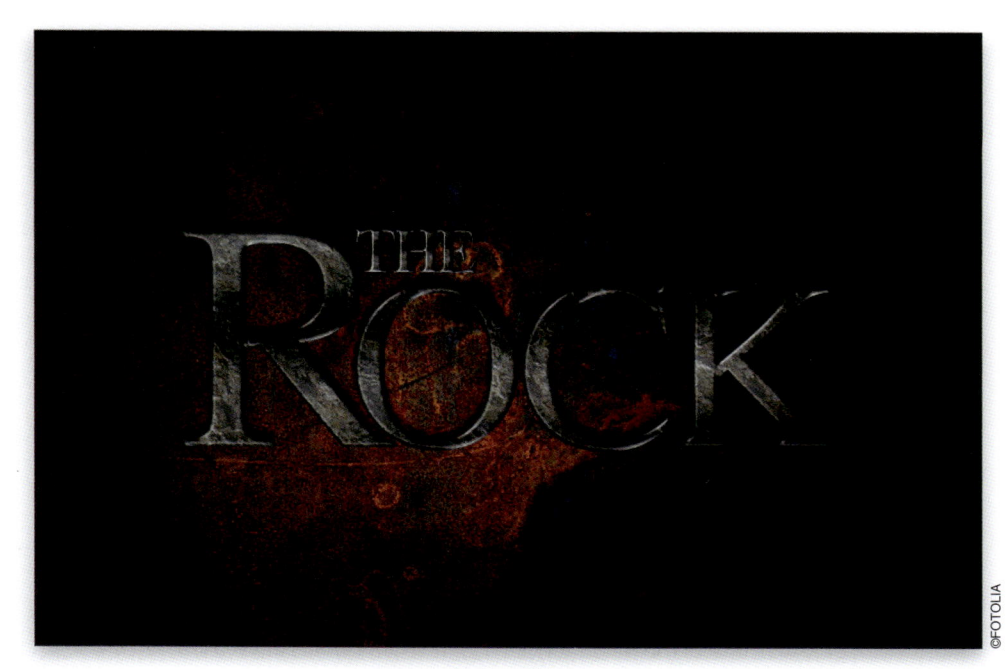

Glanz

Fertiges Bild

IDEE 3: IN HOLZ GEBRANNT

Mit Ebenenstilen können Sie auch dafür sorgen, dass es aussieht, als wäre etwas in die Oberfläche eines Gegenstandes geritzt. Dieser Stil geht sogar noch weiter und fügt einen »Einbrenneffekt« hinzu. Wichtig ist dabei, dass Sie diesen Stil über eine Struktur legen, in die wirklich etwas geschnitzt sein könnte.

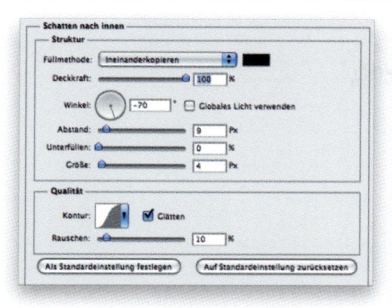

Schatten nach innen

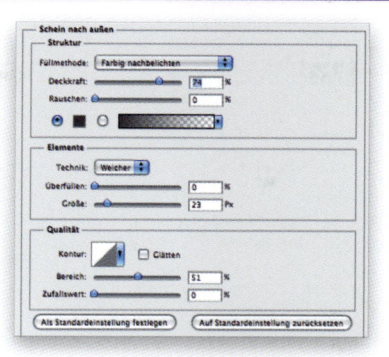

Schein nach außen

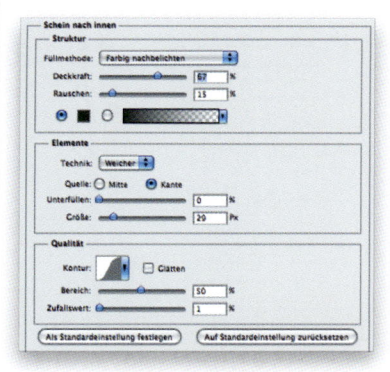

Schein nach innen

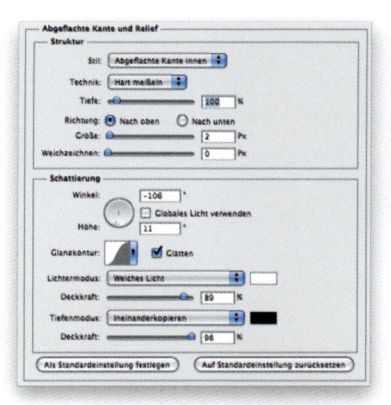

Abgeflachte Kante und Relief

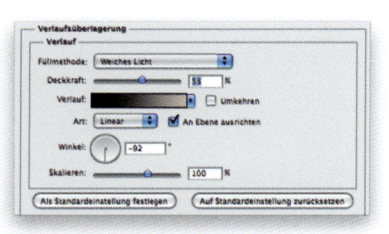

Verlaufsüberlagerung

Fertiges Bild

Ebenenstile | **KAPITEL 8** | **223**

IDEE 4: PLASTIK- ODER AQUA-TEXT

Ebenenstile eignen sich auch ausgezeichnet für alle möglichen Spezialeffekte. Wenn Ihr Text plastisch oder verwässert aussehen soll, probieren Sie diesen Stil aus. Für den Unterwasser-Look habe ich den Text etwas verzerrt (mit einem Klick auf das Icon TEXT VERKRÜMMEN in der Optionsleiste des Text-Werkzeugs).

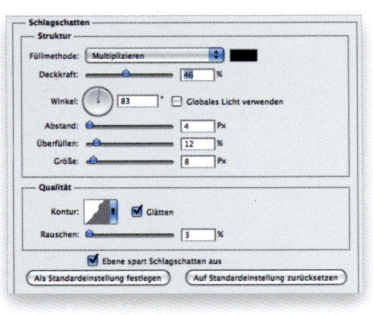

Schlagschatten

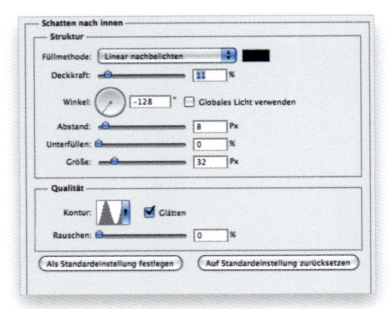

Schatten nach innen

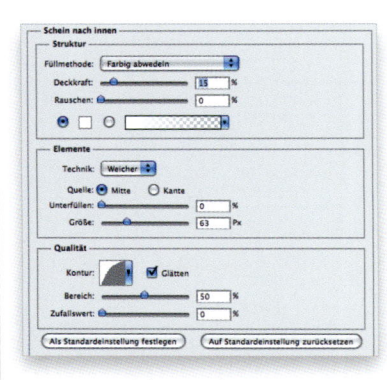

Schein nach innen

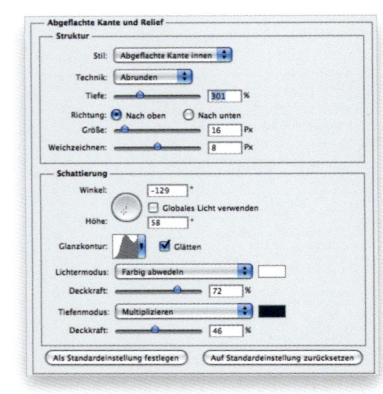

Abgeflachte Kante und Relief

Fertiges Bild

WIE ...

FÜGE ICH EINEN EBENENSTIL ZU EINER PIXELEBENE HINZU?

Doppelklicken Sie auf die Miniatur oder einen leeren Bereich der Ebene im Ebenen-Bedienfeld, dann öffnet sich die Ebenenstil-Dialogbox.

DUPLIZIERE ICH SCHNELL EINEN EBENENSTIL?

Halten Sie die ⌥-Taste (PC: Alt) gedrückt und ziehen Sie den Stil auf die Zielebene.

SCHALTE ICH EINEN VON MEHREREN STILEN FÜR EINE EBENE AUS?

Angenommen, Sie haben Schlagschatten, Abgeflachte Kante und Relief und Kontur auf eine Ebene angewendet. Um nur den Schlagschatten abzuschalten, klicken Sie auf das Augen-Icon daneben im Ebenen-Bedienfeld. Der Effekt bleibt da, ist aber nicht mehr zu sehen.

LÖSCHE ICH EINEN EBENENSTIL?

Ziehen Sie das kleine fx-Icon im Ebenen-Bedienfeld auf das Papierkorb-Icon unten im Bedienfeld. Oder rechts-klicken Sie darauf und wählen Sie Ebenenstil löschen.

SPEICHERE ICH EINEN EBENENSTIL?

Klicken Sie in der Ebenenstil-Dialogbox auf den Button Neuer Stil oben rechts. Benennen Sie den Stil und klicken Sie auf OK.

SEHE ICH MEINE GESPEICHERTEN EBENENSTILE?

Ihre gespeicherten Ebenenstile befinden sich im Stile-Bedienfeld. Blenden Sie es mit Fenster/Stile ein.

WENDE ICH EINEN GESPEICHERTEN EBENENSTIL AN?

Öffnen Sie das Stile-Bedienfeld, wählen Sie die Ebene, auf die Sie den Stil anwenden wollen, und klicken Sie im Stile-Bedienfeld auf den Stil, um ihn anzuwenden.

WANDELE ICH ANGEWENDETE EBENENSTILE IN EINE EIGENE EBENE UM?

Ebenenstile lassen sich immer bearbeiten, auch wenn Sie sie bereits angewendet haben. Um jedoch eine normale Ebene daraus zu machen, damit Sie darauf malen und darin radieren können, rechts-klicken Sie auf den Stil im Ebenen-Bedienfeld und wählen Sie Ebene(n) erstellen.

VERÄNDERE ICH DEN LICHTEINFALLWINKEL VON EINER EBENE ZUR ANDEREN?

Angenommen, Sie haben drei verschiedene Schlagschatten auf drei verschiedene Ebenen angewendet. Standardmäßig ist der Winkel bei allen gleich. Wenn Sie ihn bei einer Ebene ändern, ändern sich alle drei. Sie umgehen das, indem Sie in der Ebenenstil-Dialogbox die Checkbox Globalen Lichteinfall verwenden ausschalten. Damit können Sie den Winkel unabhängig einstellen.

March 13, 2010
Stephanie Lynn
Schaal
and
Christopher Mark
Kiger
became one

KAPITEL NEUN

SMART-EBENEN

Mit den Versionen CS3 und CS4 von Photoshop hat Adobe begonnen, wirklich abgefahrene Dinge mit Ebenen anzustellen. Ebenen sind jetzt unverwüstlich. Das heißt, Sie können nun Ebenen transformieren, ihre Größe ändern, sie verzerren und ersetzen – völlig verlustfrei. Ihnen bleibt immer ein Ausweg, falls sich mit der Zeit etwas an Ihrem Bild ändern soll. In Photoshop CS5 können Sie sogar einen Filter auf eine Ebene anwenden und dessen Einstellungen später noch verändern. Photoshops Ebenen werden also immer schlauer. Blättern Sie um und lesen Sie, wie schlau.

FÜNF GRÜNDE, WARUM SMART-OBJEKTE SO COOL SIND!

SMART-OBJEKTE SIND EINFACH UNGLAUBLICH! HIER SIND FÜNF GRÜNDE DAFÜR.

Falls Sie eher der praktische Typ sind, können Sie dieses Tutorial auch überspringen und gleich zum nächsten gehen. Dort finden Sie ein Projekt, in dem sich alles um Smart-Objekte und deren großartige Eigenschaften dreht. Wollen Sie sich dagegen einen Überblick darüber verschaffen, was Smart-Objekte sind und weshalb Sie sie benutzen sollten, dann lesen Sie zuerst dieses Tutorial.

SCHRITT 1: EIN SMART-OBJEKT ERZEUGEN

Bevor wir uns damit befassen, wieso Smart-Objekte so cool sind, sollten Sie wissen, worum es sich dabei handelt und wie Sie sie erzeugen. Eine Smart-Objekt-Ebene ist eine besondere Art von Ebene, die im Prinzip unzerstörbar ist. Alles, was Sie auf ihr tun, erfolgt verlustfrei und kann widerrufen werden. Wie das funktioniert, erfahren Sie gleich. Um eine Smart-Objekt-Ebene zu erzeugen, wählen Sie aus dem DATEI-Menü ALS SMART-OBJEKT ÖFFNEN. Wählen Sie dann ein Bild oder Foto, das Sie öffnen wollen.

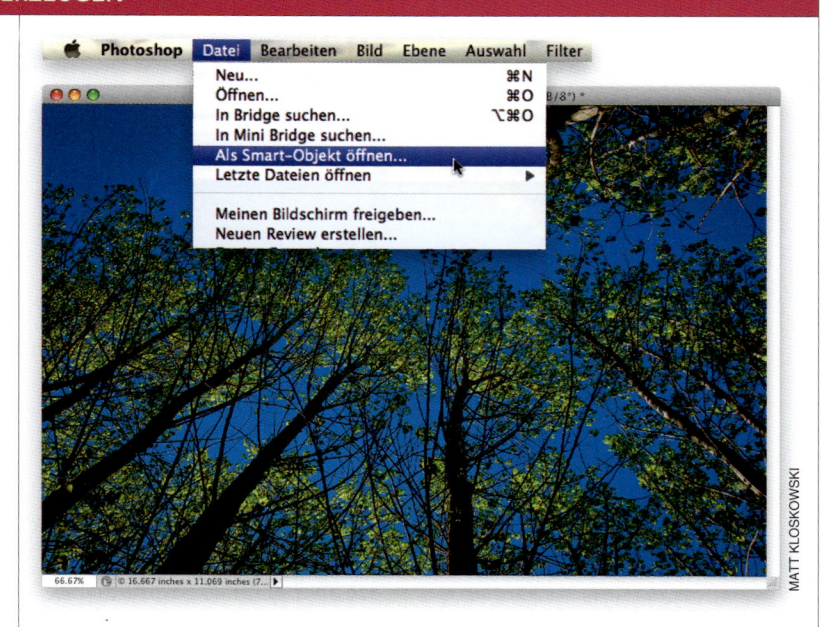

SCHRITT 2: SCHAUEN SIE INS EBENEN-BEDIENFELD. DIE EBENE SIEHT ANDERS AUS ALS SONST

Schauen Sie nun ins Ebenen-Bedienfeld. Dort sehen Sie wie üblich eine Ebene. Blicken Sie genauer hin. In der unteren rechten Ecke der Ebenenminiatur sehen Sie ein Symbol. Dieses Symbol bedeutet, dass dies eine Smart-Objekt-Ebene ist. Alles andere sollte gleich aussehen. Voilà … Sie haben Ihre erste Smart-Objekt-Ebene erzeugt. Jetzt zu den fünf Gründen, wieso Smart-Objekte cool sind!

GRUND 1: SMART-OBJEKTE = SMARTFILTER

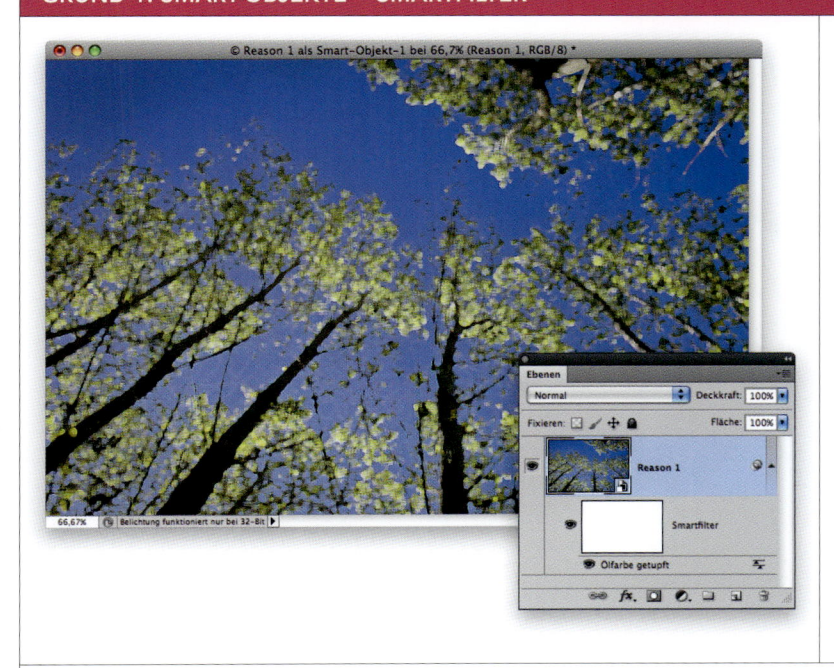

Haben Sie schon einmal von einem verlustfreien Filter gehört? Immer wenn wir in diesem Buch einen Filter ausführen, kommt es zu einer permanenten Änderung an der Ebene. Die einzige Möglichkeit, die Einstellungen dieses Filters zu ändern, ist, alle Änderungen zu widerrufen. Nun gibt es jedoch Smartfilter. Damit können Sie einen Filter auf einer Ebene ausführen (wie üblich über das FILTER-Menü). Bei Bedarf können Sie den Filter später ändern. Allerdings können Smartfilter nur zu Smart-Objekt-Ebenen hinzugefügt werden. Hier verwendete ich den Filter ÖLFARBE GETUPFT (zum Üben geht jeder). Diesen und andere coole Filter finden Sie unter http://labs.adobe.com/technologies/pixelbenderplugin.

GRUND 2A: DIE GRÖSSE VON SMART-OBJEKTEN KANN GEÄNDERT WERDEN

Die Größe von Smart-Objekten kann unbegrenzt geändert werden. Das bedeutet, dass Sie ein Bild (wie z. B. ein Logo) als Smart-Objekt öffnen können. Vergrößern Sie es dann. Anschließend verkleinern und vergrößern Sie es wieder – es gibt keine Qualitätsverluste. Bei einer normalen Ebene sähe das Bild am Ende so aus wie ganz rechts.

Eine normale Ebene verliert an Qualität, wenn Sie sie erst verkleinern und dann wieder vergrößern.

GRUND 2B: DIE GRÖSSE VON SMART-OBJEKTEN KANN GEÄNDERT WERDEN

Handelt es sich bei der Ebene, deren Größe Sie ändern, dagegen um eine Smart-Objekt-Ebene, dann bleibt sie trotz der Größenänderung scharf und knackig.

Eine Smart-Objekt-Ebene bleibt auch dann scharf, wenn sie erst verkleinert und dann wieder vergrößert wird.

GRUND 3A: SMART-OBJEKTE SIND AUSTAUSCHBAR

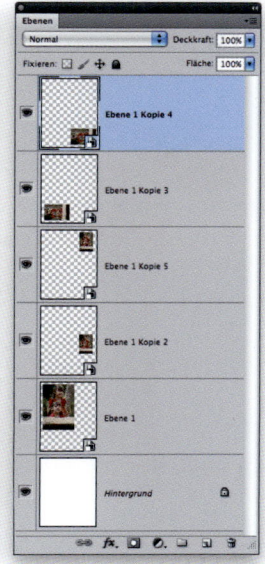

Eine weitere wirklich coole Eigenart von Smart-Objekten besteht darin, dass sie austauschbar sind. Das bedeutet Folgendes: Nehmen wir einmal an, Sie haben aus einem Foto ein eigenes Layout für ein Bilderpaket erzeugt. Vermutlich haben Sie mehrere Kopien der Ebenen dupliziert, in der Größe verändert und auf der Arbeitsfläche hin- und herbewegt. Dann drucken Sie das Ganze und alles ist in Ordnung. Beim nächsten Projekt wollen Sie das gleiche Layout verwenden, aber mit einem anderen Foto. Ohne Smart-Objekte müssten Sie jetzt auf jede einzelne Ebene ein anderes Foto setzen.

GRUND 3B: SMART-OBJEKTE SIND AUSTAUSCHBAR

Bei Smart-Objekt-Ebenen wählen Sie einfach eine der Ebenen aus, klicken auf das EBENE-Menü und wählen SMART-OBJEKTE/INHALT ERSETZEN. Sie geben ein anderes Foto an und schon werden alle Fotos auf einmal ersetzt. Klasse!!!

GRUND 4A: SMART-OBJEKTE ERLAUBEN DAS ARBEITEN MIT VEKTORGRAFIKEN AUS ILLUSTRATOR

Eine weitere, wirklich coole Eigenschaft von Smart-Objekten besteht darin, dass sie es Ihnen erlauben, mit Vektorgrafiken direkt aus Illustrator zu arbeiten. Stellen Sie sich vor, Sie platzieren mehrere Instanzen eines Logos, das Sie in Illustrator hergestellt haben, in Ihrem Bild. Später beschließen Sie, einen Aspekt Ihres Logos zu ändern – sei es Farbe oder Form. Ohne Smart-Objekte müssten Sie Ihre Ebenen löschen und noch einmal von vorn anfangen, nachdem Sie das Logo in Illustrator geändert haben.

Hinweis: In Kapitel 10 zeige ich Ihnen, wie Sie das Bild aussehen lassen, als wäre es direkt auf das T-Shirt gedruckt, inklusive Falten.

GRUND 4B: SMART-OBJEKTE ERLAUBEN DAS ARBEITEN MIT VEKTORGRAFIKEN AUS ILLUSTRATOR

Bei Smart-Objekt-Ebenen müssen Sie nur auf die Logo-Ebene in Photoshop doppelklicken. Das Programm weiß, dass die Grafik aus Illustrator stammt, und öffnet sie automatisch dort. Führen Sie dort die Änderungen durch, speichern Sie die Datei und Photoshop aktualisiert automatisch alle Instanzen des Logos auf den Smart-Objekt-Ebenen.

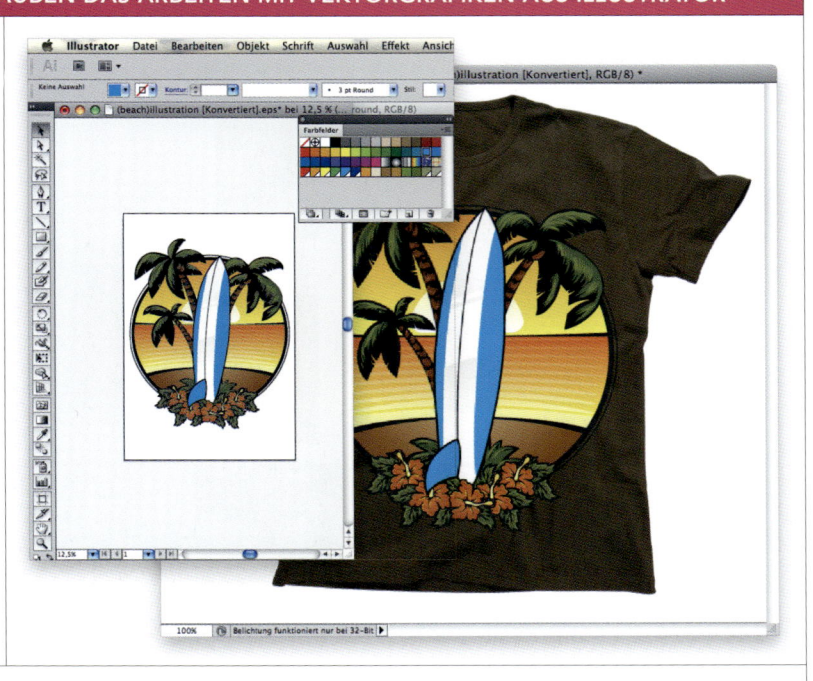

GRUND 5A: SMART-OBJEKTE MERKEN SICH IHRE RAW-DATEN

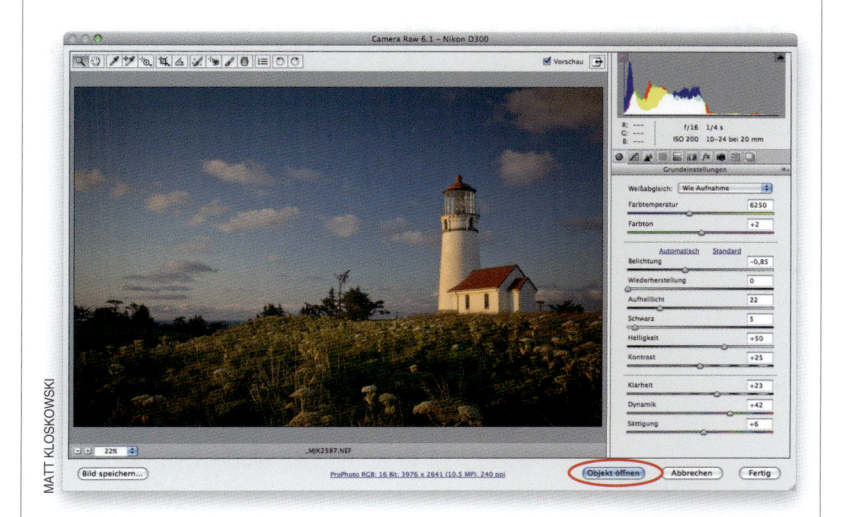

Angenommen, Sie arbeiten in Camera Raw an einem Raw-Foto. Sie korrigieren Belichtung und Weißabgleich wie immer. Aber wenn Sie fertig sind, halten Sie die ⇧-Taste gedrückt, so dass sich der ÖFFNEN-Button unten rechts in OBJEKT ÖFFNEN ändert. Wenn Sie darauf klicken, wird das Foto automatisch als Smart-Objekt-Ebene in Photoshop geöffnet.

GRUND 5B: SMART-OBJEKTE MERKEN SICH IHRE RAW-DATEN

Ab hier ist ein Raw-Bild als Smart-Objekt-Ebene richtig hilfreich: Angenommen, Sie wollen die Raw-Einstellungen irgendwann später nachbearbeiten. Sie brauchen nur auf die Smart-Objekt-Ebene im Ebenen-Bedienfeld doppelzuklicken, dann gelangen Sie zurück zu Camera Raw und finden dort die Einstellungen vom letzten Mal vor. Sie können diese jetzt ändern und klicken dann auf OK. Camera Raw speichert die Einstellungen und aktualisiert auch Ihr Foto in Photoshop (ich habe dieses Bild in Schwarzweiß umgewandelt).
Hinweis: Schauen Sie sich unbedingt die Doppelentwicklung weiter hinten in diesem Kapitel an – Smart-Objekte können Ihnen in Photoshop bei der Bildbearbeitung helfen.

VORLAGEN MIT SMART-OBJEKTEN GESTALTEN

DIE VORLAGENDESIGNS, DIE SIE MIT SMART-OBJEKT-EBENEN HERSTELLEN KÖNNEN, SIND FANTASTISCH.

Seien wir ehrlich. Die Designs, die Sie mit Smart-Objekt-Ebenen herstellen können, sind in visueller Hinsicht nicht anders als die Designs mit normalen Ebenen. In diesem Tutorial wollen wir die ganze Angelegenheit jedoch einmal vom Standpunkt der Automatisierung aus betrachten. Es ist wirklich cool, wie man mit Smart-Objekt-Ebenen wiederverwendbare Vorlagen herstellen kann, und zeigt die ganze Stärke von Smart-Objekten.

SCHRITT 1: ÖFFNEN SIE EIN FOTO, DAS ALS HAUPTBILD FÜR EINE ALBUMSEITE DIENEN SOLL

Öffnen Sie das Hauptfoto für diesen Entwurf. Sie werden feststellen, dass dieses Projekt sich hervorragend für das Herstellen wiederverwendbarer Albumseiten eignet. Diese Dateien können gespeichert und später wieder geöffnet werden, um das Foto auszutauschen. Falls Sie das Ganze mit dem Hochzeitsfoto probieren wollen, das ich hier benutzt habe, laden Sie es sich von der Buch-Website herunter.

SCHRITT 2: WANDELN SIE DIE HINTERGRUNDEBENE IN EIN SMART-OBJEKT UM

Wandeln Sie zuerst die Hintergrundebene in ein Smart-Objekt um. Im letzten Tutorial verwendeten wir DATEI/ALS SMART-OBJEKT ÖFFNEN. Sie können aber auch jede bereits geöffnete Ebene in ein Smart-Objekt umwandeln. Dazu rechts-klicken Sie auf den Ebenennamen und wählen IN SMART-OBJEKT KONVERTIEREN. Visuell ändert sich nichts, Sie sehen allerdings jetzt das kleine Smart-Objekt-Symbol auf der Ebenenminiatur im Ebenen-Bedienfeld.

SCHRITT 3: DUPLIZIEREN SIE DIE SMART-OBJEKT-EBENE

Drücken Sie ⌘-J (PC: Strg-J), um die Smart-Objekt-Ebene zu duplizieren, so dass Sie nun zwei Smart-Objekt-Ebenen haben.

SCHRITT 4: ERSTELLEN SIE EINE QUADRATISCHE AUSWAHL UND FÜGEN SIE EINE EBENENMASKE EIN

Aktivieren Sie das Auswahlrechteck-Werkzeug ([M]) und erzeugen Sie mit gedrückter [⇧]-Taste oben rechts im Bild eine quadratische Auswahl. Achten Sie darauf, dass Sie auf der duplizierten Kopie der Smart-Objekt-Ebene arbeiten. Klicken Sie dann auf das Symbol EBENENMASKE HINZUFÜGEN unten im Ebenen-Bedienfeld, um die Auswahl in eine Ebenenmaske umzuwandeln.

SCHRITT 5: PASSEN SIE DAS FOTO IN DAS SICHTBARE QUADRAT EIN

Wir wollen nun die Smart-Objekt-Ebene so anpassen, dass sie besser in das Quadrat passt. Klicken Sie auf die Miniatur im Ebenen-Bedienfeld und dann auf das Verbindungs-Icon zwischen Miniatur und Ebenenmaske (damit werden Bild und Maske entkoppelt und Sie können das Bild allein anpassen). Wählen Sie FREI TRANSFORMIEREN aus dem BEARBEITEN-Menü. Drücken Sie die [⇧]-Taste und ziehen Sie einen der Eckpunkte nach innen, um die Größe des Fotos zu verringern. Das Paar soll bequem in das Quadrat passen. Verschieben Sie den FREI TRANSFORMIEREN-Rahmen mit der Maus an die passende Stelle und drücken Sie dann [↵], um Ihre Transformation zu bestätigen.

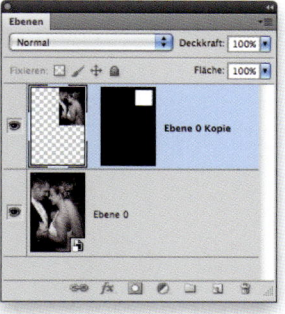

SCHRITT 6: WIEDERHOLEN SIE DIE SCHRITTE 3–5 NOCH ZWEIMAL

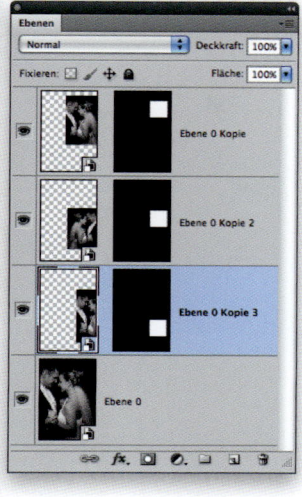

Wiederholen Sie die Schritte 3–5 zweimal. Duplizieren Sie die ursprüngliche Smart-Objekt-Ebene, erzeugen Sie eine Auswahl, fügen Sie eine Ebenenmaske hinzu und setzen Sie Frei transformieren ein, um diese neu zu positionieren. Versuchen Sie, jedes Foto zu variieren, so dass jeweils ein anderer Teil des Fotos angezeigt wird – damit es fast wie drei unterschiedliche Fotos wirkt, auch wenn es tatsächlich immer dasselbe ist. Ordnen Sie die Auswahlen entlang der rechten Seite des Bildes an.

Hinweis: Für das mittlere und untere Quadrat spiegelte ich das Bild (Bearbeiten/Transformieren/ Horizontal spiegeln).

SCHRITT 7: FÜGEN SIE DIE EBENENSTILE SCHLAGSCHATTEN, KONTUR UND SCHEIN NACH INNEN HINZU

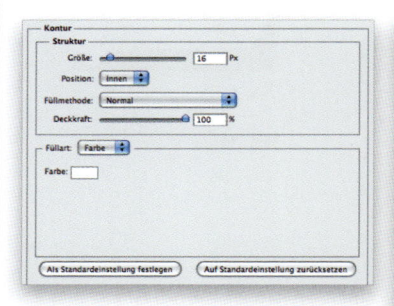

Doppelklicken Sie auf eine der kleinen, quadratischen Smart-Objekt-Ebenen, die Sie gerade angelegt haben, um den Ebenenstil-Dialog zu öffnen. Fügen Sie einen Schlagschatten-Ebenenstil hinzu und ändern Sie die Deckkraft auf 50 %, den Abstand auf 5 und die Grösse auf 13. Fügen Sie dann den Ebenenstil Schein nach innen hinzu, wählen Sie Schwarz im Farbwähler und stellen Sie die Füllmethode Multiplizieren ein. Zum Schluss fügen Sie den Ebenenstil Kontur hinzu. Setzen Sie Grösse auf 16 Pixel, Position auf Innen und Farbe auf Weiß. Klicken Sie auf OK, wenn Sie fertig sind.

Smart-Ebenen | **KAPITEL 9** | **237**

SCHRITT 8: DUPLIZIEREN SIE DEN EBENENSTIL AUF DIE BEIDEN ANDEREN EBENEN

Kopieren Sie den Ebenenstil, den Sie gerade angelegt haben, auf die beiden anderen quadratischen Ebenen. Dazu drücken Sie die ⌥-Taste (PC: Alt), klicken das Ebenenstil-Symbol (fx) an und ziehen es auf die beiden anderen Ebenen, um die drei Ebenenstile auf diese Ebenen zu kopieren.

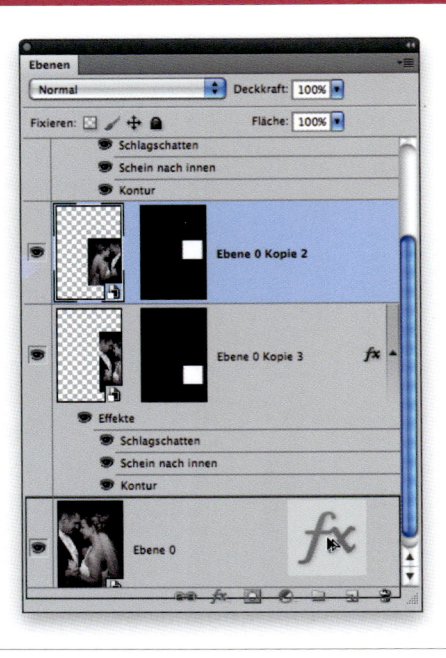

SCHRITT 9: LEGEN SIE AUF DEM HINTERGRUND EINE TONWERTKORREKTUR-EINSTELLUNGSEBENE AN

Wählen Sie die unterste Ebene (die ursprüngliche Smart-Objekt-Ebene) aus. Klicken Sie dann auf das Symbol NEUE FÜLL- ODER EINSTELLUNGSEBENE ERSTELLEN unten im Ebenen-Bedienfeld und wählen Sie TONWERTKORREKTUR. Ziehen Sie den schwarzen Regler unter TONWERTUMFANG auf 118, um das Hintergrundfoto abzublenden und es heller als alles andere erscheinen zu lassen. Klicken Sie auf OK, damit die Einstellungsebene angelegt wird.

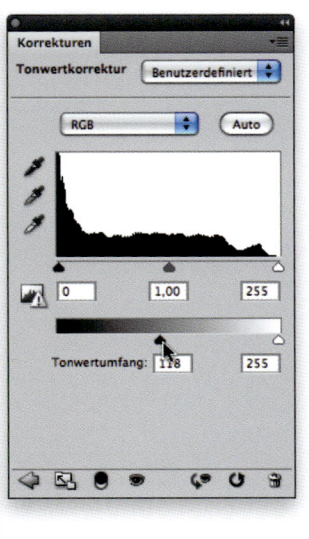

SCHRITT 10: WENDEN SIE EINEN GAUSSSCHEN WEICHZEICHNER AUF DAS HINTERGRUNDFOTO AN

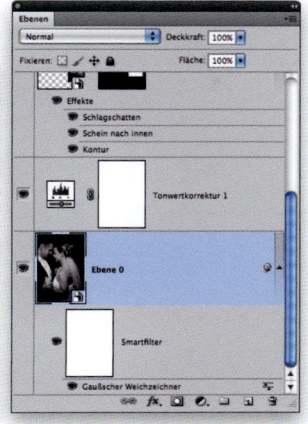

Wir wollen auf das Foto des Paares im Hintergrund noch einen Weichzeichner anwenden. Da es sich bei der Ebene um eine Smart-Objekt-Ebene handelt, können wir Smartfilter einsetzen – Sie wissen schon, die Art, die Sie auch später noch verändern können. Wählen Sie FILTER/WEICHZEICHNUNGSFILTER/ GAUSSSCHER WEICHZEICHNER. Geben Sie einen Wert von 3 Pixel ein und klicken Sie auf OK. Schauen Sie sich dann die Ebenen im Ebenen-Bedienfeld an. Die Smartfilter-Teilebene erscheint direkt unter dieser Ebene. Wir müssen sie jetzt nicht gleich bearbeiten, werden das aber in Kürze tun, und dann erkennen Sie, wie leicht das geht.

SCHRITT 11: FÜGEN SIE AUF DER LINKEN SEITE EINE WEISSE RECHTECK-FORMEBENE HINZU

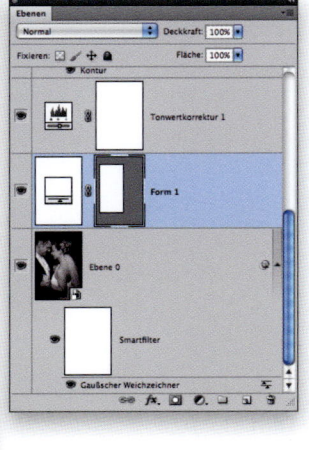

Wir sind fast fertig. Aktivieren Sie nun das Rechteck-Werkzeug (das Formwerkzeug, nicht das Auswahlwerkzeug; drücken Sie U, um es zu erhalten). Drücken Sie D und dann X, um Ihre Vordergrundfarbe auf Weiß zu setzen. Zeichnen Sie auf der linken Seite des Bildes ein großes Rechteck.

SCHRITT 12: FÜGEN SIE DEN EBENENSTIL KONTUR HINZU

Doppelklicken Sie auf die gerade angelegte Formebene und fügen Sie den Ebenenstil KONTUR hinzu. Ändern Sie die Größe auf 1 Pixel und die Farbe auf Schwarz. Klicken Sie OK, um den Ebenenstil hinzuzufügen und den Dialog zu schließen. Verringern Sie den FLÄCHE-Wert der Ebene (oben rechts im Ebenen-Bedienfeld) auf 30 %. Der Ebenenstil KONTUR behält seine volle Deckkraft, die Deckkraft des Weiß der Ebene wird dagegen verringert, so dass man hindurchsehen kann.

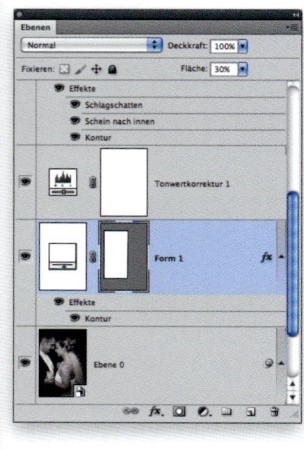

SCHRITT 13: FÜGEN SIE TEXT AUF DEM RECHTECK HINZU

Aktivieren Sie das Text-Werkzeug (T). Ziehen Sie in dem weißen Rechteck ein großes Textfeld auf. Fügen Sie dann Text hinzu. Ich habe Edwardian Script als Schrift verwendet, und zwar in der Größe 41 pt.

TIPP: Öffnen Sie das Zeichen-Bedienfeld (FENSTER/ZEICHEN) und erhöhen Sie den Zeilenabstand auf 90 pt.

SCHRITT 14: ERSETZEN SIE EINE DER SMART-OBJEKT-EBENEN UND SIE WERDEN ALLE ERSETZT

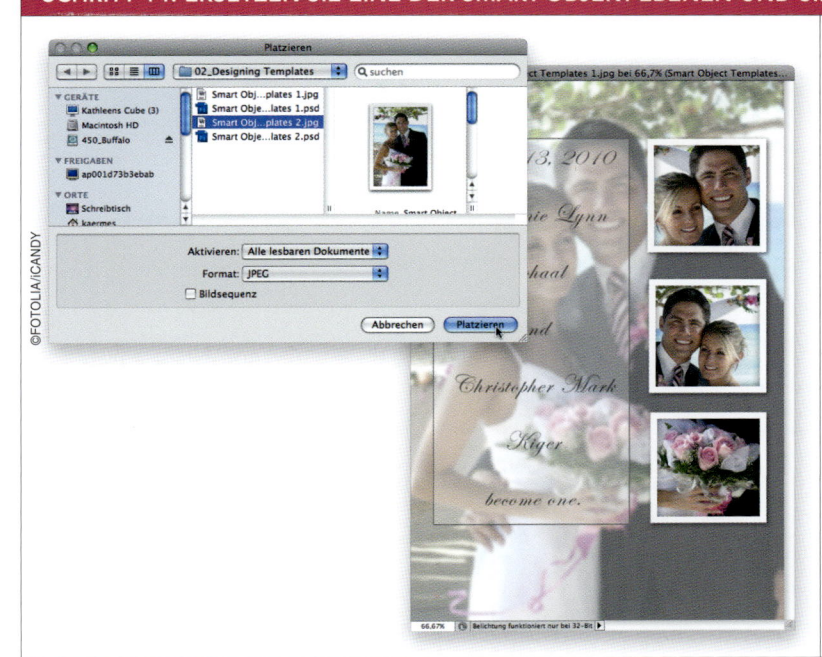

Jetzt kommt die Krönung. Was passiert, wenn das nächste Projekt kommt und Sie das Foto eines anderen Pärchens haben? Speichern Sie dieses Bild einfach als PSD-Datei. Öffnen Sie es wieder, wenn Sie das nächste Projekt beginnen. Klicken Sie auf eine der Smart-Objekt-Ebenen und wählen Sie EBENE/SMART-OBJEKTE/INHALT ERSETZEN. Suchen Sie ein anderes Foto ähnlicher Größe und Ausrichtung und klicken Sie auf PLATZIEREN. Alle vier Fotos werden ersetzt. Die Größenunterschiede bleiben erhalten. Die Masken bleiben erhalten. Die Ebenenstile werden übernommen und sogar der Gaußsche Weichzeichner wird auf das neue Foto angewendet. (Sie dürfen jetzt klatschen!)

SCHRITT 15: PASSEN SIE DIE POSITION DER FOTOS UND DEN GAUSSSCHEN WEICHZEICHNER AN

Sie haben nun die Möglichkeit, die drei kleineren Fotos zu verschieben und ihre Größen zu ändern (erinnern Sie sich, es sind Smart-Objekte – Größenänderungen sind also ohne Qualitätsverlust möglich). Falls das neue Foto nicht exakt passt, ändern Sie es. Werfen Sie auch einen Blick auf die Teilebene mit dem GAUSSSCHEN WEICHZEICHNER. Das neue Foto wirkt zu unscharf. Kein Problem. Doppelklicken Sie einfach auf den Gaußschen Weichzeichner und passen Sie den Wert an. Ich habe ihn hier auf 2 Pixel verringert und dann OK geklickt. Das ist wirklich ein flexibles Photoshop-Dokument!

BILDER DOPPELT ENTWICKELN
WENN SIE LIEBER MEHRERE BILDER HÄTTEN, ABER NUR EINS AUFGENOMMEN HABEN

Eine der Smart-Objekt-Techniken, die ich am häufigsten einsetze, ist die doppelte Entwicklung. Sie ist dann sehr praktisch, wenn ein Bereich eines Fotos gut belichtet ist, während ein anderer zu dunkel oder zu hell ist (wie bei »Mehrere Belichtungen kombinieren« in Kapitel 6). Wenn wir ein Foto aufnehmen, sieht unser Auge zwar alles, die Kamera aber nicht. Dann ist es hilfreich, zwei Fotos mit unterschiedlichen Belichtungseinstellungen aufzunehmen, um alle Details aufzuzeichnen. Gleich werden Sie jedoch sehen, wie Sie bei Smart-Objekten mit nur einem Foto zu einem guten Ergebnis kommen können.

SCHRITT 1: ÖFFNEN SIE EIN RAW-FOTO IN CAMERA RAW UND KORRIGIEREN SIE ES

Öffnen Sie ein Raw-Foto in Camera Raw. Hier sehen Sie, der Vordergrund ist makellos (daran habe ich mich beim Belichten orientiert), dabei wusste ich jedoch sofort, dass der Himmel zu hell werden würde. Ich selbst konnte die Szene gut erkennen, aber die Kameras nehmen einfach nicht das auf, was wir sehen. Aber der Reihe nach: Nehmen Sie Ihre Camera-Raw-Einstellungen am Foto vor (Weißabgleich, Belichtung, Schärfe, Dynamik etc.). Gehen Sie wie immer vor, richten Sie sich jedoch bei allen Einstellungen immer nur nach dem Vordergrund. Vergessen Sie den Himmel vorerst.

SCHRITT 2: ÖFFNEN SIE DAS BILD IN PHOTOSHOP ALS SMART-OBJEKT

Ich erwähnte bereits im ersten Tutorial dieses Kapitels, dass Sie Ihre Fotos aus Camera Raw auch als Smart-Objekte in Photoshop öffnen können. Halten Sie dazu die ⇧-Taste gedrückt und klicken Sie auf den BILD ÖFFNEN-Button (unten rechts), er ändert sich in OBJEKT ÖFFNEN. Klicken Sie auf OBJEKT ÖFFNEN und das Foto erscheint automatisch als Smart-Objekt in Photoshop.

SCHRITT 3: DUPLIZIEREN SIE DIE SMART-OBJEKT-EBENE

Wir kopieren diese Ebene. Mit EBENE/DUPLIZIEREN geht das jedoch nicht, denn das Duplikat wäre mit dem Original verbunden und die Doppelentwicklung würde nicht funktionieren. Rechts-klicken Sie stattdessen im Ebenen-Bedienfeld auf den Namen der Smart-Objekt-Ebene und wählen Sie dann NEUES SMART-OBJEKT DURCH KOPIE. Damit wird das Smart-Objekt kopiert und lässt Sie all die coolen Dinge tun, die wir gleich tun werden – denn die Kopie ist nicht mehr mit dem Original verbunden.

Smart-Ebenen | **KAPITEL 9** | **243**

SCHRITT 4: BEARBEITEN SIE DIE SMART-OBJEKT-EBENE IN CAMERA RAW

Nun kehren wir zu Camera Raw zurück und korrigieren den Himmel. Doppelklicken Sie auf die Smart-Objekt-Kopie (obere Ebene). Sie gelangen direkt zu Camera Raw, denn Photoshop weiß, dass die Datei eine Raw-Datei war und bereits bearbeitet wurde. Camera Raw öffnet automatisch dieselben Einstellungen wie beim letzten Besuch in Schritt 1. Bearbeiten Sie das Bild jetzt so, dass der Himmel korrekt aussieht. Dazu müssen Sie vermutlich die Belichtung reduzieren und vielleicht sogar etwas WIEDERHERSTELLUNG ins Spiel bringen, um die Lichter ein wenig zu dämpfen. Ich erhöhe außerdem KLARHEIT und DYNAMIK. Der Vordergrund geht nun gar nicht, aber das ist okay. Klicken Sie auf OK, um zu Photoshop zu wechseln.

SCHRITT 5: IN PHOTOSHOP HABEN SIE JETZT ZWEI BILDVERSIONEN

Wenn Sie in Photoshop zurück sind, haben Sie zwei verschiedene Versionen (Ebenen) desselben Bildes. Die obere Ebene hat einen schönen Himmel, in der unteren sieht der Vordergrund gut aus. Die untere Ebene sehen Sie jedoch nicht, weil sie von der oberen verdeckt wird. Aber darum kümmern wir uns gleich.

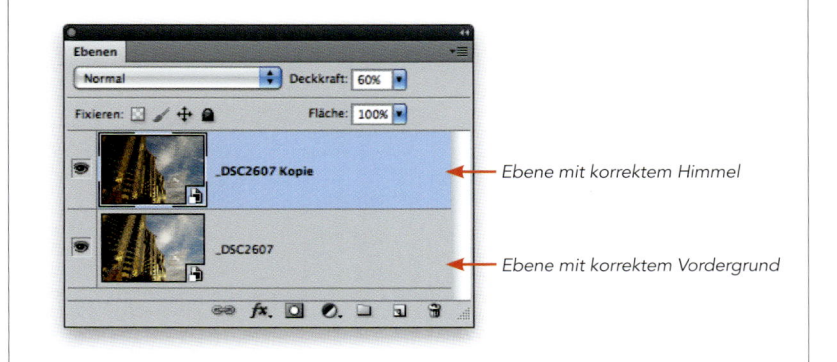

Ebene mit korrektem Himmel

Ebene mit korrektem Vordergrund

SCHRITT 6: WÄHLEN SIE IN DER OBEREN EBENE DEN BEREICH AUS, DEN SIE BEHALTEN WOLLEN

Nun müssen wir uns nur noch die besten Bereiche aus beiden Bildern aussuchen, auswählen und eine Maske erstellen. Aktivieren Sie das Schnellauswahl-Werkzeug ([W]) und wählen Sie den Bereich des Bildes aus, den Sie erhalten wollen. In diesem Beispiel ist das der Himmel, also wähle ich ihn aus.

SCHRITT 7: FÜGEN SIE EINE MASKE HINZU, UM DIE ANDEREN GUTEN BEREICHE FREIZULEGEN

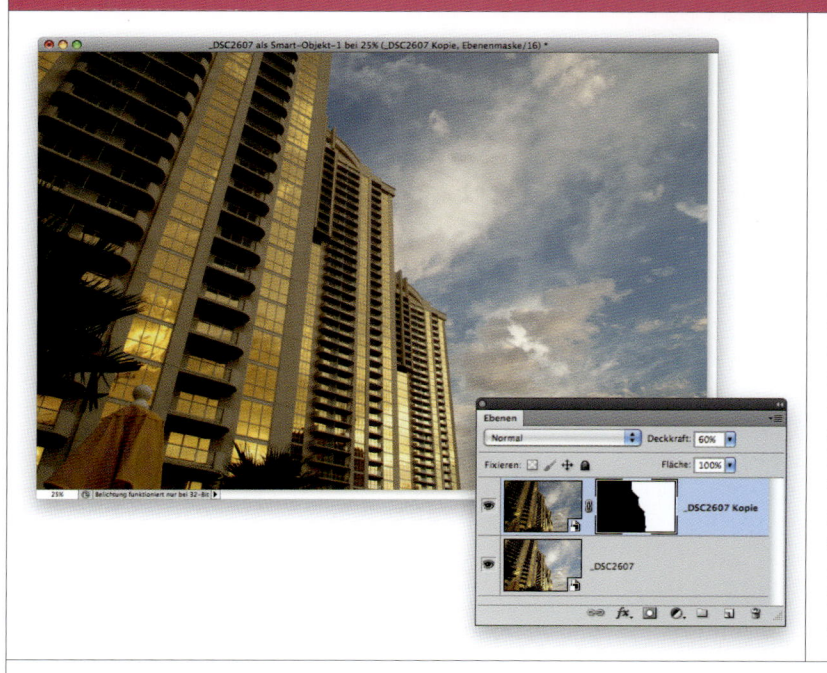

Klicken Sie schließlich auf das Icon EBENENMASKE HINZUFÜGEN unten im Ebenen-Bedienfeld. Die Ebenenmaske verbirgt alles, was in der oberen Ebene nicht ausgewählt war (also den Vordergrund), der Himmel bleibt jedoch sichtbar. Wir bekommen also das Beste aus beiden Bildern: den Himmel aus der oberen, den Vordergrund aus der unteren Ebene. Und wenn Sie eine davon nachbearbeiten wollen, doppelklicken Sie einfach auf die Smart-Objekt-Ebene, dann öffnet sich das Foto in Camera Raw. Sie können dort Ihre Änderungen vornehmen und die Ebene wird aktualisiert, sobald Sie zu Photoshop zurückkommen. Die Ebenenmaske ist noch immer an Ort und Stelle, Sie sehen also weiterhin nur die gewünschten Bereiche.

IHRE DOPPELENTWICKLUNG: VORHER UND NACHHER

Vorher

Nachher

WIE ...

ÖFFNE ICH EIN BILD ALS SMART-OBJEKT?

Wählen Sie Datei/Als Smart-Objekt öffnen. Suchen Sie sich das Bild, das Sie öffnen wollen, und klicken Sie auf den Öffnen-Button. Das Bild erscheint wie normal im Ebenen-Bedienfeld, dennoch ist es ein Smart-Objekt.

PLATZIERE ICH EIN BILD ALS SMART-OBJEKT IN EINEM BEREITS GEÖFFNETEN BILD?

Wählen Sie Datei/Platzieren. Navigieren Sie zu Ihrem Bild und klicken Sie auf Platzieren. Das platzierte Bild erscheint als Smart-Objekt in Ihrem Bild.

WANDELE ICH EINE NORMALE EBENE IN EINE SMART-OBJEKT-EBENE UM?

Wählen Sie einfach Ebene/Smart-Objekte/In Smart-Objekt konvertieren, das funktioniert immer. Ich rechts-klicke jedoch lieber auf den Ebenennamen und wähle In Smart-Objekt konvertieren aus dem Kontextmenü. Das geht viel schneller.

KANN ICH SMARTFILTER AUF EINE EBENE ANWENDEN?

Smartfilter funktionieren nur bei Smart-Objekt-Ebenen, wandeln Sie also Ihre Ebene zuerst in eine Smart-Objekt-Ebene um, bevor Sie den Filter anwenden (siehe oben).

ERSETZE ICH EIN SMART-OBJEKT?

Um ein Smart-Objekt auf einer Ebene durch ein anderes Bild zu ersetzen, wählen Sie Ebene/Smart-Objekte/Inhalt ersetzen.

SPEICHERE ICH EBENEN, UM SIE IN EINEM ANDEREN CS-PROGRAMM ZU VERWENDEN?

Dazu müssen Sie nur darauf achten, dass Sie die Datei als Photoshop PSD speichern. Damit erhalten Sie die größtmögliche Kompatibilität mit anderen Programmen der Creative Suite. Ach ja, und wenn die Kompatibilität maximieren-Dialogbox beim Speichern aufspringt, wählen Sie immer die größtmögliche Kompatibilitätsstufe. So funktioniert die Datei mit anderen Programmen ganz sicher.

DJ_Composite.psd @ 33.3% (Layer 7, RGB/8*) *
Lasso
Lasso
Rectangular Marquee
Rectangular Marquee
Rectangular Marquee
Rectangular Marquee

KAPITEL ZEHN

EBENEN-TUTORIALS FÜR FORTGESCHRITTENE

Dieses Kapitel gibt es zum ersten Mal. Ich hatte nämlich festgestellt, dass ich einige Tutorials unbedingt im Buch unterbringen wollte, die allerdings in keines der anderen Kapitel passten. Generell passen sie zu Themen wie Überblenden, Platzieren und Komposition. Zwischen den verbesserten Auswahlmöglichkeiten von Photoshop CS5 und den Fülloptionen, die es bereits seit Jahren gibt, haben sich viele Möglichkeiten entwickelt, Bildbereiche in ein anderes Bild einzufügen und die Montage realistisch wirken zu lassen. Ich muss Sie jedoch warnen: Dieses Kapitel ist nichts für Anfänger. Ich halte mich nicht mit Details auf. Ich setze voraus, dass Sie den Rest des Buches gelesen und verstanden haben (Masken, Auswahlen, Füllmethoden, Korrekturen). Alles klar? Dann los!

KAPITEL 10

DEN HINTERGRUND ERSETZEN

EINE PERSON VOR EINEN ANDEREN HINTERGRUND ZU STELLEN IST EINE DER SPEKTAKULÄRSTEN AKTIONEN MIT EBENEN

Folgende wahre Geschichte: Ich trainiere seit geraumer Zeit Taekwondo, und letztes Jahr habe ich meine Lehrer fotografiert. Übrigens gehören sie zu den nettesten und begabtesten Menschen, die ich kenne (etwas Schmusekurs musste jetzt sein …). Aber im Ernst, sind sie wirklich! Aber egal, ich zeigte ihnen die Fotos und sie waren sehr angetan. Wirklich schöne Porträts, und sie gefielen allen. Ein paar Monate später jedoch experimentierte ich mit neuen Techniken und beschloss, die Fotos vor einen anderen Hintergrund zu platzieren. Innerhalb weniger Minuten sahen sie völlig anders aus. Entscheidend war für mich jedoch die Reaktion der Betrachter. Statt des ersten »Danke, Matt, prima, die sehen wirklich schön aus« hörte ich jetzt: »Wow! Klasse! So ein cooles Foto von mir gab es noch nie!« Dasselbe Foto, nur mit anderem Hintergrund. Sehen wir uns an, wie ich das hinbekommen habe.

SCHRITT 1: ÖFFNEN SIE DIE BILDER UND STELLEN SIE DIE PERSON VOR DEN NEUEN HINTERGRUND

Öffnen Sie zuerst die beiden Fotos, die Sie bearbeiten wollen. Hier sehen Sie Master David Kowkabany (schwarzer Gürtel und jemand, der dafür sorgt, dass ich den Kurs immer völlig ausgepumpt verlasse) und den Hintergrund, den ich bei Fotolia.com auf der Suche nach »abandoned« gefunden habe. Stellen Sie also die Person per Kopieren und Einfügen über den neuen Hintergrund. Wählen Sie dann BEARBEITEN/FREI TRANSFORMIEREN, um die Person in den Arbeitsbereich einzupassen. Halten Sie dabei die Shift-Taste gedrückt, um die Proportionen beizubehalten.

SCHRITT 2: WÄHLEN SIE DIE PERSON MIT DEM SCHNELLAUSWAHL-WERKZEUG AUS

Klicken Sie auf die Ebene der Person, die Sie aus dem Hintergrund entfernen wollen. Malen Sie dazu mit dem Schnellauswahl-Werkzeug über den Mann, um die Auswahl zu erstellen. Dabei lohnt es sich, sich Zeit zum Einzoomen (Zoom-Werkzeug; Z) zu nehmen, um die Auswahl sauber hinzubekommen. Sie können die Pinselgröße verändern, um auch kleine Bereiche zu erwischen. Halten Sie die ⌥-Taste (PC: Alt) gedrückt und malen Sie, um versehentlich ausgewählte Bereiche aus der Auswahl zu entfernen.

Hinweis: Denken Sie an das Auswahl-Grundlagen-Tutorial unter www.kelbytraining.com/book/layerscs5.

SCHRITT 3: FÜGEN SIE EINE EBENENMASKE HINZU UND VERFEINERN SIE DIE AUSWAHL

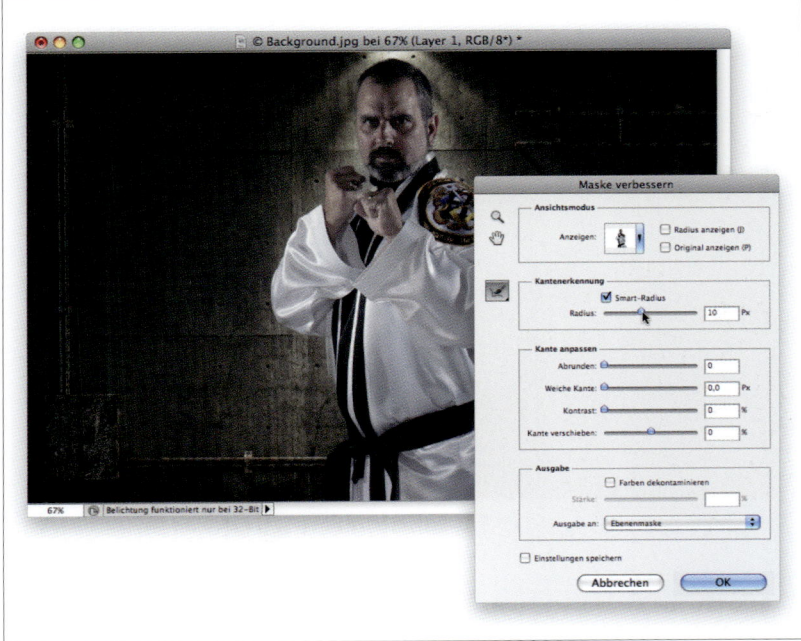

Nun machen wir aus der Auswahl eine Maske. Masken funktionieren ja so: Wenn Sie bereits eine Auswahl erstellt haben, bleibt diese erhalten, alles außerhalb wird ausgeblendet. Klicken Sie also auf das Icon EBENENMASKE HINZUFÜGEN unten im Ebenen-Bedienfeld, um der Ebene eine Maske hinzuzufügen und den Hintergrund automatisch auszublenden. Wir müssen die Kanten etwas verfeinern, klicken Sie also im Masken-Bedienfeld (FENSTER/MASKEN) auf den Button MASKE VERBESSERN. Schalten Sie die Checkbox SMART-RADIUS ein und ziehen Sie den Regler auf ca. 10 Pixel. Sie können auch mit dem Radius-Verbessern-Werkzeug über nicht ausgewählte Kanten malen. Klicken Sie auf OK, wenn Sie fertig sind.

SCHRITT 4: PASSEN SIE DIE HAUTFARBEN AN DEN HINTERGRUND AN

Die Lichtfarbe verrät häufig, wenn Sie eine Person vor einen anderen Hintergrund platziert haben. Das Originalfoto entstand im Studio (mit Blitz) und wirkt recht bläulich/kalt, während der Hintergrund schon eher warm getönt ist. Das lässt sich ziemlich gut mit einem Fotofilter korrigieren. Klicken Sie im Korrekturen-Bedienfeld auf das FOTOFILTER-Icon (die kleine Kamera). Verwenden Sie den Standard-Warmfilter und stellen Sie die Dichte auf 35–40 %. Sie werden jedoch sehen, dass sich die Korrektur auf das gesamte Bild auswirkt. Klicken Sie also auf das dritte Icon von links unten im Bedienfeld, dass die Wirkung der Korrektur auf die aktuelle Ebene beschränkt.

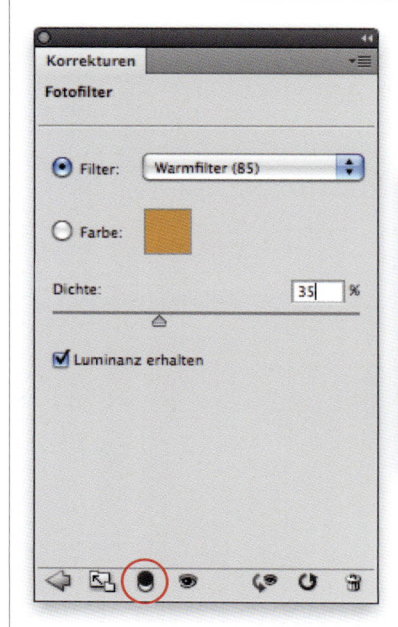

SCHRITT 5: MALEN SIE BEI 50 % DECKKRAFT IN DIE MASKE, UM DEN FOTOFILTER ZU REDUZIEREN

Die Fotofilter-Korrektur hat die Hautfarben aufgewärmt, der Anzug erscheint jetzt jedoch zu warm. Wir reparieren das mithilfe der Ebenenmaske. Aktivieren Sie den Pinsel (B) mit einer Deckkraft von 50 % (Optionsleiste). Stellen Sie die Vordergrundfarbe auf Schwarz ein und malen Sie nur über den Anzug.

SCHRITT 6: KORRIGIEREN SIE DIE BELEUCHTUNG DER PERSON

Ein weiterer Hinweis auf eine Photoshop-Montage ist die generelle Helligkeit. Wenn die Person zu hell oder zu dunkel wirkt, probieren Sie, das mit einer Gradationskurven-Einstellungsebene zu korrigieren. Ziehen Sie die Mitte der Kurve nach oben oder unten, je nachdem, wie Sie die Helligkeit der Person an den Hintergrund anpassen wollen. Wieder wirkt sich das auf das gesamte Bild aus, klicken Sie im Korrekturen-Bedienfeld also erneut auf das dritte Icon von links, um den Effekt auf diese Ebene zu beschränken. Nun werden sowohl Haut als auch Anzug abgedunkelt, malen Sie deshalb mit einem schwarzen Pinsel auf der Maske über Gesicht und Hände, um dort die Gradationskurven-Einstellungsebene auszublenden.

SCHRITT 7: VERSCHMELZEN SIE DIE EBENEN ZU EINER

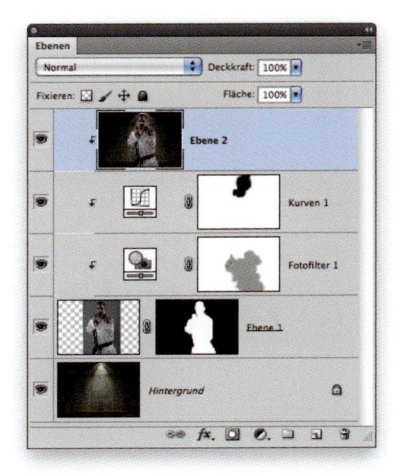

Nun haben sich hier einige Ebenen angesammelt, und es ist einfacher, sie zu einer zusammenzufassen. Wir wollen aber nicht alles reduzieren, sondern nur eine zusammengefasste Ebene oben auf dem Stapel anlegen. Klicken Sie auf die oberste Ebene im Ebenen-Bedienfeld und drücken Sie dann ⌘-⌥-⇧-E (PC: Strg-Alt-⇧-E), um eine reduzierte Kopie oben in den Ebenenstapel zu legen.

Ebenen-Tutorials für Fortgeschrittene

SCHRITT 8: HOCHPASS-FILTER FÜR EINEN WILDEN LOOK

Wir wollen dem Porträt einen etwas wilderen Look geben, um das Bild dramatischer wirken zu lassen. Das geht in Photoshop oder mit einem Zusatzmodul eines Drittanbieters (was mir besser gefällt). Aber zuerst Photoshop: Klicken Sie in die Porträt-Ebene und duplizieren Sie sie mit ⌘-J (PC: Strg-J). Ziehen Sie sie über die verschmolzene Ebene, wählen Sie FILTER/ SONSTIGE FILTER/HOCHPASS und stellen Sie den Radius so ein, dass das Porträt vor allem grau aussieht, einige Details in den Tiefen und Lichtern jedoch zu erkennen sind. Jedes Foto ist anders, ich habe hier 8 Pixel verwendet. Klicken Sie auf OK, ändern Sie die Füllmethode dann in WEICHES LICHT, um den wilden Look zu erhalten.

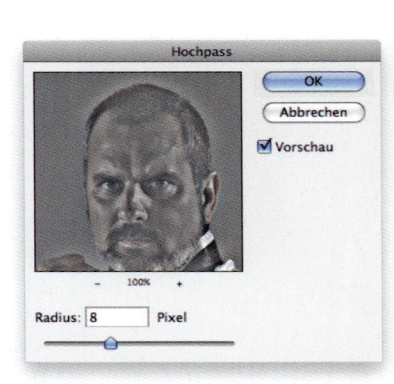

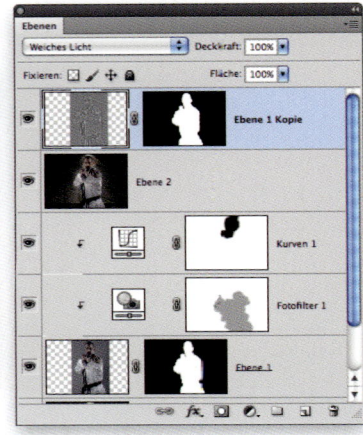

SCHRITT 9: MEINE GEHEIMWAFFE FÜR SPEZIALEFFEKTE

Ich habe Ihnen eben die Photoshop-Variante gezeigt, aber wissen Sie was? Für Spezialeffekte habe ich eine Art Geheimwaffe. Die verwende ich immer, per Hand in Photoshop erzeuge ich sie nur sehr selten. Für Porträts verwende ich Topaz Adjust von Topaz Labs, dort gibt es jede Menge Filter. Einer heißt »Detail – Strong«, und der funktioniert viel besser (und schneller) als alles andere in Photoshop. Außerdem reduzierte ich die Deckkraft der Ebene auf 80 %. Nun seien Sie nicht sauer, ich habe Ihnen verraten, wie es in Photoshop kostenlos geht, aber ich will ehrlich zeigen, wie ich normalerweise arbeite. Eine kostenlose Demoversion finden Sie unter www.topazlabs.com.

SCHRITT 10: SCHWÄCHEN SIE EINIGE HARSCHE EFFEKTE IM GESICHT AB

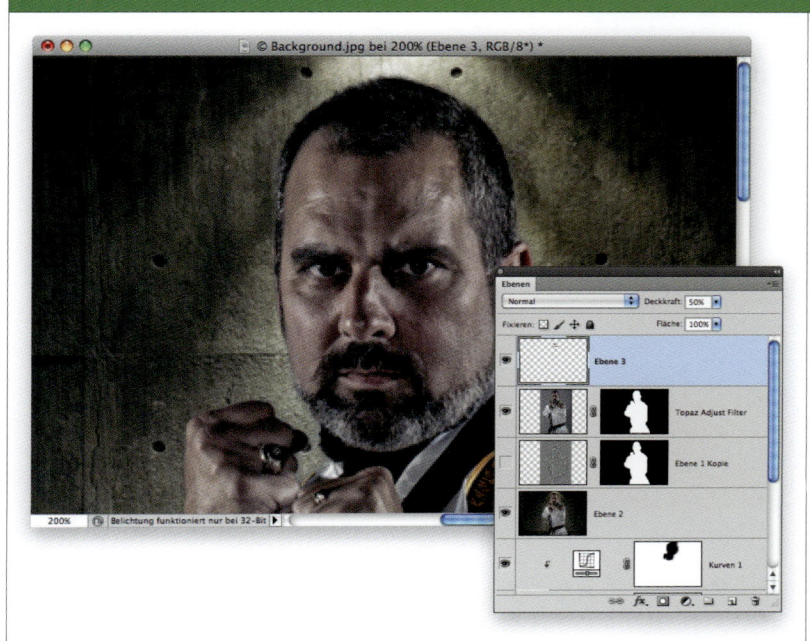

Durch die Beleuchtung in diesem Foto sieht der Effekt größtenteils gut aus. Allerdings betont er einige Tiefenbereiche im Bild. Erinnern Sie sich an Kapitel 7 (»Retusche mit Ebenen«)? Wir können hier dieselbe Technik wie für die Faltenreduktion benutzen, um die dunklen Bereiche abzuschwächen. Legen Sie also eine neue Ebene an, nehmen Sie den Reparatur-Pinsel ([⇧]-[J], bis Sie ihn haben) mit der Option ALLE EBENEN VERWENDEN, um manche dunklen Bereiche unter den Augen und auf der Stirn abzuschwächen. Reduzieren Sie dann die Deckkraft auf ca. 50 %, um die Korrekturen in das Original zu überblenden.

SCHRITT 11: DEN HINTERGRUND AUFPEPPEN

Um den Hintergrund noch etwas aufzupeppen, habe ich ein weiteres Bild darüber eingefügt. Eigentlich ist das ein Riss in der Erde, aber indem ich die Füllmethode in MULTIPLIZIEREN ändere, wird das Weiß ausgeblendet und ein interessanter Effekt entsteht auf der Wand. Ich habe die Ebene sogar kopiert und den Effekt rechts noch einmal eingesetzt.

SCHRITT 12: FÜGEN SIE EIN SYMBOL AUF DER WAND HINZU

Blenden Sie die Porträt-Ebene kurz aus, indem Sie auf die Augen-Icons der Ebenen klicken. Klicken Sie nun auf die verschmolzene Ebene unter der Hochpass- oder Topaz-Filter-Ebene. Öffnen Sie das Schriftzeichen-Bild für dieses Tutorial und fügen Sie es ins Bild ein (es sollte auf der Ebene unter der mit dem Filter erscheinen). Verschieben Sie das Bild mit dem Verschieben-Werkzeug in die Bildmitte.

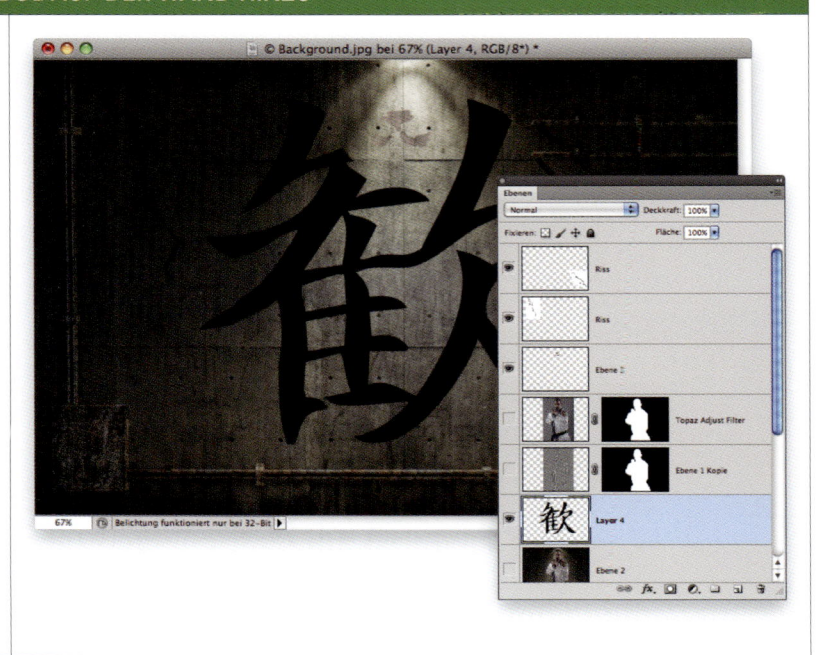

SCHRITT 13: VERWENDEN SIE EBENENSTILE, UM DAS SYMBOL IN DIE WAND ZU SCHNITZEN

Natürlich sieht ein solches schwarzes Symbol nicht so toll aus, darum werden wir es mit Ebenenstilen in die Wand einprägen. Doppelklicken Sie auf die Ebene, um die EBENENSTIL-Dialogbox zu öffnen. Klicken Sie auf ABGEFLACHTE KANTE UND RELIEF und SCHEIN NACH INNEN, und verwenden Sie die Einstellungen wie hier.

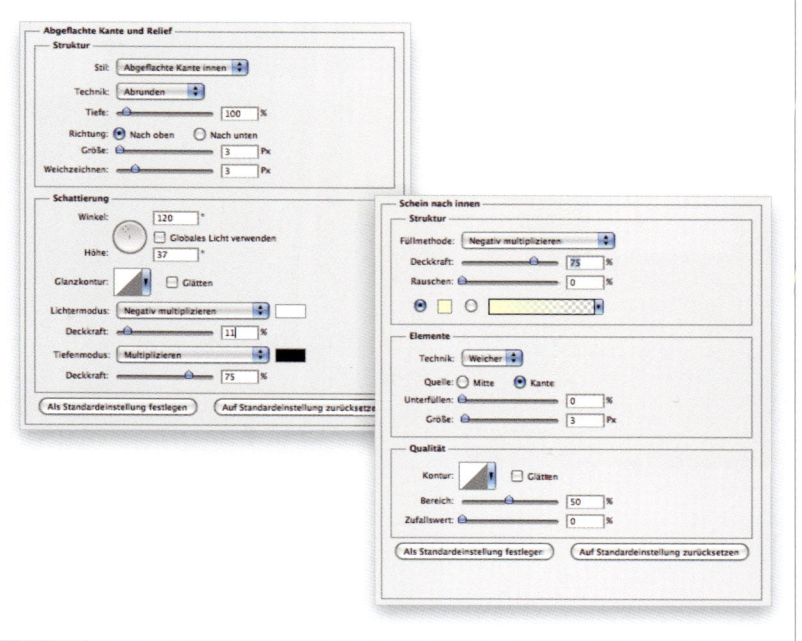

SCHRITT 14: KORRIGIEREN SIE DIE FLÄCHENDECKKRAFT, UM DIE EBENENSTILE FREIZULEGEN

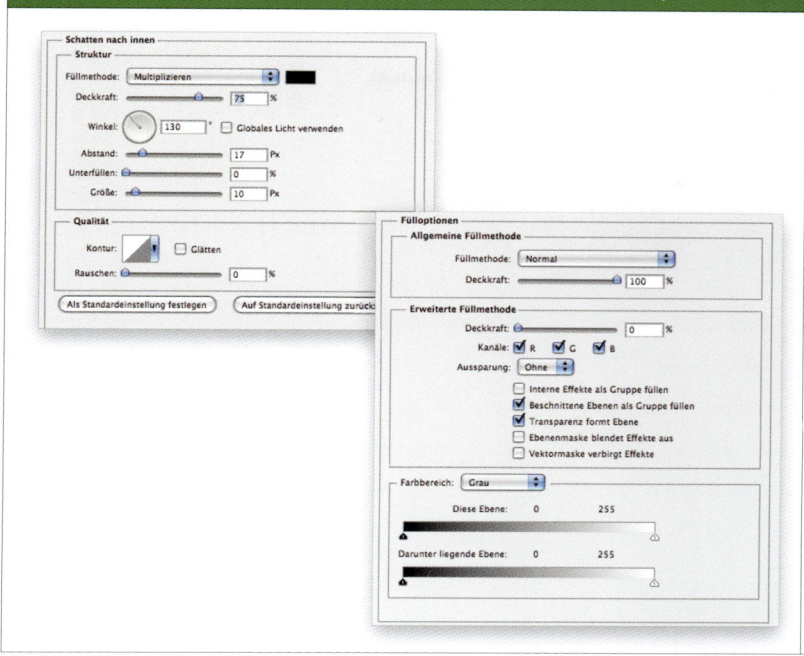

Fügen Sie nun einen Schatten nach innen hinzu. Behalten Sie vor allem den Winkel im Auge. Schauen Sie sich den Hintergrund an. Das Licht kommt von oben; achten Sie also darauf, dass alle Lichtquellen in den Stilen ebenfalls oben angebracht sind und entsprechend direkt nach unten wirken (vor allem der Schatten nach innen). Das Symbol sieht noch nicht ganz richtig aus, aber das lösen wir mit der Flächendeckkraft wie bei dem Wasserzeichen in Kapitel 8. Klicken Sie auf ERWEITERTE FÜLLMETHODE oben links im EBENENSTIL-Dialog. Reduzieren Sie die DECKKRAFT auf 0, damit verschwindet das Schwarz aus dem Symbol, die Ebenenstile bleiben jedoch und schon entsteht der Relief-Look. Klicken Sie auf OK.

SCHRITT 15: SCHALTEN SIE DIE PORTRÄT-EBENEN EIN UND VERFEINERN SIE SIE PER EBENENMASKE

Wenn Sie die Ebenenstile abgeschlossen haben, schalten Sie die Porträt-Ebenen wieder ein, indem Sie auf die Augen-Icons klicken. Sie sehen, dass das Symbol noch immer über die Person reicht, was sich aber mit einer Maske lösen lässt. ⌘-klicken Sie (PC: Strg-Klick) auf die Ebenenmaske des Filters, um die Person auszuwählen. Aktivieren Sie dann die Schriftzeichen-Ebene und ⌥-klicken (PC: Alt-Klick) Sie auf das Icon EBENENMASKE HINZUFÜGEN unten im Ebenen-Bedienfeld, um eine mit schwarz gefüllte Maske zu erstellen. So blenden Sie das Schriftzeichen dort aus, wo sich die Person befindet.

KAPITEL 10

EBENEN ÜBERBLENDEN FÜR FORTGESCHRITTENE

EINEN ASPEKT DES ÜBERBLENDENS VON EBENEN HABEN WIR UNS BISHER NOCH NICHT ANGESCHAUT.

Einen Bereich im Zusammenhang mit dem Überblenden von Ebenen haben wir bisher noch nicht betrachtet: die Farbbereichs-Regler in den Fülloptionen. Glauben Sie mir, damit wird alles anders. Wie Sie wissen, lassen die Füllmethoden Bildbereiche anhand der darin enthaltenen Farben verblassen, aber Sie haben eigentlich keine Kontrolle darüber, was übergeblendet wird. Für Füllmethoden gibt es eine voreingestellte Formel und daran hält sich die Einstellung. Die Farbbereichs-Regler lassen Sie hingegen selbst festlegen, welche Bildbereiche überblendet werden sollen.

SCHRITT 1: ÖFFNEN SIE DIE BEIDEN BILDER, DIE SIE ÜBERBLENDEN WOLLEN

Öffnen Sie zwei Bilder, die Sie miteinander kombinieren wollen. Hier verwenden wir ein Foto eines Paares und eine Vorlage, in die wir das Paar einsetzen können (in den schwarzen Bildbereich). Nicht schwer, oder? Aber schauen Sie mal genau hin. Da liegt etwas Sand auf dem schwarzen Bereich, und im Ernst, diese Auswahl möchte ich lieber nicht anlegen müssen. Stattdessen verwenden wir einen erweiterten Abschnitt der EBENENSTIL-Dialogbox, die diese Arbeit für uns erledigt.

SCHRITT 2: HOLEN SIE DAS PAAR-FOTO IN DASSELBE DOKUMENT WIE DIE STRAND-VORLAGE

Aktivieren Sie also das Verschieben-Werkzeug ([V]) und ziehen Sie das Foto mit dem Paar in das Dokument mit der Strand-Vorlage. Wählen Sie BEARBEITEN/FREI TRANSFORMIEREN und drehen Sie das Paar-Foto dann so, dass es über den schwarzen Bereich passt. (Um zu sehen, wie die Bilder übereinanderliegen, reduzieren Sie einfach die Deckkraft der oberen Ebene, dann können Sie hindurchschauen.) Perfekt muss das nicht sein, aber so ungefähr sollten Sie wissen, wohin es gehen soll.

SCHRITT 3: ÖFFNEN SIE DIE FÜLLOPTIONEN

Um die beiden Bilder zu verbinden, verwenden wir die Fülloptionen in der EBENENSTIL-Dialogbox. Klicken Sie auf das Icon EBENENSTIL HINZUFÜGEN unten im Ebenen-Bedienfeld und wählen Sie FÜLLOPTIONEN aus dem Popup-Menü.

TIPP: Sie können auch auf die Ebene doppelklicken, um direkt in die EBENENSTIL-Dialogbox zu gelangen, klicken Sie dort links auf die FÜLLOPTIONEN.

Ebenen-Tutorials für Fortgeschrittene **KAPITEL 10** 259

SCHRITT 4: EXPERIMENTIEREN SIE MIT DEM OBEREN FARBBEREICHS-REGLER

Bevor wir richtig eintauchen, schauen wir uns den Bereich an, um den es geht: die Farbbereichs-Regler unten in der EBENENSTIL-Dialogbox. Experimentieren Sie mit den oberen Reglern unter DIESE EBENE. Ziehen Sie den schwarzen Regler nach rechts. Sie sehen, der obere Regler wirkt auf die aktuelle Ebene (deshalb DIESE EBENE). Wenn Sie den schwarzen Regler bewegen, entfernt er alle dunklen Bereiche aus der aktuellen Ebene und legt die Ebene darunter frei (die hier nur schwarz ist). In diesem Fall heißt das, dass zuerst die Haare des Mannes verschwinden würden, denn sie sind richtig dunkel, dann verschwinden die Schatten am Boden und die grünen Hügel im Hintergrund.

SCHRITT 5: EXPERIMENTIEREN SIE WEITER

Der weiße Schieberegler rechts funktioniert genauso, entfernt jedoch zuerst die weißen, also hellsten Bereiche. In unserem Beispiel wären das das Brautkleid, der Anzug des Bräutigams und der Sand. Wieder kommt das zum Vorschein, was sich auf der Ebene darunter befindet, nämlich Schwarz. Je weiter Sie nach links ziehen, desto mehr Bereiche werden von Photoshop überblendet.

SCHRITT 6: WAS PASSIERT DENN HIER?

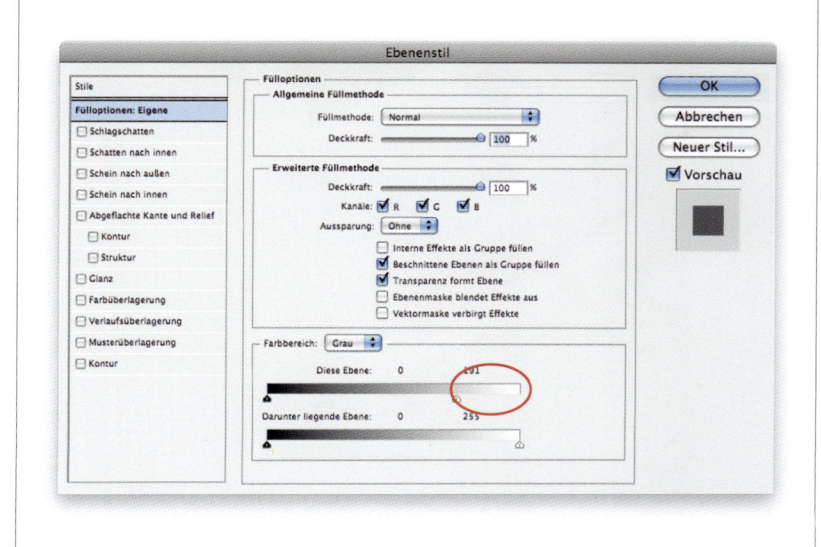

Nun gut. Wenn Sie zu den Leuten gehören, die immer alles ganz genau wissen wollen, hier der Hintergrund: Die Farbbereichs-Regler weisen Photoshop an, bestimmte Tonwerte zu überblenden, wenn die Werte der Ebene in einen bestimmten Bereich gelangen. In diesem Beispiel haben wir Photoshop angewiesen, die obere Ebene mit dem Paar zu überblenden, wenn Farbwerte dieser Ebene (der im Bedienfeld aktuellen) zwischen 191 und 255 liegen. Bei 191 haben wir den Regler gesetzt, Sie sehen, das die eingekreisten Farben die sind, die im Bild ersetzt wurden (meist Weiß und teilweise auch etwas Grau). Darum verschwand das Kleid auch zuerst.

SCHRITT 7: ARBEITEN SIE NUN MIT DEM UNTEREN REGLER – DARUNTER LIEGENDE EBENE

Die Regler für DARUNTER LIEGENDE EBENE funktionieren fast genauso, nur werden hier nicht Bereiche der oberen Ebene ausgeblendet, sondern Bereiche der darunterliegenden Ebene eingeblendet. Wenn Sie den schwarzen Regler nach rechts schieben, sagen Sie Photoshop, dass alle schwarzen Bereiche der unteren Ebene eingeblendet werden sollen (eigentlich alles außer dem Sand). Aber das ist genau das Gegenteil von dem, was wir wollen.

Ebenen-Tutorials für Fortgeschrittene **KAPITEL 10**

SCHRITT 8: SCHIEBEN SIE DEN RECHTEN UNTEREN FARBBEREICHS-REGLER NACH LINKS

Schieben Sie nun den weißen Regler Darunter liegende Ebene nach links (das ist cool). Beobachten Sie, was beim Ziehen passiert. Zuerst verschwindet der gesamte Bildbereich des Fotos, der über den weißen Rand der Vorlage hinausragte. Wir mussten also keine Auswahl anlegen, um das Foto in den Rahmen zu bekommen. Aber eigentlich geht es uns ja um den Sand. Wenn Sie den Regler bis auf 70 weiter nach links ziehen, verschwinden auch die Bildbereiche über dem Sand. Sogar die kleinsten Körnchen sind gut zu erkennen.

SCHRITT 9: HALTEN SIE DIE OPTION-TASTE UND TEILEN SIE DEN REGLER RECHTS UNTEN

Lust auf einen Trick? Der das alles zum Rocken bringt? Wenn Sie einzoomen ([Z] für Zoom-Werkzeug), sehen Sie die schwarzen Kanten aus dem Hintergrund um die winzigen Sandkörner. Sie sind der einzige Hinweis auf eine Montage. Um das zu reparieren, halten Sie die [⌥]-Taste (PC: [Alt]) gedrückt, klicken Sie auf das weiße Regler-Dreieck für Darunter liegende Ebene und ziehen Sie es nach rechts. Das Dreieck wird geteilt und Photoshop verblasst die Farben dazwischen. Schieben Sie die rechte Hälfte auf 155, dann verschwinden die schwarzen Ränder und der Sand sieht aus wie auf dem Foto. Klicken Sie auf OK, und Sie sind durch – und das alles ohne Auswahl!

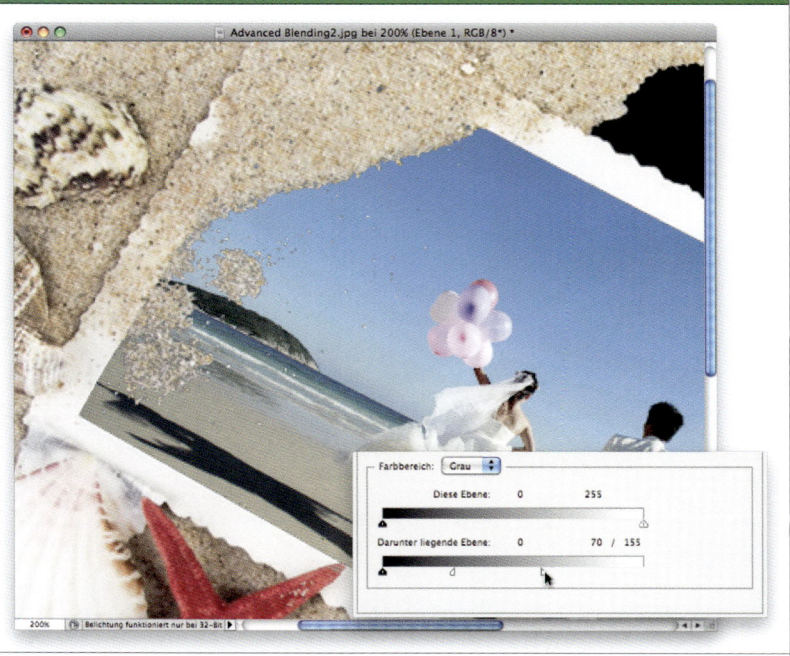

KAPITEL 10

GRAFIKEN AUF UNEBENE FLÄCHEN MONTIEREN

MIT EBENEN UND EINEM SPEZIELLEN FILTER KÖNNEN SIE GRAFIKEN SOGAR AUF KLEIDUNG MIT FALTEN MONTIEREN.

In Kapitel 9 zeigte ich Ihnen bei den Smart-Objekten bereits eine Grafik, die ich auf ein T-Shirt montiert hatte. Es reichte natürlich nicht, die Grafik einfach einzufügen. Ich verwendete dazu ein paar Ebenentricks und Filter, um das Bild so aussehen zu lassen. Damit es überzeugend wirkte, musste die Grafik mit den Falten des Shirts gekrümmt werden und auch Tiefen und Lichter des T-Shirts aufweisen. Und das ging so:

SCHRITT 1: ÖFFNEN SIE DAS BILD, AUF DAS SIE EINE GRAFIK APPLIZIEREN MÖCHTEN

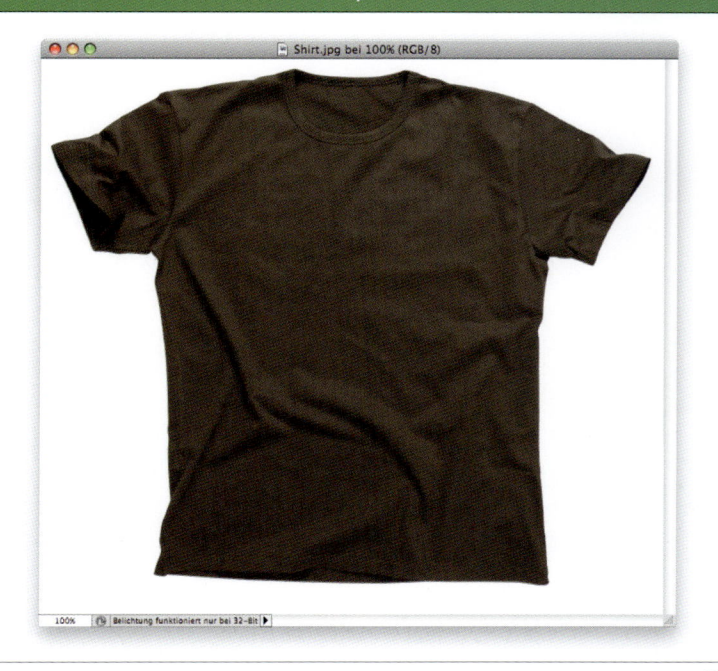

Öffnen Sie zuerst das Bild, auf das Sie die Grafik montieren wollen. Hier verwende ich ein Foto von einem T-Shirt. Wenn Sie T-Shirts (oder andere Sachen) verkaufen, ist das echt praktisch, vor allem, wenn Sie von dem echten T-Shirt mit Grafik kein Foto besitzen. Sicher könnten Sie dem Kunden die Grafik einfach ausdrucken, den Rest muss er sich dann selbst vorstellen, aber das hier ist deutlich überzeugender.

SCHRITT 2: ENTFERNEN SIE DIE FARBE UND ERHÖHEN SIE DEN KONTRAST

Damit es funktioniert, müssen wir eine sogenannte Strukturumsetzung erzeugen, die die Falten des T-Shirts betont. Wählen Sie zuerst BILD/DUPLIZIEREN. Wir brauchen eine Kopie, an der wir arbeiten können. Wählen Sie dann BILD/KORREKTUREN/ SÄTTIGUNG VERRINGERN, um die Farbe aus dem Bild zu entfernen. Sobald die Farbe verschwunden ist, verstärken wir den Kontrast. Wählen Sie BILD/KORREKTUREN/TONWERTKORREKTUR (eine Einstellungsebene ist hier nicht nötig) und ziehen Sie beide Eingangsregler nach innen, um den Kontrast deutlich anzuheben. Klicken Sie auf OK, wenn Sie fertig sind.

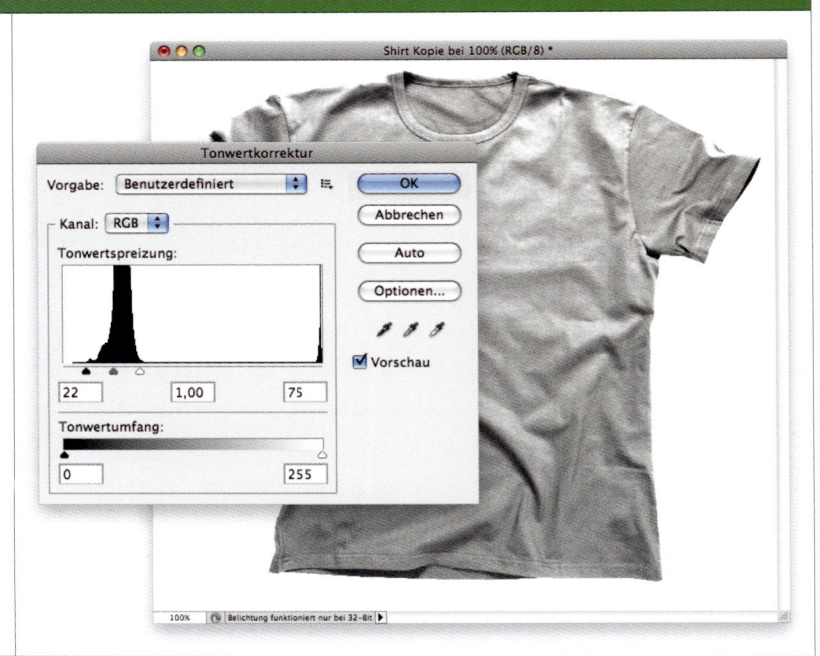

SCHRITT 3: ZEICHNEN SIE DAS BILD WEICH, UM DIE DETAILS ZU GLÄTTEN

Der Kontrast ist jetzt so hoch, dass wir die Details etwas glätten müssen. Wählen Sie FILTER/ WEICHZEICHNUNGSFILTER/GAUSSSCHER WEICHZEICHNER und stellen Sie den Radius so ein, dass die Falten zwar noch sichtbar, aber dennoch weichgezeichnet sind. Für jedes Bild wird das anders sein, aber hier funktionierten 4 Pixel gut. Klicken Sie auf OK, wenn Sie fertig sind.

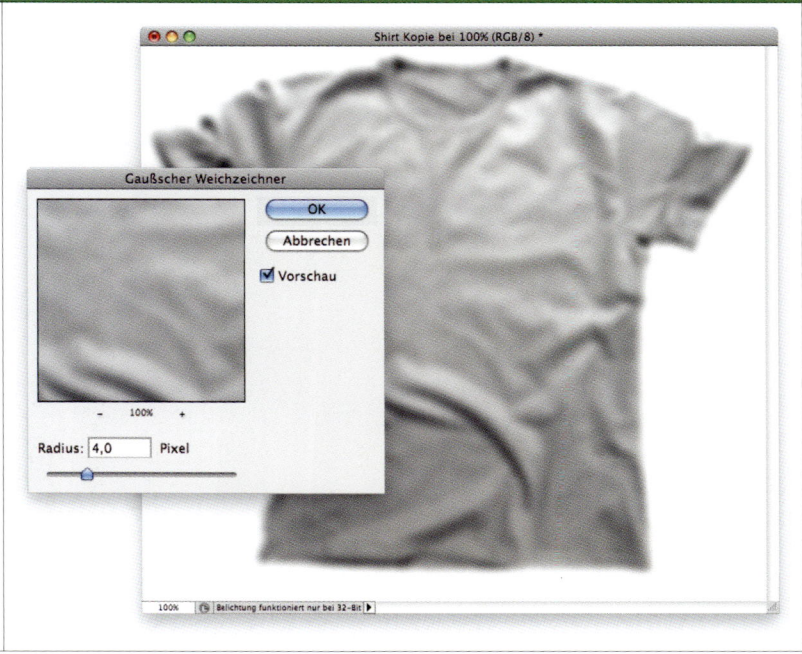

SCHRITT 4: ALS PSD SPEICHERN

Wählen Sie DATEI/SPEICHERN UNTER (oder drücken Sie ⌘-⇧-S [PC: Strg-⇧-S]) und speichern Sie das Bild als PSD-Datei auf Ihrem Desktop. Ich nenne meine Datei hier »Shirt Kopie«. Wenn Sie fertig sind, können Sie das Bild mit der Strukturumsetzung schließen, wir brauchen es hier nicht mehr.

SCHRITT 5: ÖFFNEN SIE DIE GRAFIK UND PLATZIEREN SIE SIE AUF DER EBENE ÜBER DEM SHIRT

Öffnen Sie das Original-T-Shirt-Bild erneut und dazu die Grafik, die Sie darauf platzieren wollen. Kopieren Sie die Grafik und fügen Sie sie über dem T-Shirt ein. Sie sollten derzeit zwei Ebenen im Bild haben: unten die Ebene mit dem T-Shirt und darüber die Grafik.

Ebenen-Tutorials für Fortgeschrittene **KAPITEL 10**

SCHRITT 6: WENDEN SIE DEN VERSETZEN-FILTER AN

Wir verwenden nun einen Filter, um die Grafik so umzuwandeln, dass es aussieht, als wäre sie direkt auf das T-Shirt gedruckt. Ich habe diesen Filter noch nie für etwas anderes verwendet, aber hier funktioniert er gut. Wählen Sie FILTER/VERZERRUNGSFILTER/VERSETZEN. Die Standardeinstellungen sind hier in Ordnung, klicken Sie also auf OK. Eine Dialogbox bittet Sie um eine Verschiebungsmatrix (der einzige Filter mit zwei Dialogen). Navigieren Sie zu der PSD-Datei aus Schritt 4 und klicken Sie darauf. Klicken Sie auf ÖFFNEN, um den Filter anzuwenden. Die Grafik wird irgendwie verzerrt und wellt sich entlang der Falten des T-Shirts, entsprechend der Schwarzweißversion, die wir darauf angewendet haben.

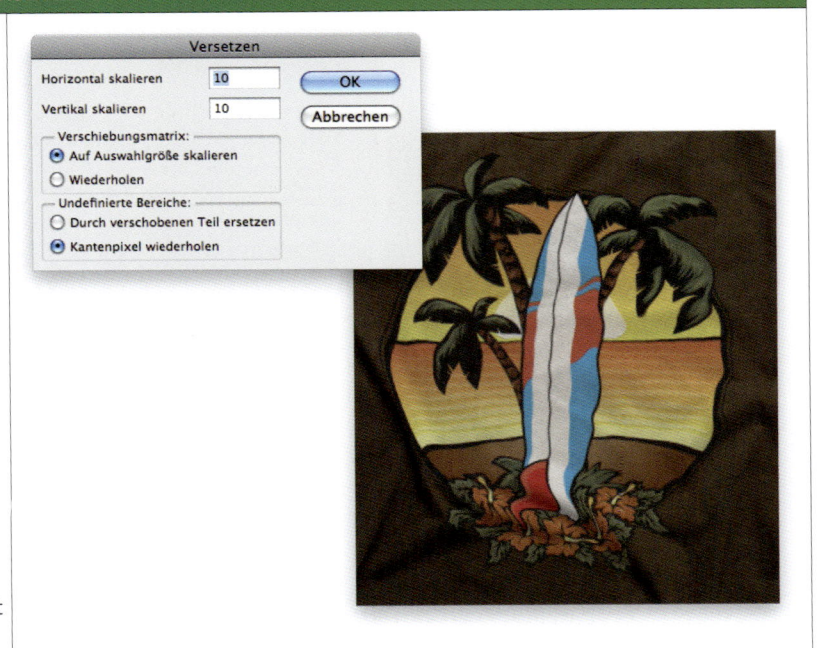

SCHRITT 7: ÄNDERN SIE DIE FÜLLOPTIONEN

Okay, das Bild sieht noch etwas flau aus. Um es abzuschließen, doppelklicken Sie auf die Ebene, so dass Sie zu den Fülloptionen in der EBENENSTIL-Dialogbox gelangen. Halten Sie die ⌥-Taste (PC: Alt) gedrückt und ziehen Sie den schwarzen Regler für DARUNTER LIEGENDE EBENE in die Mitte, um ihn zu teilen. Dabei sehen Sie, wie die Falten in der Grafik auftauchen. Klicken Sie auf OK, wenn Sie fertig sind.

VORHER UND NACHHER

Hier sehen Sie das T-Shirt mit montierter Grafik ohne und mit Versetzen-Filter im Vergleich. Das Nachher-Bild überzeugt deutlich mehr.

TIPP: Bei diesem Bild war es zwar nicht nötig, aber manchmal hilft es auch, die Füllmethode einer Ebene in Multiplizieren oder Ineinanderkopieren (oder Weiches Licht) zu ändern. Experimentieren Sie etwas, wofür Sie sich letztlich entscheiden, hängt vom verwendeten Bild ab.

Vorher: Die Grafik wurde einfach per Kopieren und Einfügen auf das T-Shirt gelegt.

Nachher: Der Versetzen-Filter und die Farbbereichs-Regler der Fülloptionen haben die Grafik in das T-Shirt überblendet.

KAPITEL 10

EBENEN FÜR LICHT UND SCHATTEN

MIT EBENEN KÖNNEN WIR NICHT NUR DEN HINTERGRUND HINTER EINER PERSON AUSTAUSCHEN, SONDERN AUCH DIE SCHATTEN UND LICHTER IN DER UMGEBUNG.

Wir nehmen jetzt etwas mehr Fahrt auf und schieben Ebenen umher, um die Umgebung einer Person zu ändern. Das Hintergrund-Tutorial war schon ein Anfang, denn wir haben die Person ja tatsächlich vor einen neuen Hintergrund gestellt. Um Perspektive und Beleuchtung brauchten wir uns allerdings kaum zu sorgen. In diesem Beispiel ist es jedoch nicht damit getan, die Person einfach auszuwählen und umzusetzen. Der Lichteinfallswinkel, die Positionen von Licht und Schatten und sogar die Lichttemperatur beeinflussen, wie das Bild wirkt. Aber auch das ist kein Grund zur Sorge. Außer einer neuen Füllmethode, mit der wir es bisher noch nicht zu tun hatten, und einem neuen Stil von Einstellungsebene verwenden wir nur Werkzeuge und Techniken, die Sie bereits kennen.

SCHRITT 1: ÖFFNEN SIE DAS HINTERGRUNDBILD UND ENTFERNEN SIE STÖRENDE OBJEKTE

Öffnen Sie zuerst das Hintergrundbild, das Sie verwenden wollen. Meines hier stammt von Fotolia.com. Ich wusste zuerst nicht, wozu ich es verwenden würde, als ich es fand, aber ich nahm es in meine Bibliothek auf, weil ich wusste, dass es irgendwann einen guten Hintergrund abgeben würde. Ich duplizierte die Hintergrundebene und malte dann mit dem Bereichsreparatur-Werkzeug (mit inhaltssensitivem Füllen) über das Malerwerkzeug im Vordergrund, um es zu entfernen. Für den ersten Durchlauf war das gar nicht schlecht, ich malte noch einmal über den Bereich und war fertig. Dann räumte ich mit dem Kopierstempel etwas auf.

SCHRITT 2: ÖFFNEN SIE EIN PAAR PORTRÄTS. SETZEN SIE DIE BESTE POSE VOR DEN HINTERGRUND

Wichtig beim Einsatz von Licht, Schatten und Komposition mit Ebenen ist, die Grenzen des Machbaren zu kennen. Ich hatte mehrere Porträts von diesem DJ (aufgenommen von meinem Freund Russ Robinson), und ich wusste, dass die falsche Perspektive im Bild nicht mit diesem Hintergrund funktionieren würde. Photoshop kann vieles, aber die Perspektive zu verändern, aus der ein Mensch fotografiert wurde, kann es nicht. Sie müssen also mit einem guten Foto beginnen, und ich fand, das Foto von DJ Rob Analyze war einfach cool und sehr dynamisch. Wenn Sie das Foto haben, setzen Sie es per Kopieren und Einfügen vor den neuen Hintergrund.

SCHRITT 3: WÄHLEN SIE DIE PERSON AUS. MASKE HINZUFÜGEN UND KANTEN VERBESSERN

Bevor wir etwas anderes tun können, müssen wir ihn aus dem weißen Hintergrund lösen. Beginnen Sie mit dem Schnellauswahl-Werkzeug (W) und malen Sie eine Auswahl ins Porträt. Klicken Sie dann auf das Icon EBENENMASKE HINZUFÜGEN unten im Ebenen-Bedienfeld. Klicken Sie im Masken-Bedienfeld auf KANTEN VERBESSERN. Schalten Sie die SMART-RADIUS-Checkbox ein und wählen Sie einen Radius von 15 Pixel. Malen Sie dann mit dem Radius-verbessern-Pinsel über sein Haar, so dass ein Großteil ausgewählt ist. Klicken Sie auf OK, wenn Sie fertig sind.

SCHRITT 4: PLATZIEREN SIE DIE PERSON AUF EINER EIGENEN EBENE

Sehen Sie den Rand um die Haare und den Körper? Ich habe einen guten Tipp für Sie: Zuerst müssen Sie die ausgewählte Person auf eine eigene Ebene stellen. Klicken Sie mit gedrückter ⌘-Taste (PC: Strg) auf die Miniatur der Ebenenmaske, um den DJ auszuwählen. Klicken Sie dann auf die Miniatur der Ebene und drücken Sie ⌘-J (PC: Strg-J), um den DJ auf eine eigene Ebene zu kopieren. Blenden Sie die Original-Ebene mit der Maske aus (nicht löschen, falls Sie sie noch einmal brauchen). Alles sieht gleich aus, aber der DJ ist jetzt ohne Maske auf seiner eigenen Ebene. Ich möchte die Maske behalten, um sie später vielleicht zu ändern, aber manche Techniken funktionieren nicht mit Maske.

SCHRITT 5: ENTFERNEN SIE DEN WEISSEN RAND

Okay, hier ein wirklich cooler Trick: Klicken Sie auf die DJ-Ebene (die ohne Maske; sie sollte oben liegen), um sie auszuwählen. Wählen Sie dann EBENE/BASIS/WEISS ENTFERNEN (weil der Rand weiß ist). Der Rand verschwindet fast sofort und die Kanten sehen deutlich besser aus. Vergleichen Sie dieses mit dem Bild davor, dann sehen Sie den Unterschied.

TIPP: Wenn Sie eine Person vor einem schwarzen Hintergrund auswählen, arbeiten Sie stattdessen mit EBENE/BASIS/SCHWARZ ENTFERNEN.

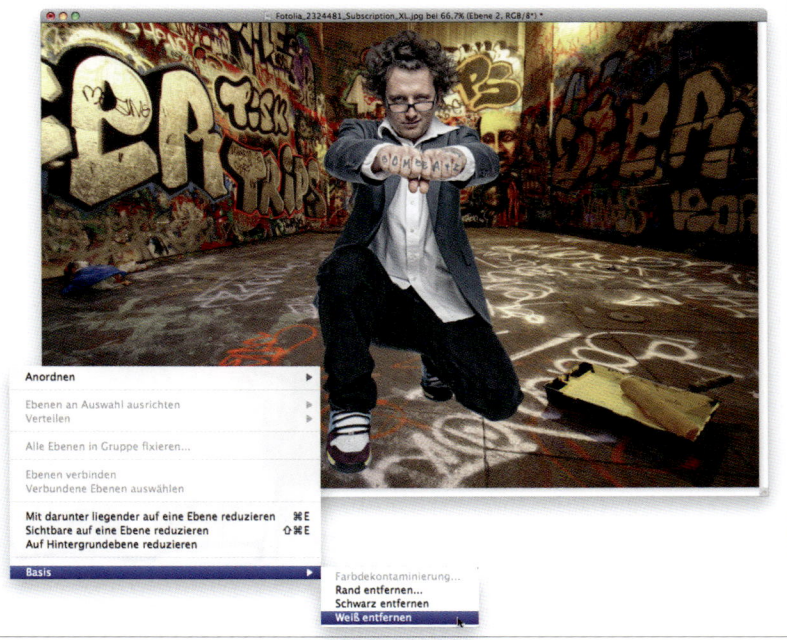

SCHRITT 6: FÜGEN SIE JE NACH LICHTEINFALL EINE SCHATTENEBENE HINZU

Die Auswahl sieht gut aus, nun lassen wir es echt aussehen. Zuerst das Licht. Er schwebt scheinbar ohne Schatten über dem Boden. Eine Lichtquelle kommt von rechts hinten, würde also einen Schatten nach vorne links werfen. ⌘-klicken Sie (PC: Strg-Klick) auf die Miniatur der DJ-Ebene, um eine Auswahl vorzunehmen. Erstellen Sie eine neue Ebene unter dem DJ, wählen Sie BEARBEITEN/FLÄCHE FÜLLEN und füllen Sie sie mit Schwarz. Heben Sie dann die Auswahl auf. Wählen Sie FILTER/WEICHZEICHNUNGSFILTER/GAUSSSCHER WEICHZEICHNER und zeichnen Sie den Schatten mit 40 Pixel weich. Wählen Sie BEARBEITEN/TRANSFORMIEREN/VERTIKAL SPIEGELN und biegen Sie den Schatten mit FREI TRANSFORMIEREN zurecht. Reduzieren Sie die Deckkraft auf etwa 60 %.

SCHRITT 7: FÜGEN SIE NOCH EINEN SCHATTEN DARUNTER EIN

Wiederholen Sie Schritt 6, spiegeln Sie jetzt den Schatten jedoch nicht vertikal. Wählen Sie stattdessen FREI TRANSFORMIEREN und ziehen Sie den oberen Griff nach unten, um den Schatten direkt unter den DJ zu legen. Schieben Sie ihn etwas umher, um ihn rechts unter dem Knie zu platzieren.

SCHRITT 8: EIN HARTER SCHATTEN UNTER FUSS UND KNIE

Wir brauchen noch eine Schatten-Ebene unter dem DJ. Fügen Sie eine leere Ebene ein und zoomen Sie auf den vorderen Fuß. Dieser Bereich ist wichtig für die Echtheit, denn er liegt vorn im Bild. Wählen Sie den Pinsel mit einer kleinen, weichen Pinselspitze und Schwarz als Vordergrundfarbe. Malen Sie um die Kanten des Schuhs und innen am linken Knie (das den Boden berührt), um etwas mehr Schatten hinzuzufügen. Schatten scheinen zu zerfließen, aber unter dem Fuß (und an den Stellen, wo der Körper den Boden berührt) entstehen kleine, dunkle Schatten. Wenn Sie fertig sind, reduzieren Sie die Deckkraft der Ebene auf 70 %. Duplizieren Sie die Ebene und fügen Sie einen GAUSSSCHEN WEICHZEICHNER hinzu, um den Schatten etwas zu verteilen, reduzieren Sie die Deckkraft auf 25 %.

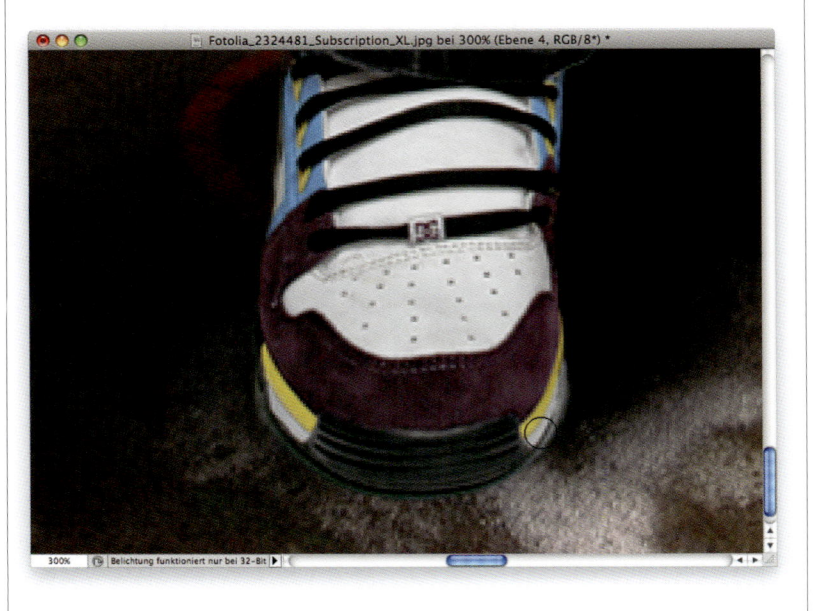

SCHRITT 9: GRUPPIEREN SIE DIE EBENEN

Das Ebenen-Bedienfeld wächst immer weiter, also heißt es Ordnung halten. Klicken Sie auf die oberste Schatten-Ebene und Shift-klicken Sie dann auf die unterste. Wählen Sie EBENE/EBENEN GRUPPIEREN, um die Schatten in einen Ordner (eine Gruppe) zu legen. Benennen Sie diese mit »Schatten«, damit Sie wissen, was drin ist.

TIPP: Denken Sie dran, Sie können die Deckkraft der Gruppe jederzeit ändern, wenn Sie alle Schatten auf einmal abdunkeln oder aufhellen wollen.

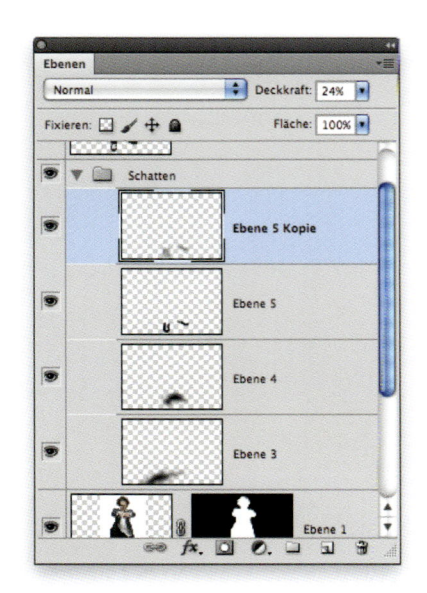

SCHRITT 10: MIT FOTOFILTER DIE HAUT AN DEN HINTERGRUND ANPASSEN

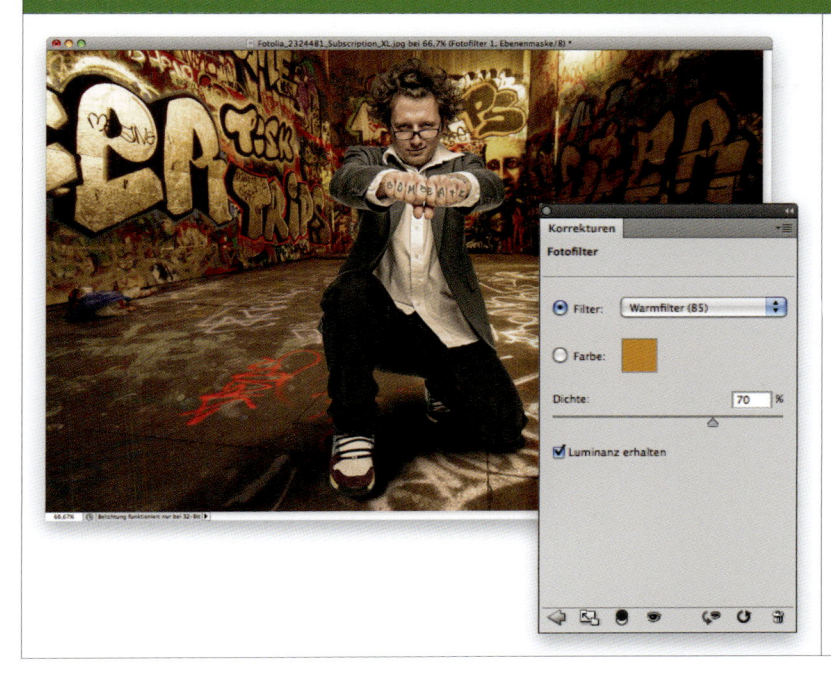

Nun müssen wir die Beleuchtung des DJs an seine Umgebung anpassen, am besten mit einer Fotofilter-Korrektur. Klicken Sie auf die DJ-Ebene und dann auf das FOTOFILTER-Icon im Korrekturen-Bedienfeld. Behalten Sie den Standard-Warmfilter bei (der Hintergrund ist auch sehr warm) und ändern Sie die DICHTE in 70 %. So erhält der DJ einen warmen Farbüberzug, damit er besser in die Szene passt. Bevor wir weitermachen: Sie sehen, dass der Warmfilter die gesamte Szene beeinflusst, weil wir die Einstellungsebene noch nicht maskiert haben. Keine Sorge, in Schritt 12 zeige ich Ihnen einen neue Technik, um solche Korrekturen auf den DJ zu beschränken.

SCHRITT 11: DIE PERSON MIT GRADATIONSKURVEN ABDUNKELN

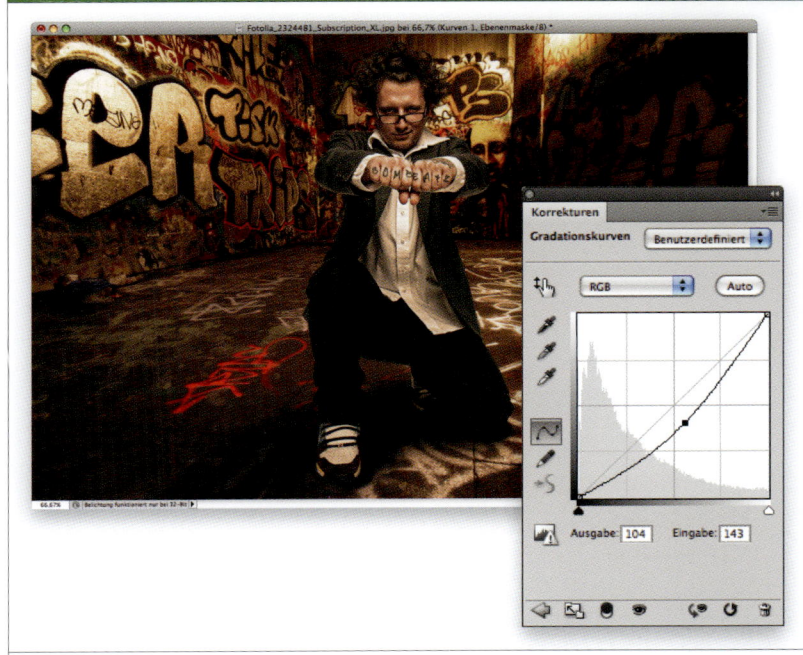

Ein weiteres Problem, um das wir uns kümmern müssen, ist, dass der DJ im Vergleich zu seiner Umgebung recht hell ist. Fügen Sie über dem DJ eine GRADATIONSKURVEN-Einstellungsebene hinzu, klicken Sie in die Mitte der Kurve und ziehen Sie sie etwas nach unten, um ihn abzudunkeln. Wieder wird die gesamte Szene abgedunkelt, aber darum geht es im nächsten Schritt.

Ebenen-Tutorials für Fortgeschrittene **KAPITEL 10** 273

SCHRITT 12: GRUPPIEREN SIE DIE EBENEN UND ÄNDERN SIE DIE FÜLLMETHODE IN NORMAL

Etwas Ähnliches haben wir bereits im Hintergrund-Tutorial getan. Dort benutzten wir Schnittmasken, um eine Korrektur auf die darunterliegende Ebene zu beschränken. Bei mehreren Ebenen ist Folgendes jedoch einfacher: Aktivieren Sie die DJ-, die Fotofilter- und die Gradationskurven-Ebene und gruppieren Sie sie. Klicken Sie auf die Gruppe und schauen Sie sich die Füllmethode an. Hier steht Hindurchwirken, das bedeutet, dass alle Effekte der Gruppe alles darunter beeinflussen. Das wollen wir aber nicht, ändern Sie darum den Modus in Normal. Nun bleiben die Effekte auf die DJ-Ebene beschränkt.

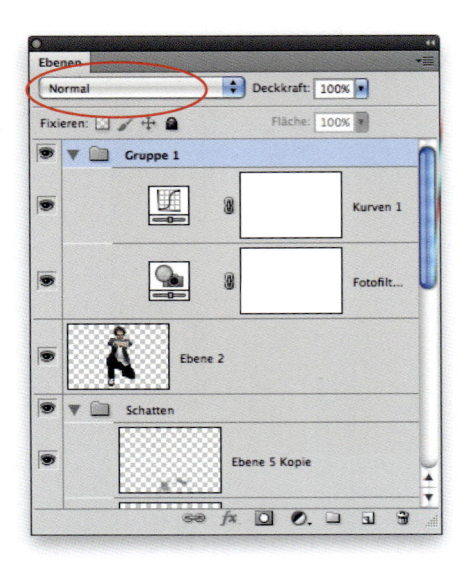

SCHRITT 13: KONZERTSCHEINWERFER AUF DEN HINTERGRUND

Ich habe mir einen Trick von Calvin Hollywood geborgt – einem sehr talentierten Künstler. Wir werden das vorhandene Licht oben rechts aufpeppen, indem wir ihm einen Spot hinzufügen. Klicken Sie auf die eben erstellte Gruppe und dann auf das Icon Neue Einstellungsebene erstellen unten im Ebenen-Bedienfeld, wählen Sie die Option Verlauf. Ändern Sie die Art in Winkel und klicken Sie auf den Verlauf. Wählen Sie im Dialog Verläufe bearbeiten als Verlaufsart Rauschen, HSB als Farbmodell und ziehen Sie den weißen Sättigung-Regler halb nach links. Ziehen Sie beide Farbton-Regler unter den gelben Bereich, so dass der Verlauf nur gelb wird (Lichtfarbe). Klicken Sie zum Schluss auf Zufallsparameter, bis Sie einen ähnlichen Verlauf erhalten wie ich hier.

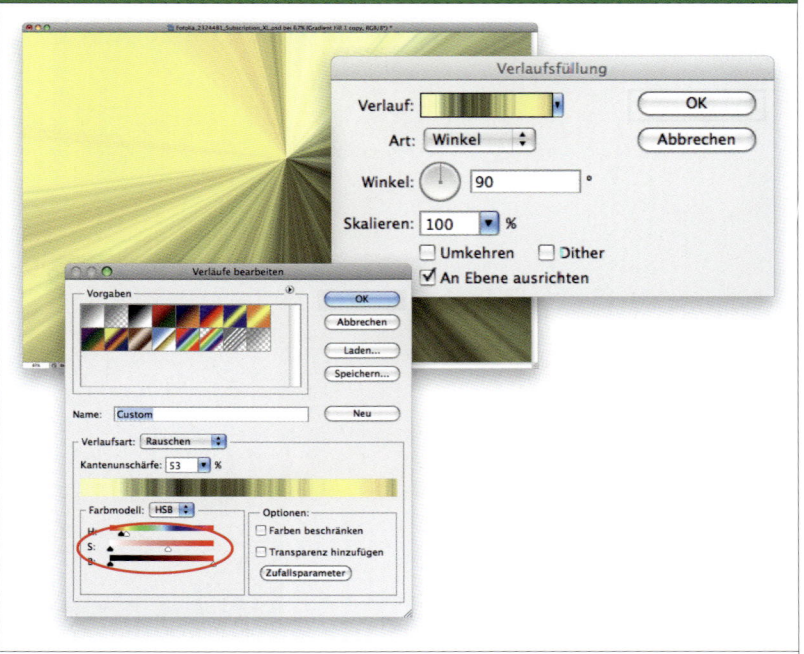

SCHRITT 14: BLENDEN SIE DEN SPOT IN DER DJ-EBENE AUS

Klicken Sie auf OK, um den Dialog VERLÄUFE BEARBEITEN zu schließen. Stellen Sie den Cursor ins Bild und verschieben Sie den Verlauf nach rechts oben. Klicken Sie auf OK, um die VERLAUFSFÜLLUNG-Dialogbox zu schließen. Ändern Sie die Füllmethode in NEGATIV MULTIPLIZIEREN, um alles Schwarz aus dem Verlauf loszuwerden und nur die Lichtstrahlen zu behalten. ⌘-klicken Sie (PC: Strg-Klick) auf die Miniatur der DJ-Ebene, um die Auswahl wiederherzustellen, klicken Sie dann auf die Maske der Verlaufsebene, um die Auswahl mit Schwarz zu füllen und den DJ auszusparen. Malen Sie mit Schwarz über vergessene Bereiche.
TIPP: Um die Lichtquelle neu zu positionieren, doppelklicken Sie auf die Miniatur der Verlaufsfüllung-Ebene.

SCHRITT 15: KOPIEREN SIE DEN SPOT UND VERSCHIEBEN SIE IHN IN DIE PORTRÄT-GRUPPE

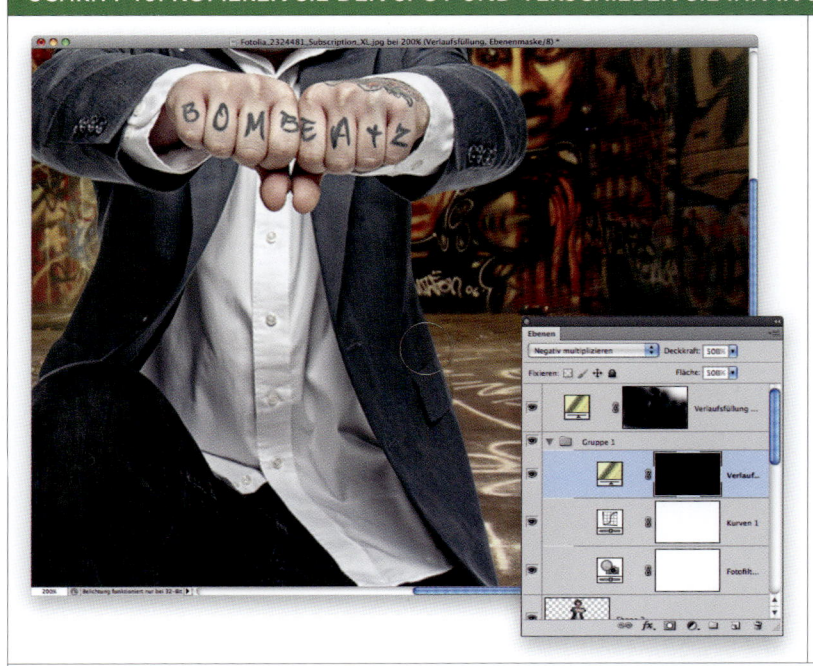

Der Spot ist gelb, darum würde er auf den DJ ein gelbes Licht werfen, richtig? Duplizieren Sie die Spot-Ebene und verschieben Sie sie als oberste Ebene in die Gruppe mit dem DJ. Klicken Sie auf die duplizierte Verlaufsfüllung-Ebenenmaske und wählen Sie BEARBEITEN/FLÄCHE FÜLLEN, um sie mit Schwarz zu füllen. Zoomen Sie ins Bild und malen Sie mit einem kleinen, weichen, weißen Pinsel um die Ränder des DJs und überall dort, wo weißes Licht auf die Kleidung trifft. Hier male ich vor allem außerhalb der rechten Kante, auf dem Knie und der linken Schulter. Reduzieren Sie die Deckkraft der Ebene auf 50 %, um die Lichtintensität etwas abzuschwächen.

SCHRITT 16: SPEZIALEFFEKTE FÜR DAS PORTRÄT

In Schritt 8 des Hintergrund-Tutorials haben wir einen kontrastreichen Kanteneffekt zum Porträt hinzugefügt. Der würde diesem Bild hier auch gut tun. Ich habe Ihnen bereits meinen Lieblingseffekt für solche Porträts gezeigt, das Zusatzmodul Topaz Adjust (von Topaz Labs). Hier duplizierte ich die Porträt-Ebene, fügte denselben Effekt hinzu – erneut mit der Vorgabe DETAIL – STRONG.

SCHRITT 17: SPEZIALEFFEKTE FÜR DEN HINTERGRUND

Auch der Hintergrund kann etwas nachlegen, und Sie könnten denselben HOCHPASS-Filter von Photoshop verwenden wie im Hintergrund-Tutorial in Schritt 8 (auf ein Ebenenduplikat). Ich mag jedoch den Filter TONAL CONTRAST von Nik Software's Color Efex Pro für meine Hintergründe. Bitte nicht beschweren, Sie wissen, wie es in Photoshop gehen kann, aber ich verwende hier nun mal den Nik-Filter.

SCHRITT 18: NOCH EINE VIGNETTE

Schließlich noch etwas Abwedeln und vor allem nachbelichten, um den Hintergrund mit einer hellen Vignette zu umgeben. Ich verwende hier dieselbe Technik wie in Kapitel 6. Klicken Sie im Ebenen-Bedienfeld auf die oberste Ebene und fügen Sie darüber eine neue, leere Ebene ein. Wählen Sie BEARBEITEN/FLÄCHE FÜLLEN und dann 50 % GRAU. Nehmen Sie jetzt den Pinsel mit Schwarz als Vordergrundfarbe und einer Deckkraft von 20 %. Malen Sie über die Ränder des Hintergrunds, um sie etwas abzudunkeln. Das sieht wie eine Vignette aus, aber Sie können sie kontrollieren. Sie dunkeln also nicht den Kopf ab, sondern nur die Ränder darum herum.

KAPITEL 10

DAS TITELBILD

SCHAUEN WIR UNS MAL DAS TITELBILD DES BUCHES AN UND WELCHE ROLLE EBENEN DABEI SPIELEN.

In der letzten Auflage des Buches gestaltete unsere Designerin, Jessica Maldonado, ein fantastisches Cover. Kein Wunder, dass ich mit Fragen überschüttet wurde, wie das zustande gekommen war. Ich hätte mich am liebsten in den Hintern gebissen, weil ich kein Tutorial über die Gestaltung des Covers im Buch hatte. Schließlich bestand auch das Titelbild aus zahlreichen Ebenen, und die meisten Techniken kennen Sie bereits genau aus diesem Buch. Dieses Mal arbeitete ich also mit Jessica zusammen (und mit Nicole Procunier, einer weiteren Designerin, die das Bild erstellte), so entstand ein Cover, das ich nun auch hier im Buch erklären kann. Wenn Sie beim gesamten Coverdesign zuschauen wollen (inklusive schwebender Ebenen, Hintergrundbilder etc.), finden Sie auf der Download-Site zum Buch auch ein Video. Das Video geht sogar über das Tutorial hinaus, aber sehen Sie selbst.

SCHRITT 1: ÖFFNEN SIE DIE HAUPTBILDER UND KOMBINIEREN SIE SIE

Wir werden einige Bilder verwenden, um daraus dieses Cover zu machen, wir beginnen aber mit den beiden wichtigsten. Öffnen Sie zuerst das Foto von der Tänzerin, dann den grünen Hintergrund. Fügen Sie den Hintergrund in das Tänzerin-Foto ein (Kopieren und Einfügen). Ändern Sie die Füllmethode des grünen Hintergrunds in INEINANDERKOPIEREN und reduzieren Sie dessen Deckkraft auf 55 %.

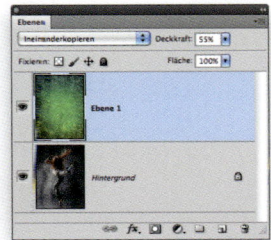

SCHRITT 2: KOPIEREN SIE DIE TÄNZERIN-EBENE UND WÄHLEN SIE SIE AUS DEM HINTERGRUND AUS

Klicken Sie auf die Tänzerin, um sie zu aktivieren, drücken Sie dann ⌘-J (PC: Strg-J), um sie zu duplizieren, und ziehen Sie sie über den grünen Hintergrund im Ebenenstapel. Wählen Sie sie nun mit dem Schnellauswahl-Werkzeug (W) aus dem Hintergrund aus und klicken Sie dann auf das Icon EBENENMASKE HINZUFÜGEN unten im Ebenen-Bedienfeld. Anschließend klicken Sie im Masken-Bedienfeld auf den Button MASKEN-KANTE. Stellen Sie den SMART-RADIUS auf ca. 15 Pixel ein und malen Sie mit dem Radius-verbessern-Werkzeug um ihr Haar, damit es so gut wie möglich ausgewählt wird. Nicht schlimm, wenn es nicht perfekt ist. Wegen des Hintergrunds wird es sogar besser aussehen. Klicken Sie auf OK.

SCHRITT 3: DUNKELN SIE DEN BODEN AB, DAMIT SIE NICHT MEHR SCHWEBT

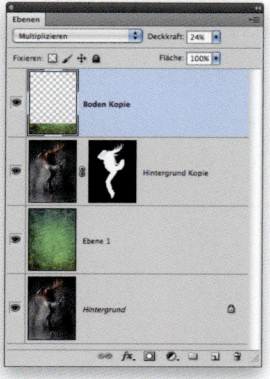

Klicken Sie auf die grüne Hintergrundebene, um sie zu aktivieren, und legen Sie mit dem Auswahlrechteck eine Auswahl über den unteren Bereich der Ebene. Duplizieren Sie diesen Bereich, ziehen Sie das Duplikat dann im Ebenenstapel nach oben. Ändern Sie die Füllmethode der neuen Ebene in MULTIPLIZIEREN und reduzieren Sie ihre Deckkraft auf etwa 25 %. So hat sie etwas, worauf sie stehen kann, und es sieht nicht mehr so aus, als schwebe sie im Raum.

SCHRITT 4: FÜGEN SIE EINE FARBTON/SÄTTIGUNG-EINSTELLUNGSEBENE HINZU

Klicken Sie im Korrekturen-Bedienfeld auf das FARBTON/SÄTTIGUNG-Icon, um eine solche Einstellungsebene hinzuzufügen. Ziehen Sie den FARBTON-Regler auf +28, um dem Hintergrund etwas mehr Blau hinzuzufügen. Sie wissen, Sie können die Farbe hier beliebig ändern. Sie könnten auch den SÄTTIGUNG-Regler nach links ziehen, um die Sättigung der Farben zu verringern. Im Übrigen sieht Grau hier auch ziemlich cool aus.

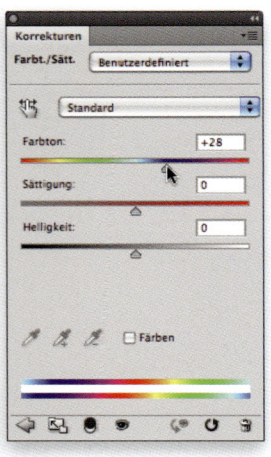

SCHRITT 5: FÜGEN SIE EINE MASKE ZUR EINSTELLUNGSEBENE HINZU UND KEHREN SIE SIE UM

Die FARBTON/SÄTTIGUNG-Einstellungsebene wirkt derzeit auf das gesamte Bild, darum müssen wir eine Maske hinzufügen, um die Tänzerin auszublenden. Halten Sie die ⌥-Taste (PC: Alt) gedrückt und ziehen Sie eine Kopie der Ebenenmaske von der Tänzerin-Ebene auf die Maske der FARBTON/SÄTTIGUNG-Einstellungsebene. Damit wird die leere Maske ersetzt, der Effekt ist jedoch genau verkehrt herum: Der Hintergrund wird maskiert, nicht die Tänzerin. Klicken Sie darum im Masken-Bedienfeld auf den Button UMKEHREN, damit die Farbe stattdessen nur auf den Hintergrund wirkt.

SCHRITT 6: ZUFÄLLIGE BELEUCHTUNG AUF DER HINTERGRUNDSTRUKTUR

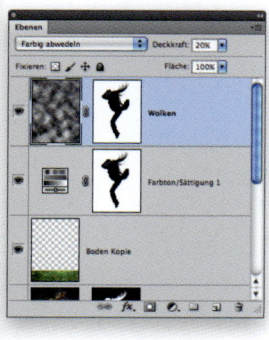

Nun werden wir mit einem coolen Ebenen/Filter-Trick eine zufällige Beleuchtung auf der Hintergrundstruktur aufbringen. Fügen Sie eine neue, leere Ebene über den anderen ein. Drücken Sie die Taste D, um Vorder- und Hintergrundebene auf ihre Standardwerte Schwarz und Weiß einzustellen. Wählen Sie dann FILTER/RENDERINGFILTER/WOLKEN und anschließend FILTER/WEICHZEICHNUNGSFILTER/GAUSSSCHER WEICHZEICHNER mit einem Radius von 20 Pixel. Damit wird die Struktur weichgezeichnet. Ändern Sie die Füllmethode der Ebene in FARBIG ABWEDELN und stellen Sie die DECKKRAFT auf 20 %. Kopieren Sie dieselbe Ebenenmaske von der FARBTON/SÄTTIGUNG-Einstellungsebene, damit die Tänzerin vom Effekt ausgespart bleibt.

SCHRITT 7: FÜGEN SIE DAS BILD MIT FEUER UND RAUCH IN IHR HAUPTBILD EIN

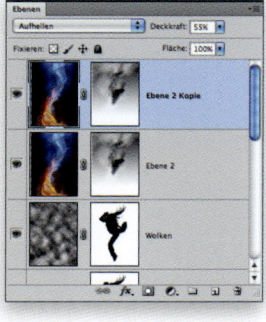

Öffnen Sie als Nächstes das coole Bild von Feuer und Rauch und holen Sie es per Kopieren und Einfügen in Ihr Coverbild. Fügen Sie der Ebene eine Ebenenmaske hinzu und malen Sie das Feuer aus dem Gesicht und vom Körper der Tänzerin, ebenso aus Bereichen des Hintergrunds. Ändern Sie die Füllmethode in AUFHELLEN und die DECKKRAFT auf 55 %.

TIPP: Wenn Sie mit Hintergrundelementen wie Feuer und Rauch arbeiten, duplizieren Sie die Ebene mit ⌘-J (PC: Strg-J), um den Effekt zu intensivieren wie hier. Manchmal funktioniert es, manchmal nicht, das auszuprobieren dauert aber nicht lange.

SCHRITT 8: LADEN SIE DIE SMOKE-PINSEL

Zeit für etwas mehr Rauch, darum habe ich kostenlose Pinselvorgaben von Falln-Stock bei deviantART heruntergeladen (http://falln-stock.deviantart.com/art/Smoke-Brushes-Set-1-92730901). Wenn Sie Pinsel herunterladen, packen Sie sie auf Ihrem Schreibtisch aus. Doppelklicken Sie dann darauf, um das Set in Photoshop zu installieren. Wenn Sie jetzt Ihren Pinselwähler öffnen, sehen Sie die neu installierten Vorgaben ganz unten in der Liste.

TIPP: Schauen Sie unbedingt mal in das Pinsel-Grundlagen-Tutorial unter www.kelbytraining.com/books/layerscs5.

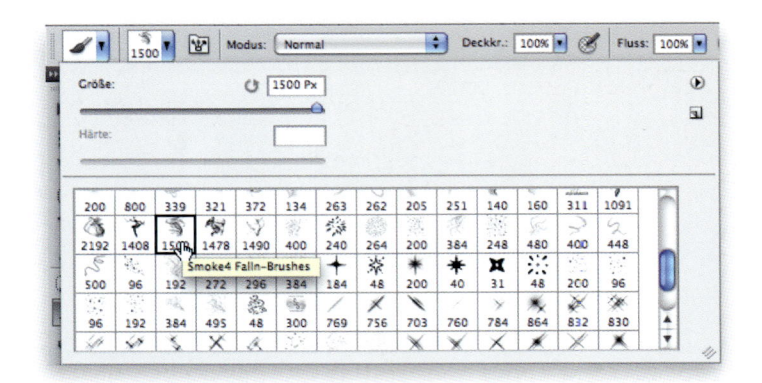

SCHRITT 9: FÜGEN SIE MEHR RAUCH HINZU

Erstellen Sie eine neue Ebene namens »smoke«, damit Sie wissen, was sich darauf befindet, drücken Sie dann die Taste X, um Weiß als Vordergrundfarbe einzustellen. Wählen Sie einen der Smoke-Pinsel und malen Sie damit auf der neuen Ebene. Sie können mehrmals mit verschiedenen Pinseln malen, um verschiedene Rauchformen zu erzeugen. Reduzieren Sie dann die Deckkraft der Ebene auf 45 %.

TIPP: Sie können die Größe der Rauch-Striche jederzeit mit Bearbeiten/Frei transformieren ändern, damit sie besser in Ihr Layout passen.

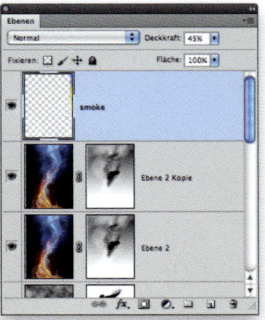

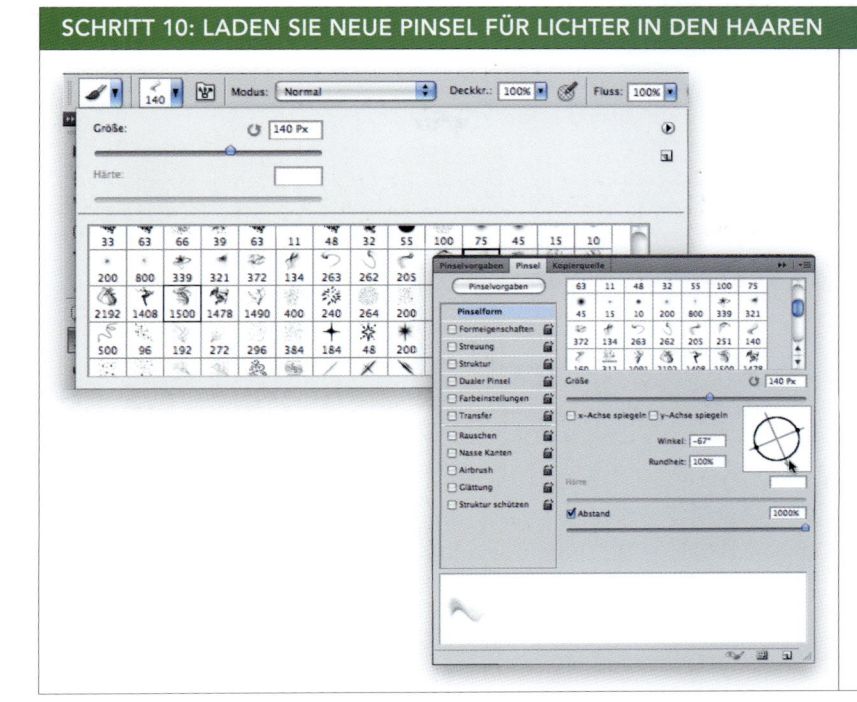

SCHRITT 10: LADEN SIE NEUE PINSEL FÜR LICHTER IN DEN HAAREN

Wir verwenden ein weiteres Pinsel-Set von deviantART namens Lighting Brushes (http://Not-a-kitty.deviantart.com/art/Abstract-lighting-brushes-PS7-20838317), um ein paar Lichtakzente in das Haar zu setzen. Wenn Sie das Set geladen haben, doppelklicken Sie darauf, um es in Photoshop zu installieren. Wählen Sie dann im Pinselwähler einen der neuen Pinsel. Ich verwende eine Kombination aus der Gruppe, die wir hier eingekreist haben. Wählen Sie FENSTER/PINSEL, um das Pinsel-Bedienfeld zu öffnen. Ich verwendete einen Abstand von 1000 % und schaltete STREUUNG und GLÄTTUNG aus. Schließlich wählte ich einen solchen Winkel, dass sich der Pinsel an die Richtung der Haare anpasste.

SCHRITT 11: MALEN SIE DIE LICHTER INS HAAR

Nun können Sie ein paar Lichtreflexe ins Haar malen. Legen Sie eine neue Ebene namens »Hair Highlights« an und wählen Sie als Vordergrundfarbe R: 247, G: 166, B: 112 (ähnlich der Haarfarbe). Klicken Sie jetzt, um ein paar Reflexe ins Haar zu malen. Sie sehen fast wie Haarverlängerungen aus, malen Sie also überall, wo Haare herumfliegen, und wechseln Sie zwischendurch die Pinsel. Ein ziemlich cooler Effekt, wie ich meine, um die Dynamik des Haars zu verstärken. Wenn Sie fertig sind, reduzieren Sie die Deckkraft auf 80–85 %.

SCHRITT 12: LICHTSPUREN HINZUFÜGEN

Nun also die Lichtspuren. Zum Glück wissen Sie ja bereits aus Kapitel 8, wie das geht, dort haben wir einen ähnlichen Stil erstellt. Nehmen Sie also den Pinsel. Klicken Sie im Pinselwähler auf das kleine Dreieck nach rechts, um das neue Pinsel-Set zu laden. Wählen Sie die Kalligrafie-Pinsel und daraus den 20-Pixel-Pinsel. Legen Sie eine neue Ebene an, wählen Sie Weiß als Vordergrundfarbe und malen Sie ein paar Bewegungslinien von oben nach unten. Erzeugen Sie weitere Spuren-Ebenen. Am besten sieht es aus, wenn Sie sie auf ihrem Körper kreuzen, als flögen sie um den Körper herum. Die verschiedenen Ebenen sind gut, um die Streifen verschieden einzufärben.

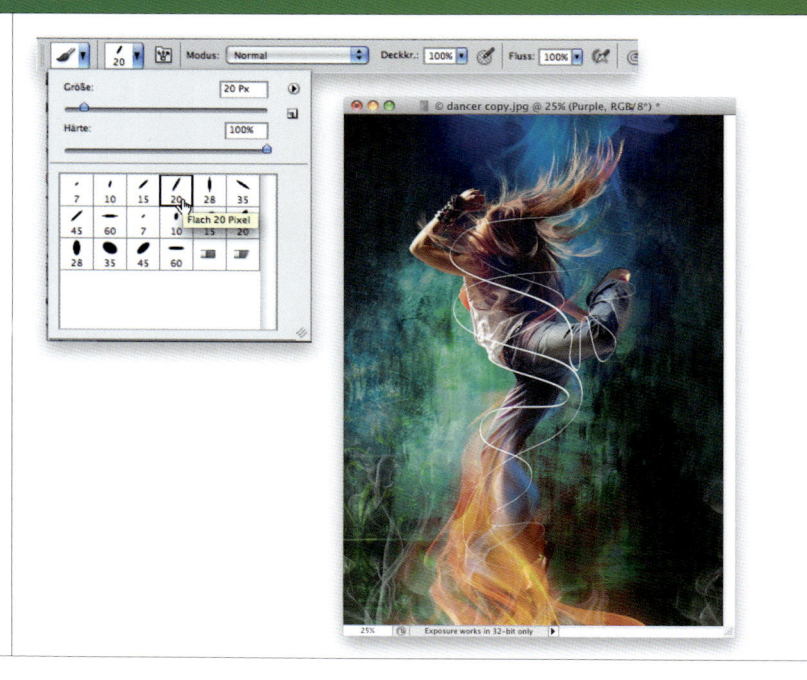

SCHRITT 13: FÜGEN SIE EBENEN FÜR SCHEIN NACH AUßEN UND SCHEIN NACH INNEN HINZU

Doppelklicken Sie auf die erste Lichtspur-Ebene und fügen Sie einen SCHEIN NACH INNEN und einen SCHEIN NACH AUSSEN mit den Einstellungen wie in der Abbildung hinzu. Für beide Effekte klicken Sie in das Farbfeld im Abschnitt STRUKTUR und wählen die Farbe, in der die Lichtspur erscheinen soll (ich wählte hier Orange, Blau und Violett). Klicken Sie auf OK, wenn Sie fertig sind.

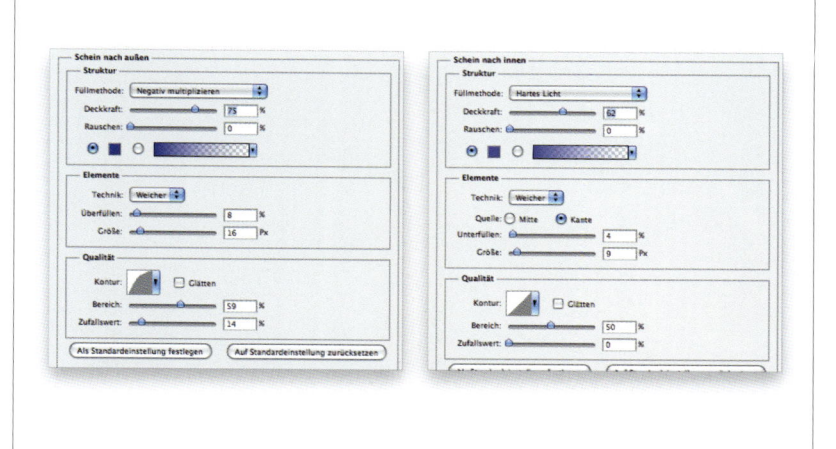

SCHRITT 14: FÜGEN SIE EINE EBENENMASKE HINZU UND MALEN SIE DIE STRICHE TEILWEISE WEG

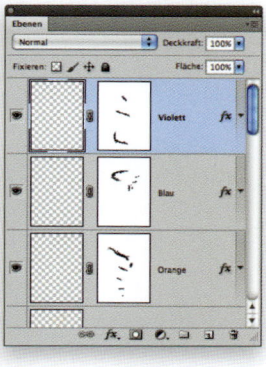

Fügen Sie als Nächstes eine Ebenenmaske zur ersten Lichtspur-Ebene hinzu und malen Sie Teile der Lichtspur weg, so dass es aussieht, als wickle sie sich um den Körper der Tänzerin. Wiederholen Sie Schritt 13 für jede Lichtspur und ändern Sie so deren Farben.

SCHRITT 15: FÜGEN SIE FUNKEN UND GLITZER HINZU

Ein weiterer, sehr beliebter Effekt für solche Art von Bildern sind Glitzer und Funken. Glücklicherweise gibt es auch dafür ein Pinsel-Set von Obsidian Dawn bei deviantART (http://browse.deviant-art.com/?qh=&section=&global=1&q=glitter+brushes#/dsyny4), mit dem wir uns behelfen. Laden Sie die Glitzer-Pinsel wie die anderen Sets vorher. Stellen Sie den Abstand im Pinsel-Bedienfeld auf 265 %. Legen Sie eine neue, leere Ebene an und wählen Sie Weiß als Vordergrundfarbe, klicken Sie zufällig im Bild umher, um die Funken hinzuzufügen. Der Abwechslung wegen verwendete ich hier verschiedene Pinsel.

SCHRITT 16: VERWISCHEN SIE GLITZER UND FUNKEN

Wählen Sie schließlich die Glitzer- und Funken-Ebene aus und wählen Sie dann Filter/Weichzeichnungsfilter/Gausssscher Weichzeichner. Stellen Sie den Radius auf 2 Pixel, um Funken und Glitzer leicht zu entschärfen. Wiederholen Sie die Schritte 15 und 16 einige Male, um verschiedene Ebenen mit unterschiedlichen Glitzer-Pinseln zu erzeugen. Dann sind Sie fertig.

Ich weiß, wir sind hier ziemlich durchgerast. Wie gesagt, ich habe ein Video davon aufgezeichnet, das Sie durch das Tutorial führt, außerdem durch den Rest der Covergrafiken (Titel, wellenförmige Ebenen, Hintergrund). Schauen Sie es sich ruhig an, wenn Sie mehr erfahren wollen.

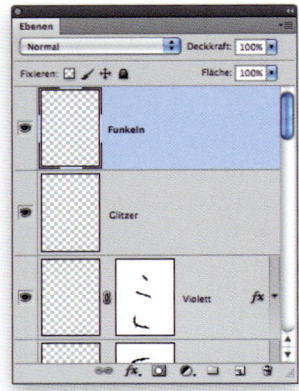

KAPITEL 10

WIE ERFAHRE ICH MEHR VON MATT?

SIE MÖCHTEN ALSO MEHR VON DEM MANN ERFAHREN, DER DAS BUCH GESCHRIEBEN HAT?

Sie merken schon, ein Tutorial ist das nicht. Falls Ihnen jedoch mein Stil gefällt und Sie auf diese Weise mehr lernen möchten, kann ich Ihnen noch etwas anbieten:

MEINE VIDEOCASTS ZU FOTOGRAFIE, PHOTOSHOP UND LIGHTROOM

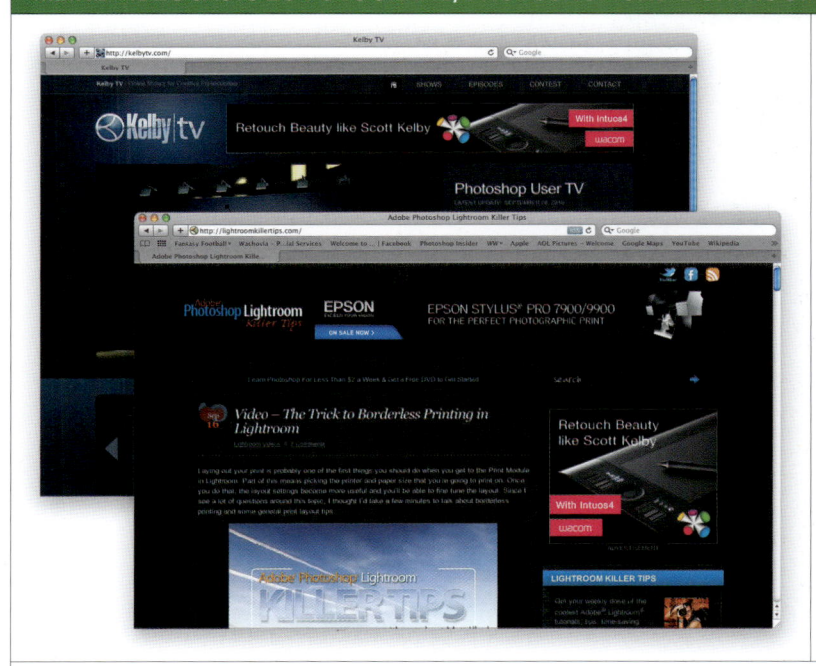

Gemeinsam mit Scott Kelby präsentiere ich jede Woche einen Videocast zu digitaler Fotografie, *D-Town TV* (D für digital). Dabei geben wir Tipps und Hinweise zu Kameras, zum Shooting, zu Studio-Setups sowie zu Beleuchtungstechniken und liefern Ideen für die Nachbearbeitung. Mit Dave Cross präsentieren wir einen der beliebtesten Technik-Videocasts, *Photoshop User TV*, bei dem es die heißesten Photoshop-Tutorials, Tipps und Tricks gibt – und Sie auch über schlechte Witze lachen dürfen (wenn Sie Englisch verstehen). Beides finden Sie unter http://kelbytv.com. Meine wöchentlichen Videocasts zu Lightroom finden Sie unter www.lightroomkillertips.com.

SOZIALE NETZWERKE: FACEBOOK UND TWITTER

Sie finden mich auch bei Facebook und Twitter. Dort können Sie schnell mitbekommen, was gerade läuft, und bleiben, was meine Arbeit betrifft, auf dem Laufenden.

Facebook: www.facebook.com/ThePhotoshopGuy

Twitter: www.twitter.com/MattKloskowski

NATIONAL ASSOCIATION OF PHOTOSHOP PROFESSIONALS (WWW.PHOTOSHOPUSER.COM)

Hier arbeite ich. Wenn Ihnen mein Stil gefällt, wird Ihnen auch die NAPP gefallen. Als Mitglied erhalten Sie ein Abo des *Photoshop User* Magazine, außerdem spezielle Online-Inhalte, technischen Support und Discounts bei einigen Händlern.

PHOTOSHOP-VIDEOS (WWW.KELBYTRAINING.COM)

Ich produziere DVDs, Videos und Online-Trainings. Wieder reichen auch hier die Themen von Photoshop und Lightroom bis hin zu Illustrator. Das alles (sowie Titel anderer Trainer) finden Sie unter www.kelbytraining.com.

PHOTOSHOP WORLD (WWW.PHOTOSHOPWORLD.COM)

Auch wenn Sie es nach dem eben Gelesenen kaum glauben mögen, hin und wieder darf ich das Büro verlassen (eigentlich nur zweimal im Jahr). Dann finden Sie mich auf der Photoshop World Conference & Expo, die je einmal an der Ost- und an der Westküste der USA stattfindet. Dort biete ich nicht nur Trainings an, Sie können sich auch bei meinen 30 Kollegen mit 'reinsetzen. Ein Photoshop-Freudenfest für alle, die es gern haben. Das wird Ihnen gefallen!

Index

A

Abdunkelnde Füllmethoden, 42, 43
Abgeflachte Kante und Relief, Ebenenstil, 214, 256
Ablenkungen entfernen, 194–197, 268
Absatz-Bedienfeld, 129, 143
Abwedeln und nachbelichten, 152–155, 277
Adobe Illustrator, 232
Adobe Photoshop. *Siehe* Photoshop
Adobe Photoshop Lightroom, 287
Albumseiten
    mit Ebenen erstellen, 15–27
    mit Smart-Objekten gestalten, 234–241
Auf Ebene beschränken, 252
Aufhellende Füllmethoden, 42, 44
Aufhellungseffekte
    Konzertspots, 274–275
    Leuchtspuren, 220–221, 284–285
    Lichtreflexe, 275
    Lichteinfallwinkel, 225
    mit Licht malen, 149–151
    zufälliger Lichteinfall, 281
Aufnehmen: Alle Ebenen, Option, 199, 202
Augen-Icon
    Ebenen-Bedienfeld, 11, 17, 210
    Korrekturen-Bedienfeld, 61, 65, 82
Augen weißer machen, 189, 190–191
Ausblenden
    Ebenen im Ebenen-Bedienfeld, 11, 17
    Ebenenmasken, 97
    Ebenenstile, 210, 225
    Einstellungsebenen, 61
    Textmarkierungen, 143
Ausgaberegler, 238
Ausrichten
    Ebenen, 20–21, 163–165
    Text, 129
Auswählen
    Bildbereiche, 19, 20, 63
    Formen, 139, 141
    mehrere Ebenen, 20, 28
    Text, 143
Auswahlen
    auf eigene Ebene platzieren, 207
    aufheben, 23, 45
    duplizieren, 43, 48
    Ebenenmasken und, 87
    Einstellungsebene, 62–66
    füllen, 25, 82, 97, 101, 148
    Kanten verbessern, 98
    kopieren und einfügen, 19, 20
    Pfade erstellt aus, 139, 142
    Rechteck-, 24
    Video-Tutorial, 63, 96, 104, 147, 251
    Weichzeichnen, 101
Auswahlrechteck, 19, 24, 25

B

Barker, Corey, 220
Bearbeiten
    Ebenenstile, 219
    Einstellungsebenen, 61
    Smart-Objekt-Ebenen, 241, 244
    Text, 125
Bedienfeldoptionen, 16
Benennen/Umbenennen
    Ebenen, 22, 28
    Ebenenstile, 217
    eigene Formen, 139
    Konturen, 23
Bereichsreparatur-Pinsel, 162, 182, 198, 199–201, 268
Bild/Objekt öffnen, Button, 233, 243
Bildgröße, Dialogbox, 142
Bilder
    für Tutorials herunterladen, viii
    Siehe auch Grafiken, Fotos
Bilder rahmen, 50–51

C

Camera Raw
    RAW-Foto anpassen in, 242, 244
    Smart-Objekt-Ebenen, 233, 243, 244
Color Efex Pro Filter, 276
Copyright-Symbol, 213
Cross, Dave, 287

D

Darunterliegende Ebene, 261–262, 266
Dateigröße
    Ebenen duplizieren und, 79
    Einstellungsebenen und, 81
Deckkraft-Einstellung
    Abwedeln, Nachbelichten, 154–155
    Ebenenstil, 217
    Flächen-Deckkraft, 214, 257
    Formebene, 137

Fotofilter-Einstellungsebene, 252
mit Licht malen und, 150, 151
Porträtretusche, 183, 188, 191, 193
Radiergummi-Werkzeug, 12
Schlagschatten, 102
Strukturebene, 18
Tastenkürzel für, 54
Vordergrundfarbe, 25
Wasserzeichen, 214
weichgezeichnete Ebene, 174
Dichte-Regler, 98, 148, 175
Dunkle Fotos, 47–48
deviantART Website, 282, 283, 285
Differenz, Füllmethode, 164
Digitalfotos. *Siehe* Fotos
DJ Rob Analyze, 269–277
Dokument in Registerkarten öffnen, Voreinstellungen, 8
Dokumente
Fotos kopieren in, 9, 41
neue anlegen, 9, 41
Doppelte Entwicklung, 242–246
D-Town TV Videocast, 287
Duplizieren
Auswahlen, 43, 48
Ebenen, 23, 28, 79, 176
Ebenenmaske, 99, 119
Ebenenstile, 225, 238
Einstellungsebenen, 82
Hintergrundebene, 39, 49, 167, 169, 186
Konturen, 23
Smart-Objekt-Ebenen, 235, 243
Textebenen, 130, 143
Durchschuss, 240
Dynamik-Einstellung, 72

E

Ebenen
ausblenden, 11, 17
ausrichten, 20–21, 163–165
auswahlen legen auf, 207
automatisch ausrichten, 163–165
benennen/umbenennen, 22, 28
Dateigröße und, 79, 81
duplizieren, 23, 28, 79, 176
einzelne auswählen, 7, 28
Form-, 133–142
füllen, 45, 153
Grundlagen, 2–7
gruppieren, 24, 28, 137, 272, 274

Kontur, 23
Korrektur, 57–82
löschen, 26
mehrere auswählen, 20
Miniaturen für, 93, 94
neu anordnen, 11
neue anlegen, 6, 17, 28, 176
reduzieren, 27, 42, 185, 202, 253
Smart-Objekt-, 228–247
stapeln, 28
Text, 122–132
überblenden, 31–54, 258–262
verknüpfen, 22
verschieben, 10, 11
zusammenfügen, 27, 42, 253
Ebenen-Bedienfeld
Augen-Icon, 11, 17, 210
Ebenen ausblenden, 11
Ebenen neu anordnen in, 11
Einstellungsebenen in, 60
Miniaturgröße einstellen, 16
Tastenkürzel für, 5
Ebenen verknüpfen, Icon, 22
Ebenen-Techniken, fortgeschrittene, 249–286
Ebenen überblenden, 258–262
Hintergrund ersetzen, 250–257
Lichter und Tiefen korrigieren, 268–277
Titelbild, 278–286
Ebenenmaske hinzufügen, Icon, 88, 92, 96, 109
Ebenenmasken, 85–119
ausblenden, 97
Auswahlen und, 87
automatisch erstellen, 103–106
Bilder kombinieren mit, 87–91, 95–102, 107–112, 146–148
deaktivieren/aktivieren, 119
Dichte-Regler, 98, 148, 175
duplizieren, 99, 119
Einstellungsebenen und, 64, 68, 82, 92
Farben verstärken mit, 172
füllen, 82, 90
Grundlagen, 86–91
Inhalt anschauen, 119
kopieren, 99, 119
Lichtspur-Effekt und, 285
löschen, 119
malen auf, 68, 90–91, 94, 111–112
Masken-Bedienfeld, 98, 148, 162, 175
Miniaturen für, 64, 65, 68, 88, 89, 93–94
permanent anwenden, 119
Pinsel und, 90–91, 102, 111–112
scharfgezeichnete Ebenen und, 170

Schatten und, 100–102
Schwarz und Weiß in, 89, 90, 91
Smart-Objekt-Ebenen und, 245
Soft-Fokus-Effekt und, 175
Strukturen und, 99–100
Taste X, Tastenkürzel, 91
Toleranz-Einstellung, 98
umkehren, 100, 150, 159, 170, 280
Verläufe und, 108–109, 110
von Ebenen entkoppeln, 119
weichgezeichnete Ebenen und, 167, 187
zu Ebenen hinzufügen, 88, 92, 96, 109
zwischen Ebenen verschieben, 119
Ebenenstil hinzufügen, Icon, 208
Ebenenstil-Dialogbox, 54, 208, 214, 216, 225
Ebenenstile, 205–225
   Abgeflachte Kante und Relief, 214, 256
   anwenden, 219, 225
   Anwendungsideen, 220–224
   ausblenden, 210, 225
   bearbeiten, 219
   Design mit, 206–212
   duplizieren, 225, 238
   Einbrenneffekt in Holz, 223
   Farbüberlagerung, 216, 219
   Felsenstruktur-Effekt, 221–222
   Füllmethoden und, 216, 217
   Grundlagen, 206–212
   klassische Färbung, 218–219
   Kontur, 208, 240
   Leuchtspuren-Effekt, 220–221, 284–285
   löschen, 210, 225
   Musterüberlagerung, 221
   normale Ebenen aus, 211, 225
   Plastik- oder Aqua-Texteffekt, 224
   Popup-Menü, 208
   Schatten nach innen, 257
   Schein nach außen, 220, 284
   Schein nach innen, 217, 220, 256, 284
   Schlagschatten, 209
   Smart-Objekt-Ebenen und, 237–238, 240
   speichern, 217, 225
   Symbolbilder und, 256–257
   Vorgabe, 218
   Wasserzeichen und, 213–214
   wiederverwendbare Effekte, 215–219
   zu Ebenen hinzufügen, 225
Eigene-Form-Werkzeug, 140, 213
Einbrennen-Effekt in Holz, 223
Einfügen. *Siehe* Kopieren und einfügen
Eingangsregler, 63, 64

Einstellungsebenen, 57–82
   ausblenden, 61
   bearbeiten, 61
   Bilder speichern mit, 61
   Dateigröße und, 81
   duplizieren, 82
   Dynamik, 72
   Ebenenmasken und, 64, 68, 82, 92
   ein-/ausschalten, 65, 82
   Farbänderungen mit, 58–61
   Farbbalance, 74
   Farbe verstärken mit, 72
   Farbton/Sättigung, 60, 74, 171–172, 190, 192, 280
   Fotofilter, 73–74, 175, 252, 273
   Füllmethoden und, 71, 80–81
   Gradationskurven, 67–69, 76–78, 150, 151, 273
   Grundlagen, 58–61
   malen auf, 68
   mehrere Fotos und, 75–78
   Miniaturen für, 64, 69
   neue erstellen, 192
   Pinsel für, 66, 67–68
   Schwarzweiß, 70–71, 73
   selektive Änderungen mit, 62–66
   Smart-Objekt-Ebenen und, 238
   Tonwertkorrektur, 63, 64, 238, 264
   Vintage-Effekt, 74
   Vorschau, 65, 82
Entfernen. *Siehe auch* Löschen
   Ablenkungen, 194–197, 268
   Blendenflecke, 200
   Falten, 180–183
   Schatten, 200–201, 255
   Unreinheiten, 180–182
   weißen Rand, 270

F

Facebook-Seite, 288
Falten entfernen, 180–183
Farbbalance-Einstellungsebene, 74
Farbbereich auswählen, Dialogbox, 87, 141
Farbbereichs-Regler, 258–262, 266
Farbcodierte Ebenen, 22
Farbe, Füllmethode, 45, 216
Farben
   bestimmte verstärken, 72, 171–172
   Farbstich korrigieren, 76
   Formebene, 135
   füllen mit, 25, 45, 82
   mit Einstellungsebenen bearbeiten, 58–61

selektiv hinzufügen, 73
Text, 125
Färben, 71, 215
Farb-Füllmethoden, 42, 45
Farbig abwedeln, Füllmethode, 44, 281
Farbig nachbelichten, Füllmethode, 43
Farbton, Füllmethode, 46
Farbüberlagerung, Ebenenstil, 216, 219
Farbwähler, 24, 123, 125
Farbton/Sättigung-Einstellungsebene, 60, 74, 171–172, 190, 192, 280
Farbton/Sättigung-Tastenkürzel, 202
Felsenstruktur, 221–222
Filter
    automatisch erneut anwenden, 176
    Foto-, 73–74, 175
    Gaußscher Weichzeichner, 101, 167, 174, 239, 264
    Hochpass, 39, 254, 276
    Matter machen, 186
    Smart-, 229, 239, 247
    Unscharf maskieren, 169
    Versetzen, 266
    Warm-, 175
    Wolken, 281
Flächen-Deckkraft, Einstellung, 214, 257
Flecken entfernen, 180–182
Formebenen, 133–142
    anlegen, 134–135
    Ebenenmasken und, 138
    eigene, 139–142
    entfernen aus, 136
    Farbänderungen für, 135
    Formen auswählen für, 139, 141
    Fotos als Quelle von, 141–142
    Größe anpassen, 142
    gruppieren, 137
    hinzufügen zu, 136, 137
    positionieren, 138, 140
    transformieren, 135, 137, 142
    Verläufe und, 138
Formen zeichnen, 134
Formwähler, 140, 142
Formwerkzeug, 134, 138
Fotofilter-Einstellungsebene, 73–74, 175, 252, 273
Fotolia.com Website, viii, 15, 250, 268
Fotos
    Bereiche auswählen, 19, 20
    Formebenen aus, 141–142
    Größe anpassen, 19, 20, 41, 106
    in Photoshop öffnen, 5
    kombinieren, 86–91, 95–112, 146–148

    Konturen anwenden auf, 23
    Logos auf, 13–14
    malen auf, 2–3
    mehrere anordnen, 21, 22
    mit Radiergummi überblenden, 12–13
    retuschieren, 179–202
    scharfzeichnen, 39, 168–170
    verbessern, 47–53, 145–176
    Wasserzeichen einfügen, 213–214
Fotos kombinieren
    Ebenenmasken, 87–91, 95–102
    Himmel ersetzen, 146–148, 160–162
    mehrere Bilder überlenden, 12–13, 107–112
Fotos nachbessern, 145–176
    abwedeln und nachbelichten, 152–155
    bestimmte Farben verstärken, 171–172
    Ebenen automatisch ausrichten, 163–165
    Füllmethoden für, 47–53
    Gruppenfotos, 163–165
    Himmel ersetzen, 160–162
    mehrere Bilder kombinieren, 146–148
    mit Licht malen, 149–151
    Pseudo-HDR-Effekt, 156–159
    Schärfentiefe einstellen, 166–167
    Selektiv scharfzeichnen, 168–170
    Soft-Fokus-Effekt, 173–175
Fotos retuschieren, 179–202
    Ablenkungen entfernen, 194–197
    Augen aufhellen, 189, 190–191
    Effekt abschwächen, 202
    Falten entfernen, 180–183
    Haut glätten, 184–188
    Inhaltssensitiv-Option, 198–201
    Unreinheiten entfernen, 180–182
    Zähne weißen, 189, 191–193
Fotos scharfzeichnen
    Füllmethoden für, 39
    selektives Scharfzeichnen, 168–170
Fotos überblenden. Siehe Fotos kombinieren
Frei transformieren, Befehl, 41
    Ebenenmasken und, 106, 115
    Formebenen und, 135, 137, 142
    Himmel ersetzen und, 162
    Schatten platzieren und, 271
    Smart-Objekt-Ebenen und, 236
Freistellungswerkzeug, 165
Füllen
    Auswahlen, 25, 82, 97, 101, 148
    Ebenen, 45, 153
    Ebenenmasken, 82, 90
Füllmethode-Popup-Menü, 216

Füllmethoden, 31–54
    Abdunkeln, 42, 43
    Aufhellen, 42, 44
    auswählen, 54
    Differenz, 164
    dunkle Bereiche und, 47–48
    Ebenenstil, 216, 217
    Einstellungsebene, 71, 80–81
    Farbe, 45, 216
    Farbig abwedeln, 44, 281
    Farbig nachbelichten, 43
    Farbton, 46
    Hindurchwirken, 274
    Ineinanderkopieren, 38, 51–52, 53, 153, 176
    Kontrast verstärken, 42, 45, 52
    Luminanz, 46
    Multiplizieren, 34–35, 49–51, 54, 81, 217
    Negativ multiplizieren, 36–37, 48, 54, 275
    Normal, 165, 274
    Popup-Menü, 42, 54
    Radiergummi, 48
    Strahlendes Licht, 45
    Tastenkürzel, 54
    verblasste Bereiche, Bilderrahmen und, 50–51
    Vorteil, 258–262
    Weiches Licht, 38–39, 52, 53, 54
Fülloptionen, Ebenenstil, 259, 266
Füllwerkzeug, 117
Funken- und Glitzereffekt, 285–286
fx-Icon, 208, 211, 238

G

Gaußscher Weichzeichner, Filter, 101, 167, 174, 239, 264
Glätten
    Bilddetails, 264
    Haut, 184–188
Glätten-Befehl, 114
Glitzer und Funken, Effekt, 285–286
Globalen Lichteinfall verwenden, Checkbox, 225
Gradationskurven-Einstellungsebene, 67–69, 76–78
    Helligkeitskorrekturen mit, 253, 273
    mit Licht malen und, 150, 151
    Vorgaben, 78
    Vorgaben speichern für, 77
Grafiken
    Kritzeleien, 37
    Logo, 13–14
    Symbol, 256–257
    Vektor, 232
    verkrümmen auf unebener Oberfläche, 263–267

Graphic Authority Website, 15
Größe anpassen
    Formebenen, 142
    Fotos, 19, 20, 41, 106
    Miniaturen im Ebenen-Bedienfeld, 16
    Pinsel, 96, 111, 155
    Schrift, 143
    Smart-Objekt-Ebenen, 230, 236
    Textebenen, 142
Großbuchstaben, Option, 127
Grunge-Effekt, 156–159
Gruppenfotos, 163–165

H

Haut retuschieren
    Falten entfernen, 180–183
    Haut glätten, 184–188
    Hautfarbe anpassen, 252
    Unreinheiten entfernen, 180–182
HDR-Tonung, Einstellung, 156, 157–159
Helligkeit-Einstellung, 190, 192
Himmel
    Blendenflecke entfernen, 200
    Fotos kombinieren mit, 146–148, 160–162
    Helligkeit anpassen, 51–52
    in Bildern ersetzen, 160–162
Hindurchwirken, Füllmethode, 274
Hintergründe
    aufpeppen, 255
    Deckkrafteinstellung, 18
    ersetzen, 250–257
    Quellen für, 15
    Struktur, 15, 18, 99–100
    weichzeichnen, 166–167
Hintergrundebene
    in normale Ebene umwandeln, 16, 28, 215
    in Smart-Objekt umwandeln, 235
    mit Weiß füllen, 210
Hintergrundfarbe
    duplizieren, 39, 49, 167, 169, 186
    füllen mit, 82
    Standardeinstellung, 82, 176
    Vordergrundfarbe tauschen mit, 91, 155, 176
Hochpass-Filter, 39, 254, 276
Hochzeitsalbum
    mit Ebenen erstellen, 15–27
    mit Smart-Ojekten gestalten, 234–241
Hollywood, Calvin, 274

I

Illustrator, Programm, 232
In die Auswahl einfügen, 105, 162
In Holz eingebrannt, Effekt, 223
Ineinanderkopieren, Füllmethode, 38, 51–52, 53
    abwedeln und nachbelichten mit, 153, 277
        Halb-Schwarzweiß-Look, 71
        Tastenkürzel, 176
Informationsquellen, 287–289
Inhaltssensitiv, Option, 162, 198–201, 268
iStockphoto.com Website, viii, 15

K

Kalligrafie-Pinsel, 284
Kaltfilter, 74
Kanten abdunkeln, Effekt, 217
Kanten verbessern, 96, 207
Kanten verbessern, Button, 98, 162, 251, 269
Kelby, Scott, 287
Kelbytraining.com Website, 289
Ketten-Icon, 119
Klassische Färbung, Effekt, 218–219
Klicken und ziehen *Siehe auch* Kopieren und Einfügen
    Ebenenmasken, 119
    Ebenenstile, 225, 238
    Fotos in Dokumente, 10, 18, 87, 95
    Logos aus Bildern, 14
Kompatibilität maximieren, Dialogbox, 247
Kontrastverstärkende Füllmethoden, 38, 42, 45, 52
Kontur, Ebenenstil, 208, 240
Konturen
    duplizieren, 23
    hinzufügen, 23, 208
Konzert-Spot, 274–275
Kopieren und Einfügen. *Siehe auch* Klicken und ziehen
    Auswahlen aus Bildern, 19
    Bilder kombinieren, 147
    Fotos in Dokumenten, 9, 41, 114
    Logos aus Bildern, 14
    Tastenkürzel, 9
Kopierstempel, 194–197, 201, 268
Kopierüberlagerung, 196
Korrekturen, Menü, 58, 59
Korrekturen-Bedienfeld, 59
    Augen-Icon, 61, 65, 82
    Vorgaben, 78
    zurücksetzen, 82
Kowkabany, David, 250
Kritzelgrafik, 37

L

Lasso-Werkzeug, 48
Leere Ebenen, 202
Lichter
    harschen Look betonen, 254
    zum Haar hinzufügen, 283
Lichtreflexe, 275
    im Haar, 283
Lichtspuren, Effekt, 220–221, 284–285
lightroomkillertips.com Website, 287
Linearer Verlauf, 33, 52, 106, 108, 131
Löschen *Siehe auch* Entfernen
    Ebene, 26
    Ebenenmasken, 119
    Ebenenstile, 210, 225
Logos
    Transparenz, 35
    zu Bildern hinzufügen, 13–14, 117
Luminanz, Füllmethode, 46

M

Maldonado, Jessica, 278
Malen
    auf Ebenenmasken, 68, 90–91, 94, 111–112
    auf Einstellungsebenen, 68
    mit Licht, 149–151
    zum Nachbelichten/Abwedeln, 154–155
Masken
    Ebenen-, 85–119
    Schnitt-, 113–118
    verbessern, 251
Masken-Bedienfeld, 98, 148, 162, 175
Matter machen, Filter, 186
Mehrere Bilder, 146–148
Mehrere Ebenen
    Anwendungsschritte, 8–14
    auswählen, 20, 28
Miniaturen
    Ebenenmaske, 64, 65, 68, 88, 89, 93–94
    Einstellungsebene, 64, 69
    Formebene, 135, 136
    für Ebenen auswählen, 93, 94
    Größe im Ebenen-Bedienfeld, 16
Multiplizieren, Füllmethode, 34–35
    Anwendungsbeispiele, 35, 49–51, 279
    Bilderrahmen und, 50–51
    Ebenenstile, 217
    Einstellungsebenen und, 81
    Funktionsweise, 34
    Tastenkürzel, 54
    verblasste Bereiche und, 49–50

Musterüberlagerung, Ebenenstil, 221
Musterwähler, 221

N

Nachbelichten und abwedeln, 152–155, 277
National Association of Photoshop Professionals (NAPP), 288
Negativ multiplizieren, Füllmethode, 36–37
    Beispiele, 37, 48, 275
    dunkle Bereiche und, 48
    Funktionsweise, 36
    Tastenkürzel, 48, 54
Neue Ebene, Dialogbox, 153, 215
Neue Ebene erstellen, Icon, 6
Neue Einstellungsebene erstellen, Icon, 192
Neue Smart-Ebene durch Kopie, Dialogbox, 243
Neuer Ebenenstil, Dialogbox, 217
Neues Dokument, Dialogbox, 9, 41, 113, 133
Normal, Füllmethode, 165, 274

O

Ölfarbe getupft, Filter, 229
Online-Videos. *Siehe* Video-Tutorials
Ordner, Ebenen gruppieren in, 24, 28

P

Papierkorb-Icon, 26
Pfade, Auswahlen umwandeln in, 139, 142
Pfade-Bedienfeld, 139, 142
Photoshop
    Fotos öffnen in, 5
    PSD-Dateien speichern in, 27, 81, 247
Photoshop Lightroom, 287
Photoshop User Magazin, 288
Photoshop User TV Videocast, 287
Photoshop Video/Online-Training, 289
Photoshop World Conference & Expo, 289
Pinselwähler
    Pinsel, 5, 67, 282
    Radiergummi, 12
Pinsel-Sets, 282, 283
Pinsel-Werkzeug
    Ebenenmasken und, 90–91, 102, 111–112
    Einstellungsebenen und, 67–68
    Farben verstärken mit, 172
    Härte einstellen, 176
    HDR-Tonung und, 159
    mit Licht malen, 150–151
    nachbelichten und abwedeln mit, 154–155

Porträtretusche, 187–188, 191, 193
    selektiv scharfzeichnen mit, 170, 188
    Soft-Fokus-Effekt und, 175
    Unschärfe-Effekte, 167
    verwenden, 5
    Video-Kurs, 67, 282
Plastische Texteffekte, 224
Polygon-Werkzeug, 138
Porträtretusche, 180–193
    Augen aufhellen, 189, 190–191
    Falten entfernen, 180–183
    Haut glätten, 184–188
    Unreinheiten entfernen, 180–182
    Zähne weißen, 189, 191–193
Positionieren
    Bilder, 10, 11
    Formen, 138, 140
    Text, 26, 123, 128
Procunier, Nicole, 278
Programmfenster, 8
PSD-Dateien, 27, 81, 247
Pseudo-HDR-Effekt, 156–159

Q

Quellen, 287–289

R

Radialer Verlauf, Icon, 17, 138
Radiergummi
    anwenden, 6
    Beispiele, 6, 7
    Bilder überblenden mit, 12–13
    Füllmethoden und, 48, 52
    Optionen, 12
    Schlagschatten und, 102, 211
Radius-Regler, 251
Radius verbessern, 98, 251, 269, 279
RAW-Fotos
    in Camera Raw korrigieren, 242, 244
    Smart-Objekt-Ebenen und, 233, 243, 244
Rechteck-Werkzeug, 134, 136, 239
Reparaturpinsel-Werkzeug, 181–183, 255
Robinson, Russ, 269
Rückgängig-Befehl, 158, 182

S

S-Kurve, 76
Sättigung-Einstellung, 72, 172, 190, 192, 280
Sättigung verringern, Befehl, 264

Schärfentiefe, Korrektur, 166–167
Schatten. *Siehe auch* Schlagschatten
    aus Fotos entfernen, 200–201, 255
    Ebenenmasken und, 100–102
    in Fotos auswählen, 141
    zu Fotos hinzufügen, 271–272
Schein nach außen, Ebenenstil, 220, 284
Schein nach innen, Ebenenstil, 217, 220, 256–257, 284
Schlagschatten
    als Ebenenstil hinzufügen, 209, 210
    Bereiche löschen, 102, 211
    Ebenenmasken und, 100–102
Schnellauswahl-Werkzeug, 63, 96, 97, 251
Schnittmasken, 113–118
    erstellen, 115, 116
    Ideen zur Nutzung, 118
    Textebenen und, 118
Schriftfamilie, Popup-Menü, 126, 143
Schriftschnitt
    Größe, Vorschau, 143
    Optionen, 123, 124
    visuell auswählen, 126, 143
    Siehe auch Text; Textebenen
Schritt zurück, 158
Schwarz-Weiß-Verlauf, 108, 110
Schwarzweiß-Einstellungsebene, 70–71
Schwarzweißbilder
    Einstellungsebenen zum Erstellen von, 70–71
    Farbe selektiv hinzufügen, 73
    Farbstich hinzufügen, 71
Schwellenwert-Einstellung, 141
Selektives Scharfzeichnen, 168–170
Sepia-Look, 71
Sichtbare Ebenen stempeln, Option, 185
Skalieren-Befehl, 19
Smartfilter, 229, 239, 247
Smart-Hilfslinien, 116
Smart-Objekt-Ebenen, 228–247
    bearbeiten, 241, 244
    Bilder öffnen als, 247
    Bilder platzieren als, 247
    doppelte Entwicklung, 242–246
    duplizieren, 235, 243
    Ebenen umwandeln in, 235, 247
    Ebenenstile und, 237–238, 240
    Einstellungsebenen und, 238
    erstellen, 228–229
    Größe anpassen, 230, 236
    Inhalt ersetzen, 231, 241, 247
    Neues Smart-Objekt durch Kopie, 243
    RAW-Fotos als, 233, 243, 244
    Smartfilter und, 229, 239, 247
    speichern, 247
    Text in, 240
    Vektorgrafiken und, 232
    Vorlagendesign mit, 234–241
Smart-Radius, Checkbox, 251, 269
Smoke-Pinsel, 282
Soft-Fokus-Effekt, 156, 173–175
Speichern
    Bilder als PSD-Dateien, 27, 81, 247
    Ebenenstile, 217, 225
    Einstellungsebenen, 61
    Kurvenvorgaben, 77
    Smart-Objekt-Ebenen, 247
Spot-Effekt, 274–275
Stile. *Siehe* Ebenenstile
Stile-Bedienfeld, 218, 225
Strahlendes Licht, Füllmethode, 45
Strukturen
    Ebenenmasken und, 99–100
    Hintergrund, 15, 18, 99–100
    in Foto kopieren, 53
    Felsen-, 221–222
Strukturumsetzung, 264–265
Symbolbilder, 256

T

Tastenkürzel
    Bilder umkehren, 150, 170, 191
    Deckkraft-Einstellungen, 54
    Ebenen anlegen, 17, 176
    Ebenen reduzieren, 42
    Ebenen umstapeln, 28
    Ebenen-Bedienfeld ein-/ausblenden, 5
    Farbton/Sättigung-Optionen, 202
    Filter erneut anwenden, 176
    Füllmethode Ineinanderkopieren, 176
    Füllmethode Negativ multiplizieren, 48
    Füllmethoden, 54
    Hintergrundebene duplizieren, 39, 49, 167, 169, 186
    Kopieren und Einfügen, 9
    Pinselgröße ändern, 96, 111, 155
    Pinsel-Härte einstellen, 176
    Schriftgröße einstellen, 143
Text. *Siehe auch* Textebenen
    abgleichen, 129
    Abstand, 127, 240
    ausrichten, 129
    auswählen, 143
    drehen, 26

Farbe ändern, 125
Fotos positionieren in, 118
Großbuchstaben, 127
Größe anpassen, 143
hinzufügen, 26, 117
Licht ausblenden, 143
plastisch und wässrig, 224
positionieren, 26, 123, 128
Rahmen erstellen, 128–129
rastern, 130
Schriftart, 123, 124, 126, 143
Smart-Objekt-Ebene, 240
Textebene bearbeiten, 125
Textebenen, 122–132. *Siehe auch* Text
   Absatz-Optionen, 129
   duplizieren, 130, 143
   Farbeinstellungen, 125
   Größe anpassen, 142
   rastern, 130
   Schnittmasken und, 118
   Schriftart-Einstellungen, 123, 124, 126
   Text bearbeiten auf, 125
   Text hinzufügen auf, 124, 128
   Textrahmen, 128–129
   Verläufe in, 130–131
Textrahmen, 128–129
Text-Werkzeug, 123, 124, 128, 240
Titelseite, Design, 278–286
Toleranz-Einstellung, 98
Tonwertkontrast, 276
Tonwertkorrektur-Einstellungsebene, 63, 64, 238, 264
Topaz Adjust Zusatzmodul, 254, 276
Transparente Pixel fixieren, Icon, 106, 131
Transparentes Papier, Beispiel, 3–4
Tutorials. *Siehe auch* Video-Tutorials
   Bilder laden für, viii
Twitter, 288

U

Umbenennen. *Siehe* Benennen/Umbenennen
Umkehren-Befehl, 150, 170, 191
Umkehren-Button, 100, 150, 159, 280
Umkehren-Checkbox, 17, 110
Unterbelichtete Fotos, 47–48
Unscharf maskieren, Filter, 169

V

Vektorgrafik, 232
Verblasste Fotos, 49–50
Verkrümmen, 106
Verläufe
   auf Bilder anwenden, 33, 52
   bearbeiten, 131, 274
   Ebenenmasken und, 108–109, 110
   Formebenen und, 138
   Strukturebenen und, 17–18
   Textebenen und, 130–131
Verlaufswähler, 17, 33, 52, 106, 108
Verlaufswerkzeug, 17, 33, 52, 106, 108, 130, 138
Verschieben
   Ebenenmasken, 119
   Fotos in Dokumente, 10, 18
   mehrere Bilder, 21, 22
   Text in Layouts, 26
Verschieben-Werkzeug
   Ebenen ausrichten mit, 164
   Form positionieren mit, 138
   Foto positionieren mit, 10, 11, 18, 20
   Text positionieren mit , 26, 123, 128
Versetzen-Filter, 266
Video-Tutorials, viii
   Titelseite, 278, 286
   Ebenen-Grundlagen, 2
   zu Auswahlen, 63, 96, 104, 147, 251
   zu Pinseln, 67, 282
Videocasts, 287
Vintage-Effekt, 74
Von Formbereich subtrahieren, 136
Vordergrundfarbe
   Farbwähler, 24
   füllen mit, 25, 82
   Mit Hintergrundfarbe tauschen, 91, 155, 176
   Standardeinstellung, 82, 176
   Text erzeugen mit, 123
Vordergrund-Farbfeld, 123, 125
Vordergrund zu Hintergrund, Verlauf, 138
Vorgaben
   Ebenenstil, 218
   Gradationskurven, 77–78
Vorschau
   Einstellungsebenen-Effekte, 65, 82
   Kopierquelle, 196, 197
   Zeichensätze, 126, 143
Vorher-/Nachher-Vorschau, 65, 82
Vorlagen gestalten, 234–241

W

Warmfilter, 73, 175
Wasserzeichen, 213–214
Web-Ressourcen, viii, 287–289
Weiche Kante, Regler, 87
Weiches Licht, Füllmethode, 38–39
    Anwendungsbeispiele, 39, 52, 53
    Funktionsweise, 38
    Tastenkürzel, 54
Weichzeichnungseffekte
    Details glätten mit, 264
    Schärfentiefe und, 166–167
    Schlagschatten und, 101
    Soft-Fokus und, 173–175
    weiche Haut und, 186–187
Weißen Rand entfernen, 270
Wiederverwendbare Fotoeffekte, 215–219
WYSIWYG-Zeichensatz-Ansicht, 126

X

X-Taste, Tastenkürzel, 91, 155, 176

Z

Zähne weißen, 189, 191–193
Zauberstab, 49, 139
Zeichen-Bedienfeld, 127, 143, 240
Zoom-Werkzeug, 104, 169, 191, 193
Zu Formbereich hinzufügen, Icon, 136
Zufällige Beleuchtung, 281

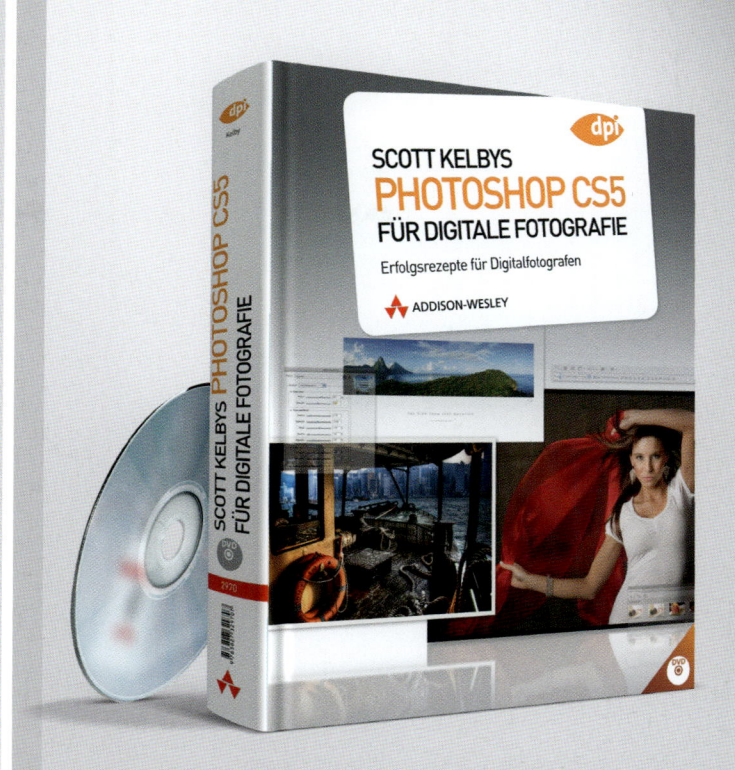

SCOTT KELBYS PHOTOSHOP CS5 FÜR DIGITALE FOTOGRAFIE

Scott Kelby
ISBN 978-3-8273-2970-7
39.80 EUR [D], 40.90 EUR [A], 61.90 sFr*
416 Seiten
http://www.awl.de/2970

Vergessen Sie trockene Theorie, dieses Buch ist Praxis pur! Es geht in die Tiefe und zeigt Ihnen genau, was Sie tun müssen. Logische Schritt-für-Schritt-Anleitungen führen Ihnen die Techniken vor, die führende Fotografen und Grafiker verwenden, um zu korrigieren, editieren, schärfen, retuschieren und präsentieren. Und Sie erfahren nicht nur wie, sondern auch wann und warum Sie bestimmte Settings einsetzen. Diese Neuauflage präsentiert Ihnen nicht nur die gesamte Bandbreite der neuen Layout- und Bildbeispiele, sondern auch alle Neuheiten von Photoshop CS5 speziell für Digitalfotografen. Auf der beiliegenden DVD befindet sich das Original-Bildmaterial der Workshops zum Ausprobieren.

Mehr Informationen zu Büchern & Video-Trainings auf www.addison-wesley.de

TIPP

[The Sign of Excellence]
ADDISON-WESLEY

*unverbindliche Preisempfehlung

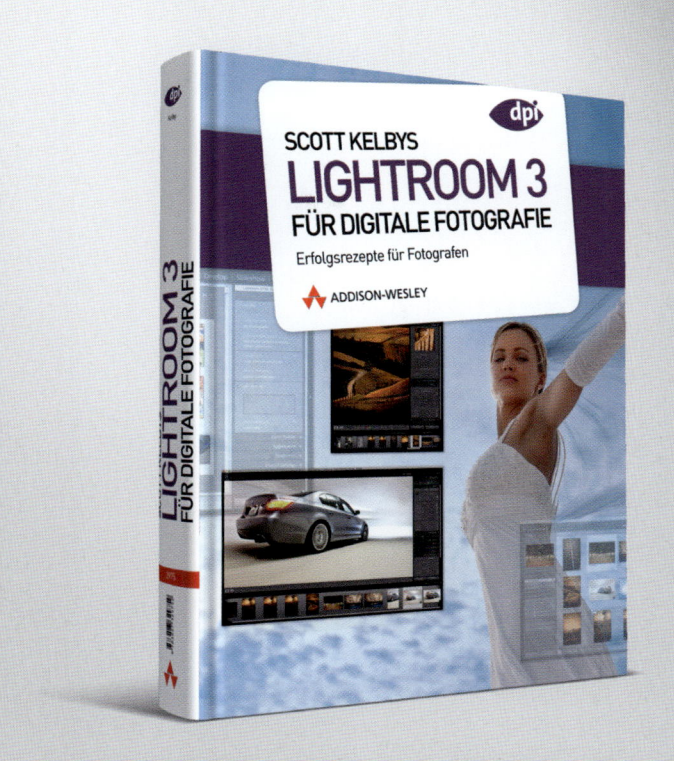

SCOTT KELBYS LIGHTROOM 3 FÜR DIGITALE FOTOGRAFIE

Scott Kelby
ISBN 978-3-8273-2975-2
39.80 EUR [D], 40.90 EUR [A], 61.90 sFr*
464 Seiten
http://www.awl.de/2975

In insgesamt 14 Kapiteln deckt Kelby den gesamten Lightroom-Workflow ab und zwar in seiner charakteristischen Art der "Schritt für Schritt"-Anweisungen. Er zeigt Ihnen die Einstellungen, die er persönlich gerne verwendet, und erklärt bis ins Detail die im Studio getesteten Abläufe. Er weiß, was wirklich geht und was nicht und verrät Ihnen gleichermaßen, was funktioniert, was Sie vermeiden sollten und warum. Auch beschreibt er Fotosessions vor Ort, mit allen Details über Ausrüstung, Kameraeinstellungen und Beleuchtungstechniken.

Mehr Informationen zu
Büchern & Video-
Trainings auf
www.addison-wesley.de

TIPP

[The Sign of Excellence]
ADDISON-WESLEY

*unverbindliche Preisempfehlung

PEOPLE, BEAUTY UND COMPOSING

Birgit Nitzsche; Karsten Rose
ISBN 978-3-8273-2998-1
49.80 EUR [D], 51.20 EUR [A], 77.90 sFr*
468 Seiten
http://www.awl.de/2998

In "People, Beauty und Composing" zeigen Birgit Nitzsche und Karsten Rose verschiedene Möglichkeiten, um einem Porträt einen schmeichelnden Rahmen, interessante Effekte oder einen spektakulären Hintergrund zu verleihen. So erhalten diese Bilder den gewissen WOW-Effekt - sowohl für die Werbung als auch für eigene Projekte.

Mehr Informationen zu Büchern & Video-Trainings auf www.addison-wesley.de

TIPP

[The Sign of Excellence]
ADDISON-WESLEY

*unverbindliche Preisempfehlung

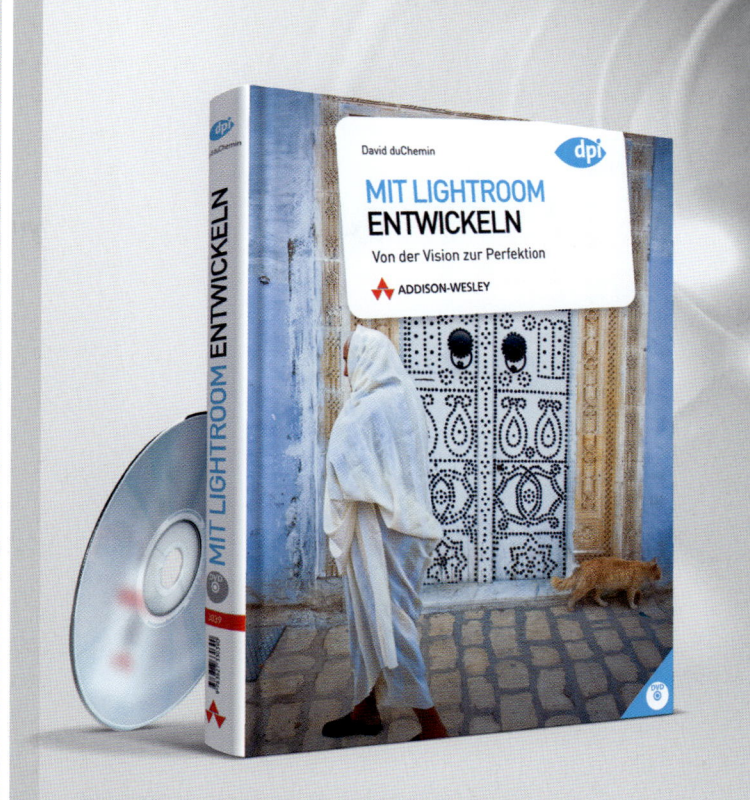

MIT LIGHTROOM ENTWICKELN

David duChemin
ISBN 978-3-8273-3039-0
39.80 EUR [D], 40.90 EUR [A], 61.90 sFr*
272 Seiten
http://www.awl.de/3039

Was wäre, wenn Ihr Bild nur eine einzige Sache kommunizieren könnte: eine bedeutende Idee oder eine mitreißende Emotion? Wenn Sie diese eine Sache identifizieren, haben Sie **Ihre Vision** für dieses Bild entdeckt.

Das Buch begleitet Sie vom Moment der Aufnahme an über die Entwicklung in Adobe Photoshop Lightroom bis hin zum fertigen Bild. Zusätzlich wartet David duChemin mit fantastischen Anwendungsbeispielen und Denkanstößen auf. Das letzte Kapitel des Buches beinhaltet Tutorials, in denen der Autor einige seiner Tipps & Tricks vorstellt. Die darin verwendeten Bilder befinden sich auf der DVD.

Mehr Informationen zu Büchern & Video-Trainings auf www.addison-wesley.de

*unverbindliche Preisempfehlung

[The Sign of Excellence]
ADDISON-WESLEY

SCOTT KELBYS GLORREICHE 7 FÜR PHOTOSHOP

Scott Kelby
ISBN 978-3-8273-3069-7
24.80 EUR [D], 25.50 EUR [A], 41.50 sFr*
288 Seiten
http://www.awl.de/3069

Scott Kelby erklärt anhand von 21 Beispielbildern, wie der Leser Schritt für Schritt aus einem flauen Original ein gut aussehendes Foto zaubern kann - und dabei nur bis zu sieben Grundtechniken benötigt. Jede Bearbeitung beginnt im Adobe Camera Raw-Plug-in oder alternativ im Entwickeln-Modul von Photoshop Lightroom. Dann folgen die Schritte "Gradationskurven", "Tiefen/Lichter", "Mit Licht malen", "Kanäle anpassen", "Füllmethoden und Ebenenmasken". Den Abschluss bilden die "Scharfzeichnungstechniken".

Die neue, überarbeitete Ausgabe geht auch auf neue Funktionen von Photoshop CS5 ein, ist aber ebenfalls für Anwender früherer Versionen von Photoshop (CS3, CS4) geeignet.

Mehr Informationen zu Büchern & Video-Trainings auf www.addison-wesley.de

*unverbindliche Preisempfehlung

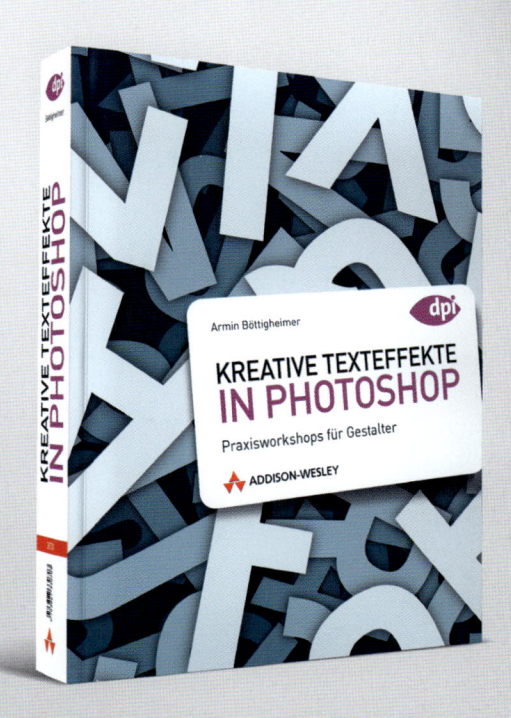

KREATIVE TEXTEFFEKTE IN PHOTOSHOP

Armin Böttigheimer
ISBN 978-3-8273-3070-3
29.80 EUR [D], 30.60 EUR [A], 47.50 sFr*
288 Seiten
http://www.awl.de/3070

Im diesem Buch werden Sie anhand von detaillierten Praxisworkshops Schritt für Schritt in die Erstellung von Texteffekten eingeführt und mit allerhand nützlichen Tipps rund um die Gestaltung in Photoshop der Umgang mit dem Programm verbessert.

In übersichtlichen und nachvollziehbaren Kapiteln lernen Sie wie beispielsweise ein Text in Flammen aufgeht, Buchstaben zerbrechen oder Wörter mit strahlendem Licht geschrieben werden. Die unterschiedlichsten Texteffekte haben in diesem inspirierenden Buch von Armin Böttigheimer ihren Platz gefunden und geben einen tieferen Einblick in die vielen Möglichkeiten der Gestaltung von Texten in Photoshop.

Mehr Informationen zu Büchern & Video-Trainings auf www.addison-wesley.de

TIPP

[The Sign of Excellence]
ADDISON-WESLEY

*unverbindliche Preisempfehlung